本书获得广西民族大学文学院
"广西民族文化传承与保护"中心经费的支助,
是国家社科基金项目14BZX090的阶段性成果

崔鹏玉◎著

道法自然

那文化花婆信仰
及其生态美学发生范式

中国社会科学出版社

图书在版编目（CIP）数据

道法自然：那文化花婆信仰及其生态美学发生范式/翟鹏玉著 . —北京：中国社会科学出版社，2019.6
ISBN 978-7-5203-4222-3

Ⅰ.①道… Ⅱ.①翟… Ⅲ.①壮族—信仰—民间文化—研究—广西②壮族—民族文化—美学—研究—广西 Ⅳ.①B933②K281.8

中国版本图书馆CIP数据核字（2019）第058630号

出 版 人	赵剑英
责任编辑	郭晓鸿
特约编辑	宗彦辉
责任校对	李 剑
责任印制	戴 宽

出　　版	中国社会科学出版社
社　　址	北京鼓楼西大街甲158号
邮　　编	100720
网　　址	http://www.csspw.cn
发 行 部	010-84083685
门 市 部	010-84029450
经　　销	新华书店及其他书店

印　　刷	北京明恒达印务有限公司
装　　订	廊坊市广阳区广增装订厂
版　　次	2019年6月第1版
印　　次	2019年6月第1次印刷

开　　本	710×1000 1/16
印　　张	29.5
插　　页	2
字　　数	421千字
定　　价	108.00元

凡购买中国社会科学出版社图书，如有质量问题请与本社营销中心联系调换
电话：010-84083683
版权所有　侵权必究

序 一

鹏玉的博士学位论文经过修改就要出版了，我由衷地高兴。他硕士读的是古代文学，博士随我修中国少数民族艺术。随着中国少数民族文学经典名正言顺地进入中国文学史，他前后所学的专业也就关联起来了，似乎还有了某些学科跨越与交叉方面的优势。

转了行当，鹏玉自然在民族学与人类学的基本理论与方法上面下了功夫，也深入民族地区做了大量的调查，努力按照学科规范进行专门的学术训练。本书散发出较为浓郁的民族文化研究意味，有田野调查，有个案，有深描，有民族志，主要不是古代文学的套路了。他研究花婆神话，不聚焦于它的文学价值与艺术价值，而是着眼于壮族文化的生发机理，着眼于壮族习俗、信仰、制度的本原，着眼于壮族生活生产与生态环境的关系。可以说，鹏玉学术身份的转换，是自觉的，也是有成效的。这得力于云南大学民族学深厚底蕴的熏染与鲜明道统的陶冶，也得力于施惟达、段炳昌、黄泽、杨福泉诸位先生的通力培养。

他就读本科与硕士的广西师范大学文学院，曾有冯振、彭泽陶等名家执教古代文学；林焕平先生与黄海澄先生执长的文艺学与美学学科，则十分重视马克思主义哲学的指导，强调新理论与新方法的应用。在这样的学术环境中成长，他的古代文学研究，除注重文本、考证、阐释外，还有了美学与哲学的分析。他的学术背景与学术经验，与民族学、人类学的鲜活规范贯通，也就有了新的学术增长点。他对花婆神话的文化研究，关联了神与人之间的依生之美、竞生之美、共生之美、整生之美的研究，拓展出了民族艺术的生态审美文化与生态审美哲学的研究境界。

在花婆神话中，作为壮族文化始祖的花婆是壮族和其他民族的由来。她掌管的花园与人对应。人来于花园，人的生态与花的生态相关，人死后灵魂回归花园。这就形成了花与人对生与环回的基本构架，并生发出全书的逻辑系统。这样的理论结构，与花婆衍生人，人向花婆回归，人与花婆同在花园的生态运行图式是一致的，实现了逻辑内容与研究对象的同运，是谓实事求是。

本书对生与环回的逻辑构架，还与中西古代文化生态的运行规程一致。老子说："道生一，一生二，二生三，三生万物""人法地，地法天，天法道，道法自然"。他标划出了一个道生发人，人回归道，人与道同为自然的超循环范式。西方古代的文化范式也与此类似：上帝在六天内造出人与万物，人与万物在耶稣基督的引导下回归上帝，同处天堂。这同样是超循环的。鹏玉著作的逻辑生态与中西古代文化生态的同构与同运，也是壮族文化的特殊规律，对中西古代文化普遍规律的表征，对人类古代文化整生规律的表征，都具有超越性的意义。

生物谱系是螺旋展开的，生物圈和生态圈是周转环升的，大自然也是旋回不息的。在《天生论美学》一书中，我认为时空始于自然的旋爆，展开于宇宙的旋胀，回归于宇宙的旋缩，再转于旋缩至紧时的旋爆。这就有了大自然的自旋生。各级星体，诸如星球、星系、星系团各绕其中心旋运，共绕宇宙心旋运，是谓有了复合的自旋生。花婆神话中花与人对生与环回的自旋生，复合了人类文化生态的自旋生，也复合了大自然的自旋生，是当关联了系统的生态规律，拓展了普适性。

不少学者，在民族学与人类学的研究中，十分珍惜地方性经验，这出自对原始创新创造的尊崇。具体问题具体分析，民族学与人类学的个案研究首先发现与最早总结的地方性经验，是一种特殊规律，并用深描的方式表达出来，对解决特定生境和特定环境中的问题，非常实用，相当有效。这也是民族学与人类学的学者，经由田野调查以达学术首创的看家本领。我们主张做民族学与人类学基础理论研究的学者，有了较多的个案研究后，进而将诸多相关的地方性经验，加以概括集中，进而提炼升华，形成类型规律、普遍规律、整体规律乃至四维时空旋进的整生规律，撰写关于中国当代的民族学与人类学的基础方法和基础理论的著作。从中国乃至世界人类学与民族学理论与方法发展的角度看，鹏玉发现的壮族花婆神话的逻辑生态，特别是这种逻辑生态与人类古代文化运行规程的同式，当是很有理论意义的。

少数民族艺术，不少是仪式艺术，主要是一种文化符号，同时是一种审美符号，可以进行文化与审美的关联研究，以展开少数民族的美生研究和审美生态的研究。何谓生态？简言之，是生命与生境对生的关系、情状与结构。审美生态则是审美生命与审美生境的对生物，是生态存在与诗意栖居的一致。少数民族用歌说话，用舞走路，最富有艺术人生的味道；少数民族生活在青山秀水中，生活在仪式节庆里，有着相应的审美生境，当可自成审美生态。将少数民族艺术的文化研究与生态美学的研究结合起来，不仅是可能的，还当是应该的。鹏玉研究花婆神话，做了这方面的尝试，取得了成效，继续走下去，路子会越来越宽，越来越长，能形成少数民族艺术的生态审美文化研究新境界，从而与生态文明的时代需求相适应。

鹏玉勤奋读书，潜心研究，不疾不滞，不紧不慢，沉稳前行，扎实发展。黄秉生教授鼓励他坚持下去，以成为民族艺术和民族美学研究方面有影响的专家。他博士毕业后，很快评上了教授，当上了博导，并成为自治区优秀专家。我为他的进步高兴，也为他心无旁骛专注学问而欣慰。

鹏玉读本科时，因修读我的美学课而与我相识；2006年，我在云南大学带博士生时，他又成了我的开门弟子。30多年来，亦师亦友，结缘颇深。他忠厚老实，勤恳质朴，热情谦逊，有如淳朴乡村中的老农。做田野时，爬山涉水，他干的是挑担的活计。我曾对一位弟子说，需要帮忙的事，可找鹏玉师兄；难以决断的事，可询问瑞荣学长。一贯的古道热肠，使他有了亲和的生境，有了友善的环境，这当可助其学术精进。

是为序。

袁鼎生

（广西民族大学副校长，云南大学、

广西民族大学博士生导师）

2018 年 3 月 10 日于广西民族大学

序 二

环境污染目前已成为我们的心腹之患。据说，中国的城市能达到世界卫生组织推荐的空气质量标准的仅为五百分之一，而全世界空气污染最严重的十个城市，中国竟占了七个！须臾不可缺少的呼吸被严重威胁，令人惶惶不可终日。2014年年底那几个特殊的日子通过非常措施整治而在北京天空中显现的"APEC蓝"，让人仿佛穿越到了神话时代。当然，环境污染并不是"中国特色"，20世纪的伦敦毒雾、洛杉矶的光化学烟雾、北欧的酸雨等环境污染灾难事件早已世界闻名。空气与水资源的严重污染，意味着自然环境的破坏已经到了置人类于最危险的时刻！人们不禁发问，破坏自然环境的罪魁祸首是谁？很不幸，竟是工业革命以来孜孜不懈地追求现代化的人类自己！

随着欧洲文艺复兴以来资本主义的兴起，启蒙理性支撑的现代世界观以"科学"自居，一方面，史无前例地解放了生产力，尤其是工业革命释放出的强大活力促使科技进步日新月异，创造了巨大的物质财富；另一方面，由于毫无节制地开发和索取，导致自然环境的破坏，世界和人都被异化，人类身心皆被荼毒。现代世界观强调人类中心论，人与自然分离、对立；认为"人是自然的主人"，自然是人类的征服对象，人类有权随心所欲地支配和塑造自然。正是人类的这种自命不凡，导致了大规模屠戮生灵的两次世界大战的发生、核武器的毁灭性威胁、有毒化学物质的普遍泛滥、生态系统的大范围破坏、生态危机到处触目惊心等直接恶果。

如何拯救世界和人类自己？西方一些后现代主义学者主张，人类和地球上的大多数生命倘要避免毁灭的命运，唯一的出路就是抛弃现代性，用生态学世界观取代人类中心论的现代世界观。以生态学的有机论、整体论替换现代世界观的机械论、二元论、还原论，给科学"返魅"。现代世界观是一种机械论的世界观，因为它秉持二元论和还原论，把具有丰富属性的自然抽象为"空洞的实在"，否认自然具有任何主体性、经验和感觉，最终导致了世界和自然的"祛魅"。而生态学世界观则强调生态系统是一个具有相互依赖和统一的特性的整体，人类只是这个生态系统的一部分，我们不仅包含在他人之中，而且包含在自然之中。在这个整体中，万事万物都既是主体也是客体，都是作为这个整体中的一员而存在，都有内在联系。价值存在于这个整体中，而不是存在于每一个单个的造物中。也就是说，个体只有投身于整体的复杂关系网络中才是有价值的，人类也不例外。①

在生态世界观的视野上，翟鹏玉博士的新著《道法自然——那文化花婆信仰及其生态美学发生范式》表达的思想和诉求，与西方一些后现代主义学者的倡导不仅相互呼应，并立前沿，而且发掘和彰显光大东方古老民族文化蕴含的实践性和未来品格的生态智慧，具有超越性理论创新价值。作者选择了中国南方少数民族壮族历史悠久的花婆信仰为研究对象，运用生态美学的理论和方法进行了系统深入的发生学和传承历史的全面探讨。作者给自己提出的主要任务，就是要在因现代性对自然主义的批判视野而导致自然坍毁的这个世界里，坚持以历史为起源和立足点，融合当代先进的认识方法，通过花婆信仰发生学的生态美学分析，"形成一种超越于被日常生活经验所腐蚀的危机之上的新的综合的世界观，使自然界及其所托载的'自然'在更高的层次上恢复起来，并在此一境界之中拯救科学的危机、生态危机以及人类与历史的危机"。因此，花婆信仰生态美学分析的核心就是回归壮族的传统，揭示花婆信仰内含的壮族源始的存在经验："最初的存在是一种与人的存在息息相

---

① 参见［美］大卫·格里芬编《后现代科学——科学魅力的再现》，马季方译，中央编译出版社1995年版。

关的出现、打开……个体与普遍意义的存在就是活生生地保持在现场的显现于生成过程。"进而检视这一源始经验在不同历史时期的展开及其受到的形而上学的遮蔽,再结合现代经验与意义,探寻到超越形而上学和现代性的"拯救之路"。这一富于全球性、人类性的现实意义和理论价值的目标、任务的设定和实践,凸显了这部著作学术品格的独特性与崇高性。

"没有比较就没有鉴别",比较、对照是人类认识的基本途径,学术研究本身其实就是一个比较与对照的过程。如何比较?黑格尔曾形象地揭示过比较的真谛。他认为,比较就是异中寻同或同中辨异,而任何寻同辨异的比较都必须是合理的。怎样的比较才合理呢?能看出极似之似或极异之异者,如知道橡树与槐树的相似和粉笔与骆驼的不同,都不是比较的目的,更有价值的真正合理的比较是能够识别极异事物之同或极似事物之异。[①]《道法自然》对花婆信仰的研究,涉及文学、历史、哲学、民俗的丰富知识和材料,运用了神话学、人类学、民族学、生态美学等多学科的理论和方法,借鉴了花婆信仰的生殖崇拜研究、图腾研究与人类学研究的已有成果,尤其可贵的是以天文学的视野切入,展开新角度、多学科、立体、多元的网络化研究路径,探索并证明了花婆信仰这一地方性古老民族信仰中所蕴含的生态审美智慧的独特性,及其所与中华文化乃至世界文明先进趋向一致的普世性。这种广及古今中外、跨学科、超学科的综合研究展现了极有价值的系统比较具有的巨大威力,其见解的中肯与雄辩可谓水到渠成。

在二元论视野的现代世界观中,理性与非理性、逻辑思维与艺术思维是对立的、水火不相容的:只有理性与逻辑思维属于"科学",而非理性和艺术思维则不属于"科学"。生态学的世界观要给这种"祛魅"的科学"返魅",就是重新重视"祛魅"的科学排斥的非理性和艺术思维的意象认识方法,发掘神话、信仰、艺术在人类与世界、人类与自然的整体关系中所具有的正面价值。《道法自然》对花婆神话及其信仰的研究,自觉地"将成人的线性逻辑思维,回归到孩童的意象认识的方法论境域之中",既是生态学世界观的贯

---

① [德]黑格尔:《小逻辑》,贺麟译,商务印书馆1980年版,第253页。

彻，也是对道家老子的"复归于婴儿"的历史方法论的对接与彰显，借此激发出人的"类"意识和整个宇宙统观的视野，认识与发现历史中和谐生活的潜能，从而唤醒困于机械文明的昏睡和噩梦中的人类，恢复在艺术形象与想象中所蕴藏的而在现实中已退化的和谐生活能力，实现对自我、历史与宇宙的拯救。这种方法论更新的实践及其美学诉求，在国内现有同类研究中并不多见，显示了超越性的学术胆识。

相信《道法自然》的问世，必将推动生态美学研究和民族传统文化研究更上一层楼。

卢铁澎

（中国人民大学博士生导师）

2015 年 3 月 29 日于中国人民大学

目 录

绪 论 ·· 1

第一章 宇宙时间的开显与判天地之美的创生图式 ················· 24
  第一节 壮族立元与生态美学意义的生发元点 ····················· 25
  第二节 审美元印象的可重复性与世界本真的保持
        ——自我对生与内时间意识的本原的智性直观 ·········· 46
  第三节 花婆三分化与宇宙严密的对应性的确立 ··················· 55
  第四节 花婆立元的生态美学方法论
        ——"一""三"对生与环进范式作为执古御今的

        宇宙循环观 ·· 73

第二章 花婆的参伐作用与衡生之美 ····································· 80
  第一节 花婆为自然立法：生态制衡中的对应与对生 ············ 80
  第二节 不违农时——美的实现的道德保证 ························ 98

· 1 ·

第三章 花婆乘龙而备天地之美
——生态进化系谱轴的历史形成及其自然全美特质 125

第一节 花灯求子
　　　——应度育种和阴阳之原 129

第二节 花婆分性别与缔造婚姻制度：自我分形的审美表征 151

第三节 花婆乘龙与那文化生产方式的审美表征 173

第四节 花乘龙以移风易俗
　　　——自我更新与潜能的拓展 183

第五节 龙路与火路——水火转换与阴阳相济 193

第四章 斗据参以成岁与原天地之美
——复：原始要终及与时消息 202

第一节 斗据参机而生人：耦合与归原 204

第二节 复其见天地之心——与时消息与进入和谐 215

第三节 循斗招摇，衡定元纪——反者道之动 225

第五章 辰系于日与日常生活的审美化 250

第一节 经纬奉日使：以日为中心的黄道运行与那文化和顺积中的时中凸显 252

第二节 月亮节律与人的潜能的全面实现 259

第三节 日辰之会与生态交互网络环生的审美范式的历史生成
　　　——周旋十二节，节尽更亲观 263

第四节 日辰合运与土王地中 272

第六章　日辰纳于甲与回归始源的中和之美 ·········· 287

- 第一节　洞天福地与爻辰纳甲 ·········· 289
- 第二节　歌圩与壮族生态审美制度 ·········· 310
- 第三节　音律纲纪阴阳、揆物终始与生态审美意象话语 ·········· 322
- 第四节　节庆仪式与和顺反中的时间现象超越 ·········· 332

第七章　淡然无极而众美从之的可持续发展范式 ·········· 354

- 第一节　王化经略慧镜与神与物游 ·········· 354
- 第二节　执德循道与美成在久 ·········· 360
- 第三节　执古御今与终始连环的环复美 ·········· 367
- 第四节　归根返元，道法自然 ·········· 380
- 第五节　跨越平行宇宙：美学与伦理学的融会及商谈伦理话语的历史建构 ·········· 382
- 第六节　花婆信仰的前瞻性与生态美学的建构前景 ·········· 384

第八章　万国咸宁与太和之美 ·········· 389

- 第一节　世界视域下的和谐共生范式 ·········· 390
- 第二节　人与自然和谐共生的生态政治前景 ·········· 434

参考文献 ·········· 442

后　记 ·········· 454

绪　论

一　那文化与花婆信仰

"那"或"纳",即壮、傣、布依等壮侗语族语言中的"水田"之义。以"那"为中心形成了以壮、傣、泰等众多民族为主体的"那文化"。

以"那"命名的地名,从中国西南到中南半岛,分布极为广泛。根据游汝杰等先生的统计,北界是云南宣威的那乐冲,北纬26°;南界是老挝沙湾省的那鲁,北纬16°;东界是广东珠海的那州,东经113.5°;西界是缅甸掸邦的那龙,东经97.5°。这些地名的90%以上集中在北纬21°—24°,并且大多处于河谷平地。就广西而言,70%以上集中在左右江流域。这些地方的土壤、降雨量、气温、日照等都宜于稻作。

那文化内涵包括稻种、生产工具、加工工具、灌溉设施、肥料等物质文化;稻种的选择培育、播种、耕种、灌溉、管理、收割、储藏、加工等行为性文化;生产习俗、禁忌、祝祀及对天象、土地、雷雨、江河诸自然物的崇拜及安土重迁、重农轻商等观念性文化;同时向外延及与之相适应的居住形式、饮食习惯、岁时节日、语言词汇等方面。

那文化花婆信仰,尤其是壮族的花婆信仰,根植于植物性的人与自然和谐共生,它是壮族乃至整个那文化较具普遍性的民族文化事象与审美制度及信仰。

花婆，又叫女米六甲、米洛甲、姆六甲、麽禄甲、娅王、雅汪（柱）、花王圣母、九天卫房花王圣母、南堂圣母六国夫人、白马三娘，等等。

花婆信仰在众多的艺术形式之中都有反映，诸如神话、舞蹈、剪纸、服饰、铜鼓等。花婆信仰之所以有如此的艺术源发力，是因为壮族将花婆作为他们较之于布洛陀更早的始祖。在时间意义上，花婆就是壮族的立元。

广西东兰县三石乡采录的师公唱本《唱杀牛祭祖宗》：

酒过三杯讲祖宗，
酒过三碗唱祖婆，
讲到古天事，
先唱米六甲。
提起古天事，
天忽暗忽明，
不分日和夜，
不分高和低，
不分横和直，
不分上和下，
不分东与西，
林间无鸟叫，
树无叶无苗。
出我米六甲
……
六甲造下地
……
六甲造月亮
……
六甲造田地
……

> 我女米有本事，
>
> 上天偷星星，
>
> 摘星来做灯，
>
> 天下到处亮
>
> ……①

广西东兰、巴马、凤山等地的壮族，每年农历正月初一到三十举行"蚂拐节"，其《蚂拐歌》是这样来描述的：

> 天下树有根，地上水有源。
>
> 说起孝蚂拐，更是有来源。
>
> 说来根底长，数来源流远。
>
> 说到布洛陀，数到姆六甲。
>
> 才对它的根，才中它的源。

米六甲即花婆，是壮族的始母。故清李调元《南越笔记》指出：

> 越人祈子，必于花王圣母，有祝辞云："白花男，红花女。"故婚夕亲戚皆往送花，盖取诗"花如桃李"之义。

壮族道公经书《百二科》指出：

> 九天圣母，六国兹尊，赐男赐女，作人间之主宰；兴嗣兴续，为世上之花王。能消克害，能度凶关，解短作长，变凶作吉。家家敬奉，处处皈依。②

壮族等对祖源的重视，其实包含着对人口衍续的环境、能力、方法乃至

---

① 南宁师范学院广西民族民间文学研究室编：《民歌民间故事》第七集，转引自韦苏文《壮族悲文化》，广西人民出版社1994年版，第29—30页。

② 广西天等县上映乡下庄屯黄国栋收藏之道公经书。转引自许晓明《接亲·安神·迎花》，李富强主编《中国壮学》（第四辑），民族出版社2010年版，第268页。

审美原理的关注。这一关注,不仅牵涉到壮族的祖源——存在与自我理解的问题,更关涉到"发现"——自我如何去看待存在,如何处理存在的问题,尤为突出的是如何实现人与自然的对应性,又如何凸显天地人——宇宙的潜能的实现,是花婆信仰的核心问题。因此,那文化花婆信仰在对自我理解的历程之中,就将其视野推入了对宇宙理解的价值域与"道法自然"的方法论域之中。

花婆信仰这种对历史及自我的观照,具有浓郁的历史特质。亦即,那文化等在对存在思考的时候,就将过去、现在与将来纳入了一种时间链之中,并将过去、现在、未来作为同时共存的矛盾的真理来加以审视,因此,壮族等民族就将此在与祖源——永恒的链接之中,形成了对时间话语的关注及其建构的审美发生学意义。

二 那文化花婆信仰的生态文明指涉及其审美制度呈现

花婆信仰如此关注自我的源头与可持续生存的问题,实际上与其自我建构的历史及环境有绝大的关系。

历史上,花婆——姆六甲,被认为是繁衍壮族所有支系的始祖与图腾(见图1)。

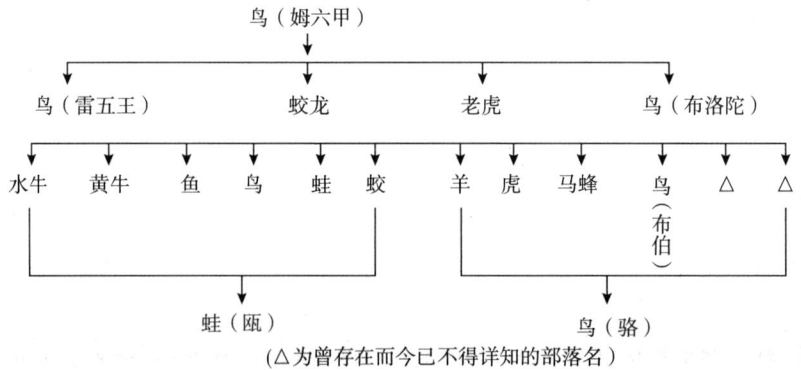

图1 花婆作为玄牝衍生万物①

---

① 梁庭望绘图,转引自农冠品《壮族神话集成》,广西民族出版社2007年版,第546页。

花婆还是人类繁荣昌盛的神灵。民国《来宾县志》记载：

> 花王圣母者，省称曰花婆。嗣艰者，祈祷尤虔。县城东楼及在厢里、格兰村、南一里、永平团、羊腿村皆立专庙奉祀。其赛会游神在每岁夏历六月六日。龙洞、鳌山亦祀花林圣母。鳌山香火最盛，其赛会游神，远乡毕至。其神三像并坐，中一像貌最老，左右者次之。在右者类中妇，锦袍玉带，凤冠珠履，俨然妃嫔妆。旁坐别有七子、九子两娘娘，韶秀如三十许人，华裙露袂，群儿攀附胸腹、肩膝。一七、一九，隐寓多男之意。

在这里，不论涉及鳌山、花山、花林，都将人类的衍续安置在人与自然的关系境域之内。而人类运用自然生态承载力以获得衍续，始终是一个必须面对的严重问题。

下面，我们仅以广西的人口资料对壮族人与自然的关系做一个粗略的说明。

当今的壮族虽然是中国最大的少数民族，但在历史上壮族的生存环境并不乐观。据肖永孜研究，壮族乃至整个广西人口始终是造成区域内人们生存压力的因素之一。广西最早的人口统计在西汉平帝二年（2），人口为267715人，其中相当部分为壮族。东汉永和五年（140），广西的人口发展到1157071人[1]。至明代，"广西一省，俍人居其半，其三瑶人，其二居民"[2]。如果按此比例计算，当时壮族人口只有50万。清嘉庆二十五年（1820），壮族人口增至336.93万。民国三十年（1941），张先辰《广西经济地理》载："广西壮人约五六百万……几乎遍及广西全省。"可见，壮族在人与自然的竞争与和谐历程中是不断壮大的。

同时，环境资源条件的窘迫也给民族衍续造成危机。历史上，岭南生存环境恶劣导致生育率相对较低。据班固《汉书》卷六十四载："南方暑湿，近

---

[1] 肖永孜：《壮族人口》，广西人民出版社2007年版，第61页。
[2] （清）汪森：《粤西丛载》卷26，广西人民出版社1988年版。

夏瘅热，暴露水居，蝮蛇蠚生，疾疠多作……"① 清道光二十四年（1844），世纶、余思诏修，詹作述纂《武缘（今武鸣县）县志》载："蛮烟瘴雨，气候乖戾。峻岭穷源，土膏瘠薄。"

可见，广西环境的恶劣影响着包括壮族在内的人的生存。而环境恶劣导致的死亡率高，又是另外一个影响生存的因素。《隋书》载："自岭已南二十余郡，大率土地下湿，皆多瘴疠，人尤夭折。"

这样的环境所引起的生存问题，一直延续到 20 世纪。据 1957 年对壮族人口聚居的靖西、宣山等七个县 22 个乡的调查，婴儿的死亡率达 57.5‰，直至 1980 年百色地区的婴儿及新生儿死亡率与出生率分别为 69.48‰ 与 72.55‰。可见，壮族的人口繁殖在相对恶劣的自然环境下，是一个非常严重的问题。②

又据李富强的研究，对于广西兴安县龙脊乡的壮族，子息的延续一直是他们面临的必须解决的核心问题之一。例如，1928 年的《兴安县西外区龙脊团添丁会布告》称：

> 为布告事。照得今日文明国家许人民自由集会结社，无非令人兴利除弊，以图地方自治。而学会、农会、商会布满天下，若会员能振作精神，竞争进步，以图富强，未尝不占于优胜地位。今我辈设会，意不在此。因吾辈命运乖违，欠缺子息，恐后启之无人，痛先灵之谁靠，不已，而推定相续之人。或同宗或异姓，以承吾之财产、宗支，使数百年继续之权，一旦失于他人之手，此中景况，难向人言。不但此也，一家相聚，难免无异同之心，父子同居或具有彼此之见，有善无可劝勉，有恶无从规戒。不已，前派代表赴县呈请县公署。马知事批"状悉，准尔承祧备案，自行勒碑，永远竖立通衢"。此批如是，而集同况之人结一社会，又何敢望优胜于社会上也？只求宗支香烟不替，家庭相督有人。或内外房

---

① （汉）班固：《汉书》卷六十四《地理》，中华书局 1962 年版，第 2781 页。
② 肖永孜：《壮族人口》，广西人民出版社 2007 年版，第 157—158 页。

族稍有差池，可于社会讨论，互为劝勉，互为警戒。设此会者，非庆也，实自悲也。然无子而有子，无孙而有孙，螽斯衍庆，麟趾呈祥，又何尝与家族有异同也？切切此布。

民国十七年岁次戊辰二月二十三日，会员廖笔周、侯永连、潘润德、廖文英、潘永团、陈庭英、侯庭甫、潘玉章、廖吉欢、蒙吉清、陈富朝、陈昌保、廖昌庭、潘保生、潘美玉、罗尧德、潘日甫、侯益定、廖肇光、廖王达、廖文杰、廖正安、廖昌兴、廖昌永、廖昌宁、廖王屏、廖安华、廖吉祥、廖昌儒、廖益秀、潘安兴、潘安凤、潘安武、潘昌元、潘光荣、潘王禄、潘光庭、潘光华、潘昌英、潘蒙善、潘仕明、潘仕成、潘凤元、潘胜丰、潘富友、潘光星同立①

子嗣关系到壮人族群的延续，并关涉到壮族政治、经济诸领域，更关乎民间与政府的互动。也就是说，人与环境是一个复杂而又极为关键的文化系统。因此，针对恶劣的自然环境与复杂的社会条件，要获得生存、展现出自我的生存智慧，是对壮族人的重大人生考验。也就是说，壮族的生存与自然环境的关系极为密切，而思考人与自然的关系，就成为壮族生存文化的核心。

此一生存文化涉及格尔兹所谓的多重生态及其系统意义：

> 同样注重系统的普遍性（系统结构、形态平衡、系统变迁），而不只注意"文化"和"自然界"变化的成对变量之间点对点的关系上，它引导人们思考的问题从"各种条件是否……导致文化发生抑或这些条件只能制约文化的发生？"转向这样一些深刻的问题："假定一种生态系统是通过比较文化核心和有关的各种环境因素之间的不同关系而加以界定的，那么，这个系统又是如何被组织在一起的？""调节其功能的机制是什么？""它所具有何种程度和哪种类型的类型稳定性？""其发展和衰落的

---

① 李富强：《现代背景下的乡土重构——龙脊平安寨经济与社会变迁研究》，科学出版社2009年版，附录4。

特有方式是什么？""如何将一系统的这些特征与其他系统特征进行比较？"等。①

更进一步，花婆信仰以子嗣延续为将社会整合于团结的文化表征，就关乎那文化整体及其个体潜能的实现，故而，它又是一种生态审美制度。而这种生态审美制度的发生，是源于壮族等民族对自我的时间性的意识及其建构。

三 花婆信仰的天文学内涵及其生态文明的哲学核心——时间性指涉

那文化花婆信仰，一直都是以"地法天"的仰视态度来探索仪式与审美制度中的天文文化的主体内涵的。

民国《桂平县志》引夏敬熙《浔州府志》：

> 壮俗每年延巫师，结花楼，祀圣母，亲族男女数百千人，歌颂号叫，戏剧三四日夜乃毕，谓之作星。按，圣母不知何指。据邑中武平里诸壮所祀，则为六乌娘，又名六乌婆，庙在六乌山。

民国刘锡蕃《岭表纪蛮》记载：

> 壮俗祀"花母"，亦曰"花婆"。农历二月初二，为"花婆"诞期，搭彩楼，建斋醮，延师巫奉颂，男女聚者千数百人，歌颂叫号，二三日乃散，谓之"作星"。又，壮乏嗣，或子女多病，则延师巫"架红桥""接彩花"，乞灵于"花婆"，斯时亲朋皆贺。②

这里的作星仪式，即依据天上星宿来达成人与自然对生性的本质和潜能的实现：

---

① 转引自〔美〕哈迪斯蒂《生态人类学》，郭凡、邹和译，文物出版社2002年版，第13页。
② 以上均转引自刘映华《壮族古俗初探》，广西人民出版社1994年版。

祭祀一词，实际上包括"ya, ja, na"所组成的一句话，其意义是"他们聚在一起，传种接代"。因此，祭祀是指完成某一目的的方法。目的是什么？所有吠陀文献异口同声地提出一个要求，即财富（主要食物）和人丁兴旺。我们结合其目的方法来看，就得出明确的概念，即是"他们聚在一起，生产食物并多生孩子"。①

这种"作星"仪式，就包含有一种探索自我之源的生态思维与审美追求。正如费尔巴哈指出：

人本来不想把自己与自然分开，因此也不想把自然与自己分开；所以他（按：人）把一个自然现象在他身上所激起的那些感觉，直接看成是对象本身的性态。……因此人们不由自主地、不知不觉地——亦即必然地……将自然的东西弄成了一个心情的东西，弄成了一个主观的、亦即人的东西……把自然现象当成一个宗教的、祈祷的对象，亦即当成一个可以由人的心情、人的祈求和侍奉而决定的对象了。人使自然与他的心情同化，使自然从属于他的情欲，这样，他当然就把自然弄成顺从他、服从他的了；未开化的自然人还不但使自然具有人的动机、癖好和情欲，甚至把自然物体看成真正的人。②

这种具有对生与环进的特质的实现自我与自然潜能诗性思维，也作为：

中国的哲学基调之一，是把无生物、植物、动物、人类和灵魂统统视为在宇宙巨流中息息相关乃至相互交融的实体。③

也就是说，这种人天互动对生的审美方法论，就是道法自然。

花婆信仰中被视为自我表征的星宿，主要涉及中国古代的三大时间坐

---

① ［印度］萨拉夫：《印度社会》，华中师范学院历史系翻译组译，商务印书馆1977年版，第87—88页。
② 转引自刘达临《世界古代性文化》，上海三联书店1998年版，第20—21页。
③ 杜维明：《试谈中国哲学的三个基调》，《中国哲学史研究》1981年第1期。

标——参宿、大火星与北斗。

三大辰，据《春秋公羊传·昭公十七年》载："大辰者何？大火也。大火为大辰，伐为大辰，北辰亦为大辰。"何休注：

> 大火谓心，伐谓参星。大火与伐，天所以示民时之早晚，天下所取正，故谓之大辰。辰，时也。

我们知道，花婆就是天上的花婆牌——参宿。这是有其科学的依据的。陈久金在《中国少数民族天文学史》中指出：

> 壮族对猎户星座也很重视，但他们不如中国北方将它称为参宿或者称为虎星，而是称之为花婆牌星。古代壮民结婚时，在洞房中都要安设一块花婆神牌，它是花婆的象征。花婆神是婚姻之神，专管生儿育女，又是儿童的守护神。据壮族民间传说，凡是出生的孩子，不论是男女，都是花婆神种出来的花朵，都将受到花婆神的保护。[①]

现在能够见到的将壮族先民之一的僚人生死问题与古代大辰——北斗联系起来的最早材料，是《隋书》。《隋书·卷三十·地理志》载：

> 《尚书》："荆及衡阳惟荆州。"上当天文，自张十七度至轸十一度，为鹑首，于辰在巳，楚之分野。其风俗物产，颇同扬州。其人率多劲悍决烈，盖亦天性然也。南郡、夷陵、竟陵、沔阳、沅陵、清江、襄阳、舂陵、汉东、安陆、永安、义阳、九江、江夏诸郡，多杂蛮左，其与夏人杂居者，则与诸华不别。其僻处山谷者，则言语不通，嗜好居处全异，颇与巴、渝同俗。诸蛮本其所出，承盘瓠之后，故服章多以班布为饰。其相呼以蛮，则为深忌。……其死丧之纪，虽无被发袒踊，亦知号叫哭泣。始死，即出尸于中庭，不留室内。敛毕，送到山中，以十三年为限。先择吉日，改入小棺，谓之拾骨。拾骨必须女婿，蛮重女婿，故以委之。

[①] 陈久金：《中国少数民族天文学史》，中国科学技术出版社2008年版，第113—114页。

拾骨者，除肉取骨，弃小取大。当葬之夕，女婿或三数十人，集会于宗长之宅，著芒心接篱，名曰茅绥。各执竹竿，长一丈许，上三四尺许，犹带枝叶。其行伍前却，皆有节奏；歌吟叫呼，亦有章典。传云盘瓠初死，置之于树，乃以竹木刺而下之，故相承至今，以为风俗。隐讳其事，谓之刺北斗。既葬设祭，则亲疏咸哭，哭毕，家人既至，但欢饮而归，无复祭哭也。其左人则又不同，无衰服，不复魄。始死，置尸馆舍，邻里少年，各持弓箭，绕尸而歌，以箭扣弓为节。其歌词说平生乐事，以到终卒，大抵亦犹今之挽歌。歌数十阕，乃衣衾棺敛，送往山林，别为庐舍，安置棺柩。亦有于村侧瘗之，待二三十丧，总葬石窟。

这则材料涉及那文化花婆信仰相关的内容有生死与北斗的关系、生死与岩洞的关系。它说明，花婆信仰在早于隋唐之前就已经出现，并且与星宿文化有着紧密的联系。而最能说明花婆信仰与三大辰的关系的是壮族巫师的神龛（见图2）。

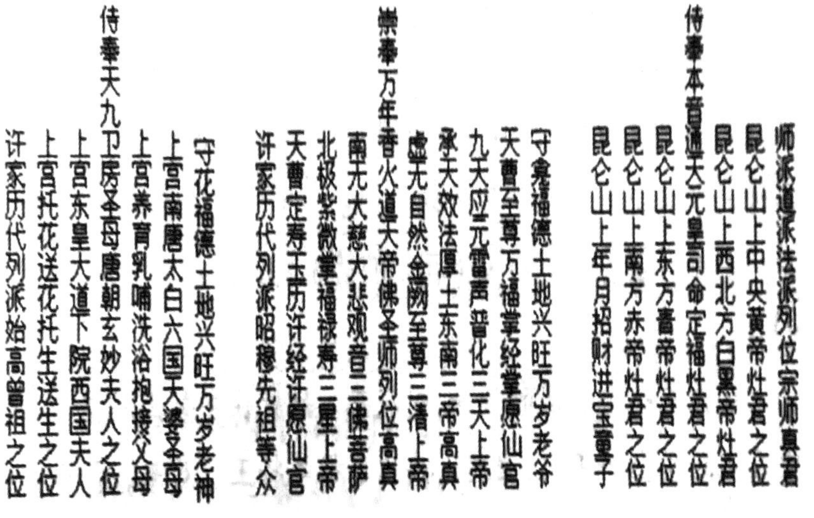

图2　壮族道公神龛①

---

① 许晓明：《接亲·安神·迎花》，《中国壮学》（第四辑），民族出版社2010年版，第267页。

图2中的神灵谱系，灶君即东方大火星，北极紫微即北斗，卫房圣母即花婆——参宿的神灵化表征。

花婆信仰的这种以天为元的文化逻辑，恰恰表现出一种神而明之的神话思维，而这种神话思维以时间为纽带，呈现出按宇宙的时间节律运动的对生与环进的审美发生范式。《黄帝内经·气交变大论第六十九》指出：

> 善言天者，必应于人；善言古者，必验于今；善言气者，必彰于物；善言应者，同天地之化；善言化言变者，通神明之理。

在花婆信仰里，参宿作为中国古代的大辰之一，是壮族观象授时的坐标之一。并且，壮族依据花婆据子开混沌，确立了民族的"历元"。进而，壮族在历史的发展进程中，综合地运用古代三大辰来确立时间性，从而更加准确而深刻地认识了历史发生与发展的时间本质。也就是说，壮族的人与历史，始终是被置入时间性境域之中来加以确立的。

因此，壮族在探究世界的美的本源——潜能的时候，始终将它纳入时间性的境域之中。如此，壮族对三大辰的运用，就有着根据自然时令展现出"以礼会时"（《大戴礼记·诰志》）与"君子以治历明时"（《周易·象传》）的文化特质，并通过人与自然的对应与耦合的自我定位机制，展现出在对应与耦合的基础上抽绎出的"对生与中和""对生与旋升"的审美范式的历史特质。而所有这些范式，都是沿着《老子》"人法地，地法天，天法道，道法自然"的宇宙运行逻辑与审美发生范式来建构的。

四 花婆信仰作为民族传统文化的研究及其与中华民族伟大复兴的意义

作为文化复兴的载体，政府与媒体近年对花婆信仰的关注或报道，有逐年上升的趋势。

2010年4月25日是邕宁区蒲庙镇开圩279周年。4月24—25日，蒲庙开圩五圣庙会在蒲庙镇五圣宫举行。庙会延续了近300年的"花婆粥"仪式（见图3），并在邕江漂流着2000多盏花婆水灯（见图4）。

图 3　蒲庙的花婆节

图 4　花婆送花（黄国慧　梁红　黄升模摄）

那文化对花婆信仰持久的关注提醒我们，通过对花婆信仰的研究我们将会发现，祖先与后嗣是具有绝对相关性的，并且，通过当下的个体就可以将过去、未来熔铸在现在当中。亦即"祖先崇拜被解释为一种政治制度，通过向宗族成员灌输有关意识而获得社会整合与团结的效果"[①]。

---

① 金光亿：《文化与政治》，周星、王铭铭主编《社会文化人类学讲演集》，天津人民出版社1996年版，第375页。

而依前述，花婆信仰以花为核心，它作为生态审美制度或审美意识，指向一种源始时间的建构及其演化。所以，我们将根据壮族的宗教仪式、神话传说、铜鼓、剪纸等诸多方面的材料，来探讨花婆信仰对三大辰的运用，并对其中的生态美学原理及其境界，作一个初步的分析。

在本研究中，我们会发现，那文化相关民族因三大辰的运用凝聚的人类本源意识和诸多关涉生命的对象，他们之间必然具有同一时间性。同时，花婆信仰还告诉我们，只有通过个体生命——我的同时的感知，我才具有对现实的当下意识。也就是说，对花婆信仰各阶段的时间的强调，表面上是个体成长的时间彰显，其实是依靠花—花婆形象（乃至整体的图式、仪式）将自身当作当下之物的直观表现，使得自身通过当下的物化而被再现乃至再生产出来，从而彰显出生命的生态逻辑与审美意蕴。于是，壮族、水族等民族本原的时间意识，是建基于一个显现之上的、具有某种特征（某种时间样式）的持续可变异的意识。

亦即，在标显时间的仪式中，花婆所有的知性特征，是通过时间来规定人的内感官的，它进而化为外在的行为方式与社会制度，把一切泛泛的与一般直观对象发生关系的范畴或统觉综合统一，并将它视为我们人类具体的一切直观对象即经验性的直观对象（感性杂多）的条件，从而使所有的范畴——包括时间范畴获得经验的实在性。

尽管生态审美范畴并不直接作用于经验性的直观，但它可以并且必然地通过线条直观形式——时间在内感官中将感性杂多综合而成为感官的对象，即形象的综合。这种综合通过想象力来实现，从而表现为想象力的感性与自发性的双重特征。进而，这种想象力作为感性与知性的中介，作为知性作用于我们可能直观的对象的最初运用，同时成为知性的一切其他运用的基础而在时间中呈现出来。

不过，时间是一种内在直观形式，是一种直接的本源意识。直观中的综合，不是在直观——时间意识中完成的，而是在心灵的直观中完成的。所以，在神话中花婆出生的那一个瞬间——"突然"，就直接呈现为壮族等民族对于本源的直观，而一生的时间段也以先天直观形式即时间来整理、综合杂多表象，但不能够完成直观的综合。而直观的综合必须渗透、贯穿先验的自我意识的本源能力，在实现个体生成与发展的基础上，扩展到生态进化系谱轴而达至完成。在此一点上，那文化花婆信仰又具有超时间性。

在花婆信仰中，要把花这一直观表象当作唯一的直观表象来认识，就必须把这一直观中的杂多作为一个杂多总体来意识。并且，必须将这种总体在根本上形成一个统一的表象。当然，直观表象作为心灵的变化形态，最终是从属于时间的，都在时间中。也就是说，经验性的自我意识必须依赖先验性的自我意识的客观统一性。这就呈现出一种"对生与环进"的审美发生图式。

花婆信仰对三大辰的运用表明，花作为经验性的自我统一性是完全主观的，它由联想构成并依赖于时间的内在规定，但尚未构成对象概念，因而它的诸表象的联系没有必然性，形不成客观知识。这种统一性是因人而异、因时而异的。进一步，只有将花含纳了三大辰并将时间作为本源的综合统一才是客观有效的，从而使一切给予的直观杂多都集中联系到一个对象概念——花婆之上而得到统一；而且正因为这种统一是通过"我思"的分析命题贯彻下来的，它就包含一种必然性关系。

在花婆信仰之中，先验自我意识和经验的自我意识的区别和联系，实际上是建立在前述统觉的本源的综合统一和感性的直观形式（时空）的区别和关联之上的：光凭时间把内感官中的感性杂多汇集在一起还不能形成对象概念，因而还不是知识，只是为知识提供了感性材料，它有待于先验统觉的综合统一。当然，即使经验性的自我意识（内感经验）也不可能是赤裸裸的，而是已经受到了先验自我意识的统摄，否则它是根本不能被意识到的。所以，它至少也是对我的心理状态（作为一个内感对象）的认识，但绝不能由此推出使我有此心理状态的外界对象的知识。[①]

故而，我们对花婆信仰的生态美学的发生范式的分析，也只有在本源的先验的自我意识的基础上才能推出使我有此心理状态而形成的外界对象的知

---

① 杨祖陶、邓晓芒：《康德〈纯粹理性批判〉指要》，人民出版社2001年版，第155页。

识。正如康德指出的：

> 要从此杂多获得（内在）直观的统一性（就如在空间表象中的统一性），首先必须遍历杂多性，然后使之集中起来，我称这种综合是感知的综合，因为，这种综合是完全针对直观的。直观虽然提供杂多，但是如果不借助于这里的综合，此杂多就不可能被作为一个杂多（总体）而包含在一个表象中得到表象。感知的这种综合必须也是先验地进行的，也就是说，就诸表象是非经验的表象而言，这种综合是先验地进行的。因为如果没有这种感知的综合，我们既不能有先验的空间表象，也不可能有先验的时间表象，只有通过对感性在其本源性的感受性中呈现出来的杂多进行综合，才能产生空间表象和时间表象。所以，我们必定有一个纯粹的感知综合。①

对此，我们可以这样来理解，花婆信仰中三大辰表现出的各个时间段，其实就是直观中的杂多的显现，而含纳三大辰的花婆表征的时间又始终是作为杂多的综合的总体。康德认为：

> 每个直观都包含着一个杂多总体，但如果心灵不在印象的相续中划分时间，此杂多就不可能被作为一杂多的总体来表象，因为作为瞬间所包含的印象，每一表象只能是绝对的统一性，而不可能是别的。②

进而，在花婆信仰对自然具有相应的否定性主导的历史实践中，人摆脱、压制、转化了他的兽性，并在这种超越历程中确立了人性，确立了黑格尔意义上的主体。这个主体用工具进行整饬，用语言来再现，用理性来权衡，用意识来认知。在花婆信仰里，通过对三大辰的运用，使得语言、理性、意识都具有时间的同一性特征。而那种巨大而混沌的连续性的动物性统治在这种

---

① ［德］康德：《纯粹理性批判》A99－100，转引自黄裕生《真理与自由》，江苏人民出版社2002年版，第165页。
② 同上。

缓慢的历史进程中被条分缕析地切割了,切割成为具有零星意义片段的时间表征。在此境域中,各种各样迥异的对立面得以形成,他们既不统一,但也可以有机地被串联在一起,主体和客体、内在性和外在性、自我和非我、知识和非知、概念和直觉、现实原则和快感原则、可能性和不可能性等,截然对立,泾渭分明,但又紧密关联。也就是说,不论是自然被时间化为不具有自身的同一性,还是人的物化,都必须有一种确定的世界的本质来统一这个世界,即确立起一个必定能够把一些相应的杂多表象统一在自己之下的表象。这个表象就是与三大辰合一的花婆本身。

进一步,即如黄裕生先生指出:

> 由于时间(意识)本身不具有自身同一性,它也就不可能去联结、统一在其中被给与的诸表象。……如果任由时间开显下去,或说,任由直观进行下去,这个世界就是一个纯粹流动着的现象界,而不含有确定的、自身同一的事物。任何一个自身同一物都必定有一个能够把一些相应的杂多表象统一在自己之下的表象。这意味着必须对时间作出划分。

> 所谓划分时间,并不是要切割时间本身,而是要隐去时间中无关的表象,突显某一时间内的诸直观表象,一般确定总是相伴出现的现象,而排除偶然相续的现象。[①]

所以,花婆信仰中关涉的个体的不同时间段以及壮族所举行的不同的仪式,对应于三大辰,以便把一些相应的杂多表象统一在自己之下,排除偶然相续的现象,在确立人生不同阶段的不同质地的本质彰显表现出自我是确定的具有自身同一性的事物。并且,三大辰统一于花婆就表明,只有当心灵对时间进行划分,再在遍历这些杂多并把它们集中起来,将这些相续的杂多表象为一个整体,人之为人才真正地呈现为一个综合了各种杂多的完整的直观形象。也就是说,在花婆信仰与三大辰的客观时间严密对应的基础上,历史

---

① 黄裕生:《真理与自由》,江苏人民出版社2002年版,第167—168页。

地呈现出一种民族的心灵时间观：

具体说，时间是当下（瞬间）显现事物，表象（意识）事物，并且是在瞬间的相续中显现相续的事物。但是，时间不仅意识不到自身的当下存在，更意识不到自身的当下（瞬间）的相续性存在，虽然时间是一切事物存在、显现的先验条件，而且事物的相续性恰恰是在时间（诸瞬间）的相续性中才显现出来的。因此，时间意识本身给不出关于时间的表象。只有借助于心灵的感知综合，也即"对感性在其本源的感受性中显现出来的杂多"进行综合，才能给出先验的时间表象。

这种综合之所以叫感知综合，因为它完全是针对直观的，更准确地说，是针对在时间的到时中进行的直观。而所谓感性的"本源的感受性"就是超验的感（接）受能力，它不是派生的，而是使感受（他物被给予我们）成为可能的先验条件：它是我们的一切感受活动的本（起）源。这种本源的感受性总是展现为当下（瞬间）的相续到来，这种到来同时也有他物显现、存在，在康德这里，也就是有表象产生并给予我们。这些诸当下到来、产生的诸表象之所以被康德认为是非经验的，因为它们在当下只显明有物在，而不显明此物为何物。也就是说，在当下（时间意识中）到来、产生的表象尚没有获得自身同一性，尚不是自身同一物或宾词物，因而尚不是可以经验的"对象"。只有被构造、综合为自身同一物，事物才能被经验，才能成为经验或知识的对象。在这个意义上，在当下给出的表象只是事物的时间性存在，它先于事物的一切经验规定（属性），因而它是先验的。心灵对这类表象的综合也必定是先验的。实际上，心灵就是在对诸相续瞬间的诸表象的综合，也即在对事物的时间性存在的综合中，才给出时间表象。这个世界表象一般被包含在一个包含着相续的诸（杂多）表象的表象中。感知综合给出的任何一个表象都必定包含着时间表象。

通过讨论直观中的感知综合，我们着重突现了时间这种感性能力的一个根本特征：它只是一种直接性意识，它不意识自身，只意识他物在当下的到来、存在。或者也可以说，在时间这种直接性意识中，并没有他物存在与意识本身之间的区别，它们直接共在于一体：时间的到来一定也是有物存在、显现，而有物存在、显现，也必定首先是时间的到时。没有他物的刺激，时间的这种感性能力也不会发挥作用，时间就不到时。时间之为此刻，全在于此刻的刺激，是此物的显现。因此，时间意识没有自身同一性，它不意识自己而在，而是意识着他物而在。①

根据此一理论，我们发现，那文化中花婆信仰的花作为时间的到时的形象显现，是可以穿越于客观与主观的分隔，并通过纯粹统觉而达成主客体潜能对生性实现的自由境界的：

> 既然我们想要追踪表象的真正联结的内在根据，直到这样一点，在其中表象为了首次得到一种可能的经验的知识之统一性而必须全体汇集在一起，那我们就必须从纯粹统觉开始。②

所以，花婆信仰蕴含的"对生与环进"的生态审美发生范式，立足于那文化真正的时间审美范式。它必然通过花婆信仰这种先天的统觉综合来贯穿。也就是说，这种时间范式的形成与作用就是花婆信仰的生态审美的时间范式。至此：

> 时间的意义已经由"变化"的"形式"——"绵延"之"流""展示"出它的"决定性""作用"，由一种"存在者"的"（变化）方式""转化"成"存在"的"方式"，亦即"决定""存在""意义"的"因素"。"时间""参与—决定"着"空间"事物。
>
> "时间"不仅仅"在""空间"中"保存"自己，而且"支配—决定"着"空间"。"时间"之所以能够"在""空间"中不会"丢失"自

---

① 黄裕生：《真理与自由》，江苏人民出版社2002年版，第169—170页。
② ［德］康德：《纯粹理性批判》A116，杨祖陶、邓晓芒《康德〈纯粹理性批判〉指要》，人民出版社2002年版，第143—144页。

己,正是因为"空间""蕴藏"着"时间"的"痕迹",能够"被""在""时间"中的"人""揭发—发现"出来,犹如"人"能够—有能力在"必然的世界"中"揭发—发现""自由"一样。……

"时间"是一种"创生"力量,世间万物无不是"时间"的"产物","人"是这个"时间"的"解放者",也是这个"创生"作用的"助产婆","人"的出现,"催生"了这个"世界"。①

花婆信仰将个体生命的时间段划分与人的成长经历,与三大辰严密地结合在一起,生命—宇宙—社会既是时间表象的再现,又是在时间本身的表象得以发生的想象力的综合过程,这一过程表现出人的想象力的先验能力,从而揭示出以知性的范畴为基础的经验性的规律(联想律)。进而,这种经验性的再生的综合以空间上的"同时并存"与时间上的"前后相续"及其相结合为根据,在"把握的综合"与"再生的综合"的不可分割的关系境界之中互为生成的条件,进而展示出一种"彻底的"(durchägngig)综合——"概念中认知的综合"。

正因为有了各种时间划分与统合,花婆信仰规定了在世界史——时间的意义对生命与生态的关联有一个整体观照。这一整体观照由时间来规定,并由心灵来成就。所以,不论是时间还是空间,还是事物的本质及其构成的世界,都通过概念的综合来建构。即各种时间段及其代表的表象,被置于一种前后贯穿的"统一性"之中,隶属于同一个表象——花—花婆。而花婆将时空意象,以及各种相关物统一于生态进化系谱轴之中,因而使诸表象在每一个认知的对象——花婆的必然关联中具有了客观的而非主观假定的统一性。再进一步,在花婆信仰的概念统一性即形式的统一性中,通过使直观的和再生的表象综合在意识的统一性中,就可以获得必然性形式,获得必然性与知性的统觉的统一性,从而明确地建立起概念与其对象的关系。这就指向了花婆信仰的整生范式。这种整生范式的发生图式就是"对生与环进",并在此形

---

① 叶秀山:《科学宗教哲学》,社会科学文献出版社2009年版,第282页。

式基础上推演出道法自然的生态审美发生范式。

而最终的整生即在本源上的质的综合,是形而上之道形成、显现处,也是生命本质的形成与彰显处。这种道的彰显与"自我意识悖论"或"反身性悖论"具有同一性。

亦即,在花婆信仰中,人具有康德式的内感官,而内感官表面又呈现为悖论态:我怎么可能同时感到自己又被自己所感到?康德主张通过把主动的我与被动的我区别开来,以解决这一问题。主动的(感知的)我是知性的本源综合能力的体现,它通过想象力而起作用;而被动的(被感知的)我是感性的接受能力的结果,它是由同一个先验想象力、因而也是由知性"刺激"起来的。在这里,知性始终贯穿于两种被区分的我之中。知性通过先验的想象力,一方面刺激内感官,使它通过其直观形式接受各种内感杂多表象,另一方面是这些表象综合为一个经验的"自我"。

在知性的贯穿下,经验的自我被视为先验自我的现象,先验自我就被经验成以自我为基础的智性的自我。二者是一体两面的关系。但在那文化花婆信仰里,先验自我——本体是不可见的,处于冥漠之中。但不管怎样,通过先验自我与经验自我(在中国被表述为自我的先天与后天)的区分以及在本源—本质上的必然联系,花婆信仰展现了知性范畴可能而且必然地要运用到人类的感性直观之上的途径。

也就是说,知性范畴由于通过先验想象力对"一般直观杂多"进行综合,才使内感官的规定并因而使经验性的自我意识成为可能;而花婆作为对一般直观、包括外部直观杂多进行规定的先验自我意识,是作为内感官规定的经验自我意识的条件。至此,表面上"我怎能认识我自身"的"反身性悖论",由知性通过想象力已经解决了,其实只不过是通过某种"中止判断"而把它悬置了起来。这一问题在现代性仍然被悬置,而在后现代性又被提出,这是一个仍然期待解决的问题。这也是生态美学必然面对的问题。

我们认为,当前的生态危机展现的是一种永恒的破灭。而生态思潮张扬着可持续发展的大旗,目的是要挽救永恒,或者说,建立一种新的永恒。而永恒始终建立在时间的基础上。海德格尔《存在与时间》指出:"历史本质上是精神的历史;这一历史在'时间中'演进。所以'历史的发展落入时间'。"①而豪尔赫·路易斯·博尔赫斯《永恒的历史》更是认为:"人们必须首先体验永恒,而永恒,正如人们所知,是时间的模型和原型。"②

所以,任何民族,只要他关注自己的历史,就不能不关注时间,建构起自己的时间概念,从而展现他们的民族精神。以下,我们将探讨壮族花婆信仰中的时间建构历程,并逐步揭示出文明历史与生态审美的意义。

总之,花婆信仰涵盖了以三大辰为网络体系的宇宙时空结构。具体而言,有以下四个方面。

首先,它以参据子位而开混沌,展现出壮族时间意识的凸显——立元时而花婆成为始母,在神话—信仰的时空状态下"见道",并呈现为"判天地之美"的宇宙元生性的审美模式。

其次,随着宇宙时空的转换,花婆信仰的第二个层次是花婆乘龙大火星,在二者的互动耦合境域之中,标现为随时成位以"体道"——"备天地之美"的衍生模式。

再次,花婆信仰并不是无限制地衍生万物,而是有理、有利、有节地走向宇宙的节律与生产力。这表现为斗据参机历程中的原始要终,进而形成"原天地之美"的审美回生模式。

最后,花婆信仰不仅展现出人及其历史对自然的归根复命,同样,在人的历史性的时间意义展现历程中,它又以人的潜能的实现统合于日辰纳于甲的成始成终的宇宙与人的可持续发展。而这种可持续发展的模式,将天的形而上学特质衍化为"土王地中(三辰、十二辰归于日月)",并通过"守母存子"与"原始要终"两大原则创生对生与旋升模式,花婆信仰最终展现为"全而生之,全而归之"的整生模式。这种模式表现为"处乎不淫之度,藏乎无端之纪,游乎万物之所始终",进而在"美成在久"的显现"时中"的意

---

① [德]海德格尔:《存在与时间》,陈嘉映译,生活·读书·新知三联书店1987年版,第502页。
② 转引自《第欧根尼》2005年第1期,社会科学文献出版社1986年版,第75页。

义境域之中，达成"与时偕行，其道光明"——玄妙之镜的呈现：

> 善言天者，必有验于人；善言古者，必有合于今；善言人者，必有厌于己。如此则道不惑而要数极，所谓明也。①

我们通过对花婆信仰这一类民族文化的生态智慧及其审美发生范式的分析，并通过揭示其原初科学性原理，去粗取精，为当代生态文明建设提供历史理据。并且，我们期待着通过花婆信仰等中华民族优秀传统文化的道统发掘，推动中华民族的伟大复兴，并运用中华民族传统文化及其智慧范式为世界文明的顶层设计与新现代化建构揭开新的篇章。

---

① 《黄帝内经·素问·举痛论第三十九》，人民卫生出版社1982年版，第233页。

第一章　宇宙时间的开显与判天地之美的创生图式

每个民族都有探寻本民族的源头的兴趣,而在历法上,将天地生成最初的那一刻叫作历元。所谓历元,即从现时间往前推,找到过去冬至或立春与平朔同在夜半的那一天,即为"历元"。所谓立元时,即相关民族确立并表征出历元。它是民族自我确立与衍续的首要条件。

虞恭认为:"建历之本,必先立元,元正然后定日法,法定而后度周天以定分至。"何休《公羊解诂》:"变一为元,元者气也。无形以起,有形以分。造起天地,天地之始也。"徐彦《公羊疏》:"元者,端也。元为气之始,如水之有泉,泉流之原,无形以起,有形以分,在地成形也。窥之不见,听之不闻。……《易经》云:孔子曰:易始于太极,太极分而为二,故生天地,天地有春夏秋冬之节,故生四时也。"[①]

立元关系到四时的美恶。司马迁《史记·天官书》指出:

> 凡候岁之美恶,谨候岁始。岁始或冬至日,产气始萌;腊明日,人众卒岁,一会饮食,发阳气,故曰初岁;正月旦,王者岁首;立春日,四时之始也。四始者,候之日。

---

① 转引自龚鹏程《儒学新论》,北京大学出版社2009年版,第60页。

确立了历元,就确立了民族的时间之源,也确立了民族的审美基础。

第一节 壮族立元与生态美学意义的生发元点

根据上述理论,花婆的出现是壮族自然法的确定。这也是中国古代"道始于虚廓"的宇宙生成法及其形象显现。《老子》第四十章指出:"天下万物生于有,有生于无。"①

花婆的出现,通过"有无相生"而"道通为一",即作为壮族"对生与环进"的宇宙发生范式与"道法自然"审美发生范式的历史呈现。下面分四部分予以论述。

一 圣人揆度,参序元基——壮族立元与审美统观显现

在绪论中,我们已经指出,壮族的历元就是姆六甲。"米洛甲"神话中,花婆——米洛甲"能为品物之宗主,苞通天地,靡使不经也",其神性可敷展出壮族历史由混沌而衍生人类,进而形成万物化生的历史局面。

壮族神话"姆六甲"是这样介绍的:

> 宇宙虽然分为上中下三界,但是,各界中什么东西也没有。
> 突然,中界的大地上,长出一朵花来(见图1-1),这朵花说不上什么颜色,花一开,中间却长出一个女人来。这个女人就是我们人类的始祖。她披头散发,全身一丝不挂,满身长毛,但却很聪明,因此后人叫她娸洛甲。因为她有智慧,足以做聪明人的师傅,所以又叫她女米洛西。②

---

① 《老子》,上海古籍出版社1989年版,第10页。
② 《中国故事集成·广西卷》(送审稿)。

图 1-1　壮族求花仪式中的剪纸①

首先，这则花婆神话首先展现了一种壮族独有的、具有原生性的宇宙生成观：

> 夫物之所生，功之所成，必生乎无形，由乎无名。无形无名者，万物之宗也。不温不凉，不宫不商。听之不可得而闻，视之不可得而彰，体之不可得而知，味之不可得而尝。故其为物也则混成，为象也则无形，为音也则希声，为味也则无呈。故能为品物之宗主，苞通天地，靡使不经也。②

神话中，花婆为壮族的第一人。而花婆，即壮族用以确定昏旦中的时候的大辰——花婆牌——参宿。以参为始，即斗建寅（见图 1-2）。

---

① 丘振声：《壮族图腾考》，广西教育出版社 1996 年版，第 370 页。
② （三国·魏）王弼：《老子指略》，楼宇烈校释，中华书局 1980 年版，第 103 页。

图1-2 壮族始祖姆六甲

陈久金在《中国少数民族天文学史》指出：

> 壮族对猎户星座也很重视，但他们不如中国北方将它称为参宿或者称为虎星，而是称之为花婆牌星。古代壮民结婚时，在洞房中都要安设一块花婆神牌，它是花婆的象征。花婆神是婚姻之神，专管生儿育女，又是儿童的守护神。据壮族民间传说，凡是出生的孩子，不论是男女，都是花婆神种出来的花朵，都将受到花婆神的保护。①

壮族立元而崇尚花婆牌，即壮族据参宿——大辰为昏旦中的观测坐标。《夏小正》的观察记录是：

---

① 陈久金：《中国少数民族天文学史》，中国科学技术出版社2008年版，第113—114页。

正月初昏参中

三月参则伏

五月参则见

七月参中则旦①

而以参宿定季节的理想年代为：

星躔春分　　　约公元前 4800 年

偕日没定春分　约公元前 3600 年

昏见定秋分　　约公元前 4200 年

朝觌定春分　　约公元前 6000 年②

所以，壮族以花婆牌——参宿为标准，并将参宿据子位的那一刻定为历元，并在立元的同时确立了他们历史的开端。

而壮族立元，在花婆神话里就是三界中大地上"突然"长出的花，它成了壮族对直观杂多的具有先天综合特质的自我表征与表象，成了壮族认识世界的经验性的先验前提。并且，花作为历元表现出知性对感性表象的最起码的先天综合能力——对参宿——时间的把握能力。族类通过运用时间来整理、筛选、联结与组合直观杂多印象，使之成为一个自我的"综观"，并且，在把握时间的同时壮族把握住了空间，并实现了时空的建构，也形成了时空的转换原则。更进一步，花就成为人类生命的核心感悟能力，表征出族类历史意识的本质与历史的真正的开端。

诚然，壮族花婆信仰对这种先验的超验想象力的明悟与凸显，是建立在时间——最初那一刻——突然的感悟之上的。这种思维特征与汉族的女娲、盘古神话思维有高度的一致性。正如美籍华裔学者唐力权指出，世界从混沌开辟的神话，其实是从感觉走向知觉的隐喻，是一种宇宙时空的各自成就与

---

① 转引自陈久金《中国天文学大发现》，山东画报出版社 2008 年版，第 75 页。
② 冯时：《中国天文考古学》，中国社会科学出版社 2007 年版，第 187—188 页。

混融统一：

> 知觉乃是感觉的综合。纯粹的感觉绵延只是模糊一片的混沌意识，而时空的知觉则起于打破混沌的原始综合。意识心在纯粹的感觉绵延里是没有"时"和"空"之分的，所以我们不能说"感觉的时空"。"时"和"空"的分开意识乃是"混沌初开"以后的事。①

他还认为：

> "混沌初开"就是知觉的开始，意识心的原始综合。盘古氏开天辟地的神话所象征的正是原始综合起于原始混沌的意识的发展的历程——亦即感知的时空起于纯粹感觉绵延的历程。在这个熟知的神话里，开天辟地前的盘古（在鸡子中之盘古）代表意识心的原始混沌，开天辟地代表意识心的原始综合。天地分判，这是方所或空间意识的开始。天地分判的过程也是盘古氏"一日九变"的生长过程，这就是时序或时间意识的起源了。②

这可以启发我们观照花婆信仰。而花婆信仰中的人，就是时间空间运化合一的必然结果，即班固《汉书·律历志上》所谓："天地四时，人之始也。"③

花婆神话中作为壮族原初自我表征的花，如此将我对自我在时间中的存有的意识与对我之外的某物的关系的意识结合为一体，故这一形象表征是经验而不是虚构的，是通过感觉凝聚而不是想象出来的。也就是说，这一与想象不同的实在性，是建立在它作为内部经验本身的可能性条件，又是与我的内部经验不可分割地结合在一起的。

它表明，壮族先民在伴随着原初的一切判断与知性活动的作为自我存在

---

① 唐力权：《周易与怀德海之间——场有哲学序论》，辽宁大学出版社1991年版，第151页。
② 同上。
③ 《历代天文律历等志汇编》（五），中华书局1976年版，第1398页。

的表象之中，就同时通过智性直观将我的存有的核心规定与我的存有的智性直观意识结合起来了；而在这一历程中，那种对于外在于自我的投射物的关系的意识，就不一定属于这种智性直观，而是作为自我的空间意识呈现。这是有着中华民族的智慧生成逻辑理则的，即如程颢所说："人受天地之中以生。"[1] 而人受天地之中的生育，即壮族的宇宙生成与人的生产的一致性："辐辏于寅，运移趋时。"[2]

而人生于寅，表明壮族宗伏羲。

至此，人受天地之中以生，就不再仅仅是一个世界首创性的问题，也不仅仅是一个族群的始源问题或者一个宗教抑或信仰的问题，而是作为从世界与人的创生到它们的衍生图式的建构意识及其发生范式的问题了。并且，在这个"人"生成的立场与历程的中和之后，客观上展现出了人自身之"在"，以及与之相关的社会结构、人的活动的经验对于人本身所具有的本源意义，反过来，人也具有相对于社会结构的本源意义。更进一步，人之"在"既凸现世界作为人的根源的作用，又凸显出在一定范围内人是世界的根源性这种双重互动特质。

在花婆信仰中，族类及个体的发生史表明，自然界环绕着人而构成了一个目的体系。大自然赋予了人类两种目的：外在目的是幸福，而内在目的是文化。而在文化内部，人类的思想行为绝不仅仅是消极地成为某种特定文化品质、特定发展阶段的产物，即人不仅仅是历史的工具，而有其内在的价值，他本身就是目的。这就可以导出这样的结论，即唯有大自然的内在目的是人类历史的真正目的。要达至此一目的，唯一的办法就是在人与人之间建立一个道德与社会制度相一致的调节机制，既保障每一个成员充分发展自己的自由，又不滥用自己的自由而妨碍他人的生存与自由。因此，花婆神话与信仰表明，天意就体现在大自然之中，而不是在什么超乎自然的地方，目的王国与自由王国都在这个世界里，而大地就是这个目的

---

[1] 《二程遗书》卷四《二程集》，中华书局1981年版，第4页。
[2] （汉）魏伯阳：《周易参同契》，中央编译出版社2015年版，第41页。

实现的最坚实的基础与空间，更是其意义的归宿。寻求、实现这种大自然的智慧，正是历史哲学的任务与核心。生态美学就是建立在这种历史哲学基础之上的美学的历史形态。

针对上述分析，我们还可以导出，假设超验不论是在理性的设定范围，还是作为情感的对象，它的意义都相对于人才会呈现；如果将世界的超验本质与人之在截断，那么，世界将表现为纯粹的"自在之物"而归于意义的空幻。

如此，花婆信仰展现出的人的存在及其指向的这种超验对象的过程，本身就是离不开人自身之在并不断地将自我内在于超验的历程。这本身就是一种"对生与环进"的过程与范式呈现。因此，在花婆信仰的时空交汇中所形成的世界中的人的自我观照，有着更高的审美认识价值与意义。

花婆信仰的这种立元诉求与世界建构，历史地通过判断力呈现出壮族存在建构的"纯粹存在"的"真实性"，以及"存在"的"超越"意义。叶秀山先生指出：

> 将"时空"从感觉材料中"剥离"出来，成为这些感觉材料之所以成为经验知识对象的"条件"，则意味着：有一个"超感觉（材料）""超经验（先验）"的时空"（存）在"。于是，"超越性"，虽然仍意味着"超经验性""超感觉材料性"，却并不意味着"超时空性"。这样，我们也就有一个真正的、本源的而又"时空"的"存在"实实在在地"在"那儿。我们看到，康德的"纯粹时空观"，保证了一个"纯粹存在"的"真实性"。这个"存在"，是"超越"的，又是"时空"的；或者更进一步可以说，因为它是"纯时空性"的，它才是"超越性"的。
>
> 正因为有了康德的"纯时空观"，海德格尔才能够顺利地把"时间"和"时间"之所以成为"时间"的"时间性"严格区别开来。后者是经验时间之本、之源。
>
> 所谓"本"，所谓"源"，乃是对其"产物"而言，指的是有物"从

它那里生成",因而具有"创造性"。"本源"之"时间性",说的是感觉经验世界中的"时间"是由它产生的,因而"纯粹时间"乃是"经验的诸存在者"的"条件","存在""先于""(诸)存在者","存在论""先于""知识论"。①

花婆信仰中的花是壮族自我拟况及其形象化,它反映了花之中蕴含着壮族观察到的世界的深层结构与意义,并且是壮族恰到好处地表现、表征物质世界与精神世界的一种"物"。正是在花这种"神与物游"的先验形式体系之中,展现了那文化农耕文明主体的先验判断力及其历史作用与意义。所以,花作为壮族的生态审美意象,它凸显了壮族的审美思想史,故它始终矗立于壮族历史流之中。

同时,人花同质互指,先验与感性合一,即马克思所认为的人的自然化与自然的人化合一的"环进"之旅:

> 人的第一个对象——人——就是自然界、感性;而那些特殊的、人的、感性的本质力量,正如它们只有在自然对象中才能获得到客观的实现一样,只有在关于自然本质的科学中才能获得它们的自我认识。思维本身的要素,思想的生命表现的要素,即语言,是感性的自然界。②

也就是说:

> 全部历史是为了使"人"成为感性意识的对象和使"人作为人"的需要成为需要而作准备的历史(发展的历史)。历史本身是自然史的即自然界生成为人这一过程的一个现实部分。③

这种思路,正是我们思考"自然"——生态问题的基础,也应当成为我

---

① 叶秀山:《哲学作为创造性的智慧》,江苏人民出版社2008年版,第42页。
② 《马克思恩格斯全集》(第42卷),人民出版社1979年版,第129页。
③ [德]马克思:《1844年经济学哲学手稿》,刘丕坤译,人民出版社2000年版,第90页。

们探索那文化为何将人安置于自然之中而得以存在澄明的基础。

进而，花作为壮族等民族自我表象的综观呈现，并不说明壮族等民族对时空的综观能力出自杂多的表象本身，而是来自人类知性的"自发性"。它作为一种综合能力，具有先天地运用于一切可能经验之上的普遍必然性。这就是花作为玄牝的初步标志与原初—核心本质。

这种道法自然的生态审美发生范式，在花婆信仰中不论是人的原初呈现，还是人与社会的再生产，都是具体自然的抽象，即人必须经由周遭实质的环境的经验，才能够真正了解自我是什么，并通过自我的自然本质去了解宇宙及其构成，反之亦然。同时，只有在自然之镜中才能够了解人类心灵的发生及其原理。

正是在这种生态美学发生论境域之中，花婆信仰作为世界的偶然呈现的逻辑理则，就将人生的意义确定在对时间及其意义的观照之上，从而展现出壮族先验判断力的规定性，进而必然地给出世界的可持续发展的逻辑原理。

二 人天剖判与自我对生的时间性发生原理

花所表征的人的出现，其中的人与自然对生与环进范式成就了时间的凸显与本质。这个最初由花所表征的女人，是壮族对始祖出现的构想，它表现出先验自我与先验对象的对应关系，由此而构建起自我的先天形象：

> 姆六甲创造了山河大地，河水冲击岩石出现一个洞，从洞中走出一个男神布洛陀，他就是壮族的男始祖神。他有三个兄弟，老大是雷，老二是图额（汉译蛟龙），老三是老虎，布洛陀是老四。①

花婆——姆六甲建构了天地人的自我——自然的同质性。故姆六甲作为先天形象蕴含着壮族的先验统觉。它将自我意识综合、外化、凸显为一个统

---

① 《中国各民族宗教与神话大词典》，学苑出版社1990年版，第751页。

一的对象，并且，这种自我意识——统觉作为知识的核心与出发点。

这正如康德指出：

> 自然在其特殊规律的多样性中对我们为之要找出原则的普遍性这种需要的上述协和一致性，按照我们的一切洞见来看都必须被评判为偶然的，但对我们的知性的需要来说却依然必须被评判为不可缺少的，因而被评判为自然界借以与我们的只不过是针对知识的意图协和一致的合目的性。——知性的普遍规律同时又是自然的规律，它们对于自然来说和物质运动规律是同样必要的（尽管是出于自发性）；而它们的产生也不以借助于我们认识能力的任何意图为前提，因为我们只有通过他们才首先从那有可能成为物的（自然的）知识的东西那里获得一个概念，而这些规律是必然应归于作为我们认识的一般客体的自然界的。①

所以，花婆神话里人花互指的"突然"呈现的不期而然，却又是必然，这就是壮族自我意识与历史意识的觉醒与总结，并由此形成了壮族的时间意识。这就如海德格尔在《存在与时间》中指出的那样：存在与存在者的差异在到时中被显现为时间性。②

在花婆信仰这种时间框架中，"我"是通过内部经验而意识到我在时间中的存有，并意识到我作为存在必须是在时间中的才具有可规定性的。而这种对于存有的经验性的意识，只有通过与某种和我的实存结合着的外在于我的东西发生关系才能够获得规定。于是，根据壮族所处的原初环境以及他们的耕猎生产方式（参考柳江人及甑皮岩人的活动方式），他们选择了花作为自我意识的表征。

同时，壮族所确立的花——始祖，作为哲学范畴，也只有运用于经验对象时才能获得有关事物的知识。这不同于唯理论哲学家，他们不顾经验对象

---

① 康德：《判断力批判》，邓晓芒译，杨祖陶校，人民出版社2002年版，第21页。
② 转引自张旭《海德格尔的上帝之路》，《施米特：政治的剩余价值》，上海人民出版社2002年版，第451页。

的限制，以为仅凭知性的纯粹概念就能够超出我们的以时空为形式的直观，更不考虑经验性直观（感觉材料），而完全先天地建立有关先验对象（物自体）的知识。所以，反过来，在壮族的形而上世界里，花要作为壮族的自我意识，就必须通过深入感觉的经验性直观中，并结合对一般纯粹直观杂多的综合统一，才能真正地获得自己的客观实在性意义。这也是对生与环进的审美发生范式在人的成长与存在历程中的彰显。

在这一以花为表征的女性始祖身上，我们可以看到宇宙自然的实有境界与人类应然境界的合一。亦即，在花所表彰的天地剖判历程中，就完成了人与花——自然对应与耦合的神话创世之旅。花婆神话中，神性将自然品格深刻而永恒地嵌合入人的身体与本性之中，凸显出神的理性、神的智慧，而人及其本性由于托载了神性而并变成了神；进而，自然神性既是人的一切根源，也为人的世界确立了基础与正义的源泉。同时，由于人类托载着自然的全部潜能，其自我的生产历程其实就是将自然纳入自我的自对生历程：

> 世界有一开端；我的能思维的自我是单纯而不可毁灭的；它是自由的，不为自然所强制；构成世界的事物全部秩序导源于原始的神，一切事物都从那里得到统一性和有目的的联系——中心都是伦理和宗教的支柱。……如果没有和世界不同的神；如果世界没有开端，从而没有一造物主；如果人的意志不自由，人的灵魂像物质一样可以分割和毁灭，人的道德观念就会失去全部的有效性，和构成他们理论上支柱的先验的观念一起衰落。①

于是，花婆信仰中，自我意识源于花，但一旦它形成以后，就是一种不依托于物的独立的纯粹意识。它直接就是我思的表象活动。在"我思"中的我与纯粹的先验直观形式——时间结合，就共同构成了一个具有生命性的先

---

① [英] 梯利：《西方哲学史》，伍德增补，何兆武译，商务印书馆2004年版，第422页。

验主体。并且，这种思想的能动性，就表现在它自己给出自己，自己独立成为一个可以自我延续的实在，形成一种独立而圆善的能够有别于其他物种的世界。

这种在人与自然对生的协和一致性中的人的自对生的突出，又恰恰是对生与环进的生态美学建构的动力与源泉所在。

三 含元虚危，播精于子——判天地之美

米洛甲（姆六甲）作为壮族第一人，她的出现标显出壮族文化意义上的天地已经开辟。前述神话中无中生有，在天象上即冬至夜半参据子位之象。雷学琪指出：

> 《大戴礼记》谓黄帝治五气，历离日月星辰。据《素问》，五气即五天之气，是为五运，一曰五常，此乃乾元冬至夜半之象。其时参宿之初度正在子中，斗魁枕之，即《大衍历》所谓北斗自乾携巽为天纲者也。①

这种开天辟地，即《周易参同契》所谓"含元虚危，播精与子"的判天地之美的范式呈现。

进一步，这类壮族天地开辟的图式，还表现在壮族其他艺术形式中，展现出"天开于子，地辟于丑，人生于寅"的整个宇宙发生图式，它成为"那文化民族"自我展示与审美发生图式的历史呈现。例如，云南文山"跳棒棒灯"习俗②。

跳棒棒灯

伍柄培

农历正月初一、二、三，云南省东南部文山壮族苗族自治州砚山县者腊、披坡、羊格和路德的脚泽龙一带壮族人民跳棒棒灯。

---

① 雷学琪：《古经天象考》卷二，转引自龚鹏程《儒学新论》，北京大学出版社2009年版，第38页。

② 黄全安主编：《壮族风情录》，广西人民出版社1991年版，第340页。

民间传说：很古的时候，天空飘来一头牛魔精，壮家耕牛发瘟，庄稼被糟蹋。人围攻它，它就躲进山洞。有一次，有人发现它在人家嫁姑娘时，悄悄地从洞里走出来偷看红红绿绿、敲锣打鼓的热闹场面。于是，有个老人想出个主意，叫来八男八女，点起灯笼火把，敲着锣鼓，后生们跳着棒棒舞，姑娘们跳起手巾舞，由一人拿着用连杆细线穿着的貂鼠，边唱边跳。牛魔精伸出洞口来看，被大刀手把头砍下。大家立即抬着牛头，喜传佳音。从此，壮家五谷丰登、六畜兴旺，相沿成习。

"跳棒棒灯舞"活动开始，有一段"牛头面具"表演。接着，后生们跳着棒棒舞，姑娘们跳手巾舞，参加人数不限，队形有横排、直排、内外圆、梅花形、"四窝羊"等。同时，由一老人手里拿着连杆吊着貂鼠，边唱边跳，"牛头面具"也跟着欢逗欢舞。抬灯笼的分别站立舞场的周围四个角。男的每人手持两根用花椒树剥皮制成的红漆木棒，在胸前和头顶敲打，发出清脆的格格声。每根棒长约二尺，两头用黄金丝线缠绕，边打边转动木棒时，使人感到生气勃勃，勇猛潇洒。

舞蹈场上，有八角灯、扁形灯、秤砣灯、四方灯、鲤鱼灯、椭圆灯，主要道具是棒棒和灯（按：木与龙之隐喻），所以称"跳棒棒灯"，壮语叫"弄娅（祖母）崩（牛）"。

舞蹈动作有"四门"（互相对跳对打）、七七花（双起双落蹲跳）、本毛（穿花）、半保（葫芦跳转）、挖卡（二人勾脚腕跳，互转）、梗能（抱腰跳）、畏能（背对背跳），还有过崖子、钻山洞等动作。歌词的大意是："一年十二个月，年年正月是新春。大家在一起欢庆，大家在一起祝贺，祝福壮家六畜兴旺，祝贺壮家人人平安。但愿庄稼根根长过沟，但愿棵棵谷子结长串。"最后唱："喜鹊叫了，树发芽了，水上的浮萍也长了，生产的季节到，明年春节再来跳……"

服饰与日常生活的相似，但男的要穿外套小褂，戴一个绣花披肩，上镶三、四面圆镜子，边沿还有十多个小铃铛；腰上拴一根腰带，腰带上缝着一寸五宽、一尺五长的彩色飘带。跳起舞来，小铃铛发出"铃铃"

的响声,彩飘带左右摆动,增加了舞场的热闹气氛。

正月初三,全寨杀猪或宰羊,喝酒庆贺,深夜"送祖"后,把舞蹈时用的灯笼和牛头面具送到寨头烧掉。

口述者:王永霖(壮族)、王永尤(壮族);

[流行地区:云南省文山壮族苗族自治州砚山县者腊、披坡、羊格和路德的脚泽龙一带]

在这一艺术形式中,貂鼠代表天开于子——"鼠咬天开",牛为丑时,即地辟于丑;而人战牛魔,即以寅代丑时,说明虎——花婆当位,所以称"跳棒棒灯",壮语叫"弄娅(祖母)崩(牛)",即老祖母战胜牛魔。

丑牛代表的地与寅虎代表的人的演进及其循环示意如图1-3所示。

图1-3 云南江川李家山虎噬牛铜案

这与广西壮族的"鞭春牛"仪式的意义相同。它也说明西南(壮族、彝族、傣族等)民族对虎的崇拜,花婆牌成为壮族的观象授时的核心。

整个艺术过程就是"天开于子、地辟于丑、人生于寅"的天地人合一的统观宇宙全息形成的历程。

根据星象复原,此神话的总体天象如图1-4所示。

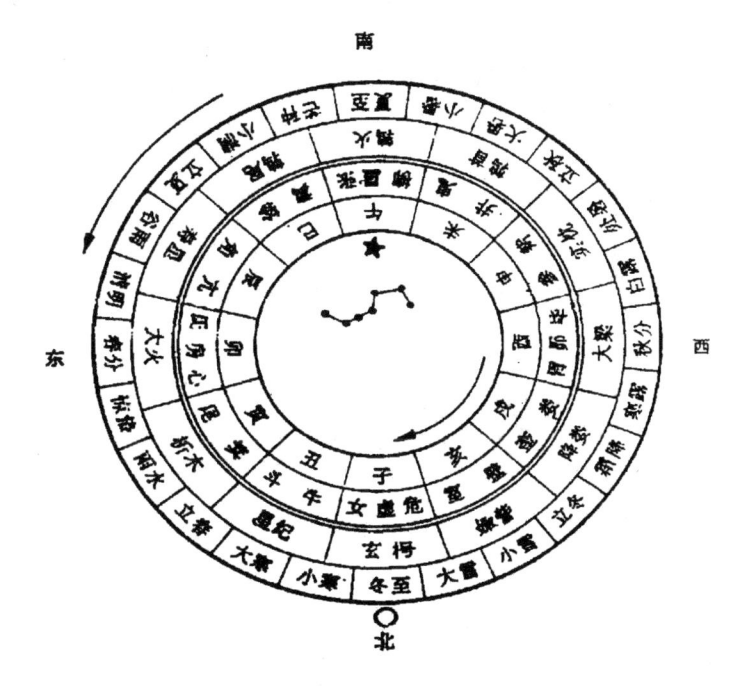

图 1-4 冬至天象①

图 1-4 中，魁枕参首，参据子位，北斗自乾携巽为天纲。子、丑、寅三个月的时间流衍，本身就是天地人的三分过程。而人的凸显，即如《史记·律书》指出，冬至虚无生有，子滋万物：

> 东至于虚，虚者能实能虚，言阳气冬则宛藏于虚，日冬至，则一阴下藏，一阳上舒，故虚；东至于须女，言万物变动其所，阴阳气尚未相离，尚相如胥也，故曰须女。十一月也，律中黄钟，阳气踵黄泉而出也；其于十二子为子，子者，滋也，滋者，言万物滋于下也；其于十母为壬癸，壬之为言，任也；言阳气任养万物于下也；癸之为揆也，言万物可揆度也，故曰癸。

这种突出万物为"子"的发生历程，即前述《周易参同契》所谓："含

---

① 周士一：《中华天启》，云南人民出版社 1999 年版，第 103 页。

元虚危，播精于子。"①

棒棒——木代表东方，为震卦，震为旉，为花的总名，更是春的象征。而灯，就是火（心与尾宿）。《周易·系辞》指出"震出万物"，即东方木代表着万物的生成依据与机理。如此，木子发于东方，时空互含，呈现出天地人一体的宇宙整体性的发生范式。

综上所述，壮族先民观测的天地剖判与花婆对应的天象如图1-5所示。

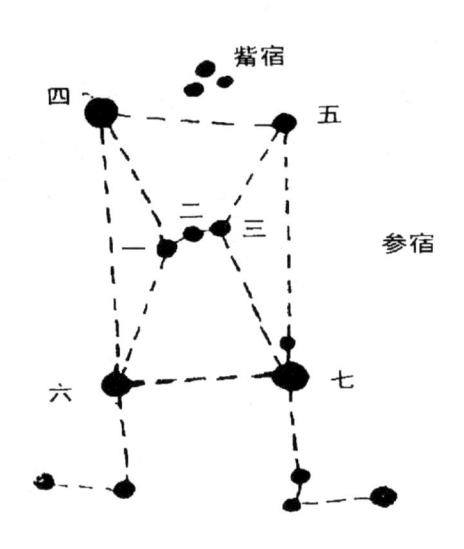

图1-5 觜、参二宿构成的"二子"——"兒"②

在这里，参宿与觜宿合为兒——二子，呈现为立元。而舞棒棒灯的驱除牛魔，即《尚书·考灵曜》所谓冬至以牵牛为牺牲的宇宙开辟：

> 天地开辟，元历纪名，月首甲子，冬至、日月、五纬，俱起牵牛初，仰观天形如车盖，日月若悬璧，五星若编珠，众星累累如连贝，青龙甲子摄提格荸。③

依此天象，人类之"子"与天元之"子"具有同一性，人类的繁衍就是

---

① （汉）魏伯阳：《周易参同契》，中央编译出版社2015年版，第59页。
② 陈江风：《天文与社会》，河南大学出版社2002年版，第164页。
③ 转引自陈美东《中国古代天文学思想》，中国科学技术出版社2008年版，第57页。

天元的呈现。于是，天人具有生命发生的对生性特质。并且，天人合一之"子"正是宇宙拓展的全息性的重要内涵。

曹魏张揖《广雅·释天》指出：

> 太初，气之始也，生于酉仲，清浊未分也。太始，形之始也，生于戌仲，情者为精，浊者为形也。太素，质之始也，生于亥仲，已有素朴而未散也。三气相接，至于子仲，剖判分离，清轻者上为天，重浊者下为地，中和者为万物。①

用当代暴胀宇宙学来解释，花婆信仰的一分为三，三而归一，实际上就是宇宙初始自由度的扩展与涨落标度不变性的历时性呈现：

> 暴胀宇宙学的解释是，在紧跟大爆炸之后，存在初始的完全随机的不规则——具有"暴胀场"的初始的微小量子涨落的性质——接着，暴胀的指数膨胀起主导作用，将这些不规则性扩张到巨大的范围，最终表现为我们实际看到的物质（主要是暗物质）分布的密度不规则性。这时候，指数膨胀是一个自相似过程，所以我们可以想象，假如初始涨落在时空的分布存在随机性，那么指数过程对这些涨落的作用应该是具有一定标度不变性的分布。②

所以，我们看到，通过那文化花婆信仰的文化艺术形式表明，尽管历法是可以改变，但天象是永远不变的，故此舞表现出"道法自然"的铁则，也展现出壮族对永恒的探索乃至建构。

每年跳棒棒灯舞，它预示着年复一年的循环过程，其中就蕴含着壮族对自然—社会结构的对应性及其潜能实现的可重复性。花婆信仰这种时间演化，呈现出一种对生与环进的规律及其宇宙学的原理：

---

① 转引自陈美东《中国古代天文学思想》，中国科学技术出版社2008年版，第58页。
② ［英］罗杰·彭罗斯：《宇宙的轮回》，李泳译，湖南科学技术出版社2014年版，第92—193页。

暴胀能实现这些关联，因为"暴胀相"增大了共形图中 β^- 与 D 之间的分离，因而我们的视点可以看到更大角度的天区进入因果关系。①

这天人互指、互动也说明：

社会进程包含相互关联的行动，这些行动试图通过调整行为，使其符合环境中变化的刺激因素来满足身份和利益的需要。建构主义模式则假定施动者本身在互动时处于进程之中，施动者的属性而不仅仅是行为构成了至关重要的因素。施动者仍然会根据刺激因素选择不同的行为方式，所以建构主义模式并不排斥理性主义模式。但是，建构主义模式提出的假定是：实际上，行为选择的内容不仅仅是使手段符合目的，行为体还会支承和再造身份，即对他们身份的表述，这种身份又确定了行为体的利益，根据这样的利益，行为体选择自己的行为方式。②

进一步，壮族的天地开辟，不是以分为目的的，而是始终呈现为一种中和之态。于是，整个"跳棒棒灯"舞蹈，其实就是壮族人认为的宇宙开辟全过程的展现，即通过壮族此类艺术形式，呈现出那文化生态审美镜像与发生学机理。

四 生命、人性与神理合一所展现出的绵延之理

花婆信仰不仅拟设了天地人以三大辰的方式对生，还具体指出了天地万物与人的生命的严密对生性。壮族道公经书《安氘杂秘·论安氘凡人法宗》认为，天上星宿与人的身体具体对应：

崇奉香火在两眼，万天星斗在两肾。玉清内肾，玉皇在脑顶，太清内脾，星皇内心。东极内肝，南极左手，左肾北斗，右手右肾。观音在

---

① ［英］罗杰·彭罗斯：《宇宙的轮回》，李泳译，湖南科学技术出版社 2014 年版，第 192 页。
② ［美］亚历山大·温特：《国际政治的社会理论》，秦亚青译，上海世纪出版集团 2000 年版，第 455 页。

心，涸洲两肾，普化内肾。真武内心，诸星斗府两肾，四师心肠肝肺肾。子午卯酉文，土地脾，功曹肺，家先在右肾，香火肝鼻气。①

花婆信仰这种从无向有的转换——宇宙星象变化直接导致了人的本真存在的到场，进而彰显出人的本真存在所呈现的自由，而这一切恰恰是原初"人"的本源性的时间性存在。正是在这种本源性时间的到时，那文化民族就将存在于混沌之中的人的时间因子显现，即将存在原先什么也不是的"无"的本真意义超越，进而展现出人的本质就在于以自我的决断来建构历史。没有这一神话"突然"的时间性的呈现，就不会有人类的自由，也不会有人类的历史，自然，就没有世界。也就是说，那文化各族对这种原初时间——参宿据子的感悟与确立，是依据有无相生的宇宙规律与节令，预示着在自由的基础上统一真理、历史与希望的构想，将建构起他们自足的世界："抱一毋舍，可以长存。"②

因此，花婆信仰在对自然的依生、竞生、共生的各种审美范式呈现的人与世界的潜能对生性实现的基础上，可以通过耦合达至超循环的整生的必然归趋，从而呈现出对生与环进的生态审美发生范式，并完美地呈现出道法自然的宇宙律令。

花婆信仰这种以时间意义为核心的生态审美发生范式，又是以人的自然化与自然的人化为双轴互动的。它表明人与自然的和谐共生是宇宙与人类社会可持续发展的根源。而作为永不凋落的表征，花婆正是世界开端与结束的连续流的原理所在：

  察其所趣，一统共伦。务在顺理，宣耀精神。神化流通，四海和平。表以为历，万世可循。③

---

① 许晓明：《接亲·安神·迎花》，李富强主编《中国壮学》（第四辑），民族出版社2010年版，第270页。
② （汉）魏伯阳：《周易参同契》，中央编译出版社2015年版，第67页。
③ 同上书，第66—67页。

如此，随着壮族天地的开辟，以及人—花互指的时代的出现，彰显了壮族在天地间自我意识及其表征。这种彰显成为壮族衡定历史及其与个体生命间关系的准则与真理。

壮族《巫经》认为："凡儿初生，精魂缔结于花树之间。花之华瘁，花婆主之。"① 花婆作为人的生产的主宰（见图1-6），突出了壮族等民族勘破宇宙与人生机密的智慧，并在确立自我的同时，拥有了一种自我生产与宇宙运行相一致的历史实践及其确定性，就像黑格尔指出的那样：

图1-6 花婆送子神像②

即我们现在达到了一种确定性，这种确定性和它的真理性是等同的；因为确定性本身就是它自己的对象，而意识本身就是真理。③

可见，花婆信仰确立了历元和自我意识，带有浓郁的实践品格，它在价值与知识进行综合的历程之中，将花婆推向了作为那文化历史普遍性的表征

---

① 转引自胡仲实《壮族文学概论》，广西人民出版社1982年版，第171页。
② 武鸣罗波庙内的花婆神像，转引自农冠品《壮族神话集成》，广西民族出版社2007年版。
③ 黑格尔：《精神现象学》（上），贺麟、王玖兴译，商务印书馆1981年版，第115页。

的神位。正因为如此，壮族等民族打通了历史的特殊性与普遍性的间隔，从而将人与历史推入了浑然不竭的生境——"当我说：这是一个个别的东西时，则我毋宁正是说它是一个完全一般的东西，因为一切事物都是个别的东西"①。

总之，在花婆信仰里，壮族将一个个别的东西——花，指代了壮族世界里的一般的"人"乃至世界的产生。并且，壮族的这种神话与信仰表明，客观事物及其感性存在是具有客观实在性的，而具有普遍性的东西是真正实在的东西，它是对共相意义的唯心成分的积极扬弃。所以，花婆出生的神话，展现出的是一种原始的认识世界的方法论，它在"游于物之初"的状态下臻入于神与物游之域：

> 未开化的民族对于语言和事物不能明确区分，常以为名字和它们所代表的人或物之间不仅是思想概念上的联系，而且是实在物质的联系。②

正是通过具体的物质联系，壮族将过去与现在、将来纳入存在建构的视野，从而将自我与历史赋予"理解"的意义，并在理解中展示自我意志。这种自我意志关联的生态审美发生范式，着眼于将来——可持续发展，即花作为类的存在与延续，是可以通过可规划与可预测的实践，使存在富有创造性行动的本质特征。进而，作为具有必然性或者说作为理想的将来，花就成为自由的或具有超越性的表达范式。这种超越性是将来的本质特征，它将过去、现在、未来置入花的相互关联域之中，并且，将来是促动另外两个时间维度而被建构与获得的，因此，将来就从关于必然的觉识过渡到了建构事实的超越高度。

那文化诸民族确立花婆作为历元而立元，在神话思维中，即通过花婆剖判天地人来确立世界，就将民族及其个体的生成赋予与神同质同构的神蕴，从而彰显出壮族生态审美的方法论与境界——"判天地之美"。

此种美的生成，又表现为天地人的对应性生成范式。此即王夫之《张子

---

① 黑格尔：《精神现象学》（上），贺麟、王玖兴译，商务印书馆1981年版，第72—73页。
② [英]弗雷泽：《金枝》，徐育新译，中国民间文艺出版社1987年版，第362页。

正蒙注·神化篇》所谓："天以神御气，而时行物生；人以神感物，而移风易俗。神者，所以感物之神而类应者。"①

在此，花婆信仰表明宇宙与人对生性运化，即人性与神理的同一性呈现，其实质就是时间的神化——神话本身。此神话即"对生与环进"的发生学本身。王夫之《张子正蒙注·诚明篇》认为：

> 性则纯乎神理，凡理之所有，皆性之所函，寂然不动之中，万化赅存。②

> 天以神为道，性者神之撰。性与天道，神而已矣。③

总之，涵括一切的时间的表征——花婆，就是宇宙的本体性——时间的形象化。而花婆作为那文化各族的源始，其衍化万物并保佑万物的健康成长，正是时间意义的衍化。而此一意义的衍化历程，彰显为一种具有循环演进特质的"玄妙之门"的"镜像"。上升到生态美学境域，自我意识与历史的确立，正是自我潜能在与大自然对生性境域超越后的自由的呈现。

第二节　审美元印象的可重复性与世界本真的保持
——自我对生与内时间意识的本原的智性直观

依前述，我们已经了解到花婆据子位作为壮族立元的基础，成为其天地开辟与历史确立的表征。不过，随着壮族社会历史的发展，这样的记忆有所改变：

> 古代，天地是一块巨石紧紧粘在一起。后来，壮人始祖布洛陀把巨

---

① （清）王夫之：《张子正蒙注·神化篇》，《船山全书》卷十二，岳麓书社1996年版，第78页。
② （清）王夫之：《船山全书》第十二册，岳麓书社1996年版，第134页。
③ （清）王夫之：《张子正蒙注·至当篇》，《船山全书》第十二册，岳麓书社1996年版，第95页。

石分开,天地才分离。

米洛甲就在巨石分开的时候,随着一团浓烟迷雾,从石洞里飞出来,成为世间第一个女人。

天地虽然分开,各在一方,但世间仍是一片漆黑,什么也看不见,什么东西也没有。

于是,布洛陀就上天去造日月星星,米洛甲留在地上造山河天地。他们夫妻二人名为夫妻,却远隔千山万水。

有一天,米洛甲造山累了,躺在枫树坳口,山风暖习习,枫叶香喷喷。米洛甲做了一个梦:她和布洛陀同床共枕,恩恩爱爱。谁知醒来后不见人,自觉腹中疼痛,口水直流,她怀了风孕。

米洛甲怀孕后,生下了六男六女。①

根据这类神话,米洛甲成为世界第二人。但不管历史上的花婆是第一性还是第二性,有一点是改变不了的,即花作为世界本真的保持,它始终呈现为内时间意识的本原的智性直观。

基于前述材料与分析,我们发现,世界的单一生成变成了双性世界的展开,即作为花的人就是自然的分形,在自然的分形规律的运作历程中,自然的自对生性成就了人的自对生性,亦即《周易》所谓:"一阴一阳之谓道。"并且,在世界的双性化衍化的同时,不论是始祖还是始母创造的世界,都保留着世界产生的元印象,并且这种元印象得以重复呈现是这个世界可持续发展的必然性呈现。

总之,花婆是那文化生态文明因对万事万物的抽象而达致同一的结果或境界,而这种抽象的同一及其对万事万物的支配,就使得每一种自然事物包括生命的自然都可以变成可以再现的表象。这是历史上人类战胜自然的结果,是一种有效的自我再生产的手段。就是这样一种由再现到本质抽象和还原过程,使得人类的生产与再生产形成一种环状态的流衍、发展的过程。下面分

---

① 农冠品:《女神·歌仙·英雄——壮族民间故事新选》,广西人民出版社1991年版,第13页。

两部分予以论述。

一 男赤女白,金火相拘①——自我置入绝对中的循环所构建的直观与反思的辩证法

依前述,花婆信仰表征的自我生产的自由,其实就是世界与自我得以再生产的先验根据,这也就是对生与环进的机理呈现。康德指出:

> 因此,必定存在某种东西,这种东西由于它是现象的必然的综合统一的先验根据,从而使再现现象成为可能的。②

花婆信仰所具有的这种先验根据就是超验想象力,它使得现象获得规则成为可能,并使再现成为可能,即使经验(知识)成为可能。黄裕生指出:

> 康德把想象力的这种综合称为超验综合。因为这种综合不仅涉及一切经验知识的可能性,而且涉及先验(在先)知识的可能性:只有通过想象力的综合,先验范畴才能先验地(在先地)关联到对象,从而才是关于对象的先验知识;也只有在想象力综合的作用下,纯粹直观表象才成为构成知识的要素之一。③

所以,花婆信仰告诉我们,花婆就是壮族等民族期待的存在的概念化与形象化的合一,它能先验地关联到对象,而又不是纯粹的直观或感性的直观。作为纯粹思想的行动,它为那文化相关民族构建了一门关于纯粹知性与纯粹理性知识(由于这些知识,我们能够完全先验地思想对象)之科学的观念体系。它规定着人的再生产的知识的来源、范围和客观有效性,并必然地成就了那文化的超验逻辑学。因为它只与知性和理性的法则打交道,而且只是当

---

① (汉)魏伯阳:《周易参同契》,中央编译出版社2015年版,第47页。
② 康德:《纯粹理性批判》A101,转引自黄裕生《真理与自由》,江苏人民出版社2002年版,第172页。
③ 黄裕生:《真理与自由》,江苏人民出版社2002年版,第173页。

这些法则先验地关联到对象时，它才与这些法则打交道；它与普通的逻辑学完全不同，既要涉及经验的知识，也要涉及纯粹理性知识。

花婆信仰的这种超验想象力就是玄牝的特征—功能—本质之一。而想象力的超验性最后使得给出有关过去、现在、未来相贯穿的时间表象成为可能。在这基础上，世界的整生即可达成。所以，在花婆信仰里，想象力就成为那文化民族共同体的一种生产力，它不仅可以完成在鸿沟间隔中形象—表象间的过渡，也可以弥平鸿沟，使得再生产得以实现。

进而，这种花婆自身子嗣的分形特质，把自我的独立及其与世界的分离，作为民族自我认同与挺立的特征，在哲学与美学上就形成了一种具有决定性的道法自然的方法论。亦即，当世界产生了我，我就与自然界形成了一种主客体关系。我是主体，自然界是客体。但是，尽管我独立于自然，具有了不同的文化特质，但这一过程本身就是"自然"本身的裂变与回归，就是一个带有自然意义——对生与环进的过程：

> 新年的神话礼仪在人类历史上具有这样重要的作用，因为通过宇宙更新的确认，新年提供了希望：初始的极乐世界是可以复兴的。[①]

这不同于西方将人类的独立于自然是一种纯粹质变的思想，亦即将自然区别于人类社会而纯粹物质化的过程。张廷国认为：

> 在这个自然的事件中就出现了主体和客体。但与此同时，不仅在主体与客体之间，而且在主体与原初自然之间，也就出现了一道鸿沟。由于这道鸿沟，主体就不再能够重复原初的自然。在梅洛-庞蒂那里，现象学现在就面临一个困难，而要克服这一困难，"前反思性存在的现象学"或原初自然的现象学就必须获得一种新的"重—复"的方法论。为此，梅洛-庞蒂提出了"直观和反思的辩证法"。他说："与我们关于绝

---

① ［美］艾莉亚德：《神话与现实》，转引自萧兵、叶舒宪《老子的文化解读》，湖北人民出版社1993年版，第157页。

对之物的知识相比，直观和反思的辩证法并不意味着毁灭。认识的循环状态并不是让我们站到绝对之物的对立面，而是将我们置入绝对之物之中。"①

那文化花婆信仰的世界与人的再生产，被置入绝对之物之中的这种"直观"，是智性的直观，而不是什么神秘的力量。《姆六甲》中这样描写姆六甲：

> 这个女人就是我们人类的始祖，她披头散发，全身一丝不挂，满身长毛，但却聪明，因此后世人叫她米六甲。因为她又智慧，足以做聪明人的师傅，所以又叫米洛西。

正是在这种智性的直观之中，我是万物，万物都属于自我，还没有成为反思的主体。也就是说，智性的直观就是自我身体的展开。当然，这种展开是具有意识意向性的被动性特征的。而当自然与自我作为对象进入反思的领域的时候，反思与直观直接发生了作用，直观的描述本身成为一种新的反思的动机，并且使得与对第一性的反思同时出现的差异得到不断的修正，从而可以打破了主客体间的鸿沟。

这种主客体鸿沟的打破，具体表现在，当某一区域自然生态承载力减弱的时候，他们会通过迁徙来实现资源的共享，并达成族群树的分支。壮族以榕树、木棉、枫树为他们不同支系的表征：

> 伏侬（羲）兄妹繁衍了人类以后，人口渐多，拥挤在一块不易谋生，大家就决定分散到各地去寻求生路。那时有三房长老出来商量：大家分散了以后，将来的子孙互不认识，相互打起来怎么办？商量到最后，决定到山上去种三种树。头一个上山去种木棉，第二个种大榕树，第三个种枫树。这三棵树长大后，三房长老商量决定：今后我们不管搬迁到什么地方，凡是我们子孙住的地方，都要在村寨种这三种树，作为我们子

---

① 张廷国：《重建经验世界》，华中科技大学出版社 2003 年版，第 202 页。

孙住地的标志。

讲故事的长老最后说:"现在,凡是你们走过有着三种树任何一种树的村庄,请你们进去问一问,一定住的是壮族同胞。"①

不仅如此,壮族同胞还依托花婆建构起不同支系的堂号,以显示出他们的区别(见图1-7):

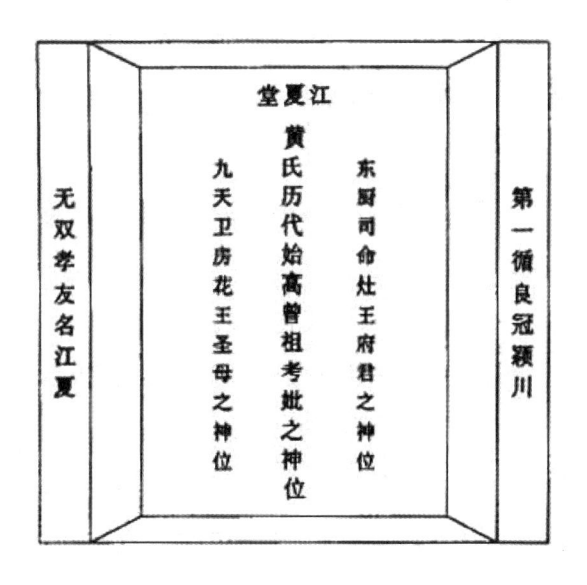

图1-7 靖西县化峒镇三友村仁屯黄姓神龛(吴国富等摄)

于是,在花婆信仰这种人与自然以及人与自我的自然态的循环之中,就发展出了梅洛-庞蒂总结的"超反思"。这种超反思不是要超越自然,而是在自然内部呈现出一种循环运动的自我认识,而这种自我认识本身就是自然哲学。并且,即如梅洛-庞蒂所谓:"自然哲学绝不是一种理论,而是在自然中的一种生活。"②

因此,只有自然的生活品格才能够使得人作为意识主体出现于世。同时,也只有人作为意识主体出现于世,这个世界才是完整的"自然"。

---

① 蓝鸿恩:《神弓宝剑》,中国民间文学出版社1985年版,第42—43页。
② 转引自张廷国《重建经验世界》,华中科技大学出版社2003年版,第203页。

所以，花婆信仰并不否认主客体的对立，而是彰显出这种对立与差异。这种主客体的差异，就是历史与自然的差异。进而，这种差异，因为人与自然的"同源"关系而被置于一种直观与反思的辩证法境域之中，从而通过对生与环进的发生范式达成"和谐"。并且，这种和谐规定着身体与自我认识将会在这种循环运动中得到发展，而不仅仅是一种简单的重复。

综上所述，花婆通过"参据子位"而立元，从而确立了壮族的元时——历史的生发点与归宿。并且，壮族等民族认为元时生出人与宇宙，就说明壮族的"人"的本质意义就是时间或者说就是时间的产物。这种人与自然对生形成的时间性本身，就成了世界的本源。

花婆信仰中的自然，不仅是人类的父母，而且是一种精神；它不仅产生人类的肉体，还将人类安置在意义的生发之中。当然，自然不可避免地具有自然物质意义，也能够获得人类的命名与意义的赋予，所以，人与自然是互动互构的。也就是说，自然将人类安置在意义生发源之中，使得人类的潜能得以实现；同时，人作为意识主体，是可以把自我在自然中预先设定的意义实现，进而推动自然的意义——潜能的实现。

尤其重要的是，这种潜能的实现是通过将自我置入绝对中的循环所构建的直观与反思的辩证法之中达成的，它表现出的超越性恰恰就是花婆信仰的审美元意象得以不断重复的原因。

二 世界形式的分形与本己时间内意识的和谐绽放

我们发现，花婆信仰的生态美学发生范式，并不如一些学者那样，将人类置于与自然的绝对对立性境域，而是在自然生态的历史意义域之中来加以思考与建构。这种历史意义域的建构，在元意象的重复及其在花的分形历程之中得以实现。据《女神·歌仙·英雄》载：

撒杨桃果辣椒果

姆洛甲是个高大又壮的女神。一天，尿胀了，迎着风，两脚各踩一座大山，在两座大山中间屙尿淋湿了泥土。她抓起湿泥捏出许多人。那时，人不分男女。姆洛甲到山上采集许多杨桃果和辣椒果，撒向人群。大家抢果子，抢得杨桃果的成了女子，抢得辣椒果的成了男子，从此人分男女。

现在一些壮乡，有人家新生了孩子，亲友们初见面便问："带辣椒果还是带杨桃果的？"根源就是从姆洛甲撒果起的。

在这里，花果的分形预示着"神话所显示的，不是父亲的创造能力，乃是女始祖自然的生育能力"①。并且，在壮族等民族的记忆深处，人作为花及其审美表征，通过人的十月怀胎与十月历的运用对应起来，表明他们并没有仅仅局限于当下，而是将个体生命通过十月历与民族的初始状态紧密相连，进而通过花木意象彰显出他们宗伏羲的民族信仰。

宋均《春秋内事》指出："伏羲氏以木德王。"《太平御览》卷七八引《帝王世纪》认为：

> 太昊帝庖牺氏……继天而王，首德于木，为百王先。帝出于震，未有所因，故位在东方，主春，象日之明，是称太皞。②

宋代刘辰翁《须溪集·核山堂记》也指出：

> 木生于亥，核在木中，仁在核中，则天地之于元气，人之于天地，皆非外至者也。……核者，造物之心也。③

花婆信仰这种始终将人置于自然的意义域之中来建构自我，其实蕴含着丰富的美的辩证法，它展现出一种鲜花绽放意义上的"客观性"，即如黑格尔所谓：

> 艺术作品应该揭示心灵和意志的较高远的旨趣，本身是人道的有力

---

① [英] 马林诺夫斯基：《两性社会学》，李安宅译，四川人民出版社1988年版，第96页。
② 闻一多：《伏羲考》，《神话与诗》，华东师范大学出版社1997年版，第68页。
③ （宋）刘辰翁：《须溪集·核山堂记》，中华书局1983年版，第24页。

量的东西，内心的真正的深处；它所应尽的主要功用在于使这种内容透过现象的一切外在因素而显现出来，使这种内容的基调透过一切本来只是机械的无生气的东西中发生声响。所以如果把情致揭示出来，把一种情境的实体性的内容（意蕴）以及心灵的实体性的因素所借以具有生气并且表现为实在事物的那种丰富的强有力的个性揭示出来，那就算真正的客观性。所以要表现这样有实体性的内容，就要有一种适合的本身轮廓鲜明的具有定性的现实。如果找到了这样一种内容并且按照理想原则把它解释了出来，所产生的艺术品就会是绝对客观的，不管它是否符合外在的历史细节。做到这样，艺术作品也就能感动我们的真正的主体方面，变成我们的财富。因为题材在外表上虽是取材自久已过去的时代，而这种作品的长存的基础却是心灵中人类所共有的东西，是真正长存而且有力量的东西，不会不发生效果的，因为这种客观性正是我们自己内心生活的内容和实现。①

花婆信仰作为壮族在"世界形式"中的本性的"元事件"的展现，其中蕴含着"自然"（本体）与现象的和谐关系。在这种目的论之中，"自然"内部不仅具有交错配列，而自然本身是永恒的、和谐的、真理的表征与呈现。这就是神与物游与道法自然的基点。

而我与花的同一性还表明，"我"与"思"是同一件事、同一本质。自我意识就是一种本源意识，就是原初的存在意识彰显。这种始祖形象的呈现，正是壮族最初的思维综合与统一活动，它为整生的形成奠定了基础与指归：

> 相传姆六甲是一位造天地、人类和万物的女神。她吹一口气，升到上面便成了天空；天空破了，她抓把棉花去补救成了白云。天空造成了，姆六甲发现天小地大，盖不住，便用针把边缝起来，最后把线一扯，地缩小，天能盖得住地了。姆六甲没有丈夫，她只要赤身露体爬到高山上，

---

① ［德］黑格尔：《美学》第一卷，朱光潜译，商务印书馆1979年版，第354页。

让风一吹，就可以怀孕，但孩子是从腋下生下来。她见地上太寂寞，便又造了各种生物。她的生殖器很大，像个大岩洞，当风雨一来，各种动物就躲到里面去。①

如此，壮族的花婆信仰就将对花的感知等同于存在的信仰行为。这一过程也表明，壮族信奉一个没有信仰的感知仅仅是一种感知表象而已。只有将感知与判断力结合，信仰才获得了坚实的基础。同时，正因为感知等同于存在信仰，并且这种原初的感知确实保留了现象的本质，所以，反过来，信仰就具有感知的切身性与可信性本质，而切身性还包含有"本原性"与"印象性"特质。

海德格尔说："人之存在最初就是基于个体事物之存在的展露。"② 自然，对花的原初感知，既是对个体—族群生命意义的赋予，使得壮族原初的立身具有表象性与历史的印迹，同时，壮族等民族通过花婆神话展示了存在信仰就是一种混沌的本己的特征性因素，又是一种可分的指涉元立义的存在性样式。尤其重要的是，壮族等民族对于花的原初感知，还是一种时间范式。也就是说，花不仅表明原初存在的意识，还表现为现在存在的对象意识。这本身就指向一种生命——历史的合一，而它作为世界本真的保持，始终呈现为内时间意识的本原的智性直观——宇宙时空合一的绵延性镜像。

第三节 花婆三分化与宇宙严密的对应性的确立

如果说，壮族的花婆信仰仅仅局限于人与自然的简单对应性和区别性的话，那么，它的哲学深蕴就还是表象性的，还没有完全达成自我意识的确立。壮族的花婆信仰不仅有着人与自然的关联性，还将自我意识的建构推向复杂

---

① 蓝鸿恩：《广西民间文学散论》，广西人民出版社1982年版，第24—25页。
② 转引自张世英《天人之际》，人民出版社1995年版，第407页。

化。下面分两部分予以论述。

一 天人对生图式：体系化时间作为纯粹的感性形式与美的实现的基质

依据壮族民间的说法，花婆牌自身为三星，是子孙星（见图1-8）。

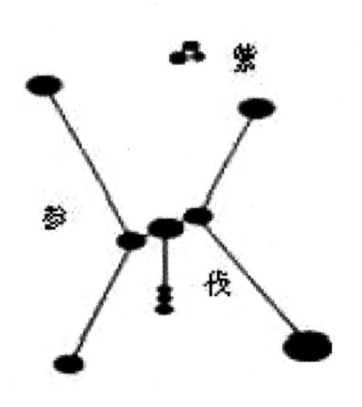

图1-8 参宿图①

《史记·天官书》指出：

> 参为白虎，三星直者，是为衡石，下有三星，兑，曰罚，为斩艾事。其外四星，左右肩股也。小三星隅置，曰觜觽，为虎首，主葆旅事。

张守节《史记正义》：

> 觜三星，参三星，外四星为实沈……为白虎首。

再按照前言冬至夜半参据子位而开混沌，即是壮族的历元。它既表现为每日的昏旦中的观测标准，又是壮族二分二至的三衡的表征。而相应的，花婆与参宿、大火星、北斗而形成三正，又分形为具有求子、生育、养育、寿诞等方面的"三楼"。

---

① 冯时：《中国天文考古学》，中国社会科学出版社2007年版，第422页。

壮族民间花婆三楼及其作用如下：

上楼圣母

壮族师公信奉之神祇，又叫"万岁婆王"。昔时人们很尊敬她，认为她能为人补年高寿。壮汉民间如有人年过三十六后病而无力就要请师公来念诗补粮，用母鸡两只，猪头肉一挂，鸡蛋一个。师公烧香念诗时要先念请上楼圣母，因为她为万岁婆王，所以要请她来参宴补粮才能康复，延年益寿。

中楼圣母

壮族师公信奉之神，又叫"花林婆"。昔凡生小孩是都要请命理先生来推八字，用六十甲子算出年月日时所属的金木水火土，如甲子年生人属海中金，故乃为金命，土才能生金；如果月日时不属土，就为命缺土，要请师公来栽命补粮，用红纸剪十枝红花，又用红纸剪一排十个纸人，煮四个红鸡蛋放入其中。师公打卦念诗必先请中楼圣母。[1]

下楼圣母

壮族师公信仰之神，又叫"收花婆"。壮族民间传说，未满三十六岁的人去世不敬为祖宗。据说是收花婆仍把它收回。故要请师公来把死者的灵魂送给收花婆，用红白纸各剪一枝花，用白鸡一只，猪肉一挂，鸡蛋一个。师公烧香生祭时要请下楼圣母，打卦见灵后把白的一枝花烧掉，红的一枝交给主家，表示死者的灵魂与活着的人永远分离。[2]

当然，壮族各地的花婆的叫法不一样，但始终与三元对应，如图1-9所示。

---

[1] 《中国各民族宗教与神话大词典》，学苑出版社1990年版，第758页。
[2] 同上。

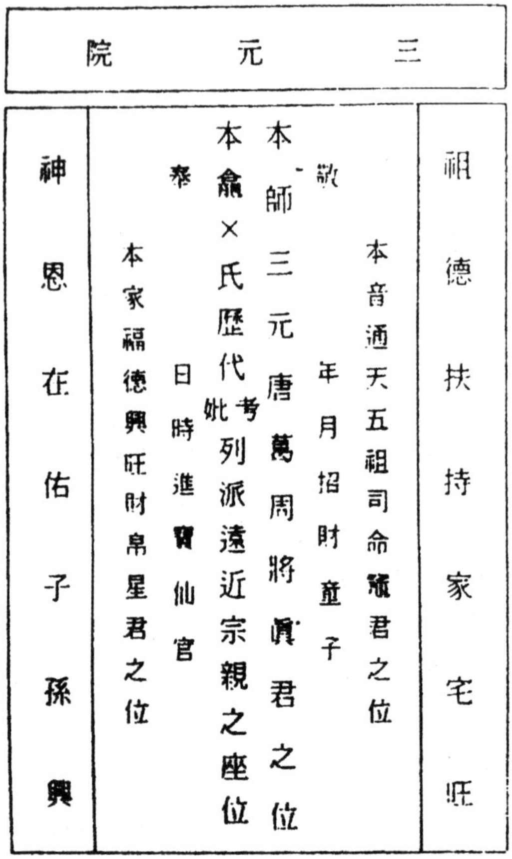

```
               三  元  院

祖德扶持家宅旺

   本音通天五祖司命竈君之位
   年月招財童子
本師三元唐萬周將真君之位
本俞×氏歷代考妣列派遠近宗親之座位
泰日時進寶仙官
本家福德興旺財帛星君之位

神恩在佑子孫興
```

图 1-9　上林师公三元[①]

根据杨树喆在桂中地区的调查：

> 三楼圣母即花婆，其神画像用于与求子、生育、养育、寿诞等有关的仪式当中，悬挂于上元神画像右侧。通常共分为六层，一层是并排的三元祖师头像；二、三层居中者分别是上楼圣母和中楼圣母，均簪花霞帔，仪态华丽庄重，左右旁立一侍女；四层是一个正面大花盆和十三朵小花，花盘上标出十二时辰；五层有一白发苍苍、面貌丑陋的

[①] 杨树喆：《师公仪式信仰》，广西人民出版社2007年版，第184页。

婆王,是下楼圣母,左边是一女人为小孩洗浴,右边为一女人手持青蛇吓唬小孩;六层是一座桥,桥上麒麟送子,桥下为所禁杀的"兄(?)煞"(即五犬六潭、鹤神姐妹、藤蛇八煞等)。上、中、下三楼圣母在各地称谓不一,如柳州市郊称其为上楼太白仙婆、中楼月殿仙婆和下楼感应仙婆;贵港市一带称上楼圣母为通绣九朝六国帝母婆王,中楼圣母为何白仙娘(按:亦叫白马三娘),下楼不详。而红水河沿岸分别称万岁婆王、花林婆王和收花婆王,认为万岁婆王能为人补年高寿,所以人在三十六岁后多病而虚弱,便祈求万岁婆王护佑以延年增寿;花林婆王是司生育之神,主妇女生育和婴儿健康;收花婆王主管死者的灵魂,但未满三十六岁的死者之灵魂必须通过师公举行相关的仪式,方可送至收花婆王那里。①

花婆的三楼还表现在与人的灵魂的对应性。据海力波的调查,那坡县黑衣壮的三魂是"昏昆、象昆、昆甸",而武鸣县的三魂则具体地对应天地人:一魂在家为祖,二魂在墓地,三魂投胎为人。如此,花婆信仰将天地人结合起来,也展现出花婆三楼形成的自我完整性与对应性。进一步,在花婆三楼包含的生死意义就可解释生命的循环的可能性及其与自然的对应性特征。

另据高雅宁的调查:

> 黑衣壮人以来道公举行的"传魂"仪式以确保男人的"昏昆"可以透过父系代代相传,靖西"佚"人通过由女性来承担重大责任的礼物的交换,以滋养小孩的肉体使之茁壮,或维持老人的肉体使之不衰,并透过女性为多数的口传仪式专家(魔婆)来收魂。②

---

① 杨树喆:《壮族民间师公教仪式中所用之器物及其圣化》,《广西师院学报》2001年第3期。
② 高雅宁:《将德靖台地作为一个壮学区域的探讨》,《中国壮学》(第四辑),民族出版社2010年版,第14页。

综上所述，花婆的三楼意象既对应于参宿的多功能性，又在中国分野的方位意义上自我对应于西方，用白虎星象自我定位，且将三直星——子孙星作为民族生命的恒定标准，从而确立了民族及其衍续与天的永恒性相一致。

花婆三楼与人的三魂七魄对应。不仅如此，花婆还与那文化的各种稻谷的灵魂对应。壮族摩经"赎稻魂"仪式就有"神农三仓稻谷法"。这种仪式认为，不同的稻谷的灵魂对应于花婆的三个不同器官："糯米在脑，粳米在两奶，黏米在女阴。"

壮族摩公救赎稻魂的方式与夫妇合一的规律对应，"收魂是新夫（妇）相见，神农子是杂粮，神农孙是棉花芝麻也"。壮族"收魂禾谷回家入库法"的仪程是这样的：用三碗白米祷祝，想象为女人生产血落田里，将其收回家中，即为"收回田地土稼"，如此即可迎神农妇入房，象征着十月孕育生成子孙，保"万物青秀茂盛"，进而，"想迎接神农媳妇到房间也，日后生万物茂盛，保得六畜成群，家中平安，富贵兴隆，四季旺相，无灾无难"。

还有，"神（农）三栏粪（身）法"仪式，将盛乳水、盐碟、酒肉之竹篮，想象为身上之上、中、下丹田，下丹田是"胞衣"，到下丹田处取魂。拿谷穗三根、两个竹篮挂在祭亭两边，意"为两奶养田禾"，并取下其中一篮及龟符回家挂在仓楼上，整个过程即可"拿收稻魂入库"。

总之，壮族民间宗教摩教视（巫教）"稻魂"为女性农神肌体，将迎夫妇入房交配和妇女生产当作"赎稻魂"的过程。[①]

进一步，那文化三化世界的生成观，还表现为一种与宇宙生成相对应的方法论。

广西鹿寨县的《唱古情》：

女：哥你总把古情讲，我今问你讲分明；开天辟地是哪个？谁个投胎哪个人？

[①] 张声震主编：《摩经布洛陀影印译注》第一册，广西人民出版社1997年版，第334页。

男：盘古继天首为皇，开天辟地就是他，天星有记来做证，天仙投胎是不差。

女：我再问，谁人来把天干分？兄弟一共多少人？树又能活多少根？

男：三才第一是天星，兄弟一共十二人。天干甲乙由他起，置定岁数有分明。

女：三才第二是哪个？兄弟一共几多人？子丑地支谁个定？月日分明讲我听。

男：三才第二是地宝，兄弟十人是不差，地支子丑由他定，分月定日也是他。

女：三才第三又是谁？你把前朝讲一回，分军定城是哪个？分男论女又是谁？

男：你问我来讲你听，三才第三是星星。熟食就是他开始，君臣男女他分明。

演唱者：覃忠亮，男，24岁，壮族，鹿寨城关区石路乡石路村人，农民，高小毕业；收集者：李鹏，男，33岁，壮族，城关区文化干部，高中毕业；采录时间：1980年11月；采录地点：城关区石路乡。①

广西来宾《历史盘对歌》：

女：开天辟地到现在，什么叫作三大才？谁人点兵多益善？哪本书里讲出来？

男：开天辟地到现在，天地和人叫三才；韩信点兵多益善，《幼学》书里讲出来。

……

女：当初哪个造八卦？当初哪个造人民？当初哪个造歌本？哪个传扬到如今？

---

① 农冠品：《壮族神话集成》，广西民族出版社2007年版，第13页。

男：当初伏羲造八卦，伏羲兄妹造人民；苏墨先生造歌本，三姐传扬到如今。

［演唱、收集者：韦守义，男，56岁，壮文学校毕业，1987年获"广西歌手"称号；流传地区：来宾县大湾、凤凰、正龙一带。］①

壮族这种三才观又与中国传统盖天理论的三环概念相对应，它是古人对分至的认识结果。三环不仅表现了二分二至的日行轨迹，同时是盖天家特制的"七衡六间图"的基础。而三个同心圆正可以理解为分别表示分至日的太阳周日视运动轨迹。

也就是说，花婆信仰通过花婆立三楼意象，恰恰是与前述参据子位——开天辟地的宇宙规律的呈现：

天起翼，终娄，故参在正北子中，此即三正，中天统初建之象。②

从上述材料我们还发现，三楼花婆是对生命的长短的定义，而其不同层次花婆的对应性，也立基于时间本身。并且，壮族对三楼花婆与三姊妹表现出人们的审美趣味与现实追求：

在一些壮乡，壮人在新婚夫妇的房里，在新生婴儿的产妇房里，采山花设花婆神位，祈求她送花、护花，保佑夫妻和睦、生儿育女、母子健康。有些地方，花婆神位设在床头，所以又称"床头婆""床头（女米）""床头妣"。

（黄勇刹口述，过伟采录）③

广西上林县三里洋渡"娅娃"（花婆）庙，即生育神庙，庙里供有三个基本神灵：大婆、二婆和三婆。大婆、二婆因为儿孙满堂，因此在

---

① 农冠品：《壮族神话集成》，广西民族出版社2007年版，第14页。
② 雷学琪：《古经天象考》卷二，转引自龚鹏程《儒学新论》，北京大学出版社2009年版，第38页。
③ 《女神·歌仙·英雄》，广西民族出版社1992年版，第1—2页。

庙里的神台上，她们形象高大，被安立于神台最高位，神的周遭儿孙围绕，其乐融融。而无子女的三婆，形象猥琐，头发凌乱，赤身裸体，屈于神台的底座。生育能力和神权威形成了正比，是非常生动的多子多福教育（见图1-10）。①

图1-10 上林三元舞②

马山县的三楼又被称为三霄：紫霄、碧霄和琼霄。③

总之，花婆圆满地具备三元六甲，其表现在每个人身上的时间呈现方式如图1-11所示。

---

① 许晓明：《接亲·安神·迎花》，李富强主编《中国壮学》（第四辑），民族出版社2010年版，第272页。
② 图片来源，上林旅游局网。
③ 蒙元耀：《生生不息的传承》，民族出版社2010年版，第34页。

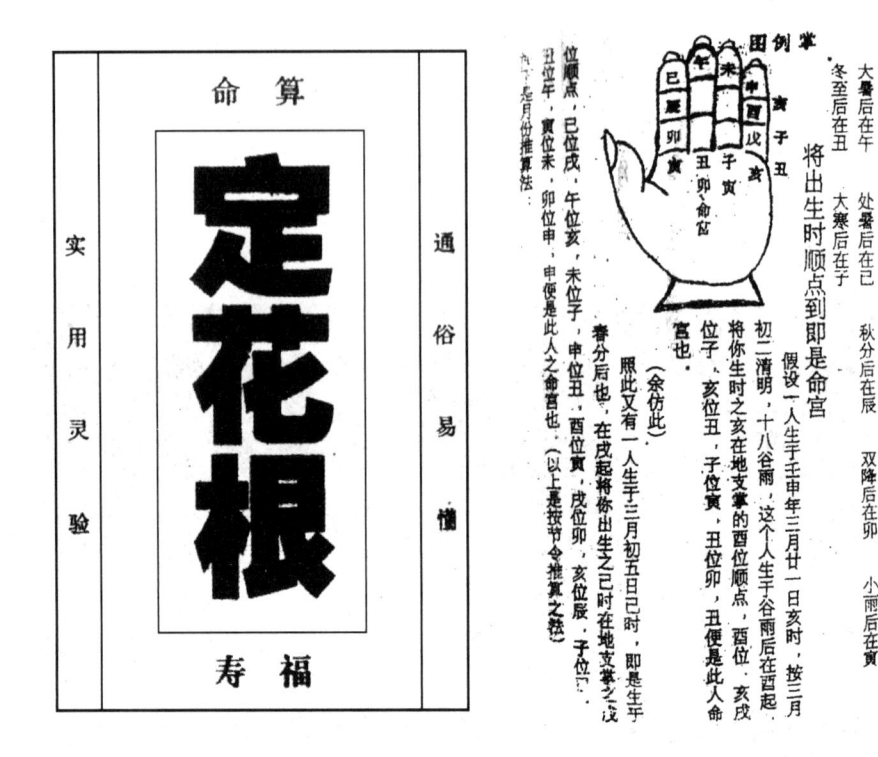

图 1-11 人天对应①

可见，花婆三楼与天地人严密对生，也与人的生命及其灵魂严密对生，表现出宇宙剖判与回归的对生与环进的特质。李荣《道德经注》指出：

> 开自然之治，辟之以三才；运造化之功，罗之以万有。考之事用，在天帝之先，象天也。（第4章注）

> 非有非无之真，极玄极奥之道，剖一元而开三象，和二气而生万物也。（第21章注）②

一分为三，三生万物，在人为道法自然，在天为潜能实现，即《太平经·和三气兴帝王法》所谓：

---

① 壮族民间命理书《定花根》，民间油印本，第2页。
② 转引自蒙文通《蒙文通文集》第六卷，巴蜀书社2001年版，第335页。

>元气有三名，太阳、太阴、中和。形体有三名，天、地、人。天有三名，日、月、星。地有三名，为山、川、平土。人有三名，父、母、子。治有三名，君、臣、民。欲太平也，此三者常当腹心，不失铢分，使同一忧，合成一家，立致太平，延年不疑矣。①

此道法自然之境，即如《升玄经》所谓："道有大法，得之立得，是谓三一之道。"②

综上所述，壮族花婆信仰所具有的三楼，不仅仅是自我对生与完善的表征，而且它在自我确立的时候，是将现在与过去严加关联的。自然，壮族确立了历元，就有了历史开端与时间衍化的依据。并且，立元的目的，是将存在赋予了真值而超越的意味，它又不受任何时间条件的约束、价值与欲望的制约，即在那文化逻辑之中过去是可以重现于将来的，反之亦然。从而，在始源的贯穿历程中，壮族就可以完成对过去、现在、未来的理解甚至建构。亦即，通过花婆立元，那文化将花作为本源的重复结构与符号，彰显出了那文化将实在与先验想象力的同一性，从而凸显了那文化生态审美的发生学原理。

二　花作为民族表征符号与先验想象力结构

花婆信仰从混沌拓展到三环，进一步确立了天地人的对生与环进范式。神话"姆洛甲出世"：

>古时候天地还没有分家，空中旋转着一团大气，越转越急，转成一个蛋的样子。这个蛋里有三个蛋黄。
>
>这个蛋由一只拱屎虫推动它旋转。还有一只螺蛳子爬到上面钻洞，天天都来钻，有一天钻出一个洞来这个蛋就爆开来，分为三片。一片飞到上边成为天，一片飞到下边成为水，留在中间的一片，就成为我们中界的大地。③

---

① 《太平经》，贵州人民出版社2003年版，第188页。
② 转引自强昱《从魏晋玄学到初唐重玄学》，上海文化出版社2002年版，第113—114页。
③ 农冠品：《壮族神话集成》，广西民族出版社2007年版，第20页。

花婆含三元六甲，古代以六甲指人，姆壮语为妈妈，所以，姆六甲就是壮族神话世界里所有人类的妈妈。而这里，作为始祖的姆六甲的称呼是"女米"，即祖母。

人蕴含三元六甲，即表现为姆六甲的再创世。之所以这样，黑衣壮道公的解释是：

>"禄马"是内法，是每个人都有的，"禄马"，就是我们"本身"，就是我们的"禄命"，也就是兵马，兵马多就是跟倒（着）你的，你去哪里他也去哪里，兵马多你就不怕啦。"禄马"怎么来的？"禄马"是由六甲构成的，六甲是由天干地支配起来的。怎么懂得的？算出来的呀，你看我们道公，子、丑、寅、卯、辰、巳、午、未、申、酉、戌、亥，甲、乙、丙、丁、戊、己、庚、辛、壬、癸，天干地支都拿手指头算得出来，算好了才给你做道场，才合得你的兵马，算得不准，道场也没得用的哟。你出门走哪一边，在什么时候出去，盖房子几时可以盖，门朝哪边开，都要算过的呀，各人都不同的，都要合你的"禄马"，要不然和你的"禄马"不合，你出门做事，你的兵马总犯人家的兵马，两边兵马就打架了，打死你的兵马，你就衰了啵。

海力波解释道：

>"六甲"为道教中的神将名，包括六丁六甲共十二神将，分别为丁卯、丁巳、丁未、丁酉、丁亥、丁丑、甲子、甲申、甲午、甲辰、甲寅。六丁为阴神，六甲为阳神，道书宣称六丁六甲能"行风雷、驱鬼神"，故道书中有六甲符箓。《云笈七笺》称修行者"若辟除恶鬼，书六甲、六乙符持行，并呼甲寅，神鬼皆散走"[1]。

如此，花婆信仰中的六丁六甲的互动，是拯救世界与人类自我的方法与

---

[1] 海力波：《传魂》，李富强主编《中国壮学》（第四辑），民族出版社2010年版，第205—206页。

境界。六甲——兵马就指代"命"本身。而从一到二，再到六、十二，以及六六之间的相互交错，拓展到三十六、七十二、一零八乃至千万，就成就了壮族世界及其生物多样性的表征。而壮族通过花婆信仰的求子，则是用世界多样性的统一以完成生命的历程。

壮族请花林圣母唱词唱道：

拜了护命神，端正坐坛中。护命神请降，来佑我师公。八字拿在手，细说给你听。香火通天照，花鼓闹沉沉。喇下利，利下喇，夷希依夷哟！

六丁盼仙娘，六甲等你来。设宴待圣母，敬请下凡来。折下桃花枝，给我赐婴孩。香火通天照，花鼓闹沉沉。喇下利，利下喇，夷希依夷哟！[1]

至此，花婆三楼与宇宙三正的严密对应，就形成了壮族的三分宇宙观，即花婆信仰展现出的壮族自我指称的民族符号与其严整的宇宙对应性其实就是先验想象力的结构本身。其图式如图1-12所示。

图1-12 壮族的三鸟合一的宇宙图式[2]

不过，从上述《求花词》中我们发现，六丁、六甲之分，作为世界丰富性的表征，是统一于花婆之"元"的。也就是说，三元作为数的抽象，表征着一

---

[1] 潘其旭主编：《壮族百科辞典》，广西人民出版社1990年版，第348页。
[2] 黄桂秋：《壮族麽文化研究》，民族出版社2006年版。

个不断被反思、回归与同一化的宇宙建构过程。在花婆信仰之中,数作为"元",其实就是宇宙统合作用的呈现,即《周易·乾卦·象传》所谓:"大哉乾元,万物资始,乃统天。"唐李鼎祚《周易集解》引九家注也指出:"元者,太初之中气也,天帝得之,运乎无穷。"①《淮南子·精神训》也指出:

> 古未有天地之时,惟象无形,窈窈冥冥,芒芠漠闵,鸿蒙鸿洞,莫知其门。有二神混生,经营天地,孔乎莫知其所终极,滔乎莫知其所止息。于是乃别为阴阳,离为八极,刚柔相成,万物乃形。烦气为虫,精气为人。是故精神,天之有也,而骨骸者,地之有也。精神入其门而骨骸反其根,我尚何存?是故圣人法天顺情,不拘于俗,不诱于人;以天为父,以地为母;阴阳为纲,四时为纪;天静以清,地定以宁;万物失之者死,法之者生。②

花婆信仰这种先验的想象力结构还广泛地运用于各种仪式之中(见图 1-13)。

图 1-13 上林花婆舞③

---

① 转引自龚鹏程《儒学新论》,北京大学出版社 2009 年版,第 31 页。
② (汉)刘安:《淮南子》,华夏出版社 2000 年版,第 117 页。
③ 图片来源,上林旅游局网。

另外，壮族三十六舞中有花婆舞，花婆神送子时有《奉花腔》。① 总之，花婆信仰相关的各种民间艺术，大量地展现出冬至天地开混沌，以及花婆乘龙衍化万物的艺术化展现。其最突出的就是展现出东方木——震卦——春天的生机及其宇宙的循环特质。

《史记·律书》论道：

> 气始于冬至，周而复生。神生于无形，成于有形，然后数形而成声。故曰神使气，气就形，形理如类有可类，或未形而未类，或同形而同类，类而可班，类而可识。圣人知天识地之别，故从有以至未有，以得细若气，微若声。然圣人之因神而存之，虽妙必效其情、核其华道者明矣！非有圣心以乘聪明，孰能存天地之神而成形之情哉！神者物受之而不能知及其去来，故圣人畏而欲存之；唯欲存之，神之亦存，其欲存之者，故莫贵焉。②

而此时生成的人，恰恰就是人天之道的时间本质的历史呈现。《黄帝内经·天元纪大论》指出："候之所成，道之所始。"所以，花婆信仰中宇宙三正的确立，正是天人的生态伦理缔结的过程，其展现的生态美学意义就是时间的呈现与展开。这种仪式及其时间意义展开，是人类历史的自我标显。

也就是说，花婆信仰的人天合一的天时就是天德，而对天德的拥有即张载所谓"天人合一"：

> 儒者则因明致诚，因诚致明，故天人合一，致学可以成圣，得天而未始遗人，《易》所谓不遗、不流、不过也。③

此即后文所谓得时中。因此，花婆神话的开辟天地，正反映了《庄子·天下》所谓：

---

① 朱碧光、孙亦华：《壮族师公舞中的"三十六神七十二相"考》，《民族艺术》1988年第1期。
② 《历代天文律历等志汇编》（五），中华书局1976年版，第1344页。
③ （宋）张载：《张载集》，中华书局1978年版，第65页。

判天地之美，析万物之理，察古人之全。①

总之，花婆的判天地之美的实质，就是道的实质，即《后汉书·天文志注》引张衡所说：

太素之前，幽清玄静，寂寞冥默。厥中惟虚，厥外惟无。如是者永久焉，是为溟涬，盖乃道之根也。道根既建，自无生有，太素始萌，萌而未兆，并气同色，浑沌不分。故道志之言云："有物混成，先天地生。"其气体固未可得而形，其迟速固未可得而纪也。如是又永久焉，斯谓庞鸿，盖乃道之干也。道干既育，有物成体，于是元气剖判，刚柔始分，清浊异位。天成于外，地定于内。天体于阳，故圆以动；地体于阴，故平以静。动以行施，静以合化。堙郁构精，时育群庶，斯谓太元，盖乃道之实也。②

这里的道是自然的合规律性与合目的性的形而上统一。按照康德的《判断力批判》：

自然（在其经验性规律的多样性中）的合目的性原则是一个先验的原则。因为诸客体就其被思考为服从该原则的而言，其概念只是有关一般可能经验知识的对象的纯粹概念，而不包含任何经验性的东西。反之，必须在一个自由意志的规定性的理念中来思考的那种实践的合目的性的原则将会是一个形而上学的原则：因为一个作为意志的欲求能力这一概念终归必须经验性地给予出来（而不属于先验的谓词）。③

而以花婆为圆心的生态进化系谱轴，正是通过合目的性原则将先验原则与自由意志的规定性结合了起来。

---

① 《庄子》，上海古籍出版社1989年版，第164页。
② 《历代天文律历等志汇编》（一），中华书局1976年版，第336页。
③ [德]康德：《判断力批判》，邓晓芒译，人民出版社2002年版，第16页。

至此，花婆信仰就不仅仅强调人的主观能动性，还展现出人的主观能动性本身所具有超越自然而成就人的独立性的文化特征。在对待人与自然万物的关系时，花婆信仰蕴含的生态思想是具有辩证性的。人与自然的关系的实质，是古今应对生态危机的思维关键。于是，花婆信仰彰显出这样一种思考：人与万物的不齐不在于人主宰自然，人为自然立法，而是人能够实现"天德"，完成"天地之性"，实现自然界的价值，完成自然界赋予人的神圣使命，即张载所谓"为天地立心"，最终达成主客体潜能的对生性实现而进入之有之境。因此，花婆信仰彰显出的是德性的重要性，其目的是要发掘人与自然的内在价值，以达至形而上学的道体之境。这也是建构生态美学的核心关注之一。

这种美学理想，即如李泽厚所谓，它表现出真善美的合一特质：

> 在生产、制造和使用工具的过程当中，群体的要求就是价值，通过巫术礼仪等程序，慢慢将其制度化，慢慢地变成伦理规则。在中国，伦理、宗教和政治三合一。周公制礼作乐，然后孔子把它内在化，落实为心理的和伦理的要求。它们与审美是有深刻关联的。"美"这个字无论中西在早期都具有"善"的含义或与"善"连在一起的。[①]

综上所述，整个花婆信仰是建立在壮族以自然为基质的"自由"的基础上的，也是通向自由的。花婆信仰的自由寓示着我、他者乃至物——都是自由的，而所有这些自由者，尽管他们在整体意义上是平等的，但现实地位不是平等的，社会的运作强调他者大于、重于、寿于"自我"，故而导出了道德律在此意义上恰恰具有"他律性"。于是，道德要求的"服从""忠诚""奉献"等看似"被动"的律则，恰恰与"博爱""友爱"等原则具有等同性。

这就表明，尽管世俗中的个体，必须服从、接受俗世的必要性，在一定的阶段必须服务于社会的整体主义情境，但源始的参照力始终要求最高价值

[①] 李泽厚：《李泽厚近年答问录》，天津社会科学院出版社2006年版，第41页。

对社会内部的对立的俗世因素施加压力，使得世界内部的异质因素消失，最终形成一个统一的整体场。于是，世俗生活完全符合最高价值，被排挤的个体在神圣的赋予后获得了现实社会存在及其生命的神圣性，并在现实中获得最有利的生态位——生存空间。这使得一个个体生命，从经验领域进入了超验的领域，并再一次从超验的领域回归经验的领域。

这种循环或升华，始终是超验与经验合一的系统而生机活现的过程。花婆信仰这一洋溢着生命情态的超因果而不昧于因果的逻辑，就不仅仅是虚构的逻辑，而是有真实的生命为历史规律奠定的雄厚基础。这确保着代际及其与神圣关联的世界的可持续发展。这一过程，既有宗教的超越又有道德的拯救，它既是逻辑的设定，更是生命不受任何拘束的情态的彰显。此时，作为那文化集体表象的花，既是作为知性的范畴，又具有感性直观的形式。这正是花婆信仰的最初布局，也是这一生态格局具有最大威力的历史明证。所以，花婆信仰具有功能性特质，它是既可以思考又可以认识的，这就是它能够通过帮助人们使他们接受一种不能直接改善他们实际境况的信仰之所由。这一点，与西方的上帝可思量而不可认识的特质不同。

由上述的分析，我们发现，花婆成了《老子》所谓"玄之又玄"的"众妙之门"。此即《庄子·刻意》所谓："淡然无极而众美从之，此天地之道，圣人之德也。"尤其重要的是，花婆作为人伦的始母即人门，就具有了《周易·坤卦·文言》指出的特质："坤道其顺乎，承天而时行。"

进一步，花婆信仰在完成了天地剖判之时，就预示着宇宙时间主体化——它既是一种社会时间感，也是一种心理时间感。它彰显了人的本性及其自我的衍化、对天地万物的生成功能，即王夫之所谓："充天地之位，皆我性也；试天地之化，皆我时也。"[①]

所以，花婆信仰，不仅通过天象揭示了自然时间蕴含的潜能实现的意义，更加肯定了人的主观能动性对美的实现的作用。在这里，美的实现是一种天人合一的时间本质的实现，即《荀子·礼论》所谓："性者，本始材朴也。伪

---

① （清）王夫之：《船山全书》第一册，岳麓书社1996年版，第1114页。

者，文理隆盛也。无性，则伪之无所加；无伪，则性不能自美。性伪合，然后圣人之名一，天下之功于是就也。"

总之，花婆成为玄牝，它展现了一种以时间为核心的生态美学的发生学与方法论。

第四节 花婆立元的生态美学方法论
——"一""三"对生与环进范式作为执古御今的宇宙循环观

花婆信仰与宇宙的严密对应性表现为一体三分文化逻辑，它具有中国古代宇宙三分观的文化因子。《老子》和第四十二章说："道生一，一生二，二生三，三生万物。"① 董仲舒《春秋繁露·官制象天》指出："时三月而成，大辰三而成象。"

刘歆认为：

> 元典历始曰元。传曰：元，善之长也。共养三德为善。又曰：元，体之长也，合三体为之原，故曰元。……三统合乎一元……经元一以统始，易太极之首也。②

"三道由一，俱出路径。"③ 也就是说，在中华民族文化的大框架之内，花婆信仰的立元，是各民族共同归趋的一种文化表现。这种文化表现即混沌而生万物的母性呈现：

> 有物混成，先天地生，寂兮寥兮，独立而不改，周行而不殆，可以为天下母。吾不知其名，字之曰道。④

---

① 《老子》，上海古籍出版社1989年版，第11页。
② 转引自陈美东《中国古代天文学思想》，中国科学技术出版社2008年版，第55页。
③ （汉）魏伯阳：《周易参同契》，中央编译出版社2015年版，第65页。
④ 《老子》，上海古籍出版社1989年版，第6页。

花婆作为含三归一和一分为三展现出的对生与环进之道，表现为生态美学的执古御今的审美方法论。王夫之《张子正蒙注·大易篇》指出：

> 凡质之类，刚柔具体可以待用，载气之清浊柔强而成仁义之用者，皆地也；气质之中，神理行乎其间，而恻隐羞恶之自动，则人所以体天地而成人道也。《易》备其理，故有见有隐而阴阳分，有奇有偶而刚柔立，有得有失而仁义审，体一物以尽三才也。

所以，花婆的三分即宇宙生机的展现，它们呈现出"至、神、圣"三种神格境界，故而花婆信仰更展现出中国古代哲学的体用观：

> 至言其体，神言其用，圣言其名。故就体语至，就用语神，就名语圣，其实一也。诣于灵极，故谓之至；阴阳不测，故谓之神；正名顺物，故谓之圣。一人之上，其有此三，欲显功用名殊，故有三人之别。此三人者，则是前文"乘天地之正，御六气之辩"人也。欲结此人无待之德，彰其体用，乃言故耳。①

花婆信仰中三界、三楼的形成，其实是对花的三（多）个方面因素的规定与探索。花婆既包含有使存在者的规定成为可能的因素，并且可以在"世界形式"中发现这种东西；它蕴含有使得存在者得以存在的运动与力量，这种力量或运动无须意识的参加就可以创造出存在者，这就规定了人类的生存必须以"自然"为依归，即使人类历史有着自我的创造，那也是"自然"概念意义下的本质的呈现。这表现在花作为"世界"的玄牝这一表征体系之中；尤其重要的是，壮族的花婆信仰还将"花"赋定为使得存在成为可能的"世界质料"（Weltmaterial），它在使得世界存在的基础上，赋予存在者的意义的生成条件。而此处的"世界质料"——花也成为一种力量，它也无须意识的参与就能创造出所是的存在者，并创造出主客体之意义差别。这一层次最主

---

① （清）郭庆藩：《庄子集释》，《诸子集成》（三），中华书局1960年版，第11页。

要的表现为花作为世界的源头，即那文化各族的自我意识的历史呈现这一阶段。一定要申明的是，尽管花是民族的源头与物质表征，但作为"世界质料"意义的花，不是自然科学意义上的物质，而只是"意义"的预备阶段。这将花婆信仰从一开始就规定在哲学意义境域之中，而不是仅仅停留在机械的物质境界。更进一步，仅对于壮族而言，花的意义作为世界质料是先于其所是的物质质料的存在意义，那么，通过对花的"交错配列"（Chiasmus）概念，就可以使得我们获得通往"世界质料"的途径。这也使壮族的花婆信仰能够达至精神与身体的互动、互含——神与物游的境界有了可能。

所以，宇宙的孕育与演化，是建立在元气的一生三、三合一的圆形运动基础之上的。此即《云笈七笺·玄门大论三一诀》所谓的重玄生意：

> 三义虽异，不可定分；亦一体虽同，不容定混，故义别成三；分不定分，故体混为一。混三为一，三则不三；分一为三，一则不一。不三而三，不一而一，斯则三是不三之三，一是不一之一。不三之三非直非三，亦非非三；不一之一非止非一，亦非非一。此合重玄之致也。

故在这一视界内，花婆的三一浑如，即臻至圆智：

> 圆智非本非迹，能本能迹……本迹皆圆，故同以三一为体也。三一圆者，非直精圆，神气亦圆。……斯则体用圆一，义共圆三。圆三之三，三不乖一；圆一之一，一不离三。一不离三，故虽一而三；三不乖一，故虽三而一。虽三而一，故非一不一；亦虽一而三，故非三不三。三一既圆，故同以精智为体，三义并圆，而取精者名殊胜也。[①]

由花婆作为玄牝的"一生三"到生态进化系谱轴的"三归一"的循环互动，人就会完成"代天立命，各正性命"[②]，亦即《中庸》所谓参赞天地化育

[①] （宋）张君房：《云笈七笺》，书目文献出版社1992年版，第360页。
[②] （唐）王真：《道德经论兵要义述》，《道藏》本，转引自张恩林《唐代老学》，中国社会科学出版社1990年版，第54页。

的作用。所以，壮族花婆信仰中参赞天地化育，表明人具有与万物平等的民胞物与的历史性，也可以由人与自然的和谐共生导出这种历史性。唐代李约指出：

> 自然之道静，故天地万物生于其中。人为万物之主，故与天地为三才焉。老君在西周之日，故秉道德以救时俗。道者，清静自然之道也；德者，以法久而失修而得之，谓之德也。故曰道大、天大、地大、王亦大，是谓域中有四大焉。盖王者法地、法天、法道之三自然妙理而理天下也。天下得之而安，故谓之德。凡言人属者耳，故曰人法地地，法天天，法道道，法自然，言法上三大之自然理也。其义云：法地地，如地之无私载；法天天，如天之无私覆；法道道，如道之无私生成而已。①

李约还在《道经上·小序》中反复强调此一思想："自然之性静，故天地万物生，生久而陵替，修之令反自然，故曰道。"② 如此，也就可以理解壮族的生死观，生死就是一种源于自然、返于自然——宇宙的运行循环性得以呈现。并且，我们也就可以形成如《周易》所谓"生生之谓易"，亦即王真所谓："生生不已，故有万物盈乎天地之间。"③

进而，人就在生生之谓易的境域之中维持、推动、完成可持续发展的历史使命："自三而复一，无始无终，从一成三，无终无始。"④ 这种三元一体观，既可以完整地描述、显示形而上的世界，同时可以为揭示现象界的运作规律寻找到依据。Julian Young 认为：

> 这样的理解应该是讲得通的，如果我们能够放弃康德在现象与终极

---

① （唐）李约：《道德真经新注·序》，转引自张恩林《唐代老学》，中国社会科学出版社2002年版，第58页。
② （唐）李约：《道德真经新注》，转引自张恩林《唐代老学》，中国社会科学出版社2002年版，第58页。
③ （唐）王真：《道德经论兵要义述》，《道藏》本，转引自张恩林《唐代老学》，中国社会科学出版社2002年版，第55页。
④ 同上书，第53页。

的和本体的实在之间所做的简单的二元划分，而代之以三元划分，在一面是本体的实在和另一面是普通的世界（即为日常经验和自然科学所构设的世界——后者只是对前者的一种系统的翻译……）的间隙插入一个与前两者均有不同的第三世界。这一因是非本体的而居处于康德界线之内的，但又是隐秘的并从而与普通时间有区别的第三世界是能够成为形而上学探究的语题的。这样一种探究倘使在建构其世界——图景是采纳了为我们日常世界视点所忽略的某些经验方面（如对我们自己意志的内在体验），或者至少是将关于这类经验对象的功能完全推延至其通常的营业范围之外，那么它就不仅可以满足概念—经验主义的强制性要求，而且同时还会提供一种真正地无与伦比的和异乎寻常的并堪以"形而上学"一词相修饰的世界—图景。①

通过花婆的一分为三、三而归一等层面的综合，花婆信仰就进入了更深入的自然哲学之中。如此，人类历史哲学在这样的意义上，也始终具有自然哲学的品质。

花婆信仰这种通过引类比喻的方式，而将花人格化、祖先化，被称为花王圣母，这中间隐藏着壮族等民族一种思维与认识的秘密。即壮族等民族将生命的根源——宇宙的根源存在与外在物质表象之间的关系，区别于外在表象之间的关系，让它不服从于充足理由律。所以，存在的根源与表象的关系是比喻意义上的关系。但是，当存在的根源进入客体化过程的时候，就必须服从于充足理由律。也就是说，作为表象的世界与作为意志的世界，只有当作为意志的世界服从于充足理由律的时候，二者才是相同的。而身体的运动（组建、生存、发展、回归等）作为自我意志的客体化也必须服从于充足理由律。

这就是中国古代以老子为首的哲学家提倡的"全而生之，全而归之"理念的形象化，从而将天人合一的基础揭示出来了。也就是说，花婆信仰所呈

---

① 转引自金慧敏《意志与自由》，中国社会科学出版社1999年版，第27页。

现的神与物游的玄妙镜像也是基于此的。但神与物游的意义与终极境界是超越于充足理由律的。这就解决了在形式的环生历程之中何以形成超循环的原因。

花婆信仰展现的世界开辟的美,是作为主客体潜能的对生性的自由的实现,表明由显现到实现的美的生成与实现的过程,不仅仅是一种关系状态或模式,更是一种意义的生成与实现。如此思考,那么,生态审美关系并非仅仅存在于表象之间,也非仅仅存在于表象与自在之物之间,而是要回应自在之物如花又是如何成为现象界万物的根源的问题,以及照天照地的惺惺寂寂的我是如何呈现的,自在之物又是如何具有可知性的,它又是如何呈现"青青翠竹无非法身,郁郁黄花尽是般若"的同一性的,等等。如果花婆信仰的回答是肯定的话,那么,美就是这种比喻性的世界生成与持存本身。

因此,花婆信仰在主客体潜能的对生性的自由的实现历程之中,跨越了主客体的二分与对立,尽管它并不忽略主客体的现实存在。这就具有了对西方主客体分离的认识论的反思特征。叔本华说:

> 在自我意识中,这一我也不是绝对地单一结构的,而是由一个认识者即理智和一个被认识者即意志所构成……如此即使在内在认识中也照例存在有其客体的真实存在与在认识主体中对这同一客体的知觉的分别。[①]

花婆信仰中并没有执着于表象,而是深入表象内部的意义的感知与体悟,将主客体合二为一来做混沌——整一的认识。同时,花婆信仰的这种主客体合一的整一化认识,超越了认识主体的不可认识论以及在认识中仅仅遗留或突出了一个单一的"我"的认识与实践观。即叔本华所谓:"认识的认识是不存在的;因为这将意味着主体从认识中分离了出去,而同时又认识到这一认识——这是不可能的。"

[①] 转引自金慧敏《意志与自由》,中国社会科学出版社1999年版,第21页。

如此，这就要求超越那种只存在认识当中的孤零零的"我"而忽略了世界的复杂性与丰富性的困境：

> 你知道你在认识与你在认识只是措辞上的不同而已。"我知道我在认识"不过就是说"我认识"，而且如果没有进一步的规定的话，这也不过就是说"我"。如果你认识与你知道你在认识是不同的两件事，那么就请试着设想一下它们单独存在时的情况吧：首先请认识没有你知道的认识，然后再知道这知道不同时就是这认识的单纯认识！无疑，抛开所有这些特别的认识将达到"我认识"这一命题，这是我们最终所可能做到的抽象，但是这与命题"我即主体"也是同一的，这种命题除了单单一个"我"之外是不再包含有其他任何东西的。①

可见，花婆信仰彰显的主客体潜能的实现具有对生性，而潜能的实现就着眼于同一——时间性意义的展现。《马克思恩格斯全集》第47卷指出："时间实际上是人的积极存在，它不仅是人的生命的尺度，而且是人的发展空间。"②

综上所述，花婆信仰中的剖判天地乃至成人成性就是进入于太元（玄）之道。它通过玄天生物，展现出一种"玄生之镜"："审用成物，世俗所珍。罗列三条，枝径相连。俱出异名，皆由一门。"③

这种对生与环进的宇宙大道，正是世界可持续发展范式的历史呈现："初正则终循，干立末可待。"④

---

① 转引自金慧敏《意志与自由》，中国社会科学出版社1999年版，第21页。
② 《马克思恩格斯全集》第47卷，人民出版社2002年版，第532页。
③ （汉）魏伯阳：《周易参同契》，中央编译出版社2015年版，第67页。
④ 同上书，第21页。

第二章　花婆的参伐作用与衡生之美

如果说，第一章是壮族花婆信仰对天元与人元的探索与建构的话，那么，花婆表现出的参伐作用，就展现出花婆与自然万物的对应机制与衡生之美。

第一节　花婆为自然立法：生态制衡中的对应与对生

通过上面的分析，我们知道花婆是壮族世界全面的创造者，这是对人的自然品质的凝聚与神化。但世界作为自然，并不总是神化而没有作为整体世界的自然选择的。如果真是这样，世界将凝固化。因此，即使自然界与社会的稳定平衡也是需要一种制衡作用的。

在具体的表现上，花婆的制衡性不仅表现为对世界与生命的控制，其背后还有天体演化的时空图式。

依前述，花婆牌自身为三星，是子孙星。

《史记·天官书》指出：

参为白虎，三星直者，是为衡石，下有三星，兑，曰罚，为斩艾事。其外四星，左右肩股也。小三星隅置，曰觜觿，为虎首，主葆旅事。

张守节《史记正义》："觜三星，参三星，外四星为实沈……为白虎首。"如图2-1所示：

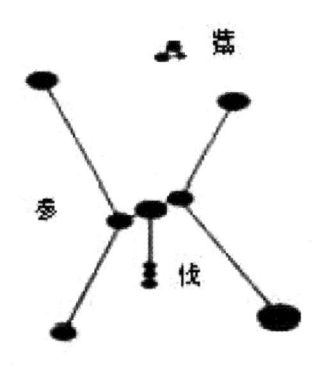

图2-1 参宿图①

最为突出的是，花婆的参伐作用，表现在生命的各个阶段，呈现为求花时间的宜忌，从而表现出审美价值的取舍：

求花忌凶日：

正四七十月 酉

二五八十一月 戌

三六九十二月 子

求花造宅接妇日：

正四七十月 卯

二五八十一月 子

三六九十二月 申②

在这里，那文化将花婆设置为参伐的形象，其实质是将共同体中的设定

---

① 冯时：《中国天文考古学》，中国社会科学出版社2007年版，第422页。
② 吴国富、范宏贵、谈琪等：《靖西壮族社会文化的人类学考察》，《广西民族学院学报》（哲学社会科学版）1997年12月增刊。

好的时间概念运用于各个体，以便区别。尤其是，在面对道德——社会性的死亡与自然性的死亡的时候，这种区别显得尤为重要。针对此，时间的区别性表征为一种直观的否定性。这正是花婆作为生态制衡的重要表征之一："赐男赐女，作人间之主宰；以嗣舆绩，为世上之花王。能消灾克害，能度凶关，化短为长，移凶作吉。"

可见，花婆牌这种参伐作用，既是一种惩戒以守正，同时又将成为一种由内在而超越的力量源泉。这种自我警醒的宇宙—生命意义实现，作为实践理性，它恰恰是壮族玄道衍化的内蕴的展示。下面从两个方面予以论述。

首先，花婆对世界与生命的制衡性，作为一种时间性，在神格上表现为她具有阴间神的特质：

> 东兰县壮族认为，姆六甲在阴间司管人间男女生育之事。她对善良者，给与聪明能干的后代；对凶恶者，给与愚蠢的子孙，甚至绝后。不育的男女必须向姆洛甲认错，方能重新讨花。①

许晓明的田野调查也说明了花婆的双重神格与审美取向：

> 广西上林县三里洋渡"娅娃"（花婆）庙，即生育神庙，庙里供有三个基本神灵：大婆、二婆和三婆。大婆、二婆因为儿孙满堂，因此在庙里的神台上，她们形象高大，被安立于神台最高位，神的周遭儿孙围绕，其乐融融。而无子女的三婆，形象猥琐，头发凌乱，赤身裸体，屈于神台的底座。生育能力和神权威形成了正比，是非常生动的多子多福教育。②

---

① 范宏贵主编：《中国各民族原始宗教资料集成·壮族卷》，中国社会科学出版社1998年版，第528页。

② 许晓明：《接亲·安神·迎花》，李富强主编《中国壮学》（第四辑），民族出版社2010年版，第272页。

在壮族民间，花婆确实对人和干扰人间的鬼怪也具有参伐作用：

祝赞当年都完备，回来请圣上花船。
买船张且上船去，化瘟教主上花船。
雷劈石叠上船去，黄幡豹尾上船去。
鸦鸣雀叫上船去，肚胎怀孕上船去。
痕疮痘子上船去，金鸡动狗上花船。
红肚泻痢上船去，时冷时热上花船。
勒喉吊颈上船去，封喉喉胀上花船。
四季行灾上船去，四季行瘫上花船。
十二年王上船去，十二月将上花船。
五方圣者上船去，五方棺木上花船。
当年瘟主上船去，行瘟部瘟上花船。
船头艄公上船去，船尾艄婆上花船。
瘟家圣众上船去，一切神祇上花船。①

这是一种趋吉避凶的审美思维的历史呈现，它表明壮族的花婆信仰有着对自然的敬畏之心。

花婆信仰还将花的品级作为生命质量的表征，展现出其参伐作用：

黄英振、李永宁等搜集到的壮族巫经认为，阴间有个花婆，专管三十六个花园。每个花园由三十六个花色品种。其中十二类是优良的，其余皆为次品。②

壮族的下楼圣母更是以惩罚性的面目出现：

---

① 杨树喆：《师公仪式信仰》，广西人民出版社2007年版，第20页。
② 范宏贵主编：《中国各民族原始宗教资料集成·壮族卷》，中国社会科学出版社1998年版，第574页。

下楼圣母

  壮族师公信仰之神，又叫"收花婆"。壮族民间传说，未满三十六岁的人去世不敬为祖宗。据说是收花婆仍把它收回。故要请师公来把死者的灵魂送给收花婆，用红白纸各剪一枝花，用白鸡一只，猪肉一挂，鸡蛋一个。师公烧香生祭时要请下楼圣母，打卦见灵后把白的一枝花烧掉，红的一枝交给主家，表示死者的灵魂与活着的人永远分离。①

  这就明显表现出人类在自我确立历程中的否定性的运用原理。这也表现出与老子所谓"圣人不仁，以万物为刍狗"的相似意味。于是，对花婆的这种信仰，作为哲学的本身、本质，就具有《道德经》所谓的阴伐意义："天门开阖，能为雌乎？"②

  因此，正是这种制衡性表明，壮族的花婆信仰是一个开放的系统，它在不断地改进与充实之中，以获得新的更高级的思想，推动壮族文化与审美的进步。

  可见，花婆具有的参伐作用，可确保人类从一无所有的世界里挺立，使他在利用生态物而自我成就的基础上拥有内部感觉。而这种内部感觉使人真切地体验到了我们身体的意志活动，并且，这意志活动仍然服从于在现象界通行的充足理由律。

  亦即，尽管它仍然是现象的范畴，即意志活动仍然是意志现象，就是意志的显现过程，但这一过程是真实的存在的。作为事实，意志就成为自在之物，并且，它成为现象的本源性存在。所以，在花婆信仰中，不仅自在之物经由客体化的理念，而且在认识过程中自在之物经由意志的否定等方面，都是可以被人类主体所认识。当然，这种认识是意志扩大了的认识范畴，是由理性与非理性结合在一起的整体，因此，它既有逻辑化的成分，又包含有直观、灵感与静观等多种方式及其境界。它是一种审美认识论及

---

① 《中国各民族宗教与神话大词典》，学苑出版社1990年版，第758页。
② 《道德经》，吉林文史出版社2001年版，第51页。

其境界。

在花婆信仰里，花婆不仅是一位母亲，更是一位法官。她不仅为自然立法，也为社会立法。《鹖冠子》将参宿直接呼为钺，可见参宿为伐。在天象上，十一月参宿三星显于东方，其形为斧钺。

其次，参宿的伐钺作用，还表现在为自然立法的历程之中。

娅柱

传说天上有个神婆叫娅柱，她很关心凡间，所有在凡间的只要遇到灾难，就上天去找娅柱诉苦。

古时候，老虎嘴凶恶，每天要吃掉许多许多的小动物。老虎那坏家伙呀，繁殖能力数它最强，凡间许多动物都快被老虎吃光啦。动物们纷纷跑上天去向娅柱告状。

娅柱传老虎上天去，对老虎说："虎哦，你们天天都要生下很多虎崽，不觉得麻烦吗？"

虎说："真算麻烦，叫我们怎么办呢？"

娅柱说："快去传告你们的同伴，从今天起，你们一年生三窝，一窝生三个。"

老虎怕记错娅柱的话，边回头走边念。

青蛙听说老虎一年生三窝，跑去跟娅柱说，老虎还多，要改一改。娅柱说："好吧！青蛙呀，你快去追老虎，叫它一年生三窝，生出一个吃掉一个。"

青蛙去追老虎，躲在路边，等老虎走近，突然跑出来"哇"地大叫一声，老虎被吓得软趴在地。老虎看清是青蛙，逼近青蛙说："你这坏东西！娅柱的话也给你吓忘了，我饶不了你！"青蛙说："虎哥，你吃了我也记不得娅柱的话，不如你放了我，我重新告诉你。"

老虎放走了青蛙，又边走边念："一年生三窝，生一个吃一个。"老虎们照娅柱的话去做，老虎越来越少，凡间才得兴旺。

娅柱在那年的七月十八日死，十九日腐化流尸水，二十日又复活。

至今，每年七月十八日，凡间所有的牛、狗、碓、磨等要到天上去哭娅枉，人们也忌劳动。①

根据黄桂秋的研究，"娅枉（王）"是壮语读音，汉语意思是母王。是壮族巫师群体中奉祭的创造世间生灵、管理阴阳间生灵的大神。按照壮族巫师的说法，阳间人类以及天上飞的、地上跑的、水中游的各种动物生灵皆为娅王创造。而在此则神话之中，花婆听了青蛙的话，按照生态承载力的原则，即本着天地之大德曰生的原则，为动物界的生育做出了规定。

在花婆信仰里，宇宙万物的生育繁殖力是可以在花婆的监督下相互传递的。

公鸡公鸭

从前，公鸭是没有屌的，倒是公鸡有一条。怎么现在又倒过来了呢？说来有段故事。

有一天，公鸡和公鸭去河边游水。脱衣服的时候，公鸭看到公鸡把屌取下来，小心地放在衣服下藏好。公鸭想：这家伙看来是个宝贝，等下子我不妨偷去试用一下。等到公鸡在水里玩得入迷的时候，公鸭悄悄爬上岸来，把那条屌偷走。它拿去搞母鸭，母鸭觉得好过瘾，也觉得奇怪，就问公鸭说："你哪里捡来的宝贝？"公鸭不想把屌退给公鸡，不敢直说话，只装着羞涩的样子，含含糊糊地说："哎，哎，哎！"这时，公鸡游完水上岸来，找不见自己的屌，好不着急，大叫起来："哪个偷我的屌？！"母鸭听到公鸡叫喊，联想到刚才的事，幸灾乐祸地唱起来："好，好，好！"做贼心虚的公鸭生怕露马脚，就压低嗓音暗示母鸭："莫吵，莫吵！"

公鸡丢了屌自然怀疑公鸭。它跑到姆洛甲那里去报案。姆洛甲先撇下案情不管，责问公鸡："我从来没有帮你造过屌，你哪里来的家伙？"

---

① 农冠品：《壮族神话集成》，广西民族出版社2007年版，第31—32页。

公鸡老实，照直说了："我是从公猪那里剪一节的。""混账东西！"姆洛甲火了，扇了公鸡两巴掌，把它白净净的脸掀红了。姆洛甲接着吼道："乱了，乱了！我早就说过，这个东西由我发给你们，不准你们自造，也不准借用。现在你们竟敢偷别人的来用，真不要脸，乱从你这里起，你可知罪！"公鸡知罪了，可是它还是想要回它那条屌。姆洛甲把案子一断，说道："凡是做偷的都要受罚。你偷了人家的，人家又偷你的，对你来说，活该！我罚你祖祖辈辈没有屌。至于公鸭嘛，我也要罚它，我叫母鸭不帮它孵蛋，看它那条屌还有什么用。"听了姆洛甲的宣断，公鸡觉得自己有罪，无话可说。可是它觉得没有那个家伙不行呀，今后怎能生养后代呢？它苦苦哀求姆洛甲，说："祖娘，我认罪了，你可得帮我想个办法呀！"姆洛甲叫它打开双脚，对着它屁股吐上一把口水，嘴里还骂道："屁！偷屌的东西！"话虽是骂，吐的虽然是口水，可是祖娘的东西样样是宝，这把口水变成了公鸡的豪水，它拿去射给母鸡，照样灵得很哩。①

（收集地点：大化县那康街；壮族覃承伟口述，覃承勤采录）

在这里，花婆作为理性而为自然立法，本身就蕴含着必然性原理在内，也说明人为自然立法之后，已经从自然这分裂出来，成就了真正的社会意义上的人——展示了人的社会本质。当然，花婆的参伐作用，并不是单一的责罚，而是赏罚分明的，从而确保了世界的正向运作与生机盎然。

断案

俗话说：肚饿能走三夻，光身半步难行。姆洛甲的子孙用芭蕉叶遮身，风雨出不去，冷热难出门；山中的鸟兽都没长毛，缩在草窝里，不敢走动；草木也秃头光枝，毫无生机。

姆洛甲在山上造地，一只山鸡走来说："咕，咕，我给送来一粒棉

---

① 农冠品：《女神·歌仙·英雄》，广西民族出版社1992年版，第11—12页。

籽，你种出棉花给我一件美丽的衣服。"一只水獭也从河里跑来，说："我也送来一颗麻子，二天收麻给我装扮装扮。"鸟兽是姚洛甲造出来的，她一样疼爱它们，回答说："你们都放心，一定会办到。"

两粒棉麻种子落地不久，山地棉花一片白，麻株茏茏壮。姚洛甲把棉花织成布，染上蓝、黑、绿、红等十二种颜色，给孩子们缝衣服。子女们个个有穿，个个如虎添翼。姚洛甲把麻线捶打，染上七十二种美丽的颜色，分发给各种鸟兽，从此百鸟飞翔，百兽欢跳。山鸡和水獭送棉麻种子有功，姚洛甲送给山鸡六色羽毛，打扮得更美丽，百鸟来赞美；水獭得了一身绒装，下水不湿，严冬不冷，水陆两栖，百兽来祝贺。

鸟兽都穿上各色美丽的毛衣，在林场中耀武扬威，热闹非常。草木也都跑来，要姚洛甲给衣服。百草千木，各说各有理，争吵要最美丽的外衣，闹得天翻地覆。姚洛甲说："我不偏爱谁，统统分给绿衣。"所以，草木全是青绿叶子。后来，姚洛甲看到漫山一色太单调，就给一些草木添上红、黄、蓝、紫、白的花朵，把它们打扮得更美丽。

谁知，草木无心却有意，它们争吵不休，天天跑来向姚洛甲告状。没有花朵的草木声音最高，闹得山裂山崩；分得红花的草木不满足，分得黄花的又嫌自己不多彩，蓝花骂白花不美丽。姚洛甲再三劝告说，花种不宜繁多，花色不一太杂乱。它们总是不听，竟动起手脚打起来。姚洛甲恼火了，拍起石案喝道："从今日起，我封住你们的嘴巴，不得再说话，也不准走动，头尾要颠倒，固定在泥里。"从那时起，草木再也不会说话，头发（根须）被埋在地里，手脚（枝干）被倒立朝天。

草木惹祸，鸟兽受惊。从那时起，鸟兽装哑巴，不敢说话，"呜呜""哈哈"，不再吵闹。但是，老虎力大，仗势欺负弱小，吃喝鸟兽血肉；水牛吃草多，一天要践踏半边山。还有猪吃了睡，狗爱多嘴，马爱奔跑……一天，姚洛甲召集鸟兽来，老虎哭闹说："我一窝几个仔多苦啊，冬天常常饿肚子。"水牛也诉苦说："我个子大也无用，连草也吃不饱。"猪、狗、马、羊也都抹着眼泪，各讲各苦处。姚洛甲暗暗笑着，等到鸟兽都说完了,她才宣判道:"老虎听着,从今而后,只准你一世生一仔,百兽少遭殃;水牛听着,你力大有用场,从今帮人拖犁耙,由人牵着吃草,不得乱来;猪爱睡就关起来,养肥了就给人吃肉;狗多嘴就睡门外,帮人看门守夜;马爱跑就套笼头,由人骑它一辈子……"其他鸟兽,见事不妙,再也不敢哼半句。姆洛甲说,为了世间安宁,都给它们服哑巴药。从那时起,鸟兽不能言语,谁也不敢来找姆洛甲闹事了,牛、马、猪、狗都按照姆洛甲的吩咐,为人做好事。

自从姆洛甲断案后,草木安居,鸟兽不闹,天下才得安宁。①

[收集地点:广西东兰县大同乡和龙村、四合乡长洞村;口述:覃凤平、覃茂德(师公);采录翻译:覃剑萍]

此即《老子》"解纷挫锐"之义。它有如下三个层次的生态文明的诉求:其一,万物各占不同的生态位的必要性;其二,人类驯养动物形成了新的生产方式,从采集进入了驯养阶段;其三,说明人的潜能实现的新的拓展。

牛是人类生产工具,更是人的亲密朋友。而花婆为稳定生态平衡,对牛的亲疏关系梳理得非常清晰,其目的就是在生态平衡的状态下呈现世界的和谐共生。

审水牛

水牛本来是壮人始母姆洛甲造出来,当初还听人话,它自己带着犁耙,下田下地去做活,不要主人跟随屁股。后来,水牛在野外吃草,被露水流进了耳朵里,变成了野性,主人的话就不爱听了。

人去禀报姆洛甲,要始母做主。姆洛甲说,水牛变野性不要紧,就让它上山吃草,不再给它饭吃,只要它去拉犁耙就行。人又说,水牛日夜走山野,晚上不归栏,犁田耙地找不着它。第二天,姆洛甲驾着云雾,

---

① 农冠品:《女神·歌仙·英雄》,广西民族出版社1992年版,第13—18页。

飞到山顶上,只见水牛在山林里打架斗角,拼得死去活来。被打败的水牛说:"等着我磨利剑角,再决死战。"斗赢的水牛说:"还磨什么鬼角,有本事就来,无本事就滚。"姝洛甲走到它们面前,二话没说,把牛角一弯,套上了外壳,水牛的角变了形,再也抽不出锋刀利剑了。姝洛甲还对老虎说,水牛再不回栏帮人干活,就把它吃掉。水牛害怕,从此就跟随主人,不敢睡在山野了。

水牛回来帮人耕田犁地,但野性难改。早上睡晏觉,要人喝才出栏,走路慢腾腾,犁田累一点,就翻开牛轭,打滚在泥水里。过去它自带犁耙主人坐在田坎上指点,转眼就犁完一块田。自从水牛沾染野性之后,人要扶着犁耙,还要竹鞭催赶,牛才被逼启步。太阳一出山,牛就跑下江河里,丢下活路去游水,主人去招唤,它就溺下水底,无影无踪。

人又去禀报姝洛甲,请求始母做主。姝洛甲传令,水牛回来了,眼红通通的,诉苦说:"始母,主人鞭打虐待,我们再也不拉犁耙了。"主人问道:"你们偷懒还不算,还偷吃地里的禾苗,该打不该打?"水牛凭借自己力气大,对主人说:"要打就打,你我比试两下功夫,谁输谁拉犁……"话未说完,就晃头摇角朝主人扑来。姝洛甲大喝一声,把大麻绳甩过去,套住了牛角,然后叫主人把牛吊到大树上,用竹签穿通鼻子,穿上麻绳。姝洛甲这才问水牛说"怎么样,还敢不敢放肆?"水牛上气不接下气地回答说:"不敢,不敢,听从主人吩咐就是。"水牛低着头,被主人拖回牛栏。

自从水牛被穿鼻子后,再也不敢当面违抗主人了。可是,每天做完活路解了绳,水牛就跑上山,公母成双结对,到大树下谈情说爱,迷迷糊糊,连草也不吃,水也不喝,闹得全身消瘦,风吹也要倒。眼看水牛不能犁耙,田地就要丢荒,主人着急,又去找姝洛甲,请求对策。姝洛甲来到大树下,看见水牛不吃不喝,公母滚在尿塘里,弄得一身泥水,塘边的鲜草嫩叶,伸到它们嘴边,水牛还是不张口。姝洛甲把水牛传到树下,叫它们自报身弱体瘦的原因,公牛怪母牛发情多,勾引它下尿塘;

母牛怪公牛多情，害它不得吃草。吵闹了半天，母牛哭哭啼啼，怨天怨地。姆洛甲说："既然如此，母牛你听着，从今以后，只准你每年发情一次。不是发情期，公牛不准靠近母牛。"姆洛甲这么一判，公牛欢叫起来，母牛也咧嘴大笑。

从那时起，水牛每年只能谈情说爱一次，其他时间，各自忙着吃草，埋头拉犁。水牛改了野性，主人高兴极了，每天傍晚，上山把水牛接回来，还要割下一捆嫩草，给水牛做夜餐。姆洛甲也很喜欢，定四月八日为牛节，要主人给牛放假，欢乐过节日。①

[流传地区：东兰县红水河一带；口述：覃凤莲（歌手）；采录翻译：覃剑萍]

从这些材料中我们看出，有了花婆的制衡作用，宇宙秩序趋向稳定与和谐。所以，花婆再一次显示出她就是宇宙的必然归趋。正如康德指出的：整个自然界必然是最高智慧在起作用。②

故花婆作为宇宙的立法者，她立法的目的，就是要安排好宇宙的秩序，使万物各占自己的生态位，也就是使世间万物体合——道法自然。也就是说，在人成为玄牝之后，自然界的最高法则必然在我们心中，即它就在我们人类的理智中。花婆就是人为自然界立法的表征。尽管人为自然界确立的法则不是自然科学中具体的定律，但是，它是作为先验范畴规定的先天综合命题，并赋予经验普遍必然性。同样，花婆作为先验形式决定着我们对世界的认识。在这里，花婆表现出极高的协调艺术，即《道德经》所谓：

道冲，而用之又弗盈。渊兮似万物之宗，挫其锐，解其纷，和其光，同其尘，湛兮似或存。吾不知谁之子，象帝之先。③

而"审水牛"与"断案"等神话里，不仅表现出花婆解纷挫锐的权能，

---

① 农冠品：《女神·歌仙·英雄》，广西民族出版社1991年版，第18—20页。
② [德]康德：《自然通史与天体理论》，上海人民出版社1973年版，第16页。
③ 《道德经》，吉林文史出版社2001年版，第22页。

还展示出哲学思维的"自然之几",即王夫之《张子正蒙注·太和篇》所谓:

> 絪缊,太和未分之本然,相荡,其必然之理势;胜负,固其分数之多寡……其始则动之几也。此言天地人物消长死生自然之数,皆太和必有之几。①

其最终的境界就是"玄同",即《道德经》所谓:

> 塞其兑,闭其门,挫其锐,解其纷,和其光,同其尘,是谓玄同。故不可得而亲,不可得而疏,不可得而利,不可得而害,不可得而贵,不可得而贱。故为天下贵。②

王弼注云:

> 万物舍此而求主,主其安在乎?不亦渊兮似万物之宗乎?锐挫而无损,纷解而不劳,和光而不污其体,同尘而不渝其真,不亦湛兮似或存乎?地守其形,德不能过其载;天慊其象,德不能过其覆。天地莫能及之,不亦似天帝之先乎?③

故"审水牛"与"断案"等都表明,米洛甲表现出"宇宙之母"的协调作用,反过来,正是各种自然物的对生及其与人的对生,成就了花婆的全息性,也成就了宇宙的整一性。同时,正是这种环进特质蕴含的壮族的审美统观,敷展出"首出庶物,万国咸宁"的境界:"至哉坤元,万物资生,乃顺承天。坤厚载物,德合无疆;含弘光大,品物咸亨。"④

这些神话还展现出一个至为关键的命题,那就是,花婆神话在自然的超

---

① (清)王夫之:《船山全书》卷十二,岳麓书社1996年版,第16页。
② 《道德经》,吉林文史出版社2001年版,第338页。
③ 《老子》,上海古籍出版社1989年版,第1—2页。
④ 《周易·坤·象》,上海古籍出版社2001年版,第19页。

越与否定中看到了自己,在劳动中确立了自己,完成了自然的人化的过程,确定了人类的独立性,展现出人与自然和谐共生的神性:

> 现在,内容不是反映在他物之中,而是在其自身之中的;他不再忍受外在性的奴役,而是自由的,并由此只与他自身发生关系:它就是自身。①

于是,神话作为:

> 艺术的本质就是用客观事物表现绝对,但他使这种表现通过人按照自己的心灵本质对客观事物所做的改变或创造而实现出来。人的本质在这里体现了"绝对"的本质,"绝对"在这里实际上就是人。②

不仅如此,花婆信仰的和谐共生范式,还谕示人类在征服自然的同时,要顺应自然界中一切动植物的潜能的实现。这就形成了对生与环进的历史进程及其哲学理解方式。

一方面,对动物的职能分派以及剥夺其言语的权利,就表明壮族在自我形成与成长的过程中,绝不向其他自然暴力所臣服;另一方面,在悬搁同情的禁忌里,表现出通过剥夺动物所有的显现的能力,甚至剥夺自我的显现能力来达成对我——人类的动物原始经验特征的遮掩、遗忘。而这种剥夺就表现出一种对我的语言、言辞乃至原始经验方式的悬搁,因而在一定意义上展现出万物难以回到本源的焦虑。德里达指出:

> 这种剥夺,这种贫穷,这种缺乏的情调会因此成为自然界的重大悲伤。在存在着回报,从这个痛苦中得到拯救(Erloesung)的希望,人类在自然中生活,谈到——普遍意义上的人,而不仅是诗人,就像本雅明

---

① [法]路易·阿尔都塞:《黑格尔的幽灵》,唐正东、吴静译,南京大学出版社2005年版,第105页。
② 邓晓芒:《黑格尔美学的启示》,刘纲纪主编《马克思主义美学研究》(第一辑),广西师范大学出版社1998年版,第47页。

解释的那样。更有趣的是,这种被公认的悲伤不只是从不能说话(Sprachlosigkeit)和无声中,从一种失语或阻止使用话语的麻木状态而来。如果这种被公认的悲伤上升到恸哭,如果自然恸哭,通过感觉上的呼吸和植物的沙沙声表达出一种无声却可以听见的悲恸,那么这是因为术语不得不被颠倒了。①

我们注意到,花婆对自然立法,并不仅仅就是为了罚,还为动物权利的实现,确立了时间的本质的实现。

壮族流行着七月"哭雅汪"的活动,就是对动物——自然的调适的策略的体现,更是万物回归花婆而达成其潜能实现的宇宙潜则的展现。

青蛙哭

我是只青蛙,一生跳来跳去。
人们捉我装在篓中,我刚要蹲一下,
就抓我放到砧板上,我全身无力气,
直接把我丢下热锅,我上下挣扎。
煮熟后放下餐桌,几父子吃了笑嘻哈,
我实在不得罪人们,我专门吃一些害虫,
要告诉下一代人,以后别抓我吃。

(黄桂秋采录、翻译)②

哭雅汪中的动物的哭诉

马:"妈生来成马,生我到阳间;前世犯哪样,淌多少河川?爬多少山顶?百斤挑在肩;不走鞭抽下,好人才会说,说养马在人间。……谁像马命贱,哭来泪涟涟;如果我累死,人吃我下肚,剩下拿去卖要钱。"

---

① [法]德里达:《我所是的动物》,转引自《解构与思想的未来》,吉林人民出版社2006年版,第131—132页。
② 黄桂秋搜集,转引自《文化遗产》2010年第1期。

>羊："偏生我是羊，为吃走四方；无吃只哭泣，终身受凄凉。"
>
>青蛙："青蛙真凄凉，人们常诱装；用网钩来钓，钓着就遭殃；放在砧板上，砍我煮成汤；挣扎也无用，否则丢下锅；上下跳喊娘，全家吃我来送饭；你说凄凉不凄凉？"
>
>卜王找蟋蟀哭雅汪：
>
>"我找你蟋蟀，卜王找你忙；你别跳太快，你跑去何方？定要追上你，你会去咬秧；抓着不放手，抓在我手上；绝不放过你，把你翼烧光；让你无后代，蟋蟀全死亡。"①

哭雅汪安排在农历的七月，其实是七月参宿在起作用。《史记·律书》指出：

>凉风居西南维，主地。地者，沈夺万物气也。六月也，律中林钟。林钟者，言万物就死气林林然。其于十二子为未。未者，言万物皆成，有滋味也。北至于罚，言万物气夺可伐也。故曰参，七月也，律中夷则。夷则，言阴气之贼万物也。其于十二子为申。申者，言阴用事，申贼万物，故曰申。北至于留，留者，言阳气之稽留也，故曰留。八月也，律中南吕。南吕者，言阳气之旅入藏也。其于十二子为酉。酉者，万物之老也，故曰酉。②

所以，哭雅汪其实是在确保万物的潜能实现的同时，花婆信仰就将万物置于同一生死平等的境界，目的就是展现天地万物的一体化——花——"时间"特质。

在时间的同一性世界中万物玄同，并直面始源而完成自我潜能的全面实现。王阳明认为：

>盖天地万物与人原是一体，其发窍之最精处，是人心一点灵明。风

---

① 黄桂秋：《中国壮族民间信仰研究》，中国社会科学出版社 2010 年版，第 81—82 页。
② 《历代天文律等志汇编》（五），中华书局 1976 年版，第 1339 页。

雨露雷、日月星辰、禽兽草木、山川木石，与人原只是一体。故五谷禽兽之类可以养人，药石之类可以疗疾。只为同此一气，故能相通耳。①

良知是造化的精灵，这些精灵生天生地，成鬼成帝，皆从此出，真是与物无对。

良知即是易，其为道也屡迁，变动不居，周流六虚，上下无常，刚柔相易，不可为典要，惟变所适。②

在这样一种唯变所适而达大顺的文化逻辑的实践域之中，即可如《庄子》所说：

泰初有无无，有无名。一之所起，一而未形。物得以生谓之德。未形者有分，且然无间谓之命。留动而生物，物成生理谓之性。同乃虚，虚乃大；合喙鸣，喙鸣合，与天地为合。其合缗缗，若愚若昏，是谓玄德，同乎大顺。③

花婆信仰中花作为制衡性的"玄牝"，是一种比喻性的言说。它确立了自然对万物的一致性的证实，并通过一种对事物本质的根深蒂固的感觉规定的表达及其方式来呈现。这种语言强调天地对人的生化作用，而天心又是通过人心来加以表现的。因此，就出现了天地人相互对生、互动进而达至和谐的局面。

所以人与自然的和谐共生，正是要回到马克思《1844年经济学哲学手稿》早就指出的那样——人与动物对象性地互动，并力求在新的道德境域内达成潜能的重新实现：

当站在牢固平稳的地球［大地］上吸入并呼出一切自然力的、现实

---

① （明）王阳明：《传习录》下，《王文成公全书》卷三，上海古籍出版社1992年版，第70页。
② 同上书，第83、90页。
③ （清）郭庆藩：《庄子集释》，《诸子集成》（三），中华书局1960年版，第190页。

的、有形体的人通过自己的外化而把自己的现实的、对象性的本质力量作为异己的对象创立出来时，这种创立并不是主体：它是对象性的本质力量的主体性，因而这些本质力量的作用也必然是对象性的。对象性的存在物对象性地活动着，而只要它的本质规定中没有包含对象性的东西，那么它就不能对象地活动。它所以能创造或创立对象，只是因为它本身是为对象所创立的，因为它本身就是自然界。因此，并不是它在创立活动中从自己的"纯粹的活动"转向对象之创造，而是它的对象的产物仅仅证实它的对象性的活动，证实了它的活动是对象性的、自然的存在物的活动。①

也就是说，花婆信仰中自然对象的对象性创立是人的本质力量外化的过程，更是一个主客体潜能的对生性实现的过程。

总之，神话"断案"与"审水牛"，以及给老虎、猪等动物的生殖、语言等方面的约束，用老子的语言来表述就是"挫锐解纷"，而用西方话语来解释就是，当人类从大自然中独立出来之后，自我意识——统觉成为人类全部知识的最本源的原理，而我作为对象被归入"物自体"，因而成为宇宙之源。于是，我的这种本源性不仅是逻辑上具有构成性，而且在知性的实践上也表现出其综合统一性是一切知性使用的最高原理。也就是说，花婆信仰展现出的宇宙运作规则就是，表象世界只有通过自我意识的本源的综合统一活动才能够真正地建构起来。这是花婆作为宇宙的最高存在展现出的不可动摇的"自然律令"的神髓所在。

可以这样理解，花婆的挫锐解纷方法，其实是人与自然对生与环进的时位呈现方式。王夫之《张子正蒙注·太和篇》指出：

>人物之生，皆絪缊一气之聚伸，虽圣人不能有所损益于太和。而二气既分，吉凶善不善以时位而不齐。圣人贞其大常，存神以御气，则为

---

① ［德］马克思：《1844年经济学哲学手稿》，刘丕坤译，人民出版社1979年版，第120页。

功于变化屈伸之际，物无不感，而天亦不能违之。①

花婆信仰的此类表述上升到美学原理，就完全具有人与自然潜能对生性实现的特征。一方面，如柳宗元所说："美不自美，因人而彰"（柳宗元《马退山茅亭记》）。另一方面，美的彰显，还必须是在人对万物的依生，并进入人与万物的对生境界之中方能实现，即马祖道一所谓"心不自心，因色故有"。所以，在这里，我们不能仅仅将人与万物视为物质世界中的物，而应将它们纳入文化艺术乃至纯粹意义域内的意象来看待，如此方有可能揭示出美的本质与规律。所以，即如朱光潜指出："美感的世界纯粹是意象世界。"只有在这种审美意象的世界里，才能够朗照万物，并彰显美的韵律与色彩，达成存在的澄明。即宗白华所谓："象如日，创化万物，明朗万物。"② 进而，意象世界里的美的呈现与实现，就是神与物游的境界的呈现，这一境界将如美丽的鲜花的绽放，感动世界——"两间之固有者，自然之华，因流动生变而成其绮丽。心目之所及，文情赴之，貌其本荣，如所存而显之，即以华奕照耀，动人无际矣"③。

第二节　不违农时——美的实现的道德保证

如果说，理性为自然立法就是必然，那么理性为自己立法就是自由，自由就是纯粹理性在道德上的表现。在神话"懒人变猴子"里面，就展现了不违农时作为那文化——农耕文明内自我净化，拒绝堕落的机制。它进一步，从反向说明确保潜能实现的必要条件——"时"的重要性。或者说，它谈论的是人究竟是什么，什么将被排除在人之外的问题。下面分两部分予以论述。

---

① （清）王夫之：《船山全书》卷十二，岳麓书社1996年版，第44页。
② 王夫之语，转引自叶朗《美学原理》，北京大学出版社2009年版，扉页。
③ 同上。

一 火性销金，金伐木荣[①]——随时成位与被拯救之途

懒人变猴子

从前有个懒孩子，母亲教他学讲话，他不张嘴巴，不动舌头，死咬着嘴唇，长到七八岁还不会说话，不会笑。姆洛甲来看懒孩子，问他妈妈好不好，问他爱不爱爸爸，他闭着嘴"唔"一声，不知说什么。姆洛甲又问他为什么不说话，为什么不张嘴，他也是"唔""唔"两声，不知所答。

懒孩子天天躺在床上，爸爸叫他去看牛，他塞起耳朵，扭脸过一旁，装着聋子不搭理。哥哥叫他去打柴，他怕日头晒，又怕山风吹，躲进房里去哭闹。懒孩子长得比爸爸还高，却不摸一根草，不见过一蔸秧。姆洛甲又跑来了，递给他两篮草药，一篮治哑，一篮治懒。谁知孩子懒动手、懒服药，把两篮草药偷偷丢下河去。

懒孩子长到二十岁，什么活路也不做，吃饭懒得拿筷子，用手抓着吃。穿衣也懒伸手，把衣服挂在肩上。妈妈叫他去收棉花，他刚跨过门槛，就捂着肚子，蹲在地上叫喊"唔""唔"，指着肚子痛，跑回家里来吃饭。

懒孩子长到二十岁，什么事都不懂，他在女人面前拉屎撒尿，又在老人面前放臭屁。外婆来过年，他拍着屁股，拉外婆来吃他屎尿；舅爷来探亲，他关门闭窗，把舅爷推回去。爸爸领他去向父老拜年，刚走过村头，他就把婶娘的年糕抢来，丢给狗吃。走到寨主家，他把酒缸打烂，还扯掉寨主的胡子。爸爸恼火了，把他拉到门外，打了他两记耳光。他和爸爸打起来，把爸爸推倒，骑着老子哈哈大笑。

姆洛甲忍无可忍，新年初一这一天，叫来全寨的男女老小，要懒孩子磕头下跪，当众认罪。懒孩子装癫装疯，"唔""唔"乱喊乱叫，滚爬地上。父老们火冒三丈，要把懒孩子丢下红水河，淹死水底；妇女们喊

[①] （汉）魏伯阳：《周易参同契》，中央编译出版社2015年版，第53页。

杀连天，要把懒孩子五马分尸，投下红水河去喂鱼虾；懒孩子的父母怒不可遏，举起柴刀扁担，要把懒孩子劈成肉浆，打入地牢。这时候，懒孩子魂飞魄散，慌忙向姆洛甲拜跪，请救他一命。

姆洛甲没有说话，把一根棉条塞到懒孩子的屁股，变成了白尾巴。姆洛甲又往懒孩子身上涂了一把口水，他就变成了猴子，"唔""哑"叫喊起来。大年初一这一天，寨老敲打大铜鼓，父老们拿起木棒扁担，把猴子驱出山寨，赶进山林。

从那时起，山上才有猴子，猴子是懒人、坏人变成的。

（流传地区：东兰县红水河两岸；口述：覃奶甲；采录翻译：覃剑萍）①

首先，懒人被花婆罚为猴子，尽管没有隔断自然伦理，但随着懒人的物化，社会内部的伦理链就此不完整。而要确保社会—自然链的完整与顺畅，道德就为人类的实践提供了必由之路。

花婆信仰的这则故事，表明人类的血缘的顺延本身就是自然伦理的有机组成部分，对这种伦理的维护是道法自然的现实展现。《礼记·乐记》指出了人化为物与物的人化的双重可能性：

> 人生而静，天之性也；感于物而动，性之欲也。物至知知，然后好恶形焉。好恶无节于内，知诱于外，不能反躬，天理灭矣。夫物之感人无穷，而人之好恶无节，则是物至而人化物也。人化物也者，灭天理而穷人欲者也。于是有悖逆诈伪之心，有淫佚作乱之事。是故强者胁弱，众者暴寡，知者诈愚，勇者苦怯，疾病不养，老幼孤独不得其所。此大乱之道也。是故先王之制礼乐，为人之节。衰麻哭泣，所以节丧纪也；钟鼓干戚，所以和安乐也；婚姻冠笄，所以别男女也；射乡食飨，所以正交接也。礼节民心，乐和民声，政以行之，刑以防之。礼乐刑政，四

---

① 农冠品：《女神·歌仙·英雄》，广西民族出版社1992年版，第16—18页。

达而不悖，则王道备矣。①

因此，我们反观懒人与米洛甲的关系，就是花木与花母的关系，整个故事表现出一种母子关系——"火性销金，金伐木荣"②的生克原理，揭示出花婆信仰中随时成位与被拯救之途，即《礼记》中的王道，即王夫之认为的中国文化的"时间之眼"的呈现：

（时）通为适得其会之辞，生长收藏，温凉寒暑，当其时而不爽；物之所会，事之所就，人之所为，惬如其当然，则如天时之适也。③

如此，在花婆信仰中天人对生的历程中：

人的实践，不仅仅是一种物质的活动，它是有意识的改变世界的活动。通过"实践"活动，人与世界（对象）不仅仅是一种物质的交换关系，而是对世界的一种"改造"，一种"创作"。之所以需要"被改造"，说明"世界"未曾"是其应是"。"实践"说明了人要让（令）世界"是其应是"。"是其应是"对以是如此的世界是一种"否定"的力量，这个已然的世界尚未"是其应是"。

从这个"实践"的角度来看，所谓"怀疑""否定"就不仅是一种理论上的要求，而且是一种道德上的必然性（道德命令），从而，怀疑、悬搁这些否定的力量，就真正成为一种环节，通向另一个领域——道德的领域，所谓"本体""被思想者""思想性的存在"也就不仅是一般科学性的理智所能囊括的，而具有了道德、实践的意义。④

这一点，获得了古今中外的哲人的认同。A. 史怀泽在《敬畏生命》中指出：

---

① 《礼记·乐记》，上海古籍出版社1987年版，第206页。
② （汉）魏伯阳：《周易参同契》，中央编译出版社2015年版，第53页。
③ （清）王夫之：《船山全书》第九册，岳麓书社1996年版，第356页。
④ 叶秀山：《哲学作为创造性的智慧》，江苏人民出版社2008年版，第158页。

> 善是保持生命、促进生命，使可发展的生命实现其最高的价值。恶则是毁灭生命、伤害生命，压制生命的发展。这是必然的、普遍的、绝对的伦理原则。①

因此，道德作为生命之花的绽放，就是壮族与其他民族一样共同尊奉的生态制衡——拨乱反正之道。正如王夫之《周易大象解序》所谓：

> 尽人事而求合乎天德，则在天者即为理。天下无穷之变，阴阳杂用之几，察乎至小至险至逆，而皆天道之所必察。苟精其义，穷其理，但为一阴一阳所继而成象者，君子无不可用之，以为静存动察、修己治人、拨乱反正之道。②

进而，我们发现，花婆信仰的这种拨乱反正之道，树立了一面反思当代文明视野与思维的镜子。随着社会的发展，人类愈来愈趋向将宗教的、自然的本质与政治分离开来，而道德也分离为社会性道德与宗教性道德两种。宗教性道德作为根深蒂固的传统文化，却始终影响、范导着社会性公德、法律与政治。表面上这是非理性甚至反理性影响着理性，其实，这是历史运行发展的必然规律，尽管有时可以认为它是历史发展的某种惰性，但对于社会系统的稳定性与相对族群的特殊性表达来说，它是必不可免的，甚至是必要的。

因为，在花婆信仰中，始终保持着生存限度与道义共生的普遍情景，这是中国的"道义经济"的现实表现，它规定着在"仁义"的境域内施政与民众的生存限度，也认同与认可下层百姓反抗的合理性。

当然，这种思想与实践包含着一定的风险，这正是被现代思想与实践视为陋习的所在。于是，历史的发展就必须面对一种矛盾的合理，即历史的发展必须取得新旧力量的合力，把握住不同因素在历史发展中的度，并采取积极的方法予以利用与引导，方能够达成合理的平衡。这就更需要主体在与客

---

① ［美］A. 史怀泽：《敬畏生命》，陈泽环译，上海社会科学院出版社1992年版，第9页。
② （清）王夫之：《周易外传·系辞下》第一章，转引自朱伯崑《易学哲学史》，昆仑出版社2005年版，第29页。

体的面对过程中,充分地利用经验合理性,并将它升华到先验的玄域,通过二者的叠合再形成实践的新判断,推动历史的正向前行。这正是中国古代"称情而节文"的历史表述。

郭店楚简就有"道始于情""礼生于情""苟以其情,虽过不恶"等观点。所以,花婆信仰中人的世界,不同于西方以理性约束情感的做法,即不同于它的出发点在于上帝的旨意。中国尽管有朱熹一派"存天理灭人欲"的提法,但后来很快就遭到了否弃。主流的中国思想,大都强调理性与爱的结合,而爱是发源于人的生物性的自然情感,并由爱父母兄弟推延到爱全世界,即所谓"天地国亲师(或'天地君亲师')"的信仰体系,甚至包括动植万物,即所谓"民胞物与"。所以,中国人的情感是一种理性化了的自然情感。在中国人的世界里,力求身心合一、天人合一。在这种巫史相兼的人文传统之中,理性是工具,也是归宿,而这种归宿的落脚点与升华点都在于情。而人与人,以及人与自然的大情,以及人与宇宙根源的大情,所有这些结合起来,才形成一个完整的生命体,才是真正的拯救的武器与境界,即上述《达三的故事》《懒人变猴子》等里面强调的人际的"恩爱"。中国人由"爱"定"义",于是就将道德义务与公平正义结合了起来。它既是理性的绝对命令,也是综合了各种情感的平衡器,更是天地大爱的终极与现实展现。中国人这种境界是追求"合情合理""通情达理"。可见,中国人的理性观是情感与理性对举并重的。正是在这种对生境域里,反思判断力而生成的美,就不仅仅是理念的形象显现,进而是主客体潜能的对生性自由实现,更是主客体潜能对生性实现之后的自由的彰显。这就展现出中国文化思想的终极境界——"和",一切都主张"和为贵"——对生达成的环进。

这种对生与环进强调的"和",并不是机械的,而是追求"和而不同""求同存异",并且,在"度"中寓情,升华为中道,在"度"中寓和,显现出"善优先于权力、权利"的中国文化特质,最终完成内心的乐,进入诗化的境界。如此,遵循自然——天理的社会内部,既有上下等差的和谐,又有内在心灵的愉悦,这就为世界的带有生命性的和谐指明了方向。

所以，花婆信仰蕴含的：

"情感观念"（"感性观念"）是感性与理性的结合，即实践理性概念虽然找不到一个知识性、理论性的直观与其相适应，但却有美的直观（或为自然的，或为艺术家创造的）与其相适应，而美的直观，虽无确定的理论、知识概念与其相适应，却有实践的、道德的概念与其相适应，在这间接复杂的关系中，感性与理性得到了统一。美的直观，已非单纯感觉，而是理智的感觉；美的观念，已非单纯的概念，而是充满情感（感性）的概念，只是这种结合，在康德看来，不可能是知识性的，也不可能是实践性的，而是艺术的、鉴赏性的。[1]

进而，这种自然的向人的生成与人向自然的生成的双向对生，就有自然品质的实现，更有人的主观能动性的展现以及人的精神品格的实现。也就是说，美可以生发于理想的境域，也可以产生于现实的世界之中，亦即，它是一种"天人合发"。同时，美最终的实现，是通过现实而圆满完成的。这种美，就圆融了历史哲学与艺术哲学。并且，由道德升华而来的美，即由真、善到美的升华，不仅体现出理性与理想的崇高，还彰显出现实的基础功能，二者的合一就可以完成对苦难的拯救。

花婆信仰强调拯救不是在空想中完成的，它是一种实实在在的事实。而在壮族的拯救故事里，尤其强调的是牺牲精神，而不是像老满那样仅仅表现出对环境资源的个人占有。这与历史上的财产私有化与资源资本化的趋势相对立。当然，这种对立还是随着时代的发展达成重叠与交合的，从而为各种新的理论的视域融合预留了空间与基础。当今生态美学之所以立基于生态危机中的人类拯救，即在对过去单一的主体性美学的超越的基础上，因而与以往的美学的拯救性及其历史必然性形成了对接。

至此，我们探析花婆信仰的生态美学的发生范式，就必须着眼于将感性

---

[1] 叶秀山：《叶秀山文集》（美学卷），重庆出版社2005年版，第732页。

与理性综合为一个有机的整体,凸显出一个人类与宇宙万物共有的具有生态学意义的"大情"即生态美学依然回到了拓宽了领域的"感性"世界。这是中国古代天人合一的大情的具体体现,也是中国文化作为世界文明的引领性设计的基础。

如何在伦理及其拯救的境界之中,升华出具有超越性的美,就成为花婆信仰的一个重要的价值取向。张世英先生认为:

> 真正的超越是审美意识。审美意识就是在有限的在场的东西中显现出无限的不在场的东西,把在场与不在场、有限与无限结合为一整体。人在审美意识中很自然地、自发地不执著于当前的有限存在而与无限整体合一。因此,审美意识既可以使人通过当前的东西想象未出场的东西,从而在无穷的想象中得到一种美的享受,又可以使人与他人融合,对他人具有责任感,并且这种责任感不是出于单纯的"应然",而是出自"本然"。据此,我以为审美意识高于道德意识又包含道德意识于自身。我在第十六章中已经说过,一般把审美意识理解为只是一种愉悦而缺乏责任感,真正理解是片面的。审美意识的高级形态是崇高,是无限美,它不仅仅是愉悦,而且包含严肃的责任感在内。人能达到这种境界,才算是真正地与无限整体合一,换言之,整体或者说无底深渊在这里成了人生真正的家园:人与人之间、人与物之间均无限隔,人可以安居其中,怡然自得。[①]

根据这样的审美理论,《懒人变猴子》或许在探索类似的答案。老满的故事从反面强调责任感是"应然"与"本然"的合一,据此而形成至善。于是,审美意识高于道德意识又包含道德意识于自身,它可以达成人与人之间、人与物之间均无限隔,并确保人可以安居其中,怡然自得。

依前述,花婆信仰可理解为中国古代形而上学之道的显现,是建构、推

---

① 张世英:《进入澄明之境》,商务印书馆1999年版,第266—267页。

动美的判断的真实性的充分必要条件。因为，中国的神与物游的审美本质的建构，是一种不同于西方那种将美的超越性原则仅仅视为规范性原则，即仅仅将美蕴含的"自然的目的性"局限于沟通自然与自由的中介作用；中国的神与物游的方法论通向道法自然的审美视界，将美的超越性视为一种建构或实现原则，即在主客体潜能实现的基础上具有生生不已的创造力乃至成为宇宙内一切对象、整个宇宙系统本身的潜能的实现的生化之力。

在上述神话里，我们发现，对"懒孩子"的年龄的强调，以及它作为个体向社会的进发，从而完成成人的过程，是一个从"寂然不动"的源始到时间的呈露过程。懒孩子的生命轨迹被作为一个分析人的成长的点——个案，展现出壮族在建构自我与社会时间的分析与统一。这种分析与统一，把意识中的其他一切相异者的表象剔除，从而在意识中完成对我作为自为的表象的规定。也就是说，统觉作为分析就是将"我思"在自我意识的完成中达成"一化"。这说明了从空间向时间的发展与过度，不是同质性的线性累加，而是一种否定之否定的艺术辩证法的呈现，即如海德格尔所谓：

> 这种作为点使自身与空间相联系，并作为线和面在空间内部发展出自己的各个规定性的否定性，也同样在己外存在的领域中是自为的；不过，它同时在空间中也把它的各个规定性建立在己外存在的领域中，因而它就对于寂然不动的彼此并列的东西表现为漠不相干的。否定性就这样被建立起来，就是时间。[①]

在这里，花婆针对类的自我异化，表现为否定性。同时，神话展示出这样一条逻辑规则：

> 即使把时间描述为变易之际，变易仍然是在一种"抽象的"意义上得到领会的，这种意义仍然超出时间"流"的表象。从而，要表达黑格尔对时间的看法，最恰当的无过于是在时间之为否定之否定亦即点之为

---

① ［德］海德格尔：《存在与时间》，陈嘉映译，生活·读书·新知三联书店1987年版，第46页。

点这一规定中。这里,现在序列在最极端的意义上得以形式化并且以无以复加的方式被敉平了。①

故而,在这里懒人变为猴子表面是社会传承的断链,即社会道德的失衡,但从守母存子的角度来看,代际传承也可以归结为自然时间的传承,即道法自然的时间演示。

所以,《懒人变猴子》就展现出这样一种道法自然的规律:

> 人的生活是大自然命令他在地球表面上描绘出来的一条轨迹,甚至不允许他在一瞬间偏离那个轨迹。他生来就无法改变自己的命运;他的组织毫不取决于他自己;他的习惯受到了那些引起他签订契约的人们的支配;他不停地受到了那些他无法控制的原因的修改,而那些原因必然调节了他的存在方式,塑造了他的思想方式,决定了他的行为方式。不管他是好还是坏,是幸福还是痛苦,是聪明还是愚蠢,是理性还是非理性的,这一切都不取决于他自己的意志。②

亦即,受自然约束的人,一旦他违背了大自然的命令,它就会被完全物化,变成纯粹的自然物——猴子。可见,自然的人化是理性为自我确立的法规,否则,人不自容于社会或自外于社会,将变成动物。同时,人之成为人,必须依据花婆——民族习惯法与道德法律——智慧的最高境界作为保证。也就是说,人之成为人,就在于对社会认同与自然链的自觉承续。社会一旦形成,将会具有像自然一样带有必然性的运作规程,自我的净化将是拒绝堕落的最好手段。这是一种历史规律的呈现。《韩非子·五蠹》指出:

> 今有不才之子,父母怒之弗为改,乡人谯之弗为动,师长教之弗为变。夫以父母之爱,乡人之行,师长之智,三美加焉而终不动,其胫毛

---

① [德] 海德格尔:《存在与时间》,陈嘉映译,生活·读书·新知三联书店 1987 年版,第46 页。
② 转引自徐向东《理解自由意志》,北京大学出版社 2008 年版,第 9 页。

不改。州部之吏,推公法而求奸人,然后恐惧,变其节,易其行矣。

通过刑罚可以促成人的成长,这是世界各国民族、各种文化的共同特征。而花婆信仰这种时间特质,由于源自花婆——人本身,所以,它又不是外源性的,而是在一种神与物游的文化空间内,以现实化、具体的方式必然地发生于人的内化特质。所以,这则神话故事,通过米洛甲的用刑警世,更进一步地揭示出,花婆作为时间变易的必然性,是人类授时的标准,更是守时的模范,即《尚书·召诰》所谓:"其(王)自时配皇天,毖祀于上下,其自时中乂。王厥有成命,治民今休。"①

懒孩子化为猴子的行为与结果,本身就说明了道德作为人类行为的规范、意义与境界。而整则神话中的以米洛甲为核心,展示出壮族社会分支历程中的代际可持续发展的原理的探索及其当规避的恶果。社会与人的可持续发展的核心,就是守母存子,在类的内在的对生性中达成潜能的完善实现。

不论是社会伦理的内在立法,还是国家的外在法律,花婆信仰将内在与外在的法律与自然法联系起来了,故在相应本质上,它们都具有了自然法的性质,或者说,它正是将自然法与道德实践相结合而完成了人的回归形而上之道的历程。正如赫费指出的那样:

> 如政治的正义性一样,自然法指的是一种前实证的律条(笔者按,如花婆信仰),它要求超越于实证的律条的优先地位,而且一般不是从技术或实用主义的意义上,而是从道德的意义上予以理解。②

在这里,由于自然法的超实证性确立了它可以在实证法沉默之处发挥其作用与意义,现实政治中的实证法的合法与否都源自自然法。所以,具有超验意义的自然法就是一种具有批判性与建设性双重作用的法律。它如一把高悬的利剑,可以决定世俗政治与人的走向,决定人是否幸福以及人的存在的

---

① 《尚书》,山东友谊出版社1999年版,第100—101页。
② [德] 赫费:《政治的正义性——法和国家的批判哲学之基础》,庞学铨、李张林译,译文出版社1998年版,第77页。

长久与否。这一自然法的趋势，并不是要否定人的作用，而是主张在人的道德与自然法的相互贯通之中，在人的实践理性的运用历程之中，将"天赋人权"转化为"人赋人权"，并达成"天赋人权"与"人赋人权"的合一，以推动历史的进程。

至此，通过花婆信仰我们了解到，在历史演进中，割裂了道德的善而徒留政治层面的实践理性是不完整的，实践理性不能失去作为核心的道德的指导与规范，道德不能一统于物的价值（伦理），从而迫使宗教、形而上学（世界观）等一起被放逐。因此，政治与道德的贯通，往往成为这个世界的生机呈现与相互贯通的先决条件。

花婆信仰以其参伐作用指向的世界规范性，以及"作为公平的正义"的论证，其核心就是对人的道德理解，其逻辑的归结点就在于本体自我的彰显。也就是说，环境与传统价值先在于自我，构成了对自我的约束，这是一种善优先于正当的伦理道德逻辑的历史呈现。但这并不意味着现成的事物与环境就一定会成为自我的负担，因此，那种将环境与现成事物视为伦理或政治负担的观念是错误的。

对花婆信仰具有历史的反思作用与批判性，我们可以站在现代观念下来审视，但必须尊重历史的"自然"选择。当我们以科学理性来驱逐上帝之时，环境与传统就被当作了人的负担。正是由于立足于、回归于"本体自我"，回归于人类的实践理性，即人类通过实践理性的公共运用而挑起了或成功地克服现代性视为的负担的东西的时候，人类终于发现：尽管现代性欲将上帝置于死地，科学因为有不能到达的地方而客观地为上帝—神预留了空间，而信仰本身也没有完全因时世的变化从根本上改变，或者被挤出历史舞台。这就表现出信仰的顽强性的一面。

同时，这样的历程还表明，尽管世界中仍然有神的地位，但操控世界的神有着其神的本来意义与价值，一定程度上神具有了依附于人的实践理性的特质，这就使得宗教域内的神——花婆—米洛甲意义上的神——变成了道德境域内的神。宗教被道德化，成为理性范围内的宗教，这就为神与物游奠定了基础。这一致思也使得人类坚信,也向世界证明,无论人类具有如何程度的劣根性,只要人类拥有实践理性,人类始终可以在堕落、废墟的基础上再造、改善,走进康德呼吁的"永久和平"之中。

这是一种"游于德之和"的艺术美的境界。杜道坚认为:

> 道德,五常之祖。有祖而无子孙,不可也。有子孙而不知有祖可乎?五常,五神也。道存乎中,则神不越乎外,一失所守,神越言华,德荡行伪,鲜不丧于物役矣,惟圣人知九窍四肢之宜,游乎精神之和。祖者存子孙,其有不存者乎?①

所以,不论人变猴子的寓言,还是故事《叫仔女分家》中的人变猴子,尽管同中有异,但它们都在彰显这样一种审美的价值取向,并通过这种审美取向推动社会稳定与统一:"圣人因其分散,故为之立官长,以善为师,不善为资,移风易俗,复归于一也。"②

这一复归花婆的过程彰显了道法自然——对生与环进范式的玄德:

> 道生之,德蓄之,物形之,势成之,是以物莫不尊道而贵德。道之尊,德之贵,夫莫之命而常自然。故道生之畜之,长之育之,亭之毒之,养之覆之。生而不有,为而不恃,长而不宰,是谓玄德。③

而花婆玄德的呈现,将导致世界潜能的全面实现:

> 执大象,天下往;往而不害,安平泰。
> 道常无为而无不为。侯王若能守,万物将自化。化而欲作,吾将镇之以无名之朴。无名之朴,夫亦将无欲。无欲以静,天下将自正。④

---

① (元)杜道坚:《文子缵义》,上海古籍出版社1989年版,第11页。
② (三国·魏)王弼:《老子注》,《诸子集成》(三),中华书局1960年版,第16页。
③ 《道德经》,吉林文史出版社2001年版,第302—303页。
④ 同上书,第205、213—214页。

综上所述，花婆信仰及其形式展现出生态审美的回环化历程。巴赫金指出："审美活动真正开始，是在我们回归自身并占据了外位于痛苦者的自己的位置之时，在组织并完成移情材料之时。"所以，"不论在任何情况下，在移情之后都必须回归到自我，回到自己的外位于痛苦者的位置上；只有从这一位置出发，移情的材料方能从伦理上、认识上或审美上加以把握"①。

以上为自然立法——对人与动物的惩劝，不仅是为了惩罚，而且是为了揭示出"道法自然"的审美规范。这里自然之德——天德——时间性在人的观念内的运用，衬托出人的观念与自然的脱节以及人的观念的自我封闭性将导致的天人合一的虚化特质。

二 挟怀朴素 希时安平

下面，我们将揭出人及其制度中的时滞，并展示在花婆的境域内如何通过天人合一以达成对时滞的超越，进入"挟怀朴素，希时安平"②之域。

流传在来宾、武宣的"三姑娘的故事"，还有壮族师公剧《唱达三》反映出花婆信仰对现实人生时滞的揭示及其超越。正是在这种通过生命与世界的对生与环进历程中达成对时滞的超越，揭示美的历史生成。

三姑娘的故事

从前，壮族有个姑娘，排行第三，长辈们都叫她达三，小辈则称她为三姑。达三为人忠厚善良，聪明勤劳。她十六岁时父母双亡，两个姐姐出嫁远方，上无兄下无弟，便嫁给邻村覃六养为妻。六养的父亲也早已去世，母亲辛苦带大了六养，如今娶了儿媳，老来倒有福，家中日子过得很愉快。

岂料好景不长，结婚的第三年，六养突然暴病身亡。六养的母亲姝养和达三都伤心极了。六养的母亲姝养哭得两眼都瞎了。达三虽万分悲

---

① [苏联] 巴赫金：《审美活动中的作者与主人公问题》，《巴赫金全集》第一卷，钱中文译，河北教育出版社1998年版，第6页。
② （汉）魏伯阳：《周易参同契》，中央编译出版社2015年版，第193页。

痛，但还是忍住眼泪，劝慰婆婆，尽量让她宽心。

娥养是个心地善良的妇女，她自己守寡十几年，尝尽了人间的辛酸。可她想，自己过去有儿子在身边，早晚都得安慰，现在儿媳无儿无女，年纪才二十岁，怎样孤苦伶仃过得一世？于是她下了决心，劝达三改嫁。

达三心地更加善良，她对娘说："娘，你说到哪里去了？你放心，六养不能养你到老，我养你就是了。"

"儿呀！你今年才二十岁，日子长着呢！不能在家守着我，误了你一世人。"

"娘！你眼睛不好，我不能丢开你不管，一定要养你到老。"

娥养见她这样诚心诚意，也就不好再说什么了。达三也就安下了心。春去秋来，日子过了一年又一年，娥养的心总是难过。她又左劝右劝，可达三仍是毫不动摇。娥养实在过意不去。她想，我现在已经五十多岁，两眼看不见东西，在人世间没有什么意思了，白白要个年轻的儿媳来养，耽误她一世幸福，不如我早早归阴，让她找个男人过好日子。主意已定，她偷偷割断箩筐绳，趁达三出门做工，在便房里把绳子系在横梁上，吊颈自尽了。

中午，达三做工回来，开了房门，喊娘不见娘应，四下张望，见墙边吊着一个人，走近细看，却是婆婆吊颈了。她又慌张又悲痛地去请族上的父老兄弟来看。解下来时尸体已经僵硬了。达三哭得死去活来。族上的兄弟帮忙料理丧事，一面找木板做棺材，一面派人到外家报丧。外家舅舅来后，不分青红皂白，大骂达三女为了改嫁而害死家婆，马上报官验尸，请官府严办达三。

偏巧县官是个糊涂官。他不去了解真实情况，单看达三年轻美貌，便认为她哪会甘心守寡不想改嫁？于是准了舅舅的状纸，把达三抓了起来。达三外家已无亲人，没有谁帮她辩护，屈打成招，被判了死刑。

达三回到花山还原成一朵花。清早，娥洛甲巡看百花，见一蔸花的花瓣上结满了露水，走近去看，露水像泪珠一样纷纷跌落。娥洛甲来到花边仔细看,看清楚是达三,问她为什么提前回到花山?达三哭诉了她的冤情。姝洛甲找姝养来对证,姝养见到达三,问明情况,长长叹了一口气,说:"想不到我一番好意,反而害了你。"

姝洛甲问明真情,招舅舅和县官回到花山,不让他们还原成花,罚他们变成蚯蚓在花山为百花松土。姝洛甲把达三、六养两苑花送出花山,再到人间结成恩爱夫妻,过着幸福生活。

[收集地点:武宣县城、来宾县城;口述:韦汝肥(武宣壮族)、覃米欢(来宾壮族);采录翻译:蒙光朝(来宾壮族)]①

男女性别及其权益的竞争,进而展现为社会制度间的竞生,是一个永恒的历史话题。我们不能仅仅将它视为一种自然的对立,它是有着丰富的社会内涵的,反之亦然。它不仅是文化与自然的对立,也是公众领域与家私领域的对立,更是相应社会阶段的权力关系的普遍象征。男女除了竞争的一面之外,还有相互整合的一面,如对家的构成的统合的一面。更进一步,在对自然的不同的表征,以及在对自然的转化与统合的进程之中,男女各具有不同的作用侧面与重要性。故男女共同创造的文化可以对自然的功能缺失进行弥补,即如文化有对自然生成的孤阳孤阴进行统合的功能,更可以通过文化来转化自然。所以,男女的二元对立是可以辩证地转化的,而不是绝对地处于对立状态。

这则花婆神话揭示的时滞表现在,它与老满的跟不上自然时间不同,也与壮族地区广泛推崇的莫一大王的异速生长被拉回当时的社会与母体之中的时滞不同,而是女性被视为纯自然性乃至作为社会的惰性,如达三。这就进一步表现出社会在认识上形成的时滞,因而无法顺应自然的规律。所以,潜能的实现是必须置于对生性之中来加以观照的。

这种对生性具体表现在:姝养作为女性,尊重达三的自然人性,而舅舅将达三理解为为了个人的欲望而要改嫁,而县官看达三貌美就认为她不可能

---

① 农冠品:《女神·歌仙·英雄》,广西民族出版社1992年版,第160—162页。

守寡、孝母。这说明在男权的视域里，达三仅仅被视为肉欲—欲望的表征，而否弃并割裂了达三具有的人性中那种与自然的血缘趋向的联系及其维护以及自然人性包具的社会品格。于是，在存天理灭人欲的观念将人完全抽象化的社会历程中，达三的被视为自然化的生命及其文化诉求而被排挤出现实的社会。并因为此一逻辑，其生命及其作为就被认定为恶的性质，必须予以清除。在这里，达三作为女性与男权社会格格不入，而其自然人性与向男权的信条靠拢，被视为一种时滞或者一种社会惰性的彰显，而反过来，对她的否弃又凸显出当时的社会及其当权者、既得利益者的一种文化思维的惰性，两种惰性——时滞的叠加，结果就导致了达三的悲剧。

当然，在社会生态意义上，社会进步中将公众领域与家事的分工是必然的，并且在现实中是普遍的。公众的领域作为文化或社会秩序的权力象征，相较于被视为自然领域的家事领域有着较高的权威与较大的权力；家庭的延续如小孩的生育、抚养等被视为自然的家事领域。当然，在亲属—社会关系领域，生育与抚养又是社会性的。如果生硬地将二者拉合为一，实行绝对同一的标准，就有可能出现悲剧。

这其实也许是一个儒家意识形态在少数民族地区传播过程中引起的竞争与磨合的历史写照。在这里，壮族社会以女性为核心，而以舅舅为代表男权在女性中心地区的失败，以及儒家权力话语在未与当地社会状况结合时强行进入所导致失败。进一步，又是儒家文化进入当地之后由舅权的复辟并达成与意识形态的男性化合谋之后对女性进行边缘化。尽管它有后来阶级斗争意识的影响，但较为真实地保存了壮族社会的历史面貌。

不过，姝养和达三之死即处于自然的冬至状态，其再生即处于《夏小正》所谓"魁枕参首"的状态："正月初昏参中，斗柄悬下。"①

在这里，花婆信仰是壮族内部的一种文化语言，它既是一种社会习惯，又是一种意义系统。作为一种习惯，它是壮族社会的习惯法，具有相当的先

---

① 转引自陈久金《中国少数民族科学技术史丛书·天文历法卷》，广西科学技术出版社1996年版，第47页。

验性，个人不能够创造与改变它，而只能够遵循它。因为，它根本上就是一种集体性的契约；而作为一种意义系统，"花婆"是作为一个功能较大的词语出现在壮族的历史文化之中的，并且，这个大功能的词语中蕴含并推动着与之相关意义的生发。而这二者是相互关联的。于是，通过这种关联，使得花婆作为符号可以在信仰的世俗化进程中完成一种创造性的结合活动，即对生与环进的审美发生范式的历史呈现。

同时，在社会再生产领域，生产与再生产的确保确实需要一些禁忌，以避免自然性对社会性的毁坏。所以，在进入封建社会之后，女性完全被视为祸水，视为自然情欲，这有相应的历史境域的合理性：

> 这些禁忌的设置，这样一些对兽性自然的否定构成以一致复杂的方式同人类意识的诞生、生产性劳动的开端相互交织在一起，它们最终通向了"灵魂的纯洁与永恒的宗教"，这样一个过程非常明显："它一向是否定人对自然状况的依赖，以我们的尊严、我们的精神特征、我们的超脱对抗动物的贪婪。"[①]

但是，对自然性的全然抗拒注定是要失败的。并且，对自然性的否定将其转化为一种别样的价值，这种价值就是经过改造的自然性——神性。而这种神性具有对现实的不自然性予以否定的权力，结合人对自然的否定，人类社会就是在这种双重否定的力量的竞争与协调中持存与发展的。也就是说，在神圣世界与世俗世界的对立统一中获得确立的。这正是花婆信仰的对生与环进的审美发生范式的核心意义：

> 出现在人类社会和组织里的生命循环，其根本的本质也在自然中呈现。四时的轮替并非仅赖于物理的自然力。四时的轮替与人生命密不可分地结合在一起。自然的生与死，乃人类死亡及复活的大舞台剧中的一部分。[②]

---

① 汪民安：《巴塔耶的神圣世界》，汪民安编《色情、耗费与普遍经济》，吉林人民出版社2003年版，第14页。
② [德] 卡西勒：《国家的神话》，黄汉青、陈卫东译，（台北）成均出版社1983年版，第47页。

所以，历史地看，花婆信仰尽管具有形而上的道体特质，但它始终是作为那文化整体历史观而呈现的。它具有超越一切社会形态的力量与意义，也具有确保现实的人的自然与社会双重性质的功能，它不允许向任何一面的偏斜。它的原则是，只有在保证社会持存的前提下回归自然，才是真正确立人的地位，达至人与自然的和谐。而这种和谐，始终处于一种动态构成与发展之中，并不停留于任何时地。

因此，《达三的故事》中，舅舅与县官受到惩处与正反馈不同，花婆是处于一种对负反馈的控制历程之中，而文化的变迁回到了壮族的原生态之中。负反馈控制促进了壮族内部结构的有利调节，并提供了保持内部和谐关系的必要的"自我调节机制"。尤为突出的是，《达三的故事》还表现出壮族此一时期仍处在祭仪神职与政教合一的社会状态之中。

总之，花婆信仰，驮载着历史哲学的否定之否定规律。并且，花婆信仰的神圣世界对世俗世界的否定（县官与舅舅的世界）以及对世俗世界（达三的世界）的依托乃至肯定，并不是纯自然的回归，而是神圣自然意义的呈现与重新绽放。在这个神与物游的世界里，一切都处于日新的状态，人类也永远处于幸福与美满之中。而根据隋代萧吉《五行大义》，在中国古代，五行十二辰完全"寄行于寅"为"长生"，则是另一种时间意义的呈现的理论境界。在这里，时间不仅具有毁灭的功能，更是一种新的建设力量的源泉。

对于这一悲剧，尽管民间自有其价值评判的标准与结论，但在文化—审美分析中，我们不应有简单的锁定。达三以及县官、舅舅的双重悲剧，从整体上看，既导因于二者间的文化冲突，又是因为这股毁灭性的力量是从它自身的深层孕育的。达三在信仰的环境下回归花婆——土地—自然，尽管是以封建的孝的形式来驮载的，但其带有自然意义的表达方式与男权的现实形成了尖锐的矛盾，即使《孔雀东南飞》中的焦母或《红楼梦》中的贾母，她们可以代表男权或者已经皈依男权，都无法避免悲剧的发生。也就是说，达三与神—姆六甲的伦理缔结，在一定的历史时期与历史现状有着必然的矛盾，而这种矛盾将导致悲剧的发生。

带有宗教性与社会性双重特征的自然伦理,它具有独立的价值,这种价值的趋于至善是决定社会运行的根本性因素。这种价值促使人类去战胜不符合历史存在的因素,给后人希望,鼓舞后人去战胜黑暗,则构成了人与自然和谐的至真。同时,至真与至善合一,激发后人对前人为理想献身的精神极为崇敬。

换一种说法,达三对孝的执着追求,完全内化为生命冲动,进而欲摆脱外在形式的约束,结果在异化的世界中走向了自由的反面;而舅权与政权不尊重女性的传统,用既有的话语权势,将达三等妇女视为异质性存在,视为物—色——象征性的社会毁坏力量,结果在社会性视域内却形成了对自我的否定。而这种自我否定作为社会形式的普遍性,它既认同于在不同文化圈—社会结构的顺延,又是作为悖逆性的社会存在而彰显。但这种形式普遍性作为新的社会的组织原则的一部分,在个体间造成了不可替代的依赖性。正是对总体的过于强调,它往往忽略了社会对特定个体的依赖性,结果导致对个体生命的丧失与漠视。这种漠视导致量化的个体存在似乎是随时可以替代的社会结构的脆化,致使个体人处在一种既表面存在于体制内又漂浮于体制外的无根状态。并且,达三的处在原有的花神信仰与国家正统文化的夹缝之中。面对这种主客二分的状态,作为客位的国家权力往往凌驾于作为主位的文化代表之上,尽管历史不能否定客位文化作为主位文化潜在或显在的发展空间,但它越来越成为异己的存在。这同样失去了正义,打破了其自然地与土地—自然的和谐关系而导致自我的毁灭,历史上的农民起义不厌其烦地说明了这一问题。

从总体上来看,花婆信仰展现出对个体自然性的社会保护的努力,进而呈现出人的全面发展与自然全美的一致性,从而具有历史的反思判断力特征:

> 这样个体的独特性就要求一个有力的政治组织分配给它空间,但与此同时后者也成为前者的主宰,因此这种纯粹的内向意义上的个人主义,反而容易导致一种反自由的倾向,彻底成为对18世纪个人主义的反动,对于18世纪单子意义上的个人主义来说,很难建立一个有机的整体将异

质的因素完全统一进去。①

花婆信仰探索将异质的因素完全统一进一个有机的整体,即如何从个体的有机化达致整个社会结构及其机理的有机化,实现审美理想要求的个体与社会的和谐一致,解决集权主义潜藏的危险,始终是壮族花婆神话—信仰关注的核心问题之一。而这则神话故事,却为我们树立了一个解决矛盾的途径,那就是回归自然——最高的神性。

这种审美理想即王弼《老子注》第二十七章所谓"无弃人"的境界:"圣人不立形名以检于物,不造进向以殊弃不肖,辅万物之自然而不为始,故曰'无弃人'也。"②

在花婆信仰辅万物之自然而不为的过程中,核心还是要张扬天人在道的境域的本质一致,以便如《礼记·祭义》所谓,可在更高意义上指出孝的全生全归特质:"天之所生,地之所养,无人为大。父母全而生之,子全而归之,可谓孝矣。"③

这种全生全归,即王阳明指出的天人统一于一心:

> 人心是天渊,心之本体无所不赅。原是一个天,只为私欲障碍,则天之本体失了。心之理无穷尽,原是一个渊,只为私欲窒塞,则渊之本体失了。如今念念致良知,将此障碍窒塞一齐去尽,则本体已复,便是天渊了。④

在《达三的故事》里,自然生命作为道德宇宙的基石,道德生命必须在自然生命中水乳交融,二者相需不离。也就是说,在人的自然性类比与象征的过程中,其实就蕴含着自然的合目的性意义在内,而社会的人及其自然化倾向的双向互动,将揭示出人类的反思——审美判断力:

---

① 转引自王利平《齐美尔笔下的陌生人》,上海人民出版社2002年版,第418页。
② 楼宇烈:《王弼集校释》,中华书局1980年版,第71页。
③ 《礼记》,上海古籍出版社1987年版,第263页。
④ (明)王守仁:《王阳明集》,上海古籍出版社1992年版,第23页。

因为道德律或道德律的意识是纯粹理性（理性3）的惟一"事实"。道德律是某种自身肯定的东西，它作为事实肯定了纯粹实践理性的客观实在性，通过这一事实，在思辨哲学那里只有消极的自由的原因性的概念，在实践哲学中获得了积极的规定，也成为一个"事实"。自由理念的这种客观实在性，在实践上提出了灵魂不朽和上帝存在概念的必要性，从而使得理论理性（理性2）能够在实践领域中并出于实践的意图而悬设了上述三个理念，理性3（实践理性）和理性2（思辨理性）在此统一起来了。①

花婆信仰表明，人通过自我的道德实践作为整个生命——生态实践的全部，是可以通过将人的理性的逻辑能力作为线索去推导出理性的先验能力的。在此，达三的孝就从作为社会道德规范的后天品格，一变而成先验的绝对原则，但这种绝对原则是没有离开人自身的。也就是说，人具有的先验能力是由自身产生概念来进行最高统一的综合能力。于是，人就成为玄牝，是万物的立法者。进而，在人乃至整个宇宙而言，意志自律就是意志自由，自由和道德是可以互指的，也是互为根源的。

所以，花婆信仰强调的道德实践，其实就是在探索如何将知性的大量杂多性归结为最少数的原则，并使得各种杂多性如社会性道德、政治运作等，统一于社会历史的核心因素——花婆信仰，最终达至最高的统一。如此，人就既可以消解人的内在生理欲望对自然生命的侵蚀，又可以使得自然生命抗拒道德的消解趋向，从而提升自然生命的境界；人在人伦的顺遂与品性的提升与完整之中，与宇宙生命及其根本相一致，表现出一种完整的天地精神。

这种天地精神将导致人的长生久视——身体与精神的永恒，即《道德经》所谓：

治人事天莫若啬。夫惟啬，是以早服。早服是谓重积德，重积德则

---

① 易晓波：《论康德的知性与理性》，湖南教育出版社2010年版，第4页。

无不克，无不克则莫知其极，莫知其极则可以有国，有国之母可以长久。是谓深根固柢、长生久视之道。①

花婆对县官与舅舅的惩罚，正是其作为原始选择的领域行为的展示，表明古老的那文化核心对实质性领域的维护。这个神话故事还表明，在社会历史发展进程中，花婆信仰是与历史的发展同步，并且具有超越性的。而这种超越性要求神权与政权在历史发展中的一致性，而不是分离。

当然，在这则故事里，也凸显出壮族认识领域里的一个道德难题：

> 如果最高善是依照实践规律而为不可能的，则命令着"最高善必须被促进"的那道德法则表现是幻想的，是被引至于空洞想象的目的上去，因而结果亦必须是固自地［天生地］假的。②

所以，在那文化的花婆信仰世界里，最高善依照着实践规律而为可能的，他命令着"最高善必须被促进"的道德法则表现为现实的而非幻想的，人与宇宙的境界就没有被引至空洞想象的目的上去，因而结果就突破了天生的假的局限，而成为真善美合一的境界的呈现。

进一步，花婆对于县官等的惩罚，还表现出一个非常突出而深刻的原理：尽管道德是随着良知而起现为行动的，并且具有存有论——本体论意义，但是，若要完整地推动社会—宇宙的顺利前行则必须将体现人的良知的行动与宇宙的根源结合起来，即转化存在就必须参与宇宙论的创造，如此就能将属于自然王国的幸福与属于目的王国的道德完美合一，才能推动道德完全进入本体界而获得无限性，至此，世界也才能在创造性转化域中达致完美。亦即，在那文化自然信仰体系内，为了保证最高善成为可能，上帝—神的设定是必需的；同时，必须将上帝—神设定为一切义务的基础，以超越完全的他律伦理。于是，那文化将花婆设定为天人合一之神，就既包含有将花婆认同于信

---

① 《道德经》，吉林文史出版社2001年版，第356—357页。
② ［德］康德：《康德的道德哲学》，牟宗三译，（台北）学生书局1983年版，第355页。

仰的对象，又在花婆形象中寄寓了存在可以改善的期望。如此，人的良知不仅创造道德行动，而且它本身就成了物自身。亦即，达三故事展示的那文化境界就已经从伦理学进入哲学与美学，从道德神学进入了道德形而上学的境界，其目的就是通过道德活动来揭示宇宙的终极实相即物之在其自己，进而展示了壮族社会发展的内在根源。

达三的道德必然性不是强制的，而是自觉地从人性中生发出来的，它使得意志的自律性成为可能，道德的必然性也呈现为意志自律性的必然结果，成为一种义务。而达三的理念和行动所展示的超越时空的自由，也是在壮人世界中直觉地呈现的，属于纯粹的智的直觉——花婆对于达三的肯定即明证。

花婆信仰还表明，任何以外物的形式——包括舅权、政权等呈现的道德律则都不可能跨越纯粹智的直觉，而必反过来为它所左右。《达三的故事》展示的是壮族"德即存在，存在即德"[①]的形象化流程。如此，审美判断的合目的性就能够呈现出那不能呈现的本源，一切皆如如，以致臻入佛学"常乐我净"的境界。

这种审美判断运用在实践意义上，就展现出道德实践中富含对改善存在之必然期盼。这在壮族的社会政治实践中有着典型的案例，如清代李宪乔所撰的碑文，就表明花婆信仰已经从"在野"的民风被纳入为国家所认可的地方祀典，起到了良好的社会、政治效果。

花婆信仰具有将实践理性蕴含于百姓日用之中的审美逻辑，这种实践理性中指向的道德是可以达致道的境界的。一个平常的人，只要认真去践履这种道，就可以超功利而不拘于功利，轻生死而明悟生死，超因果又不昧因果，跨时空又时时处于时空之中。所以，在这里，道德的善是为人之本，即《论语》所谓孝悌为人之本，本立而道生。尽管壮族民间不将达三称为君子，但达三作为一个边缘社会的个体符合儒家学说中的"君子固本"的思想立场，完成了本立而道生的历程。

花婆信仰如此在理性的实践历程中将它内化为灵魂，完成了美的生成与

---

① 牟宗三：《圆善论》，（台北）学生书局1985年版，第325页。

升华的历程。它不仅是政治—伦理的极则,更是美的最高境界。

我们还发现,花婆信仰昭示,人类已经从自然中分化出来并拥有了主体性。而这种主体性,从康德以来,就被赋予了与动物不同的独一无二性。它包括认知、意志与情感三大方面的能力。而在花婆信仰的宇宙观与世界观里,花婆生于大地,她既具有人性,又具有大地的本质。正是在大地的参伐作用呈现的前提下,花婆表征的大地—自然也被赋予了主体性,甚至动植万物都具有主体性——这可以说是那文化原始思维的遗存,但这种思想又是不同西方近现代思想的异数,与后现代思潮有着一定的对应性。花婆信仰用这种主体性(万物皆有的主体性)营造了生活世界的方方面面,形成了由主体间性为核心追求的生态审美视域。

柏拉图指出:

> 如果不知道正义和美是怎样才是善,他就没有足够的资格做正义和美的守卫者。……没有一个人在知道善之前就能足够地知道正义和美。[①]

我们可以这样理解,个体—自然的人与社会正义合一所天然呈现的善,是作为人的潜能与国家实现的最高目标,它出于天性,是一种对善的追求的意志—欲求能力的体现。这种能力由于决定于概念——孝并依据于家庭稳定、世代延续的目的而行动,依托于花婆这一族类共同皈依的表象,这本身就是遵照先天理性法则追求至善的表现,所以,这种意志就等同于实践理性。这种道德实践力表明达三自觉地将自我安置在一个不属于现象界的无尽的因果链之外,自己的理性只听命于德性的绝对命令,从而使得形而上的道可以在自己的意志实践中获得确证,并在与本体意义的结合之中达成对世俗组织结构的影响。花婆信仰这种注重人的理性实践能力的特征,就如苗力田所指出:

---

① [希腊]柏拉图:《国家篇》506A,转引自金慧敏《意志与超越》,中国社会科学出版社1999年版,第3页。

理性作为实践的能力，也就是作为一种能够给予意志以影响的能力，它的真正使命并不是去产生完成其他意图的工具，而是产生在其自身就是善的意志。这种意志虽然不是唯一的善、完全的善，它是一切其余东西的条件，甚至是对幸福要求的条件。[1]

花婆信仰作为理性形式，它起作用的方式，不是停留在理性的范畴之内，而是积极地作用于现实世界，即从纯粹理性批判的阶段进入了实践理性的运用之中，最终在人类的反思判断力的运用之中建构起了美的世界。因此，花婆信仰的理性与意志互动，互为根源，共同建构了生命世界及其活水之源。并且，通过这种活水之源的建构，就保证了对花婆的信仰可推衍到意志的自由、灵魂的不死及其与物质世界的循环。于是，中国古代的人的发展轨迹：修身—齐家—治国—平天下的止于至善的人的全面发展的道路，才被真正而完整地表述出来了。也就是说，人的全面发展就在于中国哲学与伦理学交叠视野之中。而这一过程，突出地表现在那文化生态进化系谱轴的形成之上。

这是一个精神展现于概念之中的过程。这也可以用严复《述黑格尔唯心论》的说法来概括："万物为天演所弥纶，而人心亦如此……天演之行既久，其德形矣。心德者，天演之产物也。"至此，花婆信仰就不仅运用了具有形而下的逻辑推理原理，而且运用了先天的想象力，并在二者的互动结合之中，揭示出了人生存的本真状态及其规律，在方法论与境界意义上，它就是"神与物游"，即严复由归纳西方哲学而抽绎出的中国哲学概念——天演——人的天演。

花婆信仰这种具有天演诗性的表征方式，将会随着人类心智的发展，以及历史的发展而表现出不同的创造力特征。至此，花婆信仰作为一种历史逻辑与审美发生范式，就没有仅仅停留于客观知识之上，而是在客观真实的基础上形成具有超越性的人文科学的逻辑，并在二者的互动与结合之中，建构

---

[1] 苗力田：《德性就是力量》（代序），转引自［德］康德《道德形而上学原理》，苗力田译，上海人民出版社1986年版。

起表现自我及其历史的涵括语言、诗歌与历史本身的综合语言体系。也就是说，哲学的最高范畴不可能只是主体或客体，也不是二者的机械结合，而是二者的绝对同一，即主客体潜能的对生性自由实现的境界。

综上所述，花婆的制衡作用的关键就是在于心物的关系。尽管花婆信仰认为人类生于花，生命本身具有物的实体性，但是，绝不能停留于物而使人物化。因为，物化就迷失了智慧，不能成为花婆的子民，只有截断如瀑流一般的物化习性，将备于我的万物统归于我心，才能够真正达成无我的对应性；再揭示出物我同一之源始，才能够真正地成就自我，也成就万物。这就是中国古代儒释道所谓的回归本来面目。熊十力指出：

> 真见体者，反诸内心，自他无间，征无我之同源；动静一如，泯时空之分段。至微而显，至近而神，冲漠无征，而万象森然；不起于坐，而周遍法界。是故体万物而不遗者，即唯此心。[1]

也唯有如此，才能彰显人在宇宙中的地位，才能够真正实现宇宙的整体生境——"为天地立心，为生民立命，为万世开太平"[2]。

所以，花婆信仰的生态制衡范式，克服了将自我等同于物化的时滞，也克服了县官与舅舅将他人物化的时滞，物我一体，回归自然，从而将生命置入了永恒的开显之域。如此，人才可以成就真我，才能够真正逍遥而游，也游于物之初，形成对生与环进的旋升之美。

---

[1] 熊十力：《新唯识论·唯识下》，中华书局1985年版，第43—44页。
[2] （宋）张载：《张载集·西铭》，中华书局1980年版，第23页。

第三章　花婆乘龙而备天地之美
——生态进化系谱轴的历史形成及其自然全美特质

在第一章，花婆信仰表现出人与宇宙的严密对应，构筑了一个灵动的以天人对生的时间为本位的世界。而在花婆信仰拢括三大辰的律动世界里，天地人是有着不同的生态位或时间位格的。并且，花婆作为人类的始祖，它具有极强的衍生功能，将进一步表现出社会结构的拓展。而这种社会结构所表现的与宇宙对应的自我拓展，正是人类自我世界——社会时间与心理时间建构的历程。

这种心路历程将呈现为人的"御时"。而这种"御时"首先表现为"花婆乘龙"，即运用大火星——宇宙运行规律来完成社会内部结构与制度的形成。

壮族宗伏羲，而伏羲以龙纪。《左传·昭公十七年》："太皞氏以龙纪，故为龙师而龙名。"杜预注："太皞，伏羲氏，风姓之祖也，有龙瑞，故以龙命官。"而《三坟》言，伏羲："命臣飞龙氏造六书，命臣潜龙氏造作甲历……因龙出而纪官……命降龙氏倡率万民，命水龙氏平治水土，命火龙氏庖治器用……太皞伏羲有庖升龙氏……"[①] 伏羲的六龙氏，正好与《周易·乾卦·象传》所载趋向一致："大明终始，六位时成，时乘六龙以御天。"而御六龙的是羲和，即那文化认同的姆六甲。

花婆信仰中大火星的功用，就是要确保土地本身及其上建构的社会结构

---

① 程荣：《汉魏丛书》，吉林大学出版社1992年版，第20页。

的潜能的实现。《左传·昭公四年》指出："火出而毕赋。"《左传·庄公二十九年》："火见而致用。"可见，大火星是关乎天下两种生产的当令之星。孔颖达《左传正义》"昭公十七年"条载：

> 大火谓之大辰。李巡云：大辰，苍龙宿之心，以候四时，故曰辰。孙炎曰：龙星明者以为时候，故曰大辰。大火，心也，在中最明，故时候主焉。

并且指出：

> 三才数备则天下大有。①

这种三才数备，即第一章所示的天地人三元的严密对应性。而这种对应性又是以东方龙来预示宇宙、社会及人本身的发生及其完备性的实现。

同时，大火星——大辰的呈现首先是农耕文明的本质呈现。丁山《中国古代宗教与神话考》认为：

> 房心尾三宿，何以谓之大辰？试将这几座星象系联起来看，这恰好形成耒形，至今民间尚称之为"犁头星"。犁，是农业生产基本的工具，《周语》特称"后稷之所经纬"，就是说，天空的"大辰"本是后稷布置用以启发农人工作的。农人一见这耒形的"大辰"，当黎明之前正现于天空午位，就是一年工作的开始，所以谓之"农祥"。②

陆思贤《神话考古》进一步阐述道：

> 大辰房心尾，民间称之谓"犁头星"，也即"农星"，被视为"经纬"，编成神话便是上面解释的"精卫"，简化成一个字称"正"。……这便是《诗·大雅·生民》"稷惟元子"的神话，"元子"者冬至建子之月，元气复生，即《庄子·大宗师》说的"伏戏氏得之，以袭气母"，

---

① 冯时：《中国古代天文考古学》，中国社会科学出版社2007年版，第332页。
② 丁山：《中国古代宗教与神话考》，商务印书馆2004年版，第178页。

种籽的萌芽也于此开始……①

也就是说，在两种生产的严密对应境域中而天下大有，是通过基于冬至的参乘火龙而完成的，即如魏伯阳《周易参同契》指出：

> 三日出为爽，震受庚西方（参据子位、乘龙）。八日兑受丁，上弦平如绳。十五乾体就，盛甲满东方。②

也就是说，西方的金——参宿——花婆牌，运行、对应东方木，就可以完成春天生育万物的神职。如此，大火星定时，就是宇宙与人的潜能对生性实现的原则与境界。

龙火互指，在壮族地区的文物中也有所展现（见图3-1）。

图3-1 广西贺州市龙中岩出土的春秋时期的铜牺尊，盖为龙（蛇）③

当今壮族的日常生活与宗教仪式乃至其艺术之中，仍然行龙之令（见图3-2）。

---

① 陆思贤：《神话考古》，文物出版社1995年版，第216页。
② （汉）魏伯阳：《周易参同契》，中央编译出版社2015年版，第149页。
③ 覃尚文、陈国清主编：《壮族科学技术史》，广西科技出版社2003年版。

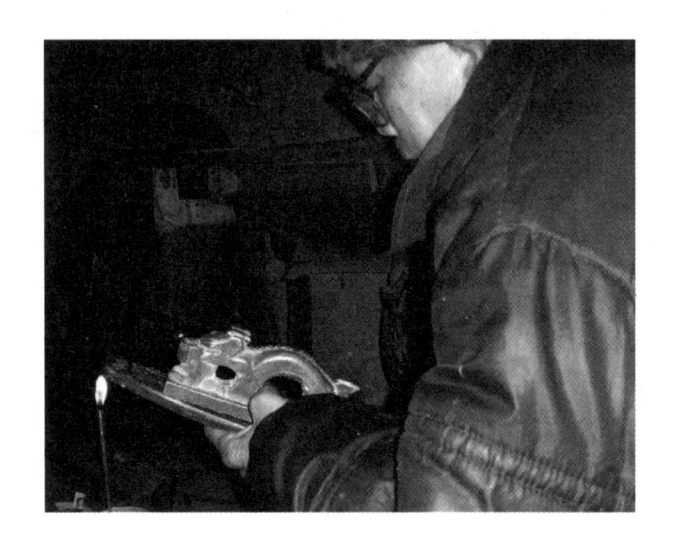

图 3-2　师公行龙令（黄雪梅摄）

当然，在日常生活的运用之中，那文化对大火的运用没有仅仅停留在心宿的观测与运用之上，而是拓展到整个东方苍龙星座。那文化将苍龙星座都视为"大辰"，从而将大火的授时涵盖了天火同人与火天大有——人类的两种生产，并推导出一种至善的人文境界："大火，阏伯之星也，是谓大辰。辰以成善，后稷是相，唐虞以封。"①

中国古代东方龙的星象如图 3-3 所示。

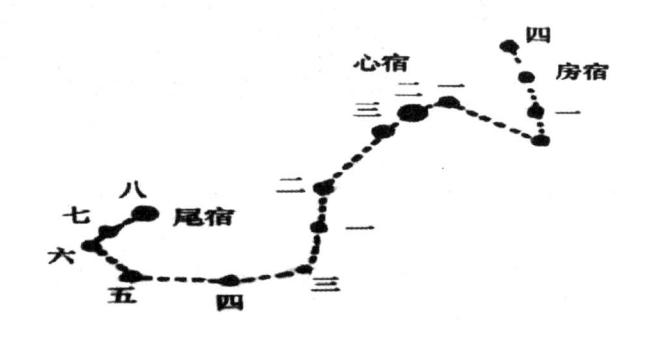

图 3-3　东方龙星②

---

① 《国语·晋语》，上海古籍出版社 1998 年版，第 365 页。
② 卢央：《易学与天文学》，中国书店 2003 年版，第 15 页。

综上所述，花婆信仰中的花婆乘龙，有关那文化的两种生产，而这种生产的本质就是"时间"：

> 活着并引出新生命，吃饭和生儿育女，这是过去人类的基本要求，只要世界还存在，也将是今后人类的基本需求……因此，食物和孩子这两种东西乃人们用巫术仪式来表演季节运行所追求的最主要的东西。[①]

总之，花婆信仰广泛地涉及壮族的生活方式、生产活动、政治经济、思想意识、艺术、宗教等领域，我们可以通过它关联的大量历史材料去发现其思想发展与历史的关联性，并揭示出历史形成与发展本身就是思想意识的产生与验证的过程。所以，花婆信仰本身就是按照美的规律来从事两种生产，具有生态审美内涵，这也展现出花婆信仰的历史维度。

第一节　花灯求子
——应度育种和阴阳之原

花灯求子成为花婆信仰中世界演化的重要表征。这些表征符号有各式灯以及具有灯的指代作用的蜡烛、花炮，等等。

一　花婆摘星成灯与人类的繁衍

最早的灯，是花婆摘星星而成的星灯。可见，花、灯、烛是可以互指的。也就是说，世界的形成就是花婆摘星（乘龙）成岁的形象化。这是有壮族民间文化事相和仪式作为佐证的。广西东兰县三石乡采录的师公唱本《唱杀牛祭祖宗》如此唱道：

酒过三杯讲祖宗，

[①] 叶舒宪编：《神话——原型批评》，陕西师范大学出版社1987年版，第50页。

酒过三碗唱祖婆，

讲到古天事，

先唱米六甲。

提起古天事，

天忽暗忽明，

不分日和夜，

不分高和低，

不分横和直，

不分上和下，

不分东与西，

林间无鸟叫，

树无叶无苗。

出我米六甲

……

六甲造下地

……

六甲造月亮

……

六甲造田地

……

我娒有本事，

上天偷星星，

摘星来做灯，

天下到处亮

……①

---

① 南宁师范学院广西民族民间文学研究室编《民歌民间故事》第七集（油印本），转引自韦苏文《壮族悲文化》，广西人民出版社1994年版，第29—30页。

外一则,

谟姆六甲

古时天忽明忽暗,那时黑云不消散。

始母有胆量,上山摘星星,

摘得星满篮,挂在屋檐当灯火。

星火亮闪闪,姑娘织布密,

山坳挂星星,人间得欢乐;

星灯挂几天,天上刮大风。

风刮第一次,始母拿刀去阻挡,

大风刮来二三回,始母扛斧去砍劈。

大风刮不停,始母劈不断;

大风生怒火,回天去告状。

天上雷王吹号角,传讯始母上天界。

始母无过错,回答很完美:

提到摘星星,为人间光明。

大风讲不过,又谋算害人:

放飞蛾飞虫,来灭星星灯;

放下三百次剪虫,放出七百回紫飞蛾。

剪刀虫公母成双飞,紫飞蛾结对往下扑,

虫蛾飞来头一次,始母把它们弹下水沟;

虫蛾飞来第二回,始母把它们赶下山崖;

虫蛾飞来第三次,始母把它们横扫山坡。

虫蛾飞来十百回,始母一次不放过,

还剩一对剪刀虫,嘴里挂着雷王剪。

母虫牙齿似柴刀,公虫牙齿似斧头,

一只天上飞,一只爬地下。

母虫剪星灯,公虫咬始母,

    始母打开钢竹箭，始母拉开弹弓弹：

    射出第一箭，飞虫嘴歪过一边；

    射出第二箭，飞虫瞎右眼；

    射出三五箭，飞虫眼全瞎。

    大风降黑雨，大风降冰雹，

    雨粒大如李果，冰雹大如酒壶。

    始母有千种巧计，始母有万种绝招；

    始母有药弓药箭，始母有神弓神箭。

    始母开三次弓，黑雨落不到地上；

    始母射出第五支箭，冰雹打中虫子，

    劈对公母虫，砸死不得活。

    始母的弓是宝弓，始母的箭是神箭，

    飞虫被灭绝，地上有灯火，

    黑夜得光明。

（黄桂秋采录、翻译）

在花婆信仰的世界里，尽管神话并没有说明花婆摘的是哪一颗星星，但是在日常的生活之中，大火作为灯的隐喻及其使用非常广泛，已如上述，所有这些都是花婆乘龙的形象化。

依据前文所述，在花婆神话世界里大火兼有整条龙的功能。那文化将花灯合一，是达成人类再生产理想的重要手段，在美学生成范式上就表现为对生与环进的特质。

花婆摘星为灯，最核心的作用与意义就是创造人类及其生存的空间。据康熙《浔州府志》载："元宵前剪纸为灯，谓之花灯。燃于社，夜则群聚而饮之，谓之庆灯。有求嗣者，同社人取灯鼓吹送于其家，谓之送灯。"光绪《容县志》："元日后……自初十迨既望，剪纸为灯，挂于社坛聚饮，曰花灯会。有求嗣者，同社人取灯送其家，酌以春酒。至生子，任以灯酒赛会酬众，名曰还灯。"

既然花灯关乎类的延续，也是类的延续的表征，故各地壮族有形式不同但本质一致的各种灯仪，并贯穿在全年各个突出的节令之中。

"抢花灯"又叫"放花船"。壮族认为，当师公念诵"放花船"词时，谁先抢得头灯者，马上捧回家，置于神坛供奉，第二年即可得子；得二三以及以下灯者，亦可如意。

据1991年《天等县志》载：

> 天等街正月十五前后做斋，晚上点燃灯笼（花灯）、火把游神，抬北帝、文昌、天帝等木偶，游街之后抢花灯。花灯是做斋时点大宫灯，谁出的钱多，谁得花灯。抢花灯的多是有财缺丁的，得花灯预兆来日添丁加财。

壮族的还人丁大愿仪式时如此念道：

> 灯火荧荧蜡烛光，花婆送子到院堂；生在左边是贵子，生在右边状元郎。①

> 广西柳城一带，壮族每年正月初十都要举行"添灯节"。凡前一年家中生子者，都要请人扎一盏彩灯悬挂在祠堂正堂的二梁上，以示敬奉；外家则送来粽子、红鸡蛋等礼物，庆贺人丁兴旺。②

还有"放花灯"。清屈大均《广东新语》载："海丰之俗，元夕于江干放水灯，竞拾之。得白者喜有男兆，得红者喜为女兆。"广西凌云县一带的壮族，婚礼时必举行跨灯梯仪式。女方用芭芒草绑成一架长四尺的梯子，双数为格，中间点菜油灯一盏；新娘拜别父母后，从灯梯上跨过，然后上花轿往新郎家，预示着人丁兴旺。民国《贵县志》引康熙旧志："新娶妇之家（正月）初十日，女家必备米果、花灯，点缀麒麟、龙凤故事，送之男家，谓之送灯。"又引光绪

---

① 《中国各民族宗教与神话大词典》，学苑出版社1990年版，第756页。
② 潘其旭主编：《壮族百科辞典》，广西人民出版社1990年版，第357页。

旧志:"送灯只行于求嗣之家,亲友送此,谓宜男之兆。又俗例于悬灯各社掇取灯綾,命老媪送亲友艰于子嗣者,作吉兆,名曰送灯节。"①

灯即香火,即大火星。而各种老媪送灯,即花婆乘龙。灯烛还是花婆佑护孩子成人的条件。如送花烛:

> 今日外婆来,外婆带花来,送到花烛台,保佑小宝乖。
> 两手捧花来,朵朵开白花。白花生贵子,贵子顶呱呱。
> 1986年8月16日采录于渠齐;
> 演唱者:韦月秋,女,72岁,壮族,务农,柳桥乡渠齐村;
> 搜集者:潘秋芳,男,53岁,壮族,初中,柳桥乡渠齐村。②

可见,壮族子嗣的拥有是花婆送灯——参宿乘龙的结果。

并且,灯火——香火衍续还形成了壮族的花炮会(见图3-4)、花炮歌圩。

图3-4 抢花炮(广西博物馆)

---

① 引自廖明君《壮族自然崇拜文化》,广西人民出版社2006年版,第128页。
② 中国民间文学三套集成《扶绥县歌谣集》(油印本),第166—167页。

平果县的花炮会的目的是——"放花炮,据老人传说,就是天神赐福,来年必有子。因而抢花炮的人,都是没有生男育女或生女无男的人家抢要的多"。大新县花炮会——"每逢歌圩时,还有一种抢花炮的活动,谁家抢得花炮认为可以生好孩子。因此,没有孩子的家庭总要雇请一些大力士(去)抢花炮"①。

壮族不仅通过放花灯、抢花炮灯仪式及其组成的节庆获得子嗣,完成家族的建构,还会以各种方式来回报花婆。如此,壮族的还花仪式,就是感谢花婆赐子嗣,形成了天人的对生与环进的生态美学发生范式。据笔者的调查:

> 我的家在广西上林县巷贤镇耀河村。我们很信奉"婆奶",婆奶的神位都是供奉在男孩子住的房间门口,每年的大小节供奉的供品,大部分是放在神龛上,小部分就放到婆奶神位上,要求不多。人们都乞求婆奶能保佑小孩子们不发生意外,无病无灾地开开心心成长。
>
> (讲述者:黄秋玲,广西民族大学 2005 级中文函授本科一班学员,考号:097)

> 大新的花婆习俗是这样的:当出嫁的女儿结婚生子后的第 12 天,出嫁的女子步行返回娘家,由亲娘亲手交给她五朵红花和两朵白花。据说,古代流传生五男两女是好的,很有福气(笔者按,即七子团圆之义)。当女子从娘家拿回五朵红花和两朵白花后,就找来一个香炉,把这五朵红花和两朵白花放在香炉里,然后找些稻草来烧,把烧后留下的草木灰放到香炉里。把草木灰填到香炉时以填满为宜。这样花婆炉便产生了。
>
> 之后便是把花婆炉放在神台上,与祖宗的灵牌、香炉放在一起。一般祖宗的坛炉有五个,加上花婆炉共有六个,而且花婆炉必须放

---

① 《广西歌圩资料》(第 1 集),转引自潘其旭《壮族歌圩研究》,广西人民出版社 2010 年版,第 75 页。

在五个坛炉的左侧。每逢大年初一到十五，必须上香祭拜祖先。而插香时也是有讲究的，先把祖宗的五个坛炉插上香，再插花婆炉。插老祖宗的坛炉时先中间后两边，先右到左，最后才插花婆炉。这种插法的意味是：想让祖宗保佑孩子们平平安安、健康成长。

（讲述者：农梅金，广西民族大学 2005 级中文函授本科 3 班学员，考号：78）

广西的壮族认为，花灯不仅代表着子息的繁盛，更是通过回报花婆获得幸福的表征（见图 3-5）：

图 3-5 靖西八月十五放花灯

每年的八月十五，壮族的姑娘要放花灯。相传，壮族米洛甲是月亮里的嫦娥，她每到八月十五的晚上便在天空中向壮家姑娘祝福。是夜，未出阁的姑娘用柚子壳贴上五颜六色的花边，内置蜡烛或豆油灯，周围插上香，于月下放花灯。姑娘的福气视花灯流程的远近为准。如果飘得远且香火烧得越久，于是这姑娘嫁得远，命大福大。民间还流传着这样一首歌：

> 明月高高天上挂，清清河水笑欢哗；姑娘河中把灯放，满河情丝满河花。盏盏花灯河中开，全靠花婆保佑它；姑娘情随花灯去，前程美景到天涯。①

所以，以上各种灯及其相关节庆，就是壮族叩开天门地户求得类的衍续的重要方式，而且是人的潜能拓展与全面实行的一种方式与形式。壮族这种仪式与节庆，充满了人天对生的道的流衍的意味，即严遵《老子指归·道生》所谓：

> 故道之为物也，窥之无户，察之无门，指之无体，象之无容，意不能尽而言不能通。万物以生，不为之损；物皆归之，不为之盈。……其于万物也，岂直生之而已哉！生之形之，设而成之，品而流之，停而就之，终而始之，先而后之。既托其后，又在其前，神明以处，太和以存，清以上积，浊以下凝。天以之圆，地以之方。阴得以阴，阳得以阳。日月以照，星辰以行。四时以变化，五行以相胜。②

于是，在花婆信仰参火相胜相生的艺术世界里，花婆信仰作为道的时间性意旨，并与"神明"具有互指性与等一性。也就是说，花婆信仰中的社会及其中个体的发展，始终都具有明确或隐约的自然基础为其根本。即使民族发展到了足够大的时候，当其象征意义/空间成为主宰或主导的时候，自然仍然是壮族坚守的象征域乃至根源。

至此，花婆信仰所建构的实践理性，并不是纯粹形式的自由意志而不带一点感觉经验。恰恰相反，现实世界是安放在理性的自由之中的，理性使得"现实"开显，即理性开显现实的一切，即花婆表现为"玄牝"；而玄牝的这种开显本身，又恰恰是理性的自由的先决条件。

---

① 红波：《壮家对花婆米洛甲的祭祀和崇拜》，《理论随谈卷》，香港天马图书有限公司2000年版。

② 转引自王葆玹《老庄学新探》，上海文化出版社2002年版，第263页。

实践理性要"下降"到"经验世界",当这个能动的"理性"进入这个感性世界时,发现这个通常——常识——经验世界认为是异己的世界,却是"理性""自己""设定"的——理性有能力在"异己"中"看到—发现""自己","我看到世界","我"也"意识"到"我在看","我理解世界","我"也"意识到""我在理解","我思维世界","我"也"意识到""我在(用范畴)思维"。这里的"我"就是费希特那著名的"本原行动—Tathandlung",一个"大我—理性—自由"的"基本意识事实"。这个意识的经验事实,是最为原始的,自明的,无须证明的,因而是绝对的。这个绝对的本原行动的原理,就是费希特为知识学设定的第一条"A = A"。①

花婆信仰这种道法自然的艺术世界,就如卡普拉认为的那样:

> 在伟大的诸传统中,据我看,道家提供了最深刻并且最完美的生态智慧,它强调在自然的循环过程中,个人和社会的一切现象和潜在两者的基本一致。②

二 香火传承家族制度与绝对本原行动的原理呈现

花婆不仅象征那文化社会的起源,更跨越想象而真正进入社会发展的原始动力境域之中。花婆就是那文化区社会发展的逻辑源头,并由此而形成了家族制度。

家族制度来源于生产方式带来的生态位的占有,它是花婆信仰中标示出来的不同家族乃至不同族支分化的主要原因。在《布洛陀经诗》里记载,壮族以姆六甲——鸟为中心,分为12个部落。壮族学者梁庭望用图展示如图3-6所示。

---

① 叶秀山:《学与思的轮回》,江苏人民出版社2009年版,第219页。
② [法]路易·阿尔都塞:《黑格尔的幽灵》,唐正东、吴静译,南京大学出版社2005年版,第105页。

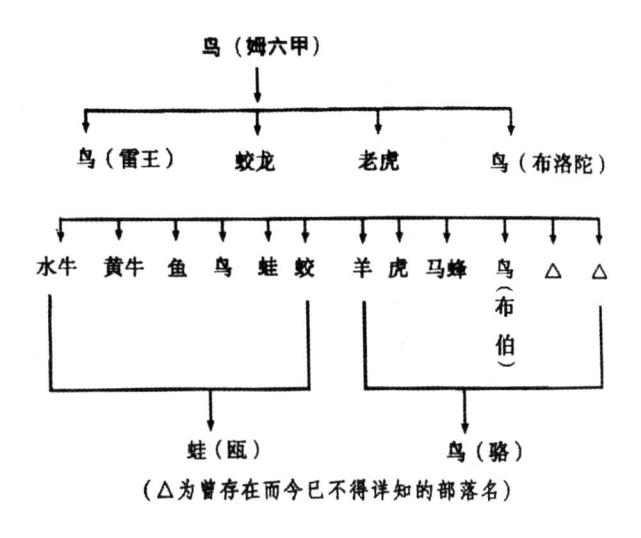

```
                    鸟（姆六甲）
        ┌──────────┬────────┬──────────┐
        ↓          ↓        ↓          ↓
    鸟（雷王）    蛟龙     老虎     鸟（布洛陀）
    ┌┬┬┬┬┐                        ┌┬┬┬┬┐
    ↓↓↓↓↓↓                        ↓↓↓↓↓↓
    水牛 黄牛 鱼 鸟 蛙 蛟          羊 虎 马蜂 鸟 △ △
                                          （
                                          布
                                          伯
                                          ）
            ↓                              ↓
         蛙（瓯）                        鸟（骆）
    （△为曾存在而今已不得详知的部落名）
```

图3-6　花婆衍生图①

随着壮族从自然中独立，他们用其生产关涉的自然成果来分姓，在神话中是这样表述的：

> 很古很古的时候，世上的人都没有姓，也没有名。喊人都是一声"喂"，答应都是一声"而"。一人喊，几人应；喊一个，来一群，实在不方便。这还不算，更难办的是不分姓不好结亲，大家都认为是一家人，男的不敢娶，女的不想嫁。于是，姆洛甲想给大家分姓。怎样分呢？她一时拿不出法子来。
>
> 那时候，天下分成四界，每一界都有一个王：天是上界，雷公做王；水底是下界，"图额"做王；森林是边界，老虎做王；地是中界，姆洛甲做王。听说别的界都分了姓，姆洛甲就去请教他们。她先去请教雷王，问道："雷王大哥，你们是怎样分的姓呀？"雷王说："我们天界的生灵按嘴的模样分姓。嘴尖的叫鸟；勾的叫鹰；扁的叫鸭。"姆洛甲想：这法子好是好，可我们人的嘴巴都是一个模样，用不上。她又去请教图额："图额二哥，你们是怎样分姓的呀？"图额回答说："我们按身体的模样分姓。

---

① 梁庭望绘图，载于农冠品《壮族神话集成》，广西民族出版社2007年版，第546页。

身子长的叫蛇，短的叫鱼。"姆洛甲又想：我们人身的模样都差不离，这法子也不合用。她又去问老虎："老虎三哥，你们是怎样分姓的呀？"老虎回答说："我们用火棍来分姓。我叫子民们都睡在地上，我拿起火棍，眯起眼睛在它们身上乱划乱点。划完后我睁开眼睛一看，他们身上的花纹斑点都不一样，我就按这些花纹斑点去分姓。身上有九条纹杠的叫虎；六条纹杠的叫猫；有斑点的叫豹；挨烧大块的叫狸。"姆洛甲又想：我的仔女都是心肝骨肉，身上又没有毛，怎能忍心用火棍在他们身上乱划乱点呢？这法子我不能用。姆洛甲拿定主意，靠自己想法子。她想呀，想呀，想得身子闹出病来了。

姆洛甲生病了。大家都拿点礼物前去看望。有的送桃子，有的送朴柚，有的送新米，有的送鸟……姆洛甲看到这些礼物，分姓的法子突然跳出胸口，身上的病不知道跑到哪里去了。她一骨碌爬起来，高兴地说："仔女们快聚拢来，我给你们分姓！"说着，她按各人所送的礼物分姓：送桃子的就分给他们姓陶（桃）；送朴柚的就姓朴（壮语"朴"即柚子）；送谷米的就姓侯（壮语"侯"即谷米）；送盐巴的就姓韩（壮语"韩"即咸）；送鸟的就姓陆（壮语"陆"即鸟），送马的就姓马；送牛的就姓牛……有一个人什么礼物也没有，手里提着空篮子，姆洛甲也给他分姓蓝（篮）。最后，姆洛甲宣布："那些还不会走路，今天不能来领姓的娃仔，就和我共个姓，姓黄（王）。"大家分到了姓，正要高高兴兴地往回走，突然从炊棚里传来"笃笃笃"的响声，原来是煮饭的那个人故意敲起砧板，他气呼呼地说："我辛辛苦苦帮你们煮饭，为什么不分姓给我？"这时，姆洛甲才想起，原来漏了他还未分姓，于是说道："你整天和砧板打交道，就分你姓覃吧，合意了吧？"（壮语"覃"即砧板）那个人高兴地说："成！"从那时起，大家才有了姓，不但称呼方便，攀亲认故也有了个谱了。①

---

① 农冠品：《女神·歌仙·英雄》，广西民族出版社1992年版，第4—6页。

可见，自然物—财富—生产方式、驯养对象的互指，使得万物作为财富与作为生命因素的意义具有了等同性，他们之间是可以相互置换的。也正是人在宇宙中与万物建构起了大地伦理，世界遂处于和谐之中。

并且，分姓就是花的分形：

（布洛陀和姆六甲说）
回去你们亲宗分姓，
回去要你们祖宗分家。
于是大家乐意分姓，
十二兄弟就分了家。
分姓在六种花的大树下，
分家在六种果的老树下，
分手就在十二面磨石的旁边，
向四面八方出发。
各自带走自己的姓，
各伙带着自己的家，
把花种撒上深山荒地，
把火种播向海角天涯，
从那时起八方就有人家。[1]

花婆分姓，作为亲属制度与自我定义机制，以不同时令物产（主要是植物）为标准，并以此建立人天生态伦理，对生性地确立家族制度与伦理关系。

而广西百色地区流传的民间故事《花和姓》，就用拟人化的方式直接说明了花和姓的关系：

古时候，有两个兄妹住在布越的地方。女的叫花，男的叫姓，他们从小就没了父母，住在一个瓜棚下。一天，有个老公公背上背个光溜溜

---

[1] 《中国歌谣集成》（广西卷），中国社会科学出版社1992年版，第33—34页。

的葫芦，挂着拐杖，走到他们的瓜棚下对兄妹俩说："孩子，村边有个石狮子，如果你们见它的眼睛出血的话，大洪水就要来了。我给你们一粒葫芦种子，你们兄妹把它种在瓜棚边。洪水一来你兄妹就躲到葫芦里去。等洪水退尽，就可以出来，各奔东西找对象成家立业，繁衍后代。"说罢，老公公就从葫芦里倒出一粒葫芦和一包芝麻种子交给他们兄妹俩，随即化成一阵清风不见了。

兄妹俩小心地把葫芦种子种在瓜棚边，等葫芦长大后，他们每天都要到村边的石狮子边看看。有两个当猪的屠夫感到很蹊跷，便问道："你兄妹俩为什么天天要来看这个石狮子呢？"兄妹俩把实情讲了。两个屠夫听后觉得很好笑，计议道："我们何不诓他兄妹一下？"于是趁着他兄妹不在，便顺手将猪血涂到石狮子的眼睛上。第二天，兄妹俩见到石狮子的眼睛出了血。"不好！"赶忙把长在瓜棚上的大葫芦摘下来，切开口，挖出瓤来，把米粮搬了进去。兄妹俩也就爬进葫芦里，回手将瓜叶塞了口。顷刻间，雷鸣电闪，整整下了七七四十九天的大暴雨，暴发了大洪水。大葫芦口朝天，随波逐流，兄妹俩在里面安然无恙。留在地上的人们全被淹死了。等到洪水退尽，兄妹俩才爬出葫芦口，走到坑坑窝窝的山坡上。一张望，地上连一个人影也没有。于是就听从老公公的话，兄妹俩各奔东西，走了七七四十九天，走完地界一周，兄妹俩又在山梁里重逢了，一个人影也找不到。为了再造人类，兄妹俩只得结婚，过了一年便生了一个儿子，肤黄色，取名黄帝。花说："照这样下去，几时才能再创造人类呢？"姓说："老公公不是送给我们一包芝麻种子吗？"于是，他俩便把芝麻籽往山脚下撒播。不久，山脚便出现一片绿油油的芝麻地，在芝麻丛中钻出一个个人儿来，一齐奔向山梁上的花和姓，叫爹喊娘，齐嚷着要爹妈给安个姓氏，成家立业。花和姓说："你们都是百家花姓，按着顺序排列：赵钱孙李，周吴郑王，各据一方。朝贡黄帝，男婚女嫁，各立家业。籽伢！去吧！"

人类又繁衍了。"籽伢"本是称芝麻籽。芝麻籽变成了人，各自找配偶成婚去了。从此以后，天下便有了黄帝的子孙。

[口述者：龙明朗，54 岁，壮族，民间医生，百色达江乡达金村人；

收集者：龙广兴，男，23 岁，壮族，百色达金乡达金村小学教师，中师文化；

搜集时间：1988 年元月。]①

这种自然合目的性表现在，花婆信仰展现的是人体对自然物的凝聚，以及单样自然物的意义的发现，并在分类的基础之上达成对身体的自然意义的超越，从而进入社会时间体制的建构。这种人与自然的对生与耦合，正如本雅明所谓：

> 身体是凝聚性的。通过技术可以把"自然"组织起来，在政治和事实的现实中，只能根据在形象领域中的异端性的解释给我们以启发来实现这种建造。只有在根据技术性的身体和想象来解释的时候，才能把全部的革命张力都变成革命的履行者，根据《共产党宣言》的理论，通过扩大需要就能现实地超越它本身。②

而这种家族制度作为生态伦理的表征，就展现出人类生态学的原理：

> 一个相互其作用的、生态位分化的种群系统，各种种群在它们对群落的时间、空间和资源的利用方面，以及相互作用的可能类型方面，都趋于相互补充而不是直接争竞。因此，由多个种群组成的生物群落，要比单一种群的群落更能有效地利用环境资源，维持长期高效的生产力、具有更大的稳定性。③

从花婆神话中，我们了解到，资源利用和攀缘竞争是狩猎或采集部落内常有的事。在娅洛甲指导下的分姓，形成了古代典型的世系分支制。花婆信

---

① 农冠品：《壮族神话集成》，广西民族出版社 2007 年版，第 348—349 页。
② 转引自王杰《审美幻象研究》，广西师范大学出版社 1995 年版，第 54 页。
③ 李博主编：《生态学》，高等教育出版社 2000 年版，第 107 页。

仰所表现的是以姆洛甲为祖的血缘关系群体,并且是一种地域群。花婆信仰中,世系对于资源集中有着极大的依赖性,而进一步,作为世系分支的分姓就是人类资源利用与对物质环境适应的历史呈现,更是对其他人类群体的适应机制的彰显。

壮族在花婆信仰的指导下,形成了各个不同的支系。其代表性图式如图3-7、图3-8所示。

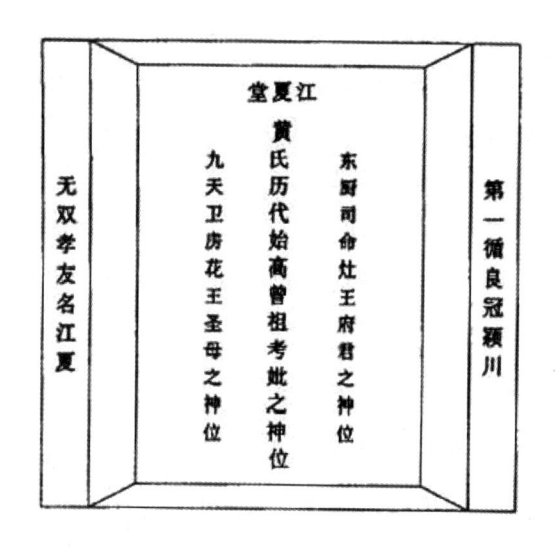

江夏堂

无双孝友名江夏

九天卫房花王圣母之神位

黄氏历代始高曾祖考妣之神位

东厨司命灶王府君之神位

第一循良冠颍川

图 3-7 黄姓神龛（吴国富等摄）

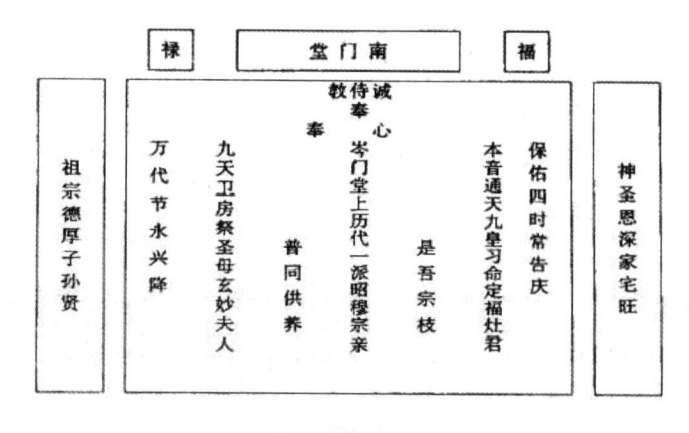

南门堂 禄 福

祖宗德厚子孙贤

万代节永兴降

九天卫房祭圣母玄妙夫人

普同供养

岑门堂上历代一派昭穆宗亲

诚心侍奉教奉

本音通天九垒习命定福灶君

是吾宗枝

保佑四时常告庆

神圣恩深家宅旺

（孟麻岑姓神龛）

图 3-8 孟麻岑姓神龛（吴国富等摄）

我们看到，此类图式是以分裂的父系血缘集团为壮族的权力中心的，而辅以母系的支撑；同时，在这一图式中，可以发现壮族后代的双系抚育特征——尽管以父系为核心。

这一空间图式，首先表明了那文化家族制度在自然—社会中所构建的宇宙图式中的生态位。它的核心是通过亲属关系的呈现以聚族的形式来确定个体的地位。它表面上没有个体的位置，但在一种发展、变动的历程中又彰显出个体的来源与地位。它指向壮族家族对自我对象化的以下4个价值取向。

第一，这些神龛展示的壮族基本社会结构——家（家族）的构成形态与内容，是了解壮族建构原初社会形态及其在复杂社会形态中的动作关键性概念。

第二，这个发生图式主要包含了壮族家族的非物质性构成，而这些非物质成分突出地指向类的生产与文化生产——名誉、地位的生产及其显赫成就；而在类的生产方面，主要涉及个体的生成、家的生成——婚姻。这个图式还展示出，壮族在婚姻方面主要以外婚制为基础来实现继嗣的衍续，以及继嗣关系的结构——以男性为核心的继嗣关系链，也容许族内乃至族外的过继性继嗣类型。这是壮族明清以来继嗣链的历史呈现，它与以前的同姓结婚的血缘婚不同，表现出婚姻关系与社会结构的演进之迹。

第三，上升到社会结构的方法论，这个图式可以解决许多现实的问题，如继嗣与联姻、财产与居住、外婚与内婚；而所有这些解决的方法，稳定中有松动，理想中含有较大的现实成分。

第四，亲属关系有多个不同的来源，既有族内婚带来的亲缘关系，也有族外婚形成的亲属结构。这一图式展现的亲属关系的确认，是通过家庭—家族的构建过程而具体化的。并且，这一图式使得类似家屋建筑等壮族的生存活动空间既体现出人的社会地位，又展现出人际、人与自然的形而上学联系，从而使得亲属关系具有更为复杂的人文隐含与生态意蕴。

并且，因为有了这种神龛，它将突出以下七个作用。

第一，成功地建立起了天地人三者的关系。

第二，突出了本家支与其他支系在生理、文化等方面的联系与区别，以及它的来源的不同，个体、家支在总支中的地位等，当然还有相同点。

第三，家在乡土、国家中的合法性的确立。

第四，性别平等，男女皆可入祖，获得了生命的象征与认可（解除生命之忧：墓地有名，神龛有位，宗庙有牌，三者合一，永世流芳）。

第五，不论社会、自然如何变迁，神龛是家族创设的合族的公共空间。它在国家乃至宇宙中具有合法性。在这种空间中，按照其具体的标准，人们形成了明晰的家族内部系谱，有着平面化与立体交织的丰富的组织特征。这是由家族符号和仪式所建构的意义生发空间，人们有着不变的归宿、组织依据乃至意义、秩序，所有这些都立基于这一图式之中。它是人的安全感、幸福感、自我实现等方面的象征；同时，它是挽救意义危机的内在逻辑。它还是家族、乡村自治的法律体制，更是国家文化格局的生发点，是可以完成从单一整合型向多元并存转变的内在推力与核心因素。

第六，这一图式，追求的是宇宙观、群体组合方式以及实践行为三者之间的辩证关系，并力图在神龛展示的壮族内在"结构"如何通过价值实现来达成历史的转换。因此，凝聚在这一图式中的，就是本土政治及其宇宙观、社会结构与生育生产事件结合在一起的辩证法，由此推动历史的进程。

第七，从图式的整体来看，所有的因素最后由儒学来包涵，这说明壮族地区对中原政权的意识形态的认同。这也说明，壮族的神话图式既有分化、发展的功能，也有内在的凝聚功能；既有对外来文化的吸纳功能，也有对外来文化的选择、融化之力。

所以，神龛图式其实是在自然的无目的性中发现并发展合目的的规律的智慧的呈现。

在这里，我们就可以通过家族制度理解自然的合目的性，也可以找到人为自然立法的双向互动的历史原理。

并且：

> 我们在自然界作为感官对象的总和的这个普遍理念中，完全没有任

何根据认为自然物是相互充当达到目的的手段、而它们的可能性是指以通过这种类型的原因性才能充分理解的。①

于是，分姓作为壮族内部的自我区别机制，表明了：

> 一方面为了使人之感觉变成人的感觉，而另一方面为了创造与人的本质和自然的本质的全部丰富性相适应的人的感觉，无论从理论方面来说还是从实践方面来说，人的本质的对象化都是必要的。②

这种本质力量的对象化过程，就是张湛所谓与造化同功的过程。张湛注《列子·周穆王第三》云："尽阴阳之妙数，极万物之情者，则陶铸群有，与造化同功矣。"

进而，按照康德的美学理论，"美是一个对象的合目的性形式，如果这形式是没有一个目的的表象而在对象身上被知觉到的话"③。那么，壮族通过对花——对自然加以人化而作为抽象的形式加以提炼，即"姆洛甲管花山，栽培许多花"，是为人类生育、生存这一目的服务的，故最终"壮人称她为'花婆'、'花王圣母'"。因此她被神圣化为一个固定而突出的神灵，这一过程，就是壮族对最原初的美的理念产生的过程，尽管它带有极为浓郁的神话甚至宗教色彩。况且，花婆本身不是美，而是美的化身与文化—概念表征。在这里，花的形象里呈现出壮族的"合目的性原则"与"合目的性判断"，就形成了壮族"超越分析"的基础与思路。

所以，即如康德所指出的那样，壮族的花婆信仰对家族制度的建设其实是：

> 依据先验原则，我们有充分的根据把自然的主观合目的性在其特殊

---

① ［德］康德：《判断力批判》，邓晓芒译，杨祖陶校，人民出版社2004年版，第65页。
② ［德］马克思：《1844年经济学哲学手稿》，中共中央马克思恩格斯列宁斯大林著作编译局编译，人民出版社2002年版，第80页。
③ ［德］康德：《判断力批判》，邓晓芒译，人民出版社2003年版，第72页。

规律中假定的对于人的判断力是可把握的,并有可能将特殊经验联结在一个经验系统之中,这样一来,在自然的诸多产品也就有可能指望这样一些产品,它们好像本来就是完全适合着我们的判断力而设置的那样,包含与判断力相适合的这样一些特别的形式,这些形式通过其多样性和统一性仿佛有利于加强和维持诸内心力量(这些内心力量是整个判断力的运用中被做着游戏),因而我们赋予这些形式以美的形式的称号。①

总之,花婆信仰中壮族随时成姓——备——随时成位,乃人类的本分与本性的彰显。进而,从万物皆备于我到我顺自然之无为,即可进入我辅万物之自然。

花婆信仰揭出的自然作为始源的原理,最根本地反映出壮族人与自然的物质交换关系及其对族群亲属制度确立的持续作用。

从此我们看出,如果把物的自然属性排除于经济过程之外,是不能真正完全懂得经济过程及其规律的。壮族的亲属关系(人与人的系统性关系)与经济现象(物与物的系统性关系)是无法截然分开的统一整体。所以,壮族的亲属制度,是一种古代生态伦理,其对美的生成是具有交互理性——对生性的整合性特征的。同时,与人类的经济过程息息相关的社会制度既是自然的又是社会的,既是实在的又是意象化的,其中蕴含着丰富的生态审美理性与境界。

在花婆信仰的世界里,他们无须借助任何形而上学就可以通过经验事实确定生产劳动对于人的存在具有本源性的、奠基性的意义。一旦把人的存在问题放在生产的基础上加以考察,把人的生存问题当作人的现实生活的生产和再生产过程来加以研究,就会发现人和自然界的关系是根本问题。人的存在的实质,就是主体对于客体、人对于自然界和社会的能动关系。

这种亲属制度,是具有壮族社会演进向审美升华之理的。马克思指出:

---

① [德]康德:《判断力批判》,邓晓芒译,杨祖陶校,人民出版社2004年版,第79页。

> 动物的生产是片面的，而人的生产是全面的；动物只是在直接的肉体需要的支配下生产，而人则甚至摆脱了肉体的需要进行生产，并且只有在摆脱了这种需要时才真正地进行生产；动物只生产自己本身，而人则再生产整个自然界；动物的产品直接同它的肉体相联系，而人则自由地与自己的产品相对立。动物只是按照它所属的那个物种的尺度和需要来进行塑造，而人则懂得按照任何物种的尺度来进行生产，并且随时随地都能用内在固有的尺度来衡量对象。
>
> 人同自然界的关系直接地包含着人与人之间的关系，而人与人之间的关系直接地就是人同自然界的关系。①

总而言之，花婆不论是生产万物还是管理万物，都是玄牝的表现，而花作为壮族的审美表征、审美符号，本身就是美的形式的彰显。

至此，即如朱光潜先生指出："美感的世界纯粹是意象世界。"而只有在这种花的意象世界里，才能够朗照万物，并彰显美的韵律与色彩，达成存在的澄明。亦即宗白华先生所谓："象如日，创化万物，明朗万物。"②

在花婆信仰体系里，没有进化论的单一世界观与线性时间观。人类生活的意义、人的意义以及整个宇宙的意义不是朝向某个终点进化，而是强调宽容与相容兼具。因此，花婆神话通过生态多样性/母性多元性意义的认同，展现出壮族生态伦常缔结的广阔延展度。花婆神话反映了壮族的女性生殖崇拜与以花为同心圆的进化系谱轴形成的历史状况。它形成了人与自然交往的第三个层面——知识性交往，这种交往方式与前面揭示的始祖产生表现的人与自然的共感性交往、人与自然竞生的规范性交往相结合，其终极目的指向整体伦理学的历史建构。因此，壮族对于自然始终处于一种审美欣赏之中，使得那些意向性的关联物完备起来，因而成为具体完满的审美客体。

并且，在审美客体与主体的对生与环进范式的运作历程中，突出了壮族

---

① ［德］马克思：《经济学手稿1857—1858》，《马克思恩格斯全集》第46卷下。
② 转引自叶朗《美学原理》，北京大学出版社2009年版。

花婆信仰蕴含的道与时间的对生性特质,并进一步推动宇宙运动的循环推进。

花婆信仰中呈现的时间,是依托于个体的生命流程来承担与展现的。它:

> 将时间与天命、天理、天道联系起来,也透露出时间的被给予性。生命存在是在天地所给予的(生命就是"生"作为一种命运被给出),而在这种给予过程中,世界也一同被给出,世界成为天命展现其自身、因而也是生命存在的境域。生命的自身也就是天命在身者,天生地承担着存在的天命,热爱天命、接受天命也就要求承认天命的时间性,承认时间作为天命存在的境域。总之,原始儒家对时间的领悟统摄于天命,对天命的领悟又蕴含着热爱生命、顺天休命的伦理精神。[1]

花婆信仰中的时间及其本质的彰显,表明花婆—神一直是具有它作为原初物质的永恒性的,而这种物质的永恒性又是神的永恒性的观念展示,并且,通过物的永恒性来理解自然的永恒性。尤为重要的是,这种永恒性始终贯穿于作为世界表征与载体的个人之中,随着生命的绵延性呈现而展示出时间的绵延性及其本质。于是,在神的视野与贯穿下,自然也具有了神的品性,而个体蕴含的自然性—神性就将人的生长推入了超乎时间发展之域,具有了与神一样的神性与超越性。

不仅如此,花作为神的化身而在人的生命成长过程中不断地呈现,就是精神在时间中不断外化的过程,这也就是历史的流衍过程。每个个体都不断地重复着这些过程,表现为精神的自我理解过程。一旦精神实现了自我理解,就完成了对外在对象及其异化的扬弃。这种过程进而呈现为一种历史"回忆",包括主体与精神如何走过历史、如何建构历史的时间性呈现。这种精神在实践中的外化历程就是存在与思维在思辨意义上的神秘同一,即神与物游境界的历史呈现。于是,整个自然、历史与绝对精神的世界就在不断运动、变化的过程之中融合为一,并展示出了这种运动、变化的内在机理——道法自然。

---

[1] 唐文明:《生命存在与历史意识》,《清华哲学年鉴》2000卷,河北大学出版社2001年版,第155页。

第二节　花婆分性别与缔造婚姻制度：自我分形的审美表征

花婆信仰不仅关涉家族制度，还拟设了建立在花的自然品质的分合基础上的婚姻制度。它既是花的自我分形，更是人类延续的制度与审美原理的呈现。下面从三个角度予以论述。

一　性别与花色（同前）

随着人类的繁衍，社会内部的性别的表征就显得非常重要。而那文化对性别的区分，是依据花乘龙的原则来加以区分的。它有以下两种情形。

第一种，花婆依据花的颜色来加以完成。

《创始女神姆洛甲·送红花白花》：

> 姆洛甲管花山，栽培许多花。壮人称她为"花婆""花王圣母"。
>
> 她送花给谁家，谁家就生孩子。
>
> 花有红有白。她送红花给谁家，谁家就生女孩；送白花给谁家，谁家就生男孩。[1]

又据清代李调元《南越笔记》的记载：

> 越人祈子，必于花王圣母，有祝词曰："白花男，红花女。"故婚夕亲戚皆往送花，盖取诗"花如桃李"之义。

这种男女性别的区分有根据自然的立法特征，即男女区别的依据是花的颜色。而这红白的区别，又与中国古代的父精——白，母血——红来区别男女相一致，同时与道教"男白女赤"说法一致。也就是说，男女的区别，主

---

[1] 农冠品等编：《女神歌仙英雄》，广西民族出版社1991年版，第1—2页。

要是根据男女遗传的来源加以区别的。它呈现的对人类始祖——花婆是花的文化回归特征，使得壮族的性别区分带有浓郁的返祖特征与历史韵味。所以，广西壮族民间至今还流传着"花婆管花园，人自花中来；过桥到北和（壮话，门口之意），红花白花开"的俗语。①

并且，花婆信仰的这种分形其实寄寓着人与自然对生和环进的统合性原理：

（原始人）往往将复活植物的戏剧性表演同真正的或戏剧性的两性交配结合在一起进行，目的就在于借助这同一做法同时繁殖果实、牲畜和人。在他们看来，无论动物或植物的生命与繁殖，原理都是一个，并且是不可分开的。②

第二种，花婆根据男女的生殖器的物象表征来加以区别。《女神·歌仙·英雄》一书记载：

撒杨桃果辣椒果

姆洛甲是个高大又壮的女神。一天，尿胀了，迎着风，两脚各踩一座大山，在两座大山中间屙尿淋湿了泥土。她抓起湿泥捏出许多人。那时，人还不分男女。姆洛甲到山上采集许多杨桃果和辣椒果，撒向人群。大家抢果子，抢得杨桃果的成了女子，抢得辣椒果的成了男子，从此人分男女。

现在一些壮乡，有人家新生了孩子，亲友们初见面便问"带辣椒果还是带杨桃果的？"这就缘起姆洛甲撒果的传说。③

在花婆信仰中，我们注意到："神话所显示的，不是父亲的创造能力，乃

---

① 韦婉灵：《壮医"花婆赐花"可助孕》，《南国健报》2010 年 5 月 21 日。
② ［英］弗雷泽：《金枝》，徐育新译，中国民间文艺出版社 1987 年版，第 473 页。
③ 农冠品：《壮族神话集成》，广西民族出版社 2007 年版，第 21 页。

是女始祖自然的生育能力。"① 但不管是上述哪一种，都是花婆依据花或花果——东方木的生殖力来加以区别，其中就蕴含着参乘龙的时间意义—生态策略在内。

花婆信仰这种具有人类最初的母系氏族时代的文化遗韵提醒我们，人类的母子关系，首先是人与自然的关系，这种关系提示了我们人的生成源于花婆—参宿—自然的时间性特质。这种自然的时间性就是人类自我意识的基本内容。花婆信仰这种自我意识的确立，其实是一种人与自然的"相遇"，它导致了原初审美愉悦的出现。亦即，通过花婆分形与子孙、男女回归花婆这种双向互动的对生，展现出在男女对生的自我意识中所生成的审美愉悦中以及在审美的自我确证中凸显出的道法自然的特质——

> 我们所说的关于理解他人的情形，说明母子最初的整体所具有的对成年人"遭遇"现象的基本意义。我想补充一点，整体感受、愉快感受的恰当的表现形式的影响不是那么简单，而是最终与可能自我意识有关。这就是我们相遇的时候使我们充满喜悦的情形。
>
> ……
>
> "相遇"的感受比其他的感受显得重要，这是人的本质的典型特征，即我的存在是与"他人"的自我意识息息相关的。这种相遇的特殊感受，只有确证"他人"的自我意识才会产生，或者根据早先的感觉，差不多得到确证。②

花婆信仰这种以他（它）指代、映衬我的生产的历程，其实就是一种对生性的潜能实现范式：

> 只有确证了"他人"的存在，才能认识自己。这充分地揭示了：关切他人的存在，是人的本质的、固有的特征，人不考虑与"他人"的共

---

① ［英］马林诺夫斯基：《两性社会学》，李安宅译，四川人民出版社1986年版，第96页。
② ［德］戈尔德·施泰因：《婴儿的微笑与理解他人的问题》，刘小枫主编《人类困境中的审美精神》，东方出版社1994年版，第397—398页。

同存在，在所有其他的有生命的事物中，以自己的特性，是不会被理解的。这种关系不仅仅是艰苦努力生活在世界上的一种相互支持的方式，正是这种相互的个性，人才成其为人。而且，只有他达到的境界，他才是人。①

二 花树成婚与金火相拘

如果说花婆的分男女是自然性的个体在社会共同体内部的定位的话，那么婚姻及其形式展现的都是家庭在社会中的作用。花婆信仰对婚姻制度的决定性影响，依然是以花婆运用木火为标准来完成的：

> 花婆将一株红花和一株白花栽在一起，人间男子和女子便结成夫妻。②

广西东兰县壮族巫经《婚源歌》，就反映了那文化境域中花婆运用木火而衍续世界的历史：

> 很古很古那时候，
> 收禾线不会系成把，
> 男和女不会结成家。
> 就像锅头没有锅盖，
> 要女人就像打猎，
> 只能夜里偷偷去抓。
> 附近也有男女青年，
> 却是同姓同族共一家；
> 后生哥找不到妻子，

---

① ［德］戈尔德·施泰因：《婴儿的微笑与理解他人问题》，刘小枫主编《人类困境中的审美精神》，东方出版社1994年版，第397—398页。
② 农冠品：《壮族神话集成》，广西民族出版社2007年版，第21页。

妹仔们也难找到婆家。
有个智者老人开了口：
"后生要讨妻子，
就到百林去找姑娘；
姑娘要找婆家，
你们到百腊去找男人；
要有熟人带路，
要有老人去通话。"
看来是个办法，
免得乱偷又乱抓。
后生听了好高兴，
成群结队去百林；
妹仔听了好喜欢，
三三两两去百腊；
后生们边走边唱，
就像归林的百鸟；
妹仔们边走边笑，
就像随水的山花。
路上碰见布洛陀，
路上碰见乜洛甲。
布洛陀就问，
乜洛甲就讲，
你们要去哪块，
你们要上哪家？
年轻人都是心直，
忠恳地回答：
"要到百林去找妻子，

要到百腊找婆家。"

布洛陀笑着讲,

乜洛甲笑着说:

"你们去百林去找妻子,

五年也找不到;

你们到百腊去找婆家,

九年也难到达。

请你们回头看,

这里有好树好花。

好树好花可采来种,

好山好水可以安家,

别说同姓不能婚嫁,

一棵树也开六样花。"

大家回头一看,

心里乐开了花。

在这里,花婆升华了由混沌进入秩序的衍续范式。进而,花婆指导族类运用自然选择原理缔结大地伦理,并以大地伦理指导族类的繁衍:

那雅那棵大树,

树上开六种花;

那雅那棵大树,

树上结六种果,

一串是板栗和梨子,

不知是怎么一回事,

三串宝果都结双成对。

他们又问布洛陀、乜洛甲,

祖神作这样回答:

"树上结了果子,

男女要结成双;

后生要讨妻子,

妹仔要找婆家。

回去你们要亲宗分姓,

回去你们要祖宗分家。"

大家回来一讲,

人人泪水哗哗,

谁也不愿分姓,

谁也不愿分家。

祖神又讲了话:

"你们看那块磨刀石,

它静静地躺在大树下,

原来它只有四面,

如今为什么变成了十二面。

这是我们祖神的安排,

要你们十二兄弟分家。"

大家拿来那块磨刀石,

每人各在一面磨刀斧,

磨的刀斧一样锋利,

磨的刀斧一样光滑。

大家拿六种果子,

各人取一颗品尝,

六种果子分十二种味,

各种果味都让人心爽意惬。

于是大家乐意分姓,

十二兄弟就分了家。

分家在六种花的大树下，
分姓就在六种果的老树下，
分手在有十二面磨刀石旁边，
向四面八方出发。
各自带走自己的姓，
各伙带着自己的家，
把花种撒上深山荒地，
把火种播向海角天涯，
从那时起八方就有了人家。
水断了有渠来接，
路断了有桥来连，
异姓异房怎么来往？
婚姻的彩带牵连各家。
从那时起就有了婚娶，
女找宝树男找花；
从那时起就有了婚嫁，
联亲的路子交织天下。

至此，婚姻制度成为在道法自然原理主导下的美的理想的呈现：

古人造的事天经地义，
世代相传到如今。
说到我们这门亲事，
与那天理丝毫不差；
情上加情我好喜欢，
彩锦上面又添新花。
这门亲事十分珍贵，
就像蜜蜂遇见冬花。

为了登上这座宝楼,
为了求得这朵宝花,
我到神那里借得神鞋,
我到仙那里借来仙袜。
每日里我跑上跑下,
为的是求得宝花宝话。
神鞋我已经换了三双,
神袜我已经换了三回,
如今才求得你的宝话,
彩桥连着我们两家。

面对两位尊贵的花主,
我有金有银也难开价,
我只有一份感激的心情,
化为山歌给你留下。
我这里双手捧起,
表示珍惜这朵宝花,
我这里双膝跪下,
感激双老辛苦种花。
我用彩布彩巾来报花种,
我用美锦美毯来包花芽,
拿这枝花去栽我园,
捧这枝花去栽我家。
移栽的秧苗才发蔸,
移栽的花枝才繁华。
移苗移栽还在田,
我俩同共这枝花,
待得来年花繁茂,

香气吹满我两家。①

这些神话资料都说明，壮族的婚姻制度是花婆——米洛甲定下来的。所以，壮族在结婚当天唱的歌，仍以山歌对此作总结与回忆，如"比蹿几"（出门下阶歌），展现出在历史记忆中的生产方式与生活质量："先前圣母立规矩，男女配合做夫妻。"②

以上材料表明，人类的繁衍，不仅是花婆——米洛甲：参宿与东方木——大火星的对应性的结果，更是在此一宇宙规律下的祖孙相传，它表明主客体潜能的实现始终是一种对应性实现的自由之境。

而这种对生达成的自由的本质，就是时间。《周礼·地官》指出："中春，阴阳交，以成昏礼，顺天时也。"《白虎通义·婚嫁》也认为："嫁娶必以春日何？春者，天地交通，万物始生，阴阳交接之时也。"正是这种时间性的呈现，展现出花婆信仰对生与环进的美学发生范式中的道法自然的终极境界："归妹，天地之大义也。天地不交，而万物不兴。归妹，人之终始也。"③

三 娘亲舅大——雷火的血缘扭结及舅权的凸显

进一步，随着内部的繁衍，那文化通过花婆乘龙的宇宙模式的内化，实现了对不同群团的区分，使得人类的社会发展走向了纵深。而花婆信仰利用雷—火是花婆决策的参照系，凸显了道法自然的生态美学发生范式：

> 姆六甲创造了山河大地，河水冲击砚石出现一个洞，从洞中走出一个男神布洛陀，他就是壮族的男始祖神。他有三个兄弟，老大是雷，老二是图额（汉译蛟龙），老三是老虎，布洛陀是老四。④

所以，不管雷神是姆六甲的兄弟或后辈，都表明壮族的婚姻的缔结，还

---

① 《中国歌谣集成·广西卷》，中国社会科学出版社1992年版，第33—34页。
② 商璧辑解：《桂俗风谣》，广西民族出版社1984年版，第85页。
③ 《周易·归妹卦》，上海古籍出版社2001年版，第83页。
④ 《中国各民族宗教与神话大词典》，学苑出版社1990年版，第751页。

是世界的拓展，都是在一种对生性的境域——花婆乘龙的生态境域里完成的，它是实现人与自然的潜能的重要生态智慧。

那么，为何雷与龙具有互指性？《诗经·鲁颂·閟宫》指出了龙与子嗣的关系："龙旂承祀，六辔耳耳。"屈原《九歌·东君》也揭示了龙雷的互渗律："驾龙辀兮乘雷，载云旗兮逶迤。"王逸注："言以龙为车辕，乘雷而行，以云为旌旗，委蛇而长。"

因此，那文化婚姻制度及其社会结构的基础，多以舅舅——雷公——火为表征的族外婚结构为中心，前述神话也以雷——震为长子的自然法特质，或者说，那文化婚姻制度更多地以母系为核心。它既表现出壮族等民族的人的成长，具有从单系抚育到双系抚育拓展的特质，更是花乘龙的自然律则的社会化表述。现实中，壮族俗语有"天上雷公大，地上舅公大"。可见，雷公与舅公具有同样的权威，都是社会的裁判者。

花婆乘龙，就是一种社会本质的自然化——天理化展现：

天神

> 广右敬事雷神，谓之天神，其祭曰祭天。盖雷州有雷庙，威灵甚盛，一路之民敬畏之，钦人尤畏。圃中一木枯死，野外片地草木萎死，悉曰天神降也。许祭天以禳之。苟雷震其地，则又甚也。其祭之也，六畜必具，多至百牲。祭之必三年，初年薄祭，中年稍丰，末年盛祭。每祭则养牲三年，而后克盛祭。其祭也极谨，虽同里巷，亦有惧心。一或不祭，而家偶有疾病、官事，则邻里亲戚众尤之，以为天神实为之灾。[①]

而壮族雷公的形象是鸟。据《左传·昭公十七年》：

> 太皞氏以龙纪，故为龙师而龙名。我高祖少皞挚之立也，凤鸟适至，故纪于鸟，为鸟师而鸟名。凤鸟氏，历正也；玄鸟氏，司分者也；伯赵氏，司至者也；青鸟氏，司启者也；丹鸟氏，司闭者也……

---

① （宋）周去非：《岭外代答》，中华书局1999年版，第433页。

又据《汉书》等史籍记载，鸟与鸡为越人之祖与神物，可见壮族对太皞少皞所崇物的共尊。这也说明，壮族等在接受太皞氏图腾的同时，还容纳了少皞氏的图腾；或者说，花婆乘龙有两翼，一是龙，一是鸟。也就是说，当龙从火转化为水神之时，鸟就展现出其天神的火的意义。故壮族医学认为，人的形成是由龙路（水路）与火路组成的。但不管怎么说，鸟、龙具有火的同一性，是壮族认知世界中的一个显著的特征。而花的生殖功能与龙的木德一致性，故壮族有的神话直接将花龙鸟合一，或称为洛甲（洛，壮族"鸟"的读音），或称为"花龙"，如广西巴马的"花龙开河"。

雷火也有自我对生性，壮族的神话传说认为："天上有四个雷公，它管理着地上的一切。"[1]

花婆与雷火的关系极为密切。雷王在壮族的求花仪式中，扮演着送花、护花的作用：

架桥求花

无子或只生女孩的家庭，请师公作法，架起从花婆的后花园与求子家的一座阴阳桥，即可获得子嗣。各地壮族的做法不同。上林师公的架桥求花仪式有：解秽娘扫阴气、发符吏四时功曹、请一切师圣降筵、入筵请师、请圣收禁凶星、搭迎魂桥、求花、上表文等步骤。前五项法事是铺垫，第六项"搭桥迎魂"，师公砍来带苗的桃树一节，做成7寸长的小木片，代表五男二女，然后在求花夫妇的房门口挖个坑，用两块砖作桥墩，将木片架在桥墩上，下面点盏油灯，并用泥盖住。

师公这时开始唱求花词：

"某某夫妻命不好，求问仙娘送儿郎。去查八运消灾根，消去灾根子孙旺。命当架桥接儿郎，仙娘送子到屋堂。日后夫妻来还愿，仙娘恩情永不忘。送花送子来还愿，祖上花根久久长。日后等嗣人丁旺，代代还

---

[1] 广西科委壮族文学史编辑室：《壮族民间故事资料》（第2辑），《雷公的故事》，转引自潘其旭《壮族歌圩研究》，广西人民出版社2010年版，第89页。

愿谢娘娘。"

同时，师公跳起《仙娘》《天公地母》《雷王》《桥王》等舞蹈。至深夜，开始求花。师公先从祭坛上方架起一块布，一直延伸到求嗣夫妻的房门，布上撒上纸花。两位师公戴面具扮成雷王和花林仙婆来撒花，求嗣夫妻双双跪在布桥下，伸出衣襟来接花。雷王和花林仙婆边撒花边唱：

"我是花神来撒花，哪人接得子孙旺。花朵沾身娘欢笑，明年生个胖儿郎。我是花山（按：花山是壮族的魂归之处）花林婆，花林仙婆好心肠。谁人求花求到我，保你子嗣万代长。一度木桥一度花，花桥架进你的家，男花女花成双对，无子夫妻今得娃。"

然后师公念事先写好的表文：

"我们夫妻，求天公地母仙娘，花林三楼圣母，送子嗣进房。如若得子，一定不忘地母花婆恩情，备办礼物架桥还愿。×县×乡×村××××与×××夫妻拜表以闻。"

念毕烧掉表文，仪式结束。①

在这一仪式中，还非常强调还愿，即在实现人的生产的同时维护自然发展的可持续性，达成花婆—自然与人的对生和环进。得嗣后，师公唱《还花歌》：

天公地母仙林婆，去年送我花一朵。我得花朵得子嗣，夫妻来唱还花歌。还花送礼给仙婆，摆上愿筵方方桌。凤凰鸡子敬地母，夫妻碰蛋子孙多。

我是雷王来护花，如今护送到你家。明年得子把愿还，还了花愿花才发。

仪式所上表文是：

---

① 杨树喆：《师公仪式信仰》，广西人民出版社2007年版，第21页。

>　　天公地母花林婆王，×县×乡×村××××与×××夫妻，去年得你送花一枝，今年生了个胖娃娃。现今选定吉日良辰，夫妻同来还愿还花，请诸神灵明察，把愿勾销。①

雷王为何护花，在花婆信仰里，是有其特殊的含义的。壮族神话"布伯"载，壮族第三代祖布伯接替了始祖布洛陀，成为头人，带领人们与雷公斗争，年年丰收。雷王收不到人间贡品，便不下雨。布伯仗剑上天与雷王斗，捉住了雷王。雷王喝了伏羲兄妹的溯水，逃回天上，水淹大地，布伯从天门掉下而死，心飞天上化为启明星。而伏羲兄妹在雷王赠予的葫芦的帮助下结婚繁衍人类。②

雷王作为舅权的象征，维护着家庭的衍续。这与中国传统文化的宇宙运行规律一致。《乾坤凿度·乾凿度》认为：

>　　雷木震，日月出入门。日出震，月入于震，震为四正，德形鼓万物不息。圣人画之，二阴一阳不见其体，假自然之气顺风而行，成势作烈，尽时而息。天气不和，震能翻息；万物不长，震能鼓养。《万形经》曰：雷，天地之性情也，情理之自然。泽金兑水，日月往来门。月出泽，日入于泽，四正之体，气正元体。圣人画之，二阴一阳，重上虚下实，万物燥，泽可及，天地怒，泽能悦，万形恶，泽能美，应天顺人。承天者不违拒；应人者，泽滋万业，以帝王法之，故曰：泽，润天地之和气也。③

花婆仪式中的雷王送嗣及其还愿仪式，正是花婆乘龙的对生化审美发生图式的呈现。

在壮族现实社会结构之中，地上代表雷公的就是舅舅，所以，外甥结婚，舅舅必须到场祝贺。

---

① 李路阳、吴浩：《广西傩文化探幽》，广西人民出版社1993年版，第266—267页。
② 《中国各民族宗教与神话大辞典》，学苑出版社1990年版，第783—784页。
③ 转引自田合禄、田峰《周易与日月崇拜》，光明日报出版社2003年版，第148页。

第三章　花婆乘龙而备天地之美

在来宾，当新人拜堂成亲的时候，男方舅舅将一条三尺六寸长的红布和一朵金花给外甥披戴，并唱《披红歌》：

"红布插花安花神，花神安坐显威灵；外甥团圆成佳偶，男耕女织百年春。"

因为舅舅给外甥披红戴花之后，就预示着外甥有了生育、传续的能力与合理性：

"肩披红布又插花，恭喜外甥成新家；今年舅舅来挂彩，明年来看胖娃娃。"①

所以，婚礼是花婆对震雷——火的运用最好的例证。这展现出那文化对天时的运用，即《周易·归妹》所谓："归妹，天地之大义也。"花婆信仰中婚姻体现的天地之大义，即《随卦》指出的宇宙的时间本质的呈现："大亨，贞无咎，而天下随时，随之时大矣哉！"

所以，《礼记》言婚姻始于男女，及其至极，察乎天地。亦即，婚礼中对送花、护花的雷神的尊崇，是在男女占据了最基本的社会结构单元之后，人的生产将指向宇宙的深蕴及其本质的实现，即如海德格尔在《荷尔德林诗的阐释》中所谓："婚礼乃是大地和天空、人类和诸神的亲密之整体。它乃是那种无限关系的节日和庆典。"②

正因为如此，壮族平时对雷公的敬与忌，就表现为花乘龙的时间性与生态审美叙事策略。壮族有"雷公禁婚"习俗：

> 壮族认为，农历八月至次年二月，雷公关门睡觉，天下太平，是吉利的季节，可于此期间办理婚事。三月到七月，雷公出门办事，天上时时传来雷声，预示着雷公禁止人间办婚事。如违则遭雷公干预，婚姻家庭皆不美满。故此期间，人们不问亲、不定亲、不结婚。③

---

① 《壮族迎亲歌》，韦守仪、方大伦搜集整理，转引自潘其旭《壮族歌圩研究》，广西人民出版社2010年版，第248—249页。
② [德]海德格尔：《荷尔德林诗的阐释》，孙周兴译，商务印书馆2000年版，第214页。
③ 《中国各民族宗教与神话大辞典》，学苑出版社1990年版，第780页。

在广西隆林县，壮族妇女在缝制背带的时候，忌遇雷响，因会使小孩生病死亡。故不管缝了多少，都必须拆除，重择吉日另缝，同时还得置糯米粉（笔者按，指那文化）一包于内，熏除凶兆邪气。①

这种时令、自然节候对人的影响，表明人类对于自然的绝对依生关系。广西南宁市上尧乡陈东村至今还保留着师公剧《大酬雷》（见图3-9），村中有北帝庙，将花婆与玄帝并排祭祀。

图3-9 上林师公雷公舞②

因此，花婆信仰对雷火的宜忌蕴含着深刻的哲学原理，强调天人严格的对应性与对生性。所有这些，我们都可以在中国文化典籍中找到印证。

《周易·无妄》："象曰：天下雷行，物与无妄，先王以茂对时育物。"《周易·大壮·象》："雷在天上，大壮。君子以非礼弗履。"《周易·解卦·

---

① 潘其旭：《壮族百科辞典》，广西人民出版社1993年版，第386页。
② 图片来源，上林旅游局网。

象传》:"天地解而雷雨作,雷雨作而百果草木皆甲坼。解之时大矣哉!"

花婆信仰对雷的尊重,其实就是花婆乘龙以随时成位的生态审美叙事策略的展现。它表现为《礼记·月令》所谓人的潜能实现的对生性的时间意义与准则:"凡举大事,毋逆大数,必顺其时,慎因其类。"亦即《吕氏春秋·仲秋记》所谓:"仲春之月,日在奎……是月也,日夜分,雷乃发声,始电,蛰虫咸动,开户始出。先雷三日,奋铎以令于兆民:雷将发声,有不戒其容止者,生子不备,必有凶灾。""凡举事,无逆天数,必顺其时,乃因其类。"

可见,花婆信仰在对雷火的运用中,不论是宜还是忌,其实都蕴含着壮族对生命与世界的关联——对生及其永恒性的关注。

恰恰是这种关注,形成了一条沟通天人的循环之道,法自然之道。王夫之《周易外传》卷五《系辞上传》第五章指出:

> 道者,物所众著而共繇者也。物之所著,惟其有可见之实也;物之所繇,惟其有可循之恒也。既盈两间而无不可见,盈两间而无不可循,故盈两间皆道也。可见者其象也,可循者其形也。出乎象,入乎形;出乎形,入乎象。两间皆形象,则两间皆阴阳也。两间皆阴阳,两间皆道。夫谁留余地以授之虚而使游,谁复为大圆者以函之而转之乎?其际无间,不可以游。其外无涯,不可以涵。

总之,花婆信仰对雷火的运用,按照康德的说法,就是将自我的情感与来源颁布——映射给自然,从而在自然的合目的性境韵中形成了一种天人对生而达成一致的审美镜像:

> 由于普遍原则的自然规律在我们的知性中有其根据,所以知性把这些自然规律颁布给自然(虽然只是按照作为自然的自然这一普遍概念),而那些特殊的经验性规律,就其中留下而未被那些普遍自然规律所规定的东西而言,则必须按照这样一种统一性来考察,就好像有一个知性(即使不是我们的知性)为了我们的认识能力而给出了这种统一性,以便使一个按照特殊自然规律的经验系统成为可能似的。并不是说好像一定

要以这种方式现实地假定这样一个知性（因为这只是反思判断力，整个理念用作它的原则是用来反思，而不是用来规定）；相反，这种能力借此只是给它自己而不是给自然界提供一个规律。

既然有关一个客体的概念就其同时包含有该客体的现实性的根据而言，就叫作目的，而一物与诸物的那种只有按照目的才有可能的性状的协和一致，就叫作该物的形式的合目的性：那么，判断力的原则就自然界从属于一般经验性规律的那些物的形式而言，就叫作自然界的多样性中的自然的合目的性。这就是说，自然界通过这个概念被设想成好像有一个知性含有它那些经验性规律的多样统一性的根据似的。

所以，自然的合目的性是一个特殊的先天概念，它只是在反思性的判断力有其根源。因为我们不能把像自然在其产物上对目的的关系这样一种东西加在自然产物身上，而只能运用这一概念就自然中按照经验性的规律已给出的那些现象的联结而言来反思这个自然。而且这个概念与实践的合目的性（人类艺术的，或者也有道德的）也完全不同的，尽管它是按照这种合目的性的模拟而被思考的。①

所以，联系第一章的花的世界的展开与自我的时间性限制，这一过程就是作为自然的合目的性及其反思的综合视野而呈现的。

在婚姻制度与血缘扭结的花婆信仰的世界里，花婆乘龙突出花婆作为本有，不是单一的在场性，它包含有自然发生论的"让—在场"的意义。本有不是超时限的，它展现为随时的具体的现实性，因而它就是一种可归原的潜能。同时，随着时间的到时，各种潜能实现而完成了世界的构建。因此，花婆信仰中雷—大火运行所完成的"同人"世界，没有表现出世界发展的无限性的极致敞开，而是在已有基础上的时间的发生过程。

在花婆信仰中，尽管人与物的潜能的实现，往往被世界的有限性所局限，但随着时间作为宇宙精神的贯穿，那些非本真性最终被扬弃，主体通过历史

---

① ［德］康德：《判断力批判》，邓晓芒译，人民出版社2004年版，第14—15页。

与逻辑的统一，在新的合题内展露新姿与新质，终于消除了对此在有限性的焦虑，进而达成了绝对当前性的呈露，达成了人与自然和谐共生范式的升华。

正是花婆信仰对大火的运用及其展现的万物皆备于我的逻辑，表现出人在归元的同时进入大全。因此，

> 只要在居有中有存在和时间，居有（Ereignen）就具有这样一种标准，即把人本身带到它的本真的时间中，它就能审听存在。通过这一居有，人就被归属到本有之中。①

于是，在花婆信仰作为本体时间的意义境域之中，就可以展现出《庄子》"天地与我并生，万物与我为一"，以及"与天地精神相往来"的大备境界。

至此，花婆信仰就不仅将花——物作为生产族类的神灵，而且将万物的生产纳入人类的至高境界的呈现历程之中。这就为神与物游的境界与机理的呈现奠定了基础与原理。

花的世界性元意象及其原理的展现，不仅成就了万物的潜能的实现，更是花婆自我潜能的实现。因此，天地万物之备，其实就是一种宇宙整生图式的呈现，花婆信仰也就达到了王弼所指出的圣人之境：

> 圣人达自然之性，畅万物之情，故因而不为，顺而不施。除其所以迷，去其所以惑，故心不乱而物性自得之也。②

> 故大人不明我以耀彼，而任彼之自明，不德我以临人，而付人之自得，故能弥贯万物，而玄同彼我，泯然与天下为一，而内外同福也。③

故道法自然的生态美学发生范式与原理，规定着花婆信仰如此推展其历史的呈现：

---

① ［德］海德格尔：《海德格尔选集》，上海人民出版社2003年版，第685页。
② 楼宇烈：《王弼集校释》，中华书局1980年版，第77页。
③ 同上书，第86页。

"道"通过"自然"来出场和呈现，于是，这一"二元"关系最终就体现为自然与天、自然与地、自然与人的两两对应而又纯一的关系。这一关系在海德格尔那里的表现则有所不同。海德格尔"四方域"说法的核心处，有一个"神圣"（das Heilige），又称"神性"（Gottheit）的幽影，而诸神只是传达它露面消息的使者；他也是诸神之为诸神的所在。大地与天空，作为自然的领域，就其根基处而言，充满着这神圣的神性，乃是这至上性的表达。这里，海德格尔借用诗人荷尔德林的说法，将自然高居于诸神、大地、天穹之上，并将之视为"神性"的"神圣"显现。因此，"四方域"中人和诸神、人和大地与天空的关系也就是人和自然的关系，而人和自然的关系在其最根基处，乃是人和神圣的关系，或者用赫尔德林的话说，自然是充满强大和圣美的自然，是充满神性的自然。①

这充满神性的自然与自然的神性的合一，就体现出花婆信仰中人类与自然、与大地和天空之间的一种微妙的和谐：

> 在老子的"四大"自然物论里，物之为物非但不彰显人和自然之间的紧张，它甚至充分体现出人类与自然、与大地和天空之间的一种微妙的和谐。换句话说，在人类与大自然之间，并无一个绝对的、不可超越的界限。②

所以，花婆信仰在《老子》"域中有四大"的对人与道的等同的进程之中，人成了万物的源泉，更是自我潜能实现的源泉。

这种花乘龙的生态策略就是延续着花婆剖判天地的时间生成，即由突然拓展到世界的方方面面；并将时间的本质托付在花婆作为神及其子孙的现象生命之上，在主体的绵延中完成了自然本质——时间的衍生。并且，这种时

---

① 王庆节：《解释学、海德格尔与儒道今释》，中国人民大学出版社2004年版，第192页。
② 同上书，第193页。

间的衍生就是对宇宙发生范式的皈依与呈现：

> 是故夫礼必本于大一，分而为天地，转而为阴阳，变而为四时，列而为鬼神。其降曰命，其官于天也。夫礼必本于天，动而之地，列而之事，变而从时，协于分艺，其居人也曰养，其行之以货力、辞让、饮食、冠、昏、丧、射、御、朝、聘。故礼义也，人之大端也。所以讲信修睦，而固人之肌肤之会、筋骸之束也；所以养生、送死，事鬼神之大端也；所以达天道、顺人情之大窦也。①

花婆信仰蕴含着人类的两种生产机制，说明人是"悬挂在由他自己组成的意义之网中的动物"——自我界定。因此，在花婆信仰里，生命的发生发展又与天地阴阳的变化规律密不可分；另外，宇宙自然的变化规律，又被视为人类伦理道德的奠定基础，遵循宇宙自然的规律就是遵循人类伦理道德。最终，人类可以"与天地合其德，与日月合其明，与四时合其序，与鬼神合其吉凶"。这一过程，就是从人作为"自然的存在物"与"人的自然存在物"的双向互动的潜能实现过程。

那文化在认识大自然的时候，是将它视为天意的呈像，二者是等值的。"自然的顺衍的目的"就是神明的立法，预示着大自然赋予了人类充分而全面的理性潜力。这种潜力表现在作为物种（花）整体的类的基础上，并且，它将会全部发挥出来。而族群作为群体，在历史中可呈现为由理性的智慧引导的，即朝着理性范导、规定的目标前进的自然景观。如此，花婆信仰本身，就是人类严格地遵循着自己探寻发现的历史理性：族群严格地高举一个合理而能够被全体成员理解的自然计划并因此而展开历史活动；所有这些活动又都是朝着道德规定的目标前进。也就是说，壮族的历史进程是在历史理性的指导下，将自然规律与道德规律兼容并合为一体的理性彰显规程。

---

① 《礼记》（上），钱玄等注译，岳麓书社2001年版，第308—310页。

花婆乘龙借助人类对神——道法自然的持续性，人类社会制度的多样性的呈现及其合一，在意识上就结束了自然对时间生成的单一垄断，并在自然对人的选择的基础上，完成了人类自我的定位与建构，进而达成了人的自我内在与外在的整合，从而彰显出人类作为世界源生不竭的源泉。

同时，在花婆信仰里，自然是非历史的匀质的基质，具有恒久不变的物质的原始自然性与直接性，它是以整体形态出现的；而人与人未出现以前的自然密切相关，并且，人类产生于自然，其出生后仍然与自然息息相关。也就是说，自然不仅具有感性直观的特征，而且是将人类实践导入作为认识过程的一个必不可少的构成环节，于是，自然就消融于主客体的辩证法之中。

至此，花婆信仰中的自然不仅是人类实践的要素，更是表现为存在万物的主体。这种生存智慧，既未将自然存在视为纯粹精神的抽象性，但并不否认存在的精神归宿；它没有仅仅关注于自然的纯粹直观性，而将其哲学实质与总体境界指向非本体论的唯物主义自然观的建构。因此，花婆信仰其实是由对于人生发现的需要，将判断力逐步推求到宇宙的根源处来解释人类的来源，进而落实人类的安顿之处。这种自然宇宙论，直接导源于神话宇宙观，并以之作为族类推理的基础与出发点，进而敷展出人的认识论基础上的行为准则，表达出其具有深厚渊源的社会的、政治的主张。

结合以上婚礼上的赐花与撒花，花婆信仰充分展现出了对花的生育功能的继承与开发，而其哲学—美学实质就是对在场的存在者实施的解蔽。海德格尔指出：

> 有待显示的东西，亦即从它本身而来的闪现者，也就是真实，即美，因此之故，它就需要艺术，需要人的诗意本质。诗意地栖居的人把一切闪现者，大地和天空和神圣者，带入那种自为持立的、保存一切的显露之中，使这一切闪现者在作品形态中达到可靠的持立。①

---

① ［德］海德格尔：《荷尔德林诗的阐释》，孙周兴译，商务印书馆2000年版，第198页。

美……就是对从自身而来的在场者的解蔽。①

婚姻爱情作为人类审美的重镇，花婆信仰将其源头直溯到人类的创始者，这就有了庄子所谓"游心于物之初"的特征。《庄子·田子方》：

老聃曰：吾游心于物之初。
……
孔子曰：请问游是？
老聃曰：夫得是，至美至乐也，得至美而游乎至乐，谓之至人。

也就是说，花婆乘龙展示的生态审美范式的重心就在于发现人的潜能及其与自然的对生性潜能的实现。

第三节　花婆乘龙与那文化生产方式的审美表征

花婆信仰从花据火以成人之后，花乘雷火——龙以成天地万物，进而形成了人类的生产方式。从个体与族类的潜能实现到生产方式的形成，正是对生与环进的生态美学发生范式的重要内容之一。

在那文化神话里，花婆创造了稻作生产方式。流传于东兰县的神话这样记载：

谟姆六甲
说起女米六甲，话越讲越长。
那时没有一粒米，那时找不到棵树，
人吃茅草当餐，人吃竹叶养命。
始母上山坡，去寻找谷种。

---

① [德]海德格尔：《荷尔德林诗的阐释》，孙周兴译，商务印书馆2000年版，第197页。

荒坡有千样草籽，一样草籽采一粒；

地上千种果树，一种果树摘一个。

吃不得的草籽果子，始母一一放原地。

那时果树未培育，树上果子长不大，

荒坡千种草，一种草籽抓一粒，

草籽皱巴巴，果青皮不黄。

始母费思量，忙把主意想，

她把草籽放枕内，她把果子放布袋。

始母抱在胸怀里，爱如独生子，

冷天用布包，出门背带绑，

种子未出芽，始母喂乳汁。

三个月种子繁殖生长，她拿籽芽种山坡，

遍地都种完。一粒长出红薯，

一粒长出甘蔗。两粒长成李果、桃果，

两粒长成稻米玉米，一粒长成山林；

两粒长出柿子橄榄，一粒长出小米。

两粒长出瓜豆，人间才有东西吃，

天下才有米粮，大地才有树荫，

人人才安全，始母恩情重，岁岁说不完。

（黄桂秋采录/翻译）

姆六甲创造稻作生产方式，作为民族记忆，源远流长。当今，隆安县还保留着一种叫"芒那"的仪式。农历六月初六，是隆安传统的"芒那节"，田间地头到处在举行延续了6000多年的"稻神祭"活动。壮语的"芒"和"那"分别是"神"和"水田、水稻"之意，芒那节即稻神节。隆安是壮族传统的稻区，传说在这一天必须祭祀稻神，否则十几天后水稻就会出现空实，不"勾头"结穗。因此，稻神节寄托着农民对丰收的期待。其中"请娅王"是整个芒那节的重头戏。当地传说，远古壮族先民以野果为生，女神娅王给人们送来了金灿灿的稻种，并教会人们播种收割。因此人们把娅王的生日六月初六作为水稻的诞生日，在这一天庆祝稻神节以纪念娅王。仪式中，她身穿缀有鸟毛的礼服，故娅王也被称为"鸟王"；传说她曾为人类祈雨种稻，因而周边的田地也被称为"鸟田"。举行仪式时，人们把稻穗、稻花扔向她。随后，在一片乐声中，"鸟王"走向人群，把丰收的祝福带给大家（见图3-10）。

图3-10 隆安那文化娅王祭祀①

在这则材料中，我们发现花婆信仰中潜能实现表征出古代社会生产的制度化进程。人来源于自然，并且会回馈自然，从而综合化地实现自我的潜能，达至一种中和的境界。

姆六甲的育种，创造那文化，它作为民族记忆，正如《周礼·冢宰治官之职》所谓："上春，王后帅六宫之人，而生稑穜之种，而献之王。"郑玄注："六宫之人，夫人以下分居后之六宫者；古者使后宫藏种，以其有传类繁孳之

---

① 甘宁摄，《南国早报》2009年8月3日。

祥；必生而献之，示能育之，使不伤败，且以佐之耕事，共禘郊也。"①

花神仪式中保留的古代禘郊生产仪式，反映了生产生活中女性具有十分积极的作用与悠久的历史积淀。

姆洛甲培育自然万物的图景，正是一幅人与自然协调发展的神话—现实化。一是技术创新的生态化，它将社会效益与生态效益纳入技术创新的目标之中，从而使得人与自然在相互协调中达致平衡，人与自然的发展相互促进，在社会生产制度的创新中实现了可持续发展前景。二是人的生态化。它强调人在发展中的主体地位和作用，注重人性、人的需要和满足，人的素质的提高和能力的发挥，并注重人的发展赖以进行的自然环境的改善。花婆与自然的双向互动，是自然生态平衡协调、社会生态和谐有序的"天人合一"境界的呈现，是古代人的全面发展的最高表现形式。它为当代社会发展提供了极好的历史范例。

同时，花婆信仰蕴含的生态理性，展现出对宗教社会学的核心"理性化"概念的反思，从而呈现一种古今对读的反思判断力。一方面，宗教思想和概念日益系统化，道德理性不断增长；另一方面，宗教中仪式和"巫术"的因素逐渐消弱。在这一过程中，理性化的宇宙秩序与官僚国家及其表征的社会秩序的稳定性联系被削弱，作为超自然物的信仰体系就仅仅被早期社会世界性的现象表征。而我们通过花婆信仰可以看到，宗教的"最初"形式都注重世间的、世俗的切身事情：健康、雨水、兴旺繁荣。因此，在巫术与自然的因果关系之间的区别被理性化之后，原始的人天合一思想就被摈除在现代化的超越性之外，原始信仰所具有使家庭、氏族或部落联盟成员联合起来的一种凝聚力也被漠视。因此，重拾花婆信仰所带有原初宗教性的生态伦理观，对于当代社会制度中的两种生产及其背景话语的反思，就不仅仅具有古今精神动力融合的作用，更重要的是它的确实的实践力的绽放。

当然，花婆乘雷火而形成那文化生产方式，在历史上也并不是一帆风顺

---

① 《周礼》，《汉魏古注十三经》，中华书局1998年版，第54页。

的，其中有着激烈的斗争。

造红水河

自从天地分开，雷公到天上去管天，姆洛甲在地上管人，兄妹俩就一直不相往来，更说不上早晚相帮了。雷王在天上造雨，高兴的时候就给地上几滴，不高兴的时候，大旱几个月，人们不但种不上五谷，连水也没得喝，靠天实在难呀！于是，姆洛甲就去造河流。

她搬动石山，用脚拱土，用手扒泥。搞得脚板开裂成五趾，手板开裂变成五指。指（趾）头都磨破了，姆洛甲又用贝壳来做指（趾）甲，继续扒。她扒呀扒，不知流了多少汗，也不知流了多少血，终于把河道挖成了。光有河道没有水，不成河呀！姆洛甲想法子要水。

她请蚂拐叫雷王开天塘。蚂拐对着天上喊："爸爸开天塘！爸爸开天塘！"雷王正在睡觉，听到蚂拐叫喊，以为是仔女们渴了，想要喝点水，于是就放了点毛毛雨下来。"叫你开天塘，不是叫你下小雨呀！"蚂拐喊声越来越大："爸爸开天塘！爸爸开天塘！"雷王被吵烦了，一脚踢开天板，对着底下吼道："你们告诉姆洛甲，兄妹已经分家，我和她分开煮吃，稀饭管不着锅巴。"说着，连毛毛雨也不给了。姆洛甲见到雷王这般冷酷，又气又急，心里说道："你不开，我自己开！"

姆洛甲用九十九根竹子接成好长好长的篙，她拿着这根长篙从山脚爬到山顶，又从山顶爬到树尖，对着塘底用力一戳，天塘破了个大窟窿，塘水哗哗地流下来。这下轮到雷王着急了，他想补塘，天上没得黄泥，只好来求姆洛甲："老妹呀，求求你给点黄泥巴吧！"姆洛甲可不像雷王那么小器，她慷慨地回答说："你要多少？""要一万箩。""给"。

一箩，二箩，三箩……黄泥一箩一箩往上递，一直递了九千九百九十九箩。眼看着还有一箩就要把天塘补好。对雷王这种冷酷蛋，姆洛甲可没有那么老实，要一万就给一万。她在第一万箩里装的不是黄泥，而是沙子，雷王分不出黄泥和沙子，照拿去用。塘是补好了，结果还是漏水，变成了现在的红水河。只可惜漏少了一些，流不满河道，所以，现在的红水河两岸高高的。

[收集地点：大化岩滩乡；口述：李妈秀英；采录：覃承勤。]①

神话中，姆洛甲乘龙创造了壮族的农耕生产方式与水利设施，说明了人天分离中自觉地设计自我及其价值的实现方式："一当人们开始生产他们所必需的生活资料的时候（这已不是由他们的肉体组织所决定的），他们就开始与动物区别开来。"②

在花婆信仰里，当人们开始生产他们必需的生活资料的时候，他们不仅开始与动物区别开来，而且与他生存的物质环境及其表征区别开来了。这已不是由他们的肉体组织决定的，相应地，是由他们的生产力、生产关系乃至社会结构决定的。所以，生产劳动（两种生产——人的生产与物质生产）不仅标显为人类作为社会存在物的特殊的生存方式与生活方式，更为重要的是，在生产劳动基础上建构出的社会生产组织、伦理结构以及生产组织形式，恰恰又展现出人类能够从自然客体中分化出来的动力、决定性因素与目的。

正因为壮族等十分重视对火的运用，它展现出了火、财一致的财富观，进而展现出人的潜能全面实现的可能性。

火旺发财

壮家年三十晚夜烧旺火，全家团聚守岁。当晚的火烧得旺与否，预测着来年农副业生产能否兴旺发财。

为了烧得旺火，各家在冬季从山上找回一条又大又干又空心的大木蔸，木质是坚硬的，忌取朽木。在除夕饭吃罢后，把大木蔸抬放在灶房或堂屋烧起来。全家人围坐四周说古谈今，孩子复习功课，妇女做针线。当火烧得最旺时，老人喊起彩话来：

"今夜烧火红，明年种苗好。苗蔸粗，谷线长，玉米像米筒，木薯像

---

① 农冠品：《女神·歌仙·英雄》，广西民族出版社1992年版，第6—7页。
② [德] 马克思、恩格斯：《马克思恩格斯选集》第1卷，人民出版社1972年版，第24—25页。

脚杆。种芋长,种薯发,个个像罐大,根子像手臂。养猪长,养马肥,养牛壮,养鸭只只得,养鸡窝窝好。牲畜满栏,谷米满楼,同心齐勤做,明年发大财。"

大木蔸烧燃了火,让它慢慢燃着,逐步推进火塘。不许用木柴或铁钳敲断火炭子,避免来年生产时犁嘴断,刀口缺,锄口崩;也不许用水淋,避免来年天灾人祸,减少收成。旺火起码要烧到鸡叫,若烧通宵更好。①

老人与旺火,正是财富旺与香火旺的一致性的呈现。这正好证明了恩格斯提出的一切美学只有在经济视野里才能完全解释清楚的著名结论。

不仅现实如此,壮族的原始宗教经文也有相关的表述。《布洛陀·祈神还愿》就彰显了愿望实现就是潜能实现的条件与实质:

> 叫巫公去喃经,
> 请道公去祈祷。
> 王这样做才对,
> 王这样修行才好。
> 求子子满堂,
> 求花花满房,
> 楼上谷子装满仓,
> 糯谷多又多,
> 粳米吃不完。②

《布洛陀经诗·唱童灵》也是如此描述:

> 到时叫你的子孙来,有酒就献上来。拿来祭父母的灵位,把桃枝插

---

① 陆焕嵩:《柳江生产习俗散记》,黄全安等《壮族风情录》,广西人民出版社1992年版,第11页。
② 张声震主编:《布洛陀经诗》,广西人民出版社1991年版,第365页。

在田中，请众人来拜跪。告诉念经的先生，点亮熊熊的火把，火把落下三块火炭，拿来画青龙和白虎，让天上的仙凤女看见。香烟升上去变成彩凤又飞回来，香火灰尘落地变成水牛、黄牛，变成钱财得富贵，富贵钱财送给主家……①

于是，花婆信仰中物质资料的拥有，与生命元素乃至生命本身的形成与运动，具有了等同的意义。

在这里，姆六甲创造的那文化生产方式与人类的生产本身，既可表征为人类的生存资料，又是通向神性的中介，更是仪式乃至现实的时间性表征。

至此，花婆信仰告诉人们，通过花婆乘龙达成的人与自然的和谐共生，人类就可在万化归一的境域之中实现"游于物之所不得遁而皆存"的美的理想：

> 夫大块，载我以形，劳我以生，佚我以老，息我以死。故善吾生者，乃所以善吾死也。夫藏舟于壑，藏山于泽，谓之固矣；然而夜半有力者负之而走。昧者不知也。藏大小有宜，犹有所遁。若夫藏天下于天下，是恒物之大情也。特犯人之形，而犹喜之。若人之形者，万化而未始有极也，其为乐可胜计邪？故圣人将游于物之所不得遁而皆存。善妖、善老、善始、善终，人犹效之，又况万物之所系，而一化之所待乎？

万物皆备于我，正是那文化时间意义的全面展现，更是人类的存身之道的彰显。《庄子·逍遥游》："当时命而行乎天下，则反无一迹；不当时命而大穷于天下，则深根宁极而待；此存身之道也。"② 于是，人与自然和谐共生，呈现出对生与环进的生态审美发生范式。人为天地代表，统制万物，又为天地所统制。人为自然立法——但同时仍然受天地之制约，二者是循

---

① 张声震主编：《布洛陀经诗》，广西人民出版社1991年版，第576—579页。
② 《庄子·逍遥游》，上海古籍出版社2001年版，第80—81页。

环互动的。因为：

> 自然界有如此多种多样的形式，仿佛是对于普遍先验的自然概念的如此多的变相，这些变相通过纯粹知性先天给与的那些规律并未得到规定，因为这些规律只是针对着某种（作为感官对象的）自然的一般可能性的，但这样一来，对于这些变相也就还必须有一些规律，它们虽然作为经验性的规律在我们的知性眼光看来可能是偶然的，但如果它们要称为规律的话（如同自然的概念也要求的那样），它们就还是必须出于某种哪怕我们不知晓的多样统一性原则而被看作是必然的。——反思性的判断力的任务是从自然中的特殊上升到普遍，所以需要一个原则，整个原则它不能从经验中借来，因为该原则恰好应当为一切经验性的，但却更高的那些原则之下的统一性提供根据，因而应当为这些原则相互系统隶属的可能性提供根据。①

如此所说之义表示反省判断力的超越原则是朝着"神性的知性之设计"之假定而迈进的，如中国传统儒家所想，是向着"道德形而上学"而透视的。②

如此，在人与自然的互证中，那文化花婆信仰通过生态行动，创建意志，进入自由：

> 证明自我是万物是不够的，相反我们要理解的是万物是像自我一样。自然并非行动的一个无法理解的限制；它本身就是行动，创建意志，成为自由，为意识而奋斗。它就是意识战胜无意识的进展性活动，直至它在作为自然存在者的身上达致平衡。③

---

① ［德］康德：《判断力批判》，邓晓芒译，人民出版社 2004 年版，第 14 页。
② 牟宗三：《以合目的性之原则为审美判断力之超越的原则之疑窦与商榷》，西北大学出版社 2008 年版，第 5—7 页。
③ ［美］蒂利希：《论谢林实证哲学中宗教历史的建构》，上海三联书店 2003 年版，第 14 页。

因为和动物的个体知觉不同，对于人的知觉来说，凭借语言被共同体化了的知觉世界是其基础，与之对应而有自然的社会化。被社会化、文化化的历史性自然，不是单纯性承担人的本性和诸能力的对象化的基体。在历史性自然中，亲自融解了人性的自然性超越了人与被对象化的自我之间那种单纯以人为中心的自我交往，因为它是以人与自然在其异质性中相互作用、相互渗透为背景被造就出来的东西。①

也就是说，花婆信仰在自然的超越与否定中看到了人自己，在劳动中确立了自己：

现在，内容不是反映在他物之中，而是在其自身之中的；他不再忍受外在性的奴役，而是自由的，并由此只与他自身发生关系：它就是自身。②

所以，不论是花婆信仰展现的大有还是"同人"境界，都是"自然"的自由意义的呈现，即如《庄子·天道》所谓：

昔者舜问于尧曰："天王之心如何？"尧曰："吾不敖无告，不废穷民、苦死者，嘉孺子而哀妇人，此吾所以用心已。"舜曰："美则美矣，而未大也。"尧曰："然则如何？"舜曰："天德而出宁，日月照而四时行，若昼夜之有经，云行而雨施矣。"尧曰："胶胶扰扰乎！子，天之合；我，人之合也。"夫天地者，古之所大也，而黄帝、尧舜所共美也。故古之王天下者，天地而已矣。

同时，这种自由恰恰就是《庄子·知北游》所谓"备天地之美"的生态审美发生范式的升华。这是一种人与自然和谐共生的纯粹之美。《荀子·劝

---

① ［日］尾周关二：《共生的理想》，卞崇道译，中央编译出版社1996年版，第172页。
② ［法］路易·阿尔都塞：《黑格尔的幽灵》，唐正东、吴静译，南京大学出版社2005年版，第105页。

学》："君子知夫不全不粹之不足为美。"《荀子·王制》也指出："天之所覆，地之所载，莫不尽其美。"而这种全粹之美，是在与人的对生境域之中呈现与实现的。叶燮《集唐诗序》：

> 凡物之美者，盈天地间皆是也，然必待人之神明才慧而见。而神明才慧本天地之间之所共有，非一人别有所独受而能自异也，故分之则美散，集之则美合，事物无不然者。①

总之，花婆乘龙就是人与自然双向对生进而达成潜能的全部实现的美的彰显。

第四节　花乘龙以移风易俗
——自我更新与潜能的拓展

花婆—姆洛甲对于火的运用，还表现在那文化社会制度的形成及其改变方面。例如，《东林郎的故事》：

> 远古的时候，壮族先民有人吃人的习俗，即使是父母死了，后辈也要把他们的尸体吃掉。
>
> 后来，有一位壮族后生名叫东林郎，自小心地善良，对父母十分孝顺。因此，在母亲死后，他不忍心像其他人那样吃掉母亲，便悲伤得哭了起来。这时，屋外的蚂拐不停地叫，让东林郎烦躁不已，便用开水把蚂拐浇死。
>
> 从此，人不再吃人肉了。但是，"蚂拐不叫了，日头红似火；天下遭大旱，遍地是苦歌。草木干枯死，人畜尸满坡；鱼上树找水，鸟下河做窝；龙王喊口渴，天下遍哀歌"。人们眼看无法生存下去，便去询问始祖

---

① （清）叶燮：《集唐诗序》，《己畦集·己畦文集》卷九。

布洛陀、姆六甲。

姆六甲告诉人们说:"蚂拐是天女,雷婆是她妈。她到人间来,要和雷通话。不叫天就旱,一叫雨就下。你们伤害了她,就得给'赔情''赔礼'"。

于是,人们就去找蚂拐,"送她回天去,感动雷婆心""求雷婆下雨,保五谷丰收"①。

可见,青蛙代表的雷——大火,在与参宿的对生性运动之中,达成了世界潜能的实现。东汉焦延寿《易林·大过》指出:"蛤蟆群坐,从天请雨,云雷疾聚,应时辄下。"郭沫若也认为:"日辰有关农业生产,牛马可供耕作运输,制御而用之,均致富之源,青蛙乃益虫,其所以重视者,该亦缘重视农业之故。"②

另一则流传于东兰的蛙婆节的传说:

关于蛙婆节的来历,广西东兰红水河东岸的大同、颇峨、隘洞、长乐、坡拉等乡,有壮语土俗字古歌本记载;两岸的东院、长江、金谷、三弄等乡镇,有民间口头传说,各有特色。小时候,奶奶常照古歌本对笔者念唱蛙婆节的来历:

"很久很久以前,天下人野蛮,儿子杀老子,杀老母过年,老人还盖房,刀杀来当餐。后来天眼开,出个东林郎。东林人聪明,东林心善良。他见牛生息,打滚在地上,母牛一身汗,滚落成牛塘。他看了又看,他想了又想。砍竹围竹楼,把父母收藏,热天他开门,冷天他关窗。他知母情重,他念父恩长。别人杀父母,他夺刀不让。天下吃人事,从此才了当。那年他妈死,东林好悲伤。伐木做棺材,来把母亲葬。日守母亡灵,夜里泪汪汪。屋外蚂拐娘,为东林伤情。日里哇哇叫,夜里喊不停。东林心烦躁,东林不知情。热了三锅水,把蚂拐浇淋。蚂拐死得惨,活的更伤心。有的逃地洞,有的上天门。蚂拐不

---

① 丘振声:《蛙·图腾·美》,《民族艺术》1987年第3期。
② 载《广西日报》1963年3月21日。

叫了，大地断蛙声。日头红似火，人间降大祸。三年不下雨，遍地哭当歌。禾苗干枯死，人畜尸满坡。鱼上树找水，鸟下河造窝。犀牛（原注：壮语'图额'，传说是造水的大动物）叫口干，龙王喊口渴。东林去找神祖（原注：指布洛陀。传说他是创造万物，司管福祸的壮族男神），东林去问神婆（原注：指姆洛甲。传说她是布洛陀的妻子，是分管生育，庇护后人的壮族女神）。神祖布洛陀讲，神婆姆洛甲说：'蚂拐是天女，分管人福祸。她呼风唤雨，她是天神婆。你们伤害她，要陪礼认错。请她回村去，过年同欢乐。陪伴三十天，拜她为恩婆。村村敲锣鼓，老少齐欢歌。葬她如父母，送她回天国。'布洛陀吩咐，姆洛甲所说。东林照着办，新年请蛙婆。他知错改错，老天连连笑，人畜得安乐，五谷大丰收，人间尽欢歌……"①

在人类历史上，采集—农业—狩猎社会吃人是一种粮食短缺情况下的一种食物取食、补充，更是一种宗教仪式。南美洲将吃人肉仪式结合地区战争、活人献祭（云南李家山贮贝器上也有活人献祭场面的凸现）、食人肉、庙宇偶像崇拜等方面内容，形成一种具有代际竞争特色的社会综合体。男人拿出人头、牙齿、头骨等，甚至剥下人皮就可以获得地位。中国古代就有献馘等计战功的记载。在一般仪式中，吃人肉是基于"灵魂"——个人的才智和能力的总和的观念，吃人肉后就可以获得被吃者的灵魂与灵力。

在这里，我们发现，蛙婆节与吃人习俗改变的关键，表面上是东林的孝心在起作用，但青蛙的献祭——花婆对大火的运用，是起同样重要作用的。最终，人的天心与天时的合一，完成了移风易俗的历史进程。

并且，这种移风易俗所完成的代际资源共享，一直保存壮族的民俗里。壮族用八音来歌颂花婆（见图3-11），歌颂母亲，并通过花婆来展现人类的永恒本质，从而展现出对生与环进的审美发生范式。

---

① 覃剑萍：《崇拜蚂拐的神话》，吕大吉、何耀华主编《中国各民族原始宗教资料集成·壮族卷》，中国社会科学出版社1998年版，第617—618页。

图3-11　南宁壮族花婆仪式——八音颂寿

所以，壮族的八音颂寿，就是进入了"道法自然"的玄域。

　　寥朗高怀兴，八音畅自然。①
　　廖亮心神莹，含虚映自然。②

这种道法自然的境界，即如嵇康在《声无哀乐论》中所谓：

　　古之王者，承天理物，必崇简易之教，御无为之治，君静于上，臣顺于下，玄化潜通，天人交泰。枯槁之类，浸育灵液；六合之内，沐浴鸿流，荡涤尘垢，群生安逸，自求多福，默然从道，怀抱忠义而不觉其所以然也。和心足于内，和气见于外。故歌以叙志，舞以宣情；然后文之以采章，照之以风雅，播之以八音，感之以太和。导其神气，养而就之；迎其性情，致而明之；使心与理相顺，气与声相应。合乎会通以济

---

① （晋）支道林：《咏怀诗·弥勒赞》，僧祐《弘明集》，上海古籍出版社1991年版，第204页。
② 同上书，第362页。

其美，故凯乐之情见于金石，含弘光大显于音声也。①

进而，神话中的以牛易人，其实是壮人最初在冬至时观察太阳视周年运行，结果发现牛宿（摩羯座）是其背景星宿，并且此时正是天地变革的时候，故有以牛易人之举。所以，至今举办蛙婆节仪式的时候壮族都椎牛祭祖、祭天，相沿成习。最根本的文化逻辑是壮族观天象而治历明时，即《周易·革卦·象传》所谓"泽中有火，革，君子以治历明时"。进而，移风易俗效果的取得，其实是一种对生而天人合一的时间本质的实现，即张载《正蒙·神化篇》所谓："天以神御气，而时行物生；人以神感物，而移风易俗。神者，所以感物之神而类应者。"②

花婆信仰中对大火的运用，不仅局限于移风易俗，还渗透进政权的更迭之中，壮族各地流行的青蛙皇帝、青蛙王子神话，就是这一思想的呈现。

上林师公唱本《蟾蜍王》（古壮字抄录，故事梗概）：

> 古时候有一对夫妇年老无子，经打醮求花，生下一个皮似蛤蟆的孩子，为蛙精所托生。长而无法娶媳妇。一年，皇上为三公主招亲，青蛙变成一个英俊的小伙子被公主相中。但新婚之夜却又变回蛙形，被视为妖孽，三公主不改初衷。不久外国入侵，抵御艰难，皇帝颁诏，退敌者让予皇位，蛙婿应诏退敌，登上皇位。③

蛤蟆皇帝

有一位风水先生养有三个儿子，娶了三房儿媳妇。他为自己的祖先选了一块风水宝地，希望子孙有出息。结果，大儿媳拜坟生下一只老虎，婆婆说是妖怪，将它杀了；二儿媳拜坟，生下一只小狐狸，又被杀了。

---

① 鲁迅：《鲁迅全集》第九集，《嵇康集校注》，人民文学出版社1980年版，第231页。
② （清）王夫之：《张子正蒙注·神化篇》，《船山全书》卷十二，岳麓书社1996年版，第78页。
③ 转引自潘其旭《壮族歌墟研究》，广西人民出版社2010年版，第103页。

三媳妇没有去拜坟，生下一只"公诉"，就是蛤蟆。

蛤蟆出世几天之后，就会讲话，懂吃饭，会跑去找母亲吃奶。二十年后，蛤蟆长大如簸箕。他对家人说自己要进京找皇帝的女儿结婚。

他的公公便去向皇帝求婚。皇帝要当面看人，结果蛤蟆变成了一个英俊的小伙子，原来难看的皮变成了一件金闪闪的长袍，头巾也是金黄的，绑腿也闪闪发光。皇帝同意了这门亲事，并且要求与蛤蟆更换长袍。皇帝穿上蛤蟆的长袍后无法脱下，变成了一只大蛤蟆。蛤蟆穿上龙袍，成了皇帝，从此国泰民安，没有敌人敢来侵犯。[1]

在广西流传有关蛙的神话、传说、故事的地方有：大新的《蛤蟆的由来》《说话的青蛙》《老虎怕蟾蜍》，崇左的《蛙郎的故事》，凭祥的《蛤蟆王的传说》，龙州的《蟾蜍皇帝》，扶绥的《蟾蛛王》，南宁的《蟾蜍儿》《青蛙救命》，隆林的《青蛙仙子》，百色的《蟾蜍皇帝》，靖西的《青蛙姑娘》，田阳的《皇帝变蛤蟆》《蛤蟆与乌鸦》，德保的《蛤蟆掌印记》，忻城的《老虎怕青蛙》，乐业的《老虎怕青蛙的传说》，南丹的《青蛙女婿》等。[2]

这说明，花婆与大火的同时运用，不仅可确保生命的生成，更是社会制度及其变革的核心原理。

这种花婆乘龙而移风易俗，其实是革故鼎新的过程，如图3-12所示。

从以上材料我们看出，不论壮族的移风易俗还是社会变革，都是在从一种对称性向其破缺的转向，而此一转向却始终保持着花婆作为源始的神圣性：

---

[1] 广西百色市民间故事三套集成编辑组：《百色故事集》（资料本），转引自廖明君《壮族自然崇拜》，广西人民出版社2002年版，第346—347页。

[2] 邵志忠、袁丽红等：《壮族传统节日文化传承与乡村社会发展——以广西南丹县那地村壮族蛙婆节为例》，《广西民族研究》2006年第2期。

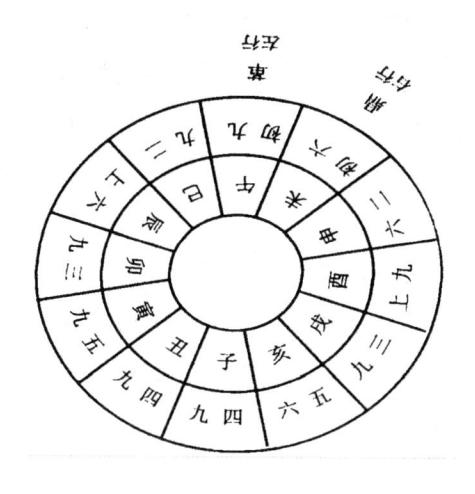

图 3-12 鼎革图①

完全对称性的宇宙也就是宇宙的否定或宇宙的无态，其持续过程中（"无态的持续过程"当然是不得已的修辞，无时间也就无所谓持续，但可以假设在"上帝手表的时间"中持续）当然无法表现出创造性，但无态蕴涵着创造性——它有一种从绝对对称态过渡到非绝对对称态的欲望，否则"无中生有"便不可能。从完全对称态宇宙即无而产生出其否定者——非无态宇宙——则在于此欲望造成的对称的破缺，对称性的破缺一旦开始则宇宙就开始了自己的创造性历史——从完全对称持续到对称性破缺的过程就是宇宙的发生的过程，最初对称性破缺是宇宙生成后宇宙中的结构和结构中元素的一切不确定性运动的渊源，也是一切创造性成果的渊源，没有对称性到对称性破缺也就不可能有结构的自由性的形成，或者说对称性破缺是新世界之肉体自由与精神自由的原始渊源，而微观量子运动的不确定性和宏观结构历史性选择的不确定性是宇宙历史中的结构之自由的高级形态（肉体自由与具体精神者的精神自由）的阶梯。②

至此，那文化将社会制度的变革，安置于时禁与解禁的对立统一之中，

---

① 田合禄、田峰：《周易真原》，山西科学技术出版社2011年版，第764页。
② 蔡禹僧：《宇宙历史哲学》，新华出版社2010年版，第76页。

它呈现历史的顺延特质，即如《周易·革卦》所谓："汤、武革命，顺乎天而应乎民。"也就是说，花婆信仰中变革的必要性与归趋，其实是一种时令的转换。这是这种时令的转换，呈现为"岁"的完备。《周易乾凿度》指出：

> 孔子曰：《易》始于太极，太极分为二，故生天地。天地有春夏秋冬之节，故生四时。四时各有阴阳刚柔之分，故生八卦。……八卦之气终，则四正四维之分明，生长收藏之道备，阴阳之体定，神明之德通，而万物各以其类成矣，皆《易》之所包也。至矣哉！《易》之德也。孔子曰：岁三百六十日而天气周，八卦用事各四十五日，方备岁也。①

因此，移风易俗是顺天应人的必然性的展示。而花婆乘龙而备四时，即《周易·革卦·彖传》所谓："天地革，而四时成。"于是，不论是天地之革，还是风俗制度的变革，都是宇宙潜能——时间的体现。而其本质则是在宇宙运动框架内的对于时间——回归原初的认识与记忆。故此，即如马克思所谓："时间实际上是人的积极存在，它不仅是人们生命的尺度，而且是人的发展的空间。"正是由于那文化对于时间、空间与自我同一性的感悟，壮族等民族明确了与存在有密切关联的不仅是知性主体，还是时间性的存在者，天地万物的对生，在循环的时令历程中达成了宇宙本质的环进。

于是，从东林郎等故事表现出的花婆信仰的生命变革轨迹的"先验性"，发展到后面韦拔群用马列主义来对花婆信仰进行超验的培植，进一步到当今花婆信仰对经济全球化的认同，都离不开花婆信仰在现实中的变革求新的历史实践论特色。也就是说，实践理性始终是花婆信仰的根基。因而，花婆信仰就历史地具有一种实践品格。

同时，这一转变也将对至善的追求转化为对正当——应然之真的追求。正是在这种应然性，凸显出花婆作为圣人"通古今之变"的"镜子"意义。《文子·精诚》指出："故通于太和者，暗若醇醉而甘卧，以游其中，若未始

---

① 转引自田合禄《周易与日月崇拜》，光明日报出版社2004年版，第151—152页。

出其宗。是谓大通。此假不用,能成其用也。"①

　　壮族花婆信仰对大火的运用,更深刻的启示是人类对自然的主动适应与利用,从而呈现为人类理性对自然的歧变。这是一种人性的张扬,更是一种实践理性的流衍,即如康德所谓:"自然中万事万物均依照法则而活动。只有有理性的存在者有能力依照对法则的概念而行为,也就是按照原则而行动。"②因此,正是在人类主动性基础上建构的道德伦理的"义务",呈现为德性,使得纯粹理性中蕴含的实践力量充分地展示出来:

　　　　德性之所以有那样大的价值,只是因为它招来那么大的牺牲,不是因为它带来任何利益。全部仰慕之心,甚至效法这种人品的企图,都完全依据在道德原理的纯粹性上。而只有当我们把人们视作幸福成分的一切东西都排除于行为的动机以外的时候,这种纯粹性才能被确凿无疑地呈现出来。由此可见,道德愈呈现在纯粹形式下,它在人心上就愈有鼓舞力量。③

　　花婆信仰展现出康德所谓自然与道德的双重神圣性皆可达至的自由,故自然律与道德律令都必须遵守。那文化社会的制度与习俗的变革,展现出从外在律令的道德内化到人的心理结构的内在形成过程,最终进入了"自然"的审美之域。亦即,对于具有道德的人及其行为,被纳入了鉴赏判断的视域之中。在这种鉴赏判断之中,既有理性又有感性,即鉴赏判断通过直觉能力(想象力)与知性能力达之和谐而进入更高的理性观念——花——人类的原始的境域,从而使得没有全能性的人进入第一因(上帝—神)的世界。并且,在这种鉴赏判断的世界中,赋予人一种通过理性概念塑造出一个理性的直观形象——花。于是,美的直观形象,就直接地与道德的实践活动及其理想结合起来了。

---

① 辛妍:《文子》,杜道坚注,上海古籍出版社1989年版,第10页。
② [德]康德:《道德形而上学基础》,邓晓芒译,上海人民出版社2002年版,第27页。
③ [德]康德:《实践理性批判》,邓晓芒译,人民出版社2004年版,第158页。

这就形成了一种生态政治的基调。在诸如青蛙神话展现的壮族革命理想的逻辑推演中，花婆—米洛甲是独一的，表现出神的唯一性与至上性。它展示出在壮族乃至整个那文化宇宙论意义上的道德本体论如何演化为政治理论与实际的运作规律，如何揭示出人生观，即道与德是如何贯彻到世界的方方面面的。在花婆母亲的民胞物与的境域里，人际及人与动物际是拥有一种生态伦理意义上的表面上有差等，而实际上具有本质意义的平等性。也就是说，这种平等在花婆—神面前是纯粹地存在的。

再进一步，在花婆信仰内，不论是对象的感觉，还是对符合逻辑的纯粹思想的理解，都不能揭示存在的终极真理，而能够体悟真理的最好的方法就是人的生命对存在的直觉体验。如是，世界的构建及对其体悟，将会被纳入一个伦理学境域。在这个境域里，最高的境界是绝对的善，这种绝对的善所规定与建构的道德规范又是作为本体论和认识论的基础，它通向与真理与自由相一致的美的玄域。这才是世界的本体论本质。而美正是在主客体潜能的对生性自由实现中形成与彰显的。当然，这是一个不错的历史逻辑设计，不过，在我们以后的论述中，将透过历史的观照对它进行检验。

作为火的运用的表征——青蛙神话中呈现的花婆信仰，其中是含有两方面的互相纠结的层次：一是花婆作为自然—社会的总体规律与原则，表现为西方意义上的自然法，它是一种在政治合法性以及法律制度基础上的观念意义的更高的秩序，即先天存在的具有合法性的秩序。二是人本身的意志不同侧面、不同历史阶段的展示，说明社会发展已经进入了以人的意志为基础的历史阶段，他们的意志是被视为优先于统治活动所要促进的目的，或者说，在此之前必然要符合的那些规则。于是，当此二者纠合于一个历史共同体或当下情境的时候，壮族的历史选择依然是将自然的先天秩序置于优先的地位，使得社会存在的实体展现为一种具有西方法权范式与意义的共同结构：上帝（花婆）——自然法与主权者（人）——实在法。这种既有上帝超然性起作用，又蕴含着具有有限性的人的作用于意义在内的世界系统，将上帝意志的普遍性与理性作用原理有机地结合在一起，就从根本上将政治—法律所提供的与我们对自由的选择一致性，和普遍必然性的要求达到圆满的结合。因此，社会运行或社会共同体也就建立在人的意志活动的主体性与人类理性活动的普遍性基础之上了。

在东林郎神话寓意的变革历程中，壮族的政治与行为理念要求不能够将意志简单地理解为某种欲望或意愿。如果这样的话，就会将人类欲望的对象当作意志的决定性根据，意志取决于他律，意志的自由就无法实现。而在此境遇之中，人的意志就呈现为一种实践理性。所以，花婆信仰中对东林郎的观照，是建立在实现人的意志自由的基础上，从而使政治、个人行为都被置于一种历史理性的实践模式之中：

> 这种整合在其道德哲学的层面表现为一种意志的理性化趋向，即将意志设定为一种摆脱自然因果性的能力，从而使意志脱离一种经验主义的意志观念——即把意志等同于欲望。而在其政治与法律哲学层面，这种整合则表现为国家的法律化，也就是说，将国家意志理性化，即将国家还原为一些由普遍规则组成的法律规则体，从而使国家的意志受制于理性的规范。[①]

这正是一种东方化的神与物游的历史境界。

第五节　龙路与火路——水火转换与阴阳相济

依前述，花婆信仰的大火星——龙，是可以分指代水火两种不同的品格的。它既可以是火（包括指代灶王、灯烛等），可以指代水龙、鱼类，也可以用青蛙来指代。而在道通为一理念——天地人的同一与可转换性世界中，阴阳是可以互相转换的（见图3-13）。

[①] 吴彦：《康德法律哲学的两种阐释路向：起源与基础》，[美]杰弗里·墨菲《康德：权利哲学》，吴彦译，中国法制出版社2010年版，第9页。

图 3-13 忻城莫氏土司衙门山墙上的鱼龙（苏洪强摄）

这说明，壮族在对民族国家认同之后，鱼变成了龙，土司就代表、拥有了国家在地域内统治权，国家也完成了在地化的表述，形成了鱼龙合一的形象。同时，鱼龙具有避火的作用（见图 3-14）。

图 3-14 水神图额（黄桂秋摄）

于是，龙与鱼的结合，就具有形而上与形而下兼具，以及形而上与形而下互相蕴具并得以转换的前瞻性。而表现得非常突出的是，龙人合一成为花婆（人）乘龙的一种转述方式，进而就能确保生命的实践就走上存在的澄明之路：

在本己之物中持存就是依源而行。源乃本源。大地之子的一切栖居起于本源。持存是一种进入本源之近处的行进。谁在这种近处栖居，谁就满足了持存的本质。①

所以，花乘龙行翱翔于天际并对应于地的时候，地上的对应物就具有了智慧之源的蕴含。

在这种神话思维的指导下，壮族医学认为生命就是水火——龙路与火路的合一，缺一不可。

壮医三气同步理论主要是通过人体内的谷道、水道和气道及其相关的脏腑的制化协调作用来实现的。五谷禀天地之气以生长，赖天地之气以收藏，得天地之气以滋养人体。三道通畅，调节有度，人体之气就能与天地之气保持同步协调平衡，即健康状态三道阻塞或调节失度，则三气不能同步而疾病丛生。

龙路与火路是壮族维持人体生机和反映疾病动态的两条极为重要的内封闭通路的命名。壮族传统认为龙是制水的，龙路在人体内即是血液的通道（故有些壮医又称之为血脉、龙脉），其功能主要是为内脏骨肉输送营养。龙路有干线，有网络，遍布全身，循环往来，其中枢在心脏。龙路通畅，则阴阳平衡，身体健康；若龙路阻滞不畅，则脏腑骨肉缺乏营养而百病丛生；若龙路闭塞不通，则致机体枯竭死亡。火为触发之物，其性迅速（"火速"之谓），感之灼热。壮医认为火路在人体内为传感之道，用现代语言来说也可以称为"信息通道"，其中枢

---

① ［德］海德格尔：《荷尔德林诗的阐释》，孙周兴译，商务印书馆2000年版，第175页。

在"巧坞"。火路同龙路一样，有干线及网络，遍布使正常人体能在极短的时间内，感受外界的各种信息和刺激，并经中枢"巧坞"的处理，迅速做出反应，以此来适应外界的各种变化，实现"三气同步"的生理平衡。火路阻滞甚至阻断，则人体降低或丧失对外界信息的反应能力和适应能力而导致疾病，甚至死亡。①

在花婆乘龙的世界里，我们发现，他们极重阴阳的分立及其和谐。这在那文化各种仪式与习俗中都有很好的表现。这最突出地表现为"人是阴阳双性同体及其和谐"的观念。

> 我们道教的关键就是阴阳。什么是阴阳？阴是地，在下面，阳是天，在上面，也是男女呀。你比如讲"安花"的时候，为什么"桥"是两座，两座桥就是女人那个东西的两边，就是"花根""红门"。花就是女人的那个东西，鸡蛋是女人怀中的胎，花儿结果就是小鬼在女人肚子里怀胎。架桥就是女人的那个东西让小鬼出来，也是让祖宗、祖师、鬼神从那里出来。做道场时候的灯，那个（作为灯具的）碗盏也是女人的那个东西，为什么要用清油，清（茶）油就是你用手去摸女人那个东西时流出的水呀！我们道公讲"太上老君急急如律令"的时候，就要想着女人老了，那个东西摸也不出水了，夫妻断绝，那些坏鬼与不好的东西才不会再来，这个叫"分离断绝"。②

> 做白事要阴阳夫妻，做红事也是阴阳夫妻。为什么要"拜庙"？土地就是一个女人，就好像女人没有老公，乱搞，滴出来的东西就成害虫了。我们道公就是要配成一夫一妻，给她不乱来咯。③

---

① 黄汉儒、黄景贤、殷昭红：《壮族医学史》，广西科学技术出版社1998年版，第511—514页。
② 海力波：《传魂：黑衣壮传统文化中人的观念的研究》，李富强主编《中国壮学》（第四辑），民族出版社2010年版，第209页。
③ 同上书，第210页。

至此，我们就可以理解花婆在分男女之后，不仅仅是关乎人类的衍续，更通过身体的龙脉与火路的作用，关乎人类的和谐与宇宙的可持续发展。其生成图式如图3-15所示。

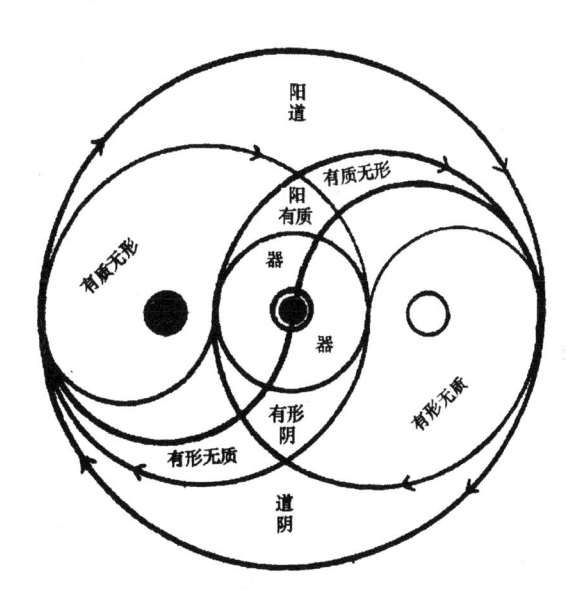

图 3-15　宇宙万象形质抱负冲和循行示意图①

因此，壮族龙路——阴阳和谐观，目的就是要达成宇宙的平衡与生命的安歇，即如王夫之《张子正蒙注·参两篇》指出：

> 精者，阴阳有兆而相合，始聚而为清微和粹，含神以为气母者也，苟非此，则天地之间一皆游气而无实矣。……太和之气，阴阳混合，互相容保其精，得太和之纯粹。故阳非孤阳，阴非寡阴，相函而成质，乃不失其和而久安。②

如此，花婆信仰这种阴阳合一观，恰恰是人的审美判断力与想象力的展现。总之，在花乘龙的世界里，不论是大有还是同人之境，其实质是人、物

---

① 王大有：《宇宙全息自律》，中国时代经济出版社2006年版，第227页。
② （清）王夫之：《船山全书》第十二册，岳麓书社1996年版，第54页。

的全生全归，而用节庆的方式表达对自然长期探索所形成的兴趣，其实就是对其美的规律的探寻与美的实现的实践。

马尔库塞指出：

> 人作为"类存在物"的出现是无阶级社会的主体基础，男人和女人们都能生活在自由的社会中，而自由社会正是类的潜能。它的实现预示了个体的内驱力和需要的根本转化：一个在社会历史中行进的有机的发展。如果团结不是植根于个体本能结构之中，就会建立在脆弱的基础之上。在这一维中，男人和女人面对的是心理—肉体力量，他们不需要克服这些力量的自然性就可以把这些力量变成自己的力量。①

王杰更进一步指出：

> 美根源于性（自然）与文化禁忌某种隔离之间相互作用的关系之中，存在于人类生存的生物因素和文化因素的两极对立之中。在弗洛伊德看来，美以及艺术所创造的幻象具有两个重要的文化功能：其一，激发欲望，在欲望的对象化过程中达到欲望的想象性满足；其二，征服恐惧，在对审美幻象的可望而不可即的追求过程中，传达出对现实文化陈规的否定。②

至此，壮族的阴阳得中，呈现为一种中和之象。即如《周易·节·象》等指出的那样："刚柔分而刚得中……中正以通。"所以，在花婆信仰阴阳的对生境域之中，美的实现与提升就是从对生进而完成整生的和谐。

从上面的例子中我们还发现，壮族对美的实现的实践，是紧密地依循着自然的时间来完成的。此即司马迁《史记·太史公自序》所谓：

> 夫阴阳，四时、八位、十二度、二十四节，各有教令，顺之者昌，

---

① ［美］马尔库塞：《审美之维》，李小兵译，广西师范大学出版社2001年版，第202页。
② 王杰：《审美幻象研究》，广西师范大学出版社1995年版，第33页。

逆之者不死则亡,未必然也,故曰使人拘而多所畏。夫春生、夏长、秋收、冬藏,此天地之大位也,弗顺则无以为天下纲纪,故曰四时之大顺,不可失也。

所以,阴阳的和谐,既是一种哲学理论,更是一种历史理论与美学境界。它既将神道设教的理念贯彻于世俗之中,又将神的灵动安放在人的日常实践之中,恰到好处地展示出天人、神人的合一境界,即王夫之《张子正蒙注·可状篇》所谓:

> 阴阳合于太和而相容,为物不贰。然而阴阳已成乎其性,待感而后合以起用。天之生物,人之成能,非有阴阳之体,感无从生;非乘乎感以动静,则体中槁而不能起无穷之体。体生神,神复立体。①

如此,"阳有独运之神""阴有自立之体"②,就完成了美所蕴含的对世俗的超越——"通乎万类,会嘉美以无害悖,其德均也"③。

所以,在花乘龙的世界里,阴阳的分立与和合,既是体应宇宙生生之机进而呈现出宇宙的创生法则,又是确保人类持续生存繁衍的必然规律。花婆信仰这种主动顺应宇宙生机的作为,表现出极具生态位育的审美情韵。正是这种生态审美思维,将人的每一次活动都纳入创造性原理之中。乘龙的花婆不论是处于人格化,还是非人格化过程,花神始终被那文化视为一种创造性的真实,是万物的本体。在这种混合天地人的历程中,有一种儒释道所共同追求的于穆不已的道体——玄道的展演,展现出一种生生不息的创造性及其理则,奠定了存在者的基础,提升乃至拓殖着世界的境界。所以,在这些文本中,就不但有壮族向上帝—神灵皈依的上转,更有神灵托身为人、物的向下顺成。因此,花婆信仰的生态审美境界,是一种含有由神人物循环到物人神的超循环的综合的理想境界。

---

① (清)王夫之:《船山全书》第十二册,岳麓书社1996年版,第366页。
② (清)王夫之:《周易内传》,《船山全书》第一册,岳麓书社1996年版,第43、74页。
③ 同上书,第75页。

综上所述，壮族花婆乘龙，不仅能够推动人类的可持续发展，也能创造那文化的环境与原理，从而推动人与自然和谐共生进程中潜能的全面实现。

并且，花婆自生、生万物，都是一种时间性的绽放。那么，我们应当如何理解花婆的这种时间的源始性？海德格尔指出：

> 现在的任务就是要阐明在基于此在之超越性的时间性的基础上，此在之时—间性如何使存在之领会得以可能，最源始的时间性本身时间化，就是时—间性。
>
> 然而——随着时间的绽出特征，我们遇到了世界及时间性的最核心的规定性——时间之绽出（将来、过去、当前）不是仅仅的绽向……不是如其所是的绽向虚无，相反，作为绽向……并由于它们各自的绽出特性，每一维度通过出位模式绽出，将来、过去、当前以及它所从属的绽出本身都各自具有一个视域，每个向度的绽出，作为绽向……都同时在属于它的自身之内有一个绽出的何所向的标准结构的先行概观，我们称这种绽出的何所在为视域，或更明确地说绽出的视域图形，每一向度的绽出都在其自身之内具有一个与其时间性时间化的方式协调的，与其规定自身的方式相一致的，规定自身的完全确定的图形。正是由于绽出本质地组建时间性统一，所以在任何时候对应于时间性绽出统一都有一个这样的视域图形统一。在世界之中存在的超越基于源始时间性绽出视域统一之特定的整体性，如果超越使领会存在得以可能，并且超越基于时间性绽出视域建构，那么时间性就是存在之领会得以可能的条件。[①]

在这里，乘龙的花婆作为那文化的宇宙根源或黑格尔所谓的"绝对精神"，敷展到了那文化的一切形式之中，从而成为那文化各种外在生活与内心世界的最本质的动力。这种绝对精神是源于或者说被表征于物质的花，相对于现象界的人或自然物，它是绝对的主体与实体。不过，这种本体界的实体

---

① 转引自赵卫国《海德格尔的时间与时·间性问题研究》，中国社会科学出版社2006年版，第162—163页。

并不是静止的，而是具有既可外化为世界种种现象，又可自由地从现象界内化为——返归自身的能力。因此，花婆信仰所呈现的绝对精神，只有从客观现实或物质世界产生出来方可复归自我本源；同时，作为世界中物质意义的诸多物种也只有在复归花——本源的前提下才能拥有自我的特质，它又正是神与物游而道法自然的生态律则的展现。

花婆信仰中，万物、四时皆备于我，体现了人作为万物归的全备境界；同时，我化为万物，形成一种《庄子》所谓"万物以种相禅"的回环生成状态。这恰恰是"对生与环进"审美范式的历史呈现。而这种境界即"人—物—性—时"的完美呈现："性丽时以行道，时因保道以成性。"亦即《荀子·正名》所谓："圣人备道全美者也，是悬天下之权称也。"[①]

总之，大火运天而行乎人，即"阴阳四时运行，各得其序"（《庄子·知北游》），进而展现出"备天地之美，称神明之容"（《庄子·天下》）的天地境界。它表明，那文化的生命及其体系在一种"反者道之动"的宇宙进程之中，"复见其天地之心"，有力地克服了心为物役的人类固有的悲剧结局，走向了自由的境域。

如此观照，花婆信仰形成的生态美学范式也就具有了递进性演化特征。最终，花婆作为时间性曲成万物而不遗，达至了备天地之美的境界，而这种随时成位的备天地之美的图式，正好是天人对生的玄衍之镜的艺术呈现。

---

① 《荀子》，辽宁教育出版社1997年版，第108页。

第四章　斗据参以成岁与原天地之美
——复：原始要终及与时消息

以上我们着重介绍了花婆的参伐作用，也探析了其中的生态美学意义。而能够更进一步展现花婆的参伐作用的生态策略是，斗据参而运天纲。壮族通过自我的实践发现：

> 天上恒星聚集最多的地方是北极附近，壮族先民称这个区域为"ndau ndeiq rungz"，意思是"星星窝"。在这个区域有七颗小行星特别明亮（即"北斗七星"），由于它像装猪仔的竹笼子，壮族人便称它为"ndau–ndeiq songz mou"，汉意是"猪笼星"。它在壮族先民心目中是非常重要，也是最为熟悉的一个星座，通常是当作测方向和测时辰的星座。关于它的运行规律，壮语有"七正八歪，九斜十没"（Caet cingq bat ngeng, gouj vang cib doek）的说法，即在农历七月，当这颗星运转到头顶的时候，天就亮了；而八月份这个星座转到偏西的方位天才亮；到了九月天亮时，它年已经降落在西边横斜在地平线上；十月，天亮时它已经运行到地平线之下，人们再也看不见它出现在天空上了。壮族先民还根据"猪笼星"（即北斗星）斗柄指向的不同去确定季节。斗柄指北是冬天，斗柄指南是夏天，斗柄指东是春天，斗柄指西是秋天等时序分清，据此安排生产和生活，既科学又方便。①

---

① 覃尚文等：《壮族科学技术史》，广西科学技术出版社2003年版，第387页。

所以，北斗七星是壮族的光明使者，更是农耕文明的日常时间的恒定者，是壮族的"天府"。《淮南子·本经训》指出："故德之所总，道弗能害也；智之所不知，辩弗能解也。不言之辩，不道之道，若或通焉，谓之天府。取焉而不损，酌焉而不竭，莫知其所由出，是言瑶光。瑶光者，资粮万物者也。"高诱注云："瑶光谓北斗杓第七星也。居中而运历，指十二辰，摘起阴阳，以杀生万物也。"①

并且，北斗的运行即如上述，是宇宙时间的循环。《淮南子·天文训》指出："帝张四维，运之以斗，月徙一辰，复反其所。"如何完成斗运四维的历程，即如魏伯阳《周易参同契》指出的那样，斗据参机，守母存子：

> 金为水母，母隐子胎；水者金子，子藏母胞。真人至妙，若有若无。仿佛大渊，乍沉乍浮。退而分布，各守境隅。②

所以，壮族利用七星与花婆的对应性来达成自我与世界整体潜能的实现。扬雄《太玄·㝠》指出：

> 玄者，幽离万类而不见形者也。资陶虚无而生乎规。关神明而定摹，通古今以开类，摛措阴阳而发气，一判一合天地备矣。天日迥行，刚柔接矣，还复其所，终始定矣。③

花婆信仰在天地人大备的状态下，宇宙如何运行，人天如何对应，它是一种怎样的运行状态，将是它下一个探讨目标。而这一目标，是对天地人根本原理的探索，即体现在圣人原天地之美中。即《庄子·知北游》所谓：

> 天地有大美而不言，四时有明法而不议，万物有成理而不说。圣人者，原天地之美而达万物之理。④

---

① 《诸子集成》第七卷，中华书局1960年版，第117页。
② （汉）魏伯阳：《周易参同契》，中央编译出版社2015年版，第155页。
③ 卢央：《易学与天文学》，中国书店2003年版，第252页。
④ 《庄子》，上海古籍出版社2001年版，第302页。

第一节　斗据参机而生人：耦合与归原

在花婆信仰里，斗据参而运机之中的"参"，不仅有参伐的意义，还有参赞的意义。首先，我们来观照北斗七星生六甲——七星为母生人的那文化神话。在这类神话里，花婆—参宿化为西王母、老奶奶等形象，七星化为玉女或母亲。那文化这种亲属关系与天星的对应关系，表现出一种生态伦理的缔结范式。

流传于大新县的神话"七颗星"是这样来描述七星作为人母的：

晚上，我们常常见到天上有七颗相靠近的星，其中一颗比较暗，这里面有个传说。

从前，有个孤儿，他很勤劳。一天晚上，他在月光下收割稻谷，手脚不停，满头大汗，这时，七个仙女出来游玩，看见地上有个人孤零零地忙着收割，很是同情。七姐妹就商量，要帮助这孤儿收割。她们把自己的翅膀脱下来，放在谷把上就割起来。割呀割呀，一块田已割完大半，孤儿就把谷捆好挑回家。捆谷的时候，孤儿不小心把小仙女的一只翅膀捆在谷把里。鸡叫过三遍时，天将亮了，稻谷也割完了。天女要回天宫，小仙女不见了一只翅膀，回不去了，只好跟着孤儿回家。仙女见孤儿为人老实，又勤劳，便与孤儿结为夫妻。一年后，仙女生了一个孩子。这孩子很怪，当他和爸爸在家时，他高高兴兴。可是，当他跟妈妈在家时，却整天哭哭闹闹。

有一天，仙女问孩子："你跟爸爸在家，整天玩得好好的，跟妈妈在家，为什么整天哭闹不停？"孩子说："爸爸有一只美丽的羽毛扇给我玩，很好玩呀，我还哭什么？"仙女想，这羽毛扇可能就是自己的翅膀了。她趁丈夫不在家时，打开箱子一看，果然是那只翅膀，她就插上翅膀，飞回天宫。回到天宫，受到王母娘娘和姐姐们的指责、歧视。小仙女觉得对不起娘娘和姐姐们，又不好意思回人间，只好暗暗地站在姐姐们的后面。现在，我们晚上看到的那颗较暗的星，就是那个七仙妹。

[口述者：高述荣，男，五十六岁，壮族，农民，大新县土湖乡通马屯人，不识字；

收集者：农盛业，壮族，农民，大新县土湖乡三湖村人，高中文化；

收集时间：1985年10月；

流传地区：大新县土湖乡、下雷乡。][1]

在这里，七仙女与西王母——参宿构成了北斗与参宿的对生关系。而七仙女正是运用对世界的缺陷的弥补这种参机来完成人类的再生产。

广西柳城县的神话"七星掉队"也有类似的表述：

天上的"七星姐妹"为什么第七颗总是远远地掉在后面？而且为什么比较暗呢？这里有个故事讲咧。

七星就是天上玉皇的七个女儿。七个女儿都曾经下凡帮一个农民割谷子。七妹的翅膀让那农民抱谷子时抱走装担挑回家，七妹就和那农民成了家，有了个仔。后来那个仔六七岁大了，七妹就趁他去学堂的时候找到自己的翅膀飞上天去了。

七妹的仔在学堂读书，一想到妈就低头偷哭！教书先生见他时时哭哭啼啼，也觉得奇怪，问过了，才知道那孩子的妈是天上的七仙女。

教书先生有本"天书"，天书有一百二十甲子；天上的事他晓得一半，地上的事他懂得七分。

有一天，先生对七仙女的仔讲："弟呀，你想不想见你妈？想见你妈就在某时到山边那个潭去望，那里有七个仙姑在洗凉。岸上放有七堆衣裙，从这头数过去第七堆就是你妈妈的衣裙啦，你把她的衣裙抱走，你

---

[1] 农冠品：《壮族神话集成》，广西民族出版社2007年版，第197—198页。

妈就会跟你回来了。"

七仙女的仔高兴极了，他日数夜算，到了那日那时，他当真就跑到那个潭边去看，果然见有七个女的在潭里洗凉。他尽喊："妈、妈……"可是一个也不答应！他记起教书先生的吩咐，不管三七二十一，跑上去抱起第七堆衣裙就走，但又想看看哪个是妈，于是就站着张望。

那六个仙女一见就急忙上岸穿衣飞走了！唯独七仙女见儿子抱着自己的衣裙不放，无法起飞，她左哄右劝儿子放下飞衣，最后拿出一个红葫芦给儿子才换得衣服。她怕儿子再纠缠，就急急忙忙穿好衣裙，含着眼泪飞起去追赶六个姐姐！那六个姐姐都归了自己的位，唯独七妹还远远地追着，所以第七颗星就挨掉队啦。

[收集整理者：杨钦华，文化工作者；流传地区：柳城县壮族地区。]①

这则神话里，先生的天书有120个甲子，即花婆六甲的隐喻。七仙女的生活轨迹由甲子确定，也暗示出北斗与参宿的对生关系。不论是西王母还是玉皇，都是七仙女的生命之源，我们可以把七仙女生人看作花婆甲子的衍续。

那文化这种斗据参的天体运行规律，还被转述成七仙女对西王母的倚重。广西龙州县的神话"七姐妹与锣鼓"这样来表述：

晚上，满天星星。在天空的北面有七颗星星连在一起，人们叫它七姐妹星（北斗星）。关于这七姐妹星，有个美丽的传说。

相传天上有一个富丽堂皇的天堂，里面住着神通广大的王母娘娘，她时时刻刻统治着整个宇宙。王母娘娘身边有二宝：一锣一鼓。这一锣一鼓可不平凡，它是王母娘娘把从各个地方搜括来的黄金放进金炉里，经过九九八十一万年才炼成的。锣和鼓有神奇的功能。敲一下锣，花红

---

① 农冠品：《壮族神话集成》，广西民族出版社2007年版，第198—199页。

树绿，五谷丰登。敲一下鼓，妖怪定身，呼噜入睡，天下太平。王母娘娘有一套秘诀，她很保密，唯有一个人得到她的传授，那就是她最小的女儿——顺姬。

王母娘娘有七个女儿，个个长得如花似玉。那顺姬更是容貌出众，能歌善舞，是王母娘娘的宠女。

一天，众姐妹正在花园嬉戏玩乐。顺姬突然望着远方沉思起来，她想："天堂这般美好，不知道人间是个什么样子呢？要是人间也同天堂这样，该多好啊！"她把要去视察人间的想法告诉了姐妹们。众姐姐在天堂玩厌了，正想去欣赏人间的风景。于是她们拿出自己喜爱的翅膀往身上一插，就穿过云层徐徐飞下地来了。

来到人间，出现在她们眼前的是：草木枯黄，妖怪兴风作浪，人们忍受饥饿。众姐姐一掉头就往回飞，顺姬却留了下来。顺姬想："要是能借母亲的锣鼓来造福人类，那该多好啊！"一阵冷风吹来，低低的叹息的声音传进了她的耳朵。她顺着声音走去，看见在一棵枯黄的树底下站着一个后生。她走过去施礼问道："大哥哥，有什么伤心的事要我帮忙吗？"那后生惊奇地望了望这位素不相识的姑娘，好久，才吐出一句话来："这个忙你帮不了。"顺姬还耐心地询问，才知道这位后生名叫国强，自幼死了爹，跟着瞎妈妈相依为命。本来开荒种地，勉强能填饱肚子，没想到五年前，祸从天降，几条恶龙搅浊了河水，还把毒放进了江水中，瞎妈妈因没有水喝而渴死了，他靠吃树叶活了下来，可现在连树木都干枯了。顺姬听后，心里翻腾起来，很同情这位后生和受难的人类。她对他说："人们都等着水喝，我们就挖一口井吧！"就吩咐国强回家拿锄头，自己则拿下一朵玉兰花往地面一划，看见离地面很深的地方有一股水源。国强拿锄头回来后，他好像想说什么。顺姬就假说她是山那边的人，早听祖父说这地方有水，特来开井并取水救济饥饿的人们。于是，他俩就你一锄我一铲，挖呀挖呀，经过七七四十九天的努力，终于有一股泉水喷出来了。这时，一位老大伯忧虑地说："可惜这井水还太少了，恐怕喝不了多久水又没有了。"顺姬听了就对大家说："你们不用忧虑，我自有安排，三天后再见吧!"说着那翅膀往身上一插，飞上天去了。大家这才知道她是一位仙女。

　　顺姬飞回天堂，姐姐们围上来问长问短。王母娘娘更是左一声"心肝宝贝"，右一声"我的女儿"。顺姬救人心切，开口提出要用锣鼓为人间驱邪除灾，造福人类的事。王母娘娘一听就一口回绝："你别疯了，想动用我的宝贝，不可不可!"顺姬说不动母亲，眼珠一转，计上心来。晚上，人们进入梦乡，王母娘娘也上床睡觉了，顺姬就蹑手蹑脚来到母亲的床边把锣鼓偷走了。

　　天上一日，地上一年。国强思念顺姬，人渐渐地瘦了。这天他正坐在屋里发愁，突然有人喊开门。国强三步并作一步，开门一看，正是日夜思念的顺姬回来了。他激动地说："好妹妹，我想念你够苦啊!"顺姬说："好哥哥，我是天上王母娘娘的女儿，我想为人间做点好事，今后我再也不上天去了。"她向国强介绍了锣鼓的功能，并传授了秘诀。于是，他俩走到田野，敲一下锣，奇迹马上出现了：田间的稻谷一片金黄，树木变绿，山花开放，鸟语花香。村里的牲畜圈出现了肥大的牛羊猪马，公鸡到处啼叫，母鸡咯咯下蛋……他俩转到江边，敲一下鼓，妖精鬼怪、恶龙猛兽等都乖乖入睡，不敢作恶了。村里的人们马上杀猪宰羊，为他俩举行了盛大的婚礼。

　　两年过去了，顺姬生下一男一女。一天，王母娘娘和六个姐姐来到顺姬的家。母亲恶狠狠地骂道："你这个败家女，我决不饶你!"她命令六位姐姐把顺姬拉出屋子，一齐飞上天去了。这时，锣和鼓却系在国强身上。国强记起顺姬的话，用力敲起鼓来。鼓声震天，飞上天空的七姐妹立即变成七颗星星紧接在一起，那中间的一颗就是顺姬。后来人们就叫它们七姐妹星，永远挂在天空。王母娘娘和四个天将跟在后面，也变成了星星，那就是猎户星座。锣和鼓永远留在人间。从此，每当春节到来，人们就敲锣打鼓，驱魔除邪，庆祝丰收。这种习惯一代一代地流传下来了。

[口述者：李复合，女，70岁，壮族，龙州县霞秀乡河屯农民，不识字；

收集者：农月琴，女，18岁，龙州县霞秀乡河屯高中学生；

收集时间：1986年3月。]①

这些神话传说中，王母是参宿——猎户星座，七仙女是北斗，锣鼓是震卦，代表大火星。人间美好是七仙女借助西金（锣鼓）——王母娘娘的参机而达成的。故那文化神话视野中的两种生产是三大辰整合运用的结果。

而斗据参位，不仅是人的潜能实现的手段，更是宇宙万物实现其潜能的手段与境界，即《河图帝览嬉》所谓："斗主岁时丰歉。"②

不仅神话是如此表述，而且壮族在当今的各种求子仪式之中，始终认为南北斗是人类的生命之源。天等县下庄屯许氏壮族求花仪式的解关宫联是这样描述的："二斗注命生子女，三元拥护童魂健。"③其原理就是《史记·天官书》所谓"魁枕参首，衡殷南斗"。《易纬·辨终备》指出："旋出枢乾，机据参。"郑玄注云：

乾正旋枢衡招，皆北星，值乾君之象。旋星出枢之政教，机正机之发动，故其位据参，西方之宿。五事五方为言，犹君出政之言也。④

《淮南子·本经训》：

故德之所总，道弗能害也；智之所不知，辩弗能解也。不言之辩，不道之道，若或通焉，谓之天府。取焉而不损，酌焉而不竭，莫知其所由出，是言瑶光。瑶光者，资粮万物者也。

---

① 农冠品：《壮族神话集成》，广西民族出版社2007年版，第199—200页。
② 《重修纬书集成》卷六，上海古籍出版社1994年版，第76页。
③ 许晓明：《接亲·安神·迎花》，李富强主编《中国壮学》（第四辑），民族出版社2010年版，第259页。
④ 转引自龚鹏程《儒学新论》，北京大学出版社2009年版，第31页。

高诱注云：

> 瑶光谓北斗杓第七星也。居中而运历，指十二辰，摛起阴阳，以杀生万物也。①

中国古代将斗宿的建星视为"天关""天门"：

> 斗宿诸星官之建星在南斗魁东北，在人马座中。建星与斗星之间为黄道，即三光之道。因此认为建星为天之都关，《黄帝占》说："建星者，一名天旗，一名天关。"《海中占》说："斗建者阴阳始终之门，起历之本原也。"②

北斗生人的具体对应性，如《太上玄灵北斗本命延生真经》，就对不同生辰的人属于不同星君，作了具体的规定：

> 北斗第一阳明贪狼太星君，子生人属之；北斗第二阴精巨门元星君，丑、亥生人属之；北斗第三真人禄存真星君，寅、戌生人属之；北斗第四玄冥文曲纽星君，卯、酉生人属之；北斗第五丹元廉贞纲星君，辰、申生人属之；北斗第六北极武曲纪星君，巳、未生人属之；北斗第七天关破军关星君；午生人属之。③

因此，那文化世界中，属于北斗七星不同星辰的人，就是不同时辰的特质的呈现。这也就为人的个性与不同的生命轨迹奠定了天理的基调。这正是斗据参机的历史体现，并由此呈现对生与环进的审美发生学境界。

与前面的"十月花""十二月花"对应起来，我们就可以理解花与七星的对应性，并通过花的时间性来彰显七星的时间本质。

---

① 《诸子集成》第七卷，中华书局1960年版，第117页。
② 卢央：《中国古代星占学》，中国科学技术出版社2008年版，第181—182页。
③ 《道藏》（第11卷），文物出版社、上海书店出版社、天津古籍出版社1988年版，第347页。

必须强调的是，在壮族的实际生活中，七星是人间外家的代称。相关花婆信仰的仪式所有用材及用费，不论老少都由外家出。而黑衣壮的"安花"就是小孩向外婆外公讨吃的，它说明：一是孩子的灵魂、生命及其资源都来自外家。所以，在这一意义上，七星——外家，就是源头。外家的经济支助，就具有源头不竭的灌输意义。如上林的"种花"仪式，就是外婆与奶奶的合力所致。这是一种对生中的整生（见图4-1）。

图4-1 保种：种花①

用现代生物科学的视野来观照这种现象及其背后的类比规律，我们发现，因为壮族将人的生命比拟为植物的花，而且人更接近于多年生的草本植物，它具有多次的生殖特征，故举行仪式能促进其多次生殖的成功。这说明壮族早已掌握了植物的多年生、多次生殖的生活史规律：在特定的自然选择范围

---

① 杨树喆：《师公仪式信仰》，广西人民出版社2007年版。

内,个体生存力与生育力之间存在负耦联关系,因而多年生、多次生殖的生物要比一年生生物对环境的适合度要高。营养生长加强则必然导致生殖生长减弱,反过来亦然。随着年龄的增加,适合度对于个体存活率和生育率的变化将越来越不敏感,而生命后期才表达出来的有害基因会穿透自然选择的网。

同时,根据可抛弃细胞理论,有机体内维持细胞内 DNA 的能量亦可以用于其他生命活动。而有机体会把可用能量更多地花在其他生命活动,在尽量保证种系 DNA 最大限度精确性的前提下允许体细胞内 DNA 错误累积,最终杀死各个细胞而导致有机体的衰老。而壮族的各种消灾施置,就是要让最大的体细胞维持资源投入量大于衰老出现的资源投入量。所以,必须加强营养的摄取,而此汲取营养,就是老子所谓"贵食母"。

这也正是花婆—伏羲的母体意义的呈现历程。《庄子·大宗师》指出:"伏戏得之,以袭气母。"司马彪注:"袭,入也。气母,元气之母也。"崔撰云:"取元气之本。"[1] 所以,花婆信仰仪式中的灵魂、身体的再生产就与那文化经济具有相关性。并且,从资本、知识(源初知识与后发知识的统一体)与权力的三者合一之中,确立了人观、自我标显、族群认同,从而顺利地进入了从个体到族群建构的历史历程,即如壮族的《背带欢》中所谓:

> 鱼见浪花尾也摆,鸟见绿叶心也开;看见外孙会笑了,外婆捎得背带来。
>
> 总愿背带变张网,网得天边一颗星;星子点灯会读书,肚有文章儿聪明。[2]

我们发现,斗参的关系是一种相互促成的生成关系。也就是说,二者的功能可以相互借用甚至相互指代。

又根据系统运转中熵的出现原理,人类社会在资源流转的过程中也会

---

[1] 张涛、陈修亮:《周易述导读》,齐鲁书社2007年版,第494页。
[2] 覃九宏:《传统山歌礼仪》,广西民族出版社1997年版,第70页。

出现相当的耗损。也就是说，人类社会组织的复杂性超过一定限度时，资源流转效率的曲线会出现报酬递减律；同时，一个群体中的构成个体也会因为不同的特性而有不同速度与程度的衰变，使得群体内部成员间的合作效应在不断地改变，群体内部的功能函数也在不断地变动，从而实现新陈代谢。

如此，花婆信仰以人类整体的力量来灌注单个人的生命之流，来逆转自然之势，从而建构了自然与人的对生环境原理，推动了各自潜能的自由实现。这也是人与自然竞生的成功范例。

也就是说，因为花婆是壮族世界之源，故斗据参位，其实是要说明，主客体潜能的实现，只能通过各种相互内在的直觉，将各自我置入自身，从而保证直觉的可能性。只有这样，主客体的"自我"才能成为在世界之源——根上的道通为一的绵延，并完成整个世界的绵延。而自我作为世界的推手的人，就此将自我既作为特殊的绵延，又作为整体的绵延植入、置入活生生的永恒之中。

于是，那文化依照人的理性—自由所确立的内在的立法，就具有社会内部的强制性作用。不过：

> 那些某种外在的立法对其乃是可能的强制性的法律，一般称为外在的法律。在这些强制性的法律之下，那些其强制性虽无外在的立法却依然能够由理性先天地所认识的，虽然是外在的但却是自然的法。[1]

在花婆信仰的世界里，不论是伦理（包括生态伦理与社会伦理）的内在立法，还是国家的外在法律，都通过花婆信仰与神话联系起来了，也将内在、外在的法律与自然法联系起来了。因此，在花婆信仰这种将自然法与道德实践相结合之中，完成了人的回归形而上之道的历程。赫费认为：

> 如政治的正义性一样，自然法指的是一种前实证的律条，它要求超

---

[1] 转引自韩水法《批判的形而上学》，商务印书馆2009年版，第151页。

越于实证的律条的优先地位,而且一般不是从技术或实用主义的意义上,而是从道德的意义上予以理解。①

在这里,由于自然法的超实证性确立了它可以在实证法沉默之处发挥其作用与意义,亦即,现实政治中的实证法的合法与否都源自自然法。所以,具有超验意义的自然法就是一种具有批判性与建设性双重作用的法律。它如一把高悬的利剑,可以决定世俗政治与人的走向,决定人是否幸福,以及人的存在的长久与否。而这一自然法的趋势,并不是要否定人的作用,而是主张在人的道德与自然法的相互贯通之中,在人的实践理性的运用历程之中,就可以将"天赋人权"转化为"人赋人权",从而推动历史的进程。

因此,花婆信仰斗据参机的生态策略,就是要使人的本质通过这样的中介使自己成为存在于自我意识中的并且是作为普遍精神的自在自为地存在的精神的现实出现。

这也说明,花婆信仰:

> 这个客观的总体对于个别主体的直接有限直接性来说是自在存在的预先的假定,因而在个别主体看来首先是一个他物和被直观的东西,不过是对自在地存在的真理的直观;首先自为地把自己规定为微不足道的东西和恶,进而它按照它的真理的范例,借助于对这范例中自在地完成了的普遍本质性和特殊本质性的统一的信仰,也是这样一种运动:放弃它的直接的自然规定性和固有的意志,并在否定性的痛苦里与那个范例和自己的自在相结合,从而认识到自己是与本质结合为一的,这个本质通过这样的中介就使自己成为存在于自我意识中的,并且是作为普遍精神的自在自为地存在着的精神的现实出现。②

---

① [德]赫费:《政治的正义性——法和国家的批判哲学之基础》,庞学铨、李张林译,上海译文出版社1998年版,第15页。
② [德]黑格尔:《精神哲学——哲学全书·第三部分》,杨祖陶译,人民出版社2006年版,第381页。

于是，斗据参机预示着：

> 宇宙绵延着。我们越是钻研时间的本性，就越能理解：绵延意味着创新，意味着形式的创造，意味着崭新之物的持续创造。①

第二节　复其见天地之心——与时消息与进入和谐

花婆信仰中，不仅在全生全归的视域中界定宇宙与生命本真，还可以在三大辰的对生境域中，达成对人的失误导致的潜能的补充与实现。例如，北斗表征的北极真武大帝对花婆的维护——对花婆参伐作用的突出，即可达到求子与消灾去病的目的。

壮族"求子送花"仪式就利用北极真武大帝——北帝来实现道德纠错，进而完成求子的历程：

> 武鸣、马山的师公挥舞七星剑，求得真武大帝的保佑：
>
> 真武祖师大将军，头是猛虎身是人；不吃人间茶和食，专吞邪鬼过光阴；一年四季游天下，专驱邪魔不正神。今日奉请齐来此，邪鬼看见走纷纷。吾奉太上老君，急急如律令敕。
>
> 师公一边撒白米，一边烧茆郎，替主人家守住命桥，革除三灾八难，五刑六害，迎接三凤八龙。然后，问求子夫妻"愿改不愿改？"夫妻齐答："愿改！"接着将布桥收到求子夫妻卧室门口。师公在房门上用七星剑打叉，意即将绝房鬼赶出门外。接着，师公用供桌上点着的花生油灯做火种，点燃卧室门口的那盏灯，烧三根或五根香插于门口，同时，把放在小桌子上的红布展开来挂在房门楣上。人们认为，花儿一看见红布，就会向主人家走来，而桌上有许多纸制的小孩，也必能

---

① ［法］柏格森：《创造进化论》，肖聿译，华夏出版社2000年版，第16页。

引新生的婴儿来临。

接花时,师公在供桌边,先点五至七根线香交给求子妇女,让她提起供桌下的一对公母小鸡,其夫随后一起走向卧室,不能开口讲话,以免"惊花"而失掉。回房后,将香插在香炉里,鸡置于供桌下。

岳母则跪于供桌前,叩首,用衣襟接过师公从供桌上拿起的插花的糯米饭碗,预示孩子牢结,不易流产。到求子妇房后,求子妇接过糯米饭碗,将插在碗上的花剪下,装在事先预备的纸盒里,置于床头,面向东方,以求吉利。最后,焚钱纸谢花王。插花的糯饭要当天吃完,他人不能吃;小鸡长大后,也只能自己吃。[①]

这种仪式之所以能够完成人的生产,即使有缺点的人也能够通过仪式完成子嗣的生产,是因为花婆是人与万物的根源,而对北斗的利用恰恰能够展现出花婆是必然性的承载体与表现方式。即如海德格尔所谓:

此在总是能够在其最本己的可能性中走向自己,总是在这种让自己走向自己中把可能性作为可能性保持着,也即生存着。[②]

所以,花婆信仰展示的正是人类拥有这种最本己的可能性,既可以坦然地面对缺失,也可以顺畅地使得生命在艰难的条件下顺延。

花婆信仰中的人,其生命本身就呈现为一种时间范畴。故而,在天地特定的时间——北斗运作规范之内,就是通过北斗回归祖源,就是一种随时成位——智慧的生存方式。

不仅如此,壮族还在仪式中通过各种将北斗形象化的隐喻方式,去难消灾。

2012年3月11日,农历二月十九日。笔者的岳母为她刚满月的孙子举行

[①] 范宏贵主编:《中国各民族原始宗教资料集成·壮族卷》,中国社会科学出版社1998年版,第530页。

[②] [德]海德格尔:《存在与时间》s325,转引自黄裕生《时间与永恒》,社会科学文献出版社2002年版,第90页。

消灾仪式。因为道公说该小孩生前欠债太多，故必须举行仪式，为之消灾。因为他出生前已架过桥，故只举行消灾仪式。在祈请七星与众神到来后，黄焕文师公念经消灾（见图4-2）。

图4-2 忻城壮族儿童消灾仪式

以下是壮族师公黄焕文在作仪式中念诵的有关南北斗的经文的图片（见图4-3）。

壮族还通过结婚仪式"迎花"中的解关来达成婚姻生活的完满。

解关，即结合新郎、新娘的八字，看二人合什么关煞，道公负责通过仪式解关。1月25日15时25分，在安神仪式庆宅科进行的同时，两位道公在二楼大厅左侧设坛，坛名为解关宫，宫联左为"二斗注命生子女"、右为"三元拥护童魂健"。解关宫前设求花神目，供香、酒、肉等。二楼通往阳台的门外还设有一个插香的米碗，碗前弓有一个装酒的匙梗、一小块肉、一团糯米是供给"受食男女孤魂等众、本组本家男上女鬼神、门外五方男伤女鬼神、本家外丈伤鬼神、伤亡故厥一

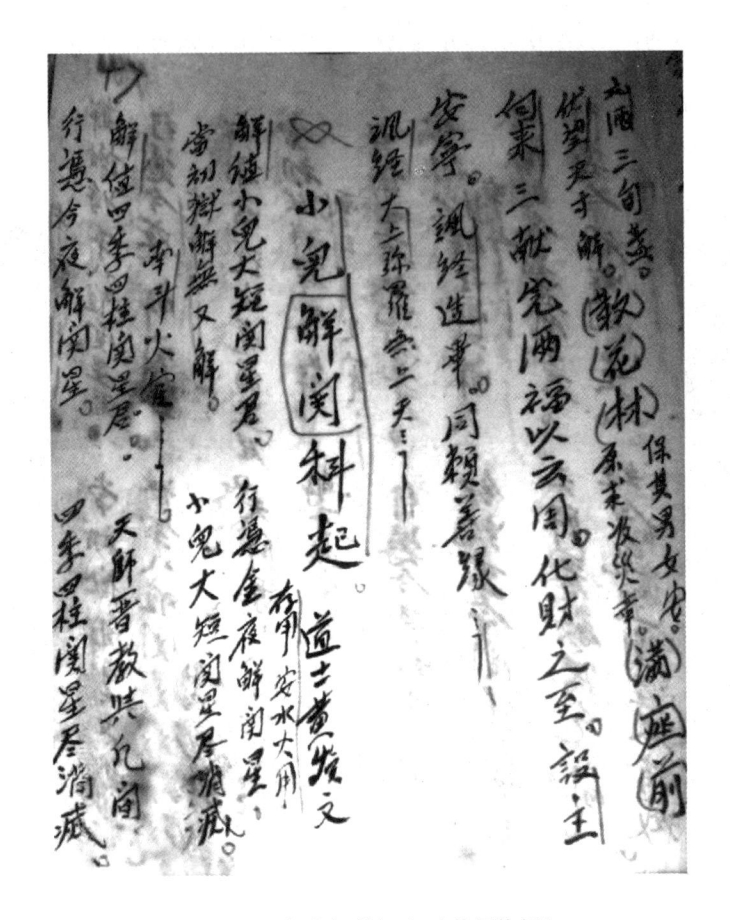

图4-3 师公解关经文（黄雪梅摄）

切神"的。一位道公着红装负责念唱《正一解关科》，另一位手执铛子伴奏，随时唱和。……而最厉害的关煞是天狗关："天狗，地藏王母亲刘氏十恶不善，变成天狗，飞在天上，如遇男女，宜解谢，送魂吃了子嗣也"（摘自广西天等县上映乡下庄屯黄国栋收藏的道公经书）。如果新人命中合天狗关，还得在解关时杀掉一只狗。[①]

花象征女性受孕，也引申为人的一生。而"花"有真花假花、虚花实花之分，只有真花实花才能受孕。流产，是天狗吃了花——"佛言，

[①] 许晓明：《接亲·安神·迎花》，李富强主编《中国壮学》（第四辑），民族出版社2010年版，第260页。

天狗地藏王母亲十恶不善，变成天狗，飞在天上，如遇男女，宜解谢，送魂吃了子嗣也"或者"枭神夺食，白虎冲胎"，对生殖有破坏性，需要制伏白虎枭神、破关煞。在仪式中道公通过咒语、火攻、跳跃、顿足、吓唬、投入陷阱等的方式驱逐、破关，保证"花"的健康成长。①

如此，花婆信仰通过北斗的解关仪式，目的是通过整个自然界的再生产构成整个文化的对象化，证明文化秩序也被实现为物品的秩序。萨林斯认为：

> 如果说人生产的不仅仅是存在状态，而是"他们的一定的生活方式"，那么，必定可以得出结论说，这种整个自然界的再生产构成了整个文化的对象化。通过有系统地安排被赋予具体对立的意义差异，文化秩序也被实现为物品的秩序。物品是作为一种对人和场合、功能和情景的表义方式和评价方式的对象法则而存在的。生产遵照这物质对立与社会对立之对应性的特定逻辑运行，由此，生产实际上是对象系统中的文化再生产。②

可见，花婆信仰的从自我再生产拓展到自我生活方式的再生产，既筑生出自我生存的环境，又展现出了自我环境的再生产机理。

七星利用花婆的参伐——生态制衡的目的，就是要在作为生源的七星之上发现其至高无上的本源及其意义，超越那种将各种现象视为完全自足的孤立的因果链的认识论，从而使分立的现象与本体完美地合一，进而确保道德——天德的超越性与有效性。如此，就可以将个体置入群体，现象之流也被赋予了永恒的意义。

即如熊十力所谓：

> 众沤顿起顿灭，不可说某一沤，从其前前至于后后，刹刹生灭相继，

---

① 许晓明：《接亲·安神·迎花》，李富强主编《中国壮学》（第四辑），民族出版社2010年版，第269页。

② ［美］萨林斯：《文化与实践理性》，赵丙祥译，上海人民出版社2002年版，第230页。

或自类延持不绝也。众沤各个顿现,都无实定,焉有自类前后延持。然众沤虽不实,非如空华无体,一一沤,皆揽全大海水为某体故,故不应为沤别寻根据。①

清代宋翔凤《论语发微》也指出:

王中无为以守至正,上法璇玑以肃七政。故曰政者正也。王者上承天之所为,未有不以德为本。德者,不言之化,自然之治,以无为为之者也。岁有四时天地人之政,而皆本于一德。虽有五官二十八星之名,而皆笃于北辰。为政不出于明堂,而礼乐政刑,四达不悖,德之符也。北辰不离于紫宫,而众星循环,终古不忒,枢之笃也。②

正是宇宙的绵延性意味着不断地创新,那么,对应宇宙绵延性的回归的努力,就是最好的战胜灾难的法宝。

而这些仪式的核心踏罡步斗,是道教重要的巫术仪式之一,它通过步斗通达天心,最终完成人的拯救。《遁甲演义·真人步斗法》:

《步斗经》曰:"夫步可以通神,当夜半居星下白场画地,作九斗,星间相去三尺,天篷从天罡起,随作次第,布人居魁前,逆布之,正立天英,而歌斗咒,诵至天英,便先举左足,并呼星名,以次经步之左右,更遍履之如后。……乃诵曰:'斗要妙兮十二神,承光明兮威武陈。气仿佛兮如浮云,七变动兮上应天。知变化兮有吉凶,入斗宿兮过天关。和律吕兮治甲荣,履天英兮度天任,清泠渊兮可陵沉。支天柱兮拥天心,从此度兮登天禽。倚天辅兮望天冲,入天芮兮出天篷。斗道诵兮刚柔际,天福禄兮流后世,出冥明兮千万岁,急急如律令。'"③

---

① 熊十力:《新唯识论·心书·忧问》,中华书局1985年版,第29页。
② 转引自龚鹏程《儒学新论》,北京大学出版社2007年版,第32页。
③ (宋)张君房:《云笈七签》,书目文献出版社1997年版,第37页。

花婆信仰中的斗罡如图4-4所示。

图4-4　上林县壮族师公作仪式的七星旗①

花婆信仰通过七星对众多的神仙引领，进而达成消灾去祸的目的：

> 披真授戒炼丹田，炼得长生不老仙；
> 今建修斋祈口诀，历代遗传法无边。
> 广叩众圣同感应，妙经持诵大罗天；
> 彩佛排来真保佑，匡扶戒法显威权。

---

① 杨树喆：《师公仪式信仰》，广西人民出版社2007年版。

>> 道法自然

> 鉴察凶星常五福，弟子壮健师禄兴；
> 三华聚顶归法路，五气朝元到院场。
> 化财八卦乾坤动，千兵万马集祯祥；
> 上元一品天上福，中元二品灭罪愆。
> 下元三品解厄难，收除瘟疫灭灾殃；
> 金容宝殿诸司位，救生度死定阴阳。
> 师主虔诚迎拜叩，佛法高悬透九天；
> 案上排列真容相，赐福消灾降祯祥。
> 七星宝旗威力大，祛灾遣鬼荡祸愆。①

所以，花婆信仰通过仪式与经文，就将神、人与自然的本体联系起来了：

> 真文之体，为诸天之根本，禀元始妙气之自然，而化成大道之法身。妙气自成，不复更有先祖也。《西升经》云，虚无生自然，自然生道。今云上无复祖者，道以虚无为宗，以自然为本，以道为身。然此三者悉无形相，寻考其理，乃是真空。真中有精，本无名称。圣人将立教迹，包括无宗。故举虚无为道之祖，其实三体俱会一真。形相都无，能通众妙，故云上无复祖（释"上无复祖，惟道为身"）。②

总之，花婆信仰中的这种"复"，是一种展现出天地之心的方式，就是通过与时消息来达成生死的转换，这种转换包含了回归原始的守母存子与面向未来的原始要终的结合，将过去与现在纳于一统，从而确保了生命——世界永远面向未来的开放性的展现：

> 道也者，时焉而已。日月往来，寒暑变迁，草木生长，禽鸟飞鸣，以及吾人日用动静，莫非运用。一时之中变化无端，时至自见，斯为天地之心，不可以一名，而况于他乎？我来也，晚阳穷于上剥换尽矣。

---

① 杨树喆：《师公仪式信仰》，广西人民出版社2007年版，第199页。
② 成玄英：《度人经注》，《道藏》第2卷，文物出版社1998年版，第187页。

兹当一阳初复,倏然而来,莫穷其迹,莫究其因,大地阳和,已无不潜行而默运,以此为天地之转运也。而天地不得而自主,以此为日月之进退也。而日用亦听其自然,风云交易乎上,草木萌动于下。大矣哉!时之为用也。是故言道者,不离目前,即一言一动,一事一物,无不可见天地之心。盖此天地之心,任阴阳剥换时,令推迁而无思无为,终古寂然不动,令人舍目前而谈玄说妙,则违乎时也。违时即与道背驰,何时有见道之日乎?天下之动贞乎一,变动不居,何可尽言?观乎时而万变皆在目前矣。从目前一一消归于太虚,谓之见天地之心,可谓大道之宗旨。可,时也,化也,要不离乎目前而得之矣。何道之可名,何太乙之可言乎?故曰,道也者,时焉而已。①

奥德德·巴拉班也认为:

我们的本性就在于回顾与前瞻,但是当我们回顾与前瞻时我们仍然停留在此时此刻。其实,并不是现在延伸成为过去或将来,而是我们不可改变地继续留在此时此刻,囚禁于我们永远不能离开而充其量只能无视的惟一真实的时间维度。②

于是,斗据参而运璇玑,就具有了《荀子·正名》所谓备道全美的特质。在这种仪式的神话化过程中,通过花这一审美表象隐含的自然的合目的性,将自然引向自由,即自然的领域与自由的领域对应得严丝合缝,亦即通过对自然密码的解码,展示出人的审美判断力。因此,这种审美本身就跨越了现实生活本身,也跨越了审美技巧本身,将审美根据的真正基本知识与道德情感的文化及其伦理理念结合起来了。也就是说,在超越性意义的境界里,审美理念与道德源泉达至一致。当然,这并没有取消自然美与艺术美的张力,而是在这种张力之中:

---

① 《长生术·张三丰真人原序》,《藏外道书》第26册,巴蜀书社1994年版,第581页。转引自潘显一等《道教美学思想研究》,商务印书馆2010年版,第618页。
② [意]奥德德·巴拉班:《时间、理解及意志》,《第欧根尼》2005年第1期,第81页。

> 对于自然美的直接兴趣"任何时候却都是一个美好心灵的标志"。这种兴趣是以作为超感性源泉的一致密码的自然美的真实性的"兴趣"为依据的。①

花婆信仰中这种剥复盈虚的过程,正是天地运行规律在人的生命过程中的体现。《剥·象传》指出:"盈虚消息,天行也。"② 于是,斗据参的生态制衡策略,就要求将人类运用生态策略的灵动性展现出来,即《艮·象》所谓:"时止则止,时行则行,动静不失时。"③

所以,斗据参的生态策略,就是《丰·象传》所谓的"与时消息":"日中则昃,月盈则亏,天地盈虚,与时消息。"④ 唐代李约在《道经上》小序中反复强调此一思想:"自然之性静,故天地万物生,生久而陵替,修之令反自然,故曰道。"⑤

因此,在斗参的相互作用世界之中,人的生老病死就被安置在合理的源头与正当的运作机理之域中。在这里,我们必须注意,斗魁——北斗七星是具有"司中"的作用的。也就是说,斗据参的生态策略始终是被拟设在中道的运动轨道之上的。

所以,斗据参而运天,对于壮族而言,就可以如郭象《庄子·秋水注》指出的,自然的运作就是人类自我形成的最好的环境与理则:"彼之自为,济我之宏功。"⑥

斗据花位展现的民族艺术,其实是作为永恒星丛的理念分解出来的要素,它在被分解的时候就通过艺术概念向目的论过渡而获得了救赎,而在这种救赎过程中也完成了对人与历史的救赎。于是,各种艺术本身就浓缩了世界的总

---

① [德] 雅斯贝尔斯:《大哲学家》,第449页。转引自孙秀昌《生存、密码、超越》,人民出版社2010年版,第245页。
② 《周易》,《汉魏古注十三经》,中华书局1998年版,第18页。
③ 同上书,第37页。
④ 同上书,第41页。
⑤ (唐) 李约:《道德真经新注》,转引自张恩林《唐代老学》,中国社会科学出版社2002年版,第58页。
⑥ 《庄子》,郭象注,《诸子集成》(三),中华书局1960年版,第255页。

体图景，并在各种艺术的和谐统一境界之中完成了对世界的表征。并且，在万物作为现象进入理念的重新归置以后，成为尚未实现的救赎后的形象，凸显了改变现实的迫切性。在这里，我们既强调这种本原状态指涉的物质实在性，更强调其原初的完整性及其整体，也就是本原与目的辩证统一的存在的实现状态。这种本原，就是真理的动态生成、实现的历史维度，是一种建构性的力量，即郭象《庄子·天地注》所谓："万物莫不得，则天地皆通。"[1] 故"夫本末之相兼，犹手足之相包，故一身和则百节皆适，天道顺则本末俱畅"[2]。

总之，各种艺术分形的"道通为一"，落脚于审美共通感。也就是说，艺术是作为具有普遍性的意义诠释学而出现于世的。共通感由于具有道德形而上学的根基与意义，它作为方法论，"这种方法论被理解为：我们如何能够做到使纯粹实践理性的法则进入人的内心和影响内心准则的那种方式，也就是能够使客观的实践理性也在主观上成为实践的那种方式"[3]。

这是天地之心的呈现，虽然先给人一种震惊，但在"中道"内行事就能够达成中和之美的呈现。

第三节　循斗招摇，衡定元纪——反者道之动

花婆信仰在设计好生育与生命的完满性以后，将生命与世界的流动性定位于生死。在花婆信仰中，时间是可逆的。生死的转换是时间可逆性的呈现，从而呈现反者道之动的中国文化神髓。下面分两部分予以介绍。

一　反者道之动

门是花婆推动生死转换的通道，将花安置在门上，就预示着花婆永恒地

---

[1] 《庄子》，郭象注，《诸子集成》（三），中华书局1960年版，第182页。
[2] 同上。
[3] ［德］康德：《判断力批判》，邓晓芒译，人民出版社2002年版，第205页。

临在。所以，小孩如果夭折，也必须经过门的转换关系来完成生死的转换，最终实现时间的可逆性。

广西东兰、巴马、都安等县的壮族，婴儿或未满十六岁的子女（尤其是独生女）夭折，父母必在三天内准备鸡、鸭、小猪、红蛋、红糯饭及红花两扎，放在房门口的竹桌上。先由摩公诉说主人的哀思，然后由丧子之母肩挑红蛋等物站在条凳上，随摩公上天，向天娘诉说命苦，退还白纸花（代表死者的灵魂），并恳求天娘再送儿女，赐给红花。摩公代天娘训斥她管养不周，赐给她一枝红花，告诫她精心护养。母回到凡间后见花插在房门上，烧香朝拜，即有再生育的希望。①

为何将花安置在门上？《考工记》指出：

明堂五室称九室者，取象阳数也。八牖取六甲也，取象八风。三十六户牖取六甲之爻，六六三十六也。上圆象天，下方法地。八窗即八牖也。四闼者象四时、四方也。五室者象五行也。

在这里，红白表征着生死。而所有相关仪式环节衬托出来的花婆就是纯粹本质的再现，就像黑格尔指出的那样：

在普遍性的环节，即纯粹思想的领域或本质的抽象成分中，本质就是这样的绝对精神，它首先是预先假定的东西，但不是始终封闭的东西，而是作为因果性反思规定中的实体性力量而为天和地的创造者，但在这个永恒的领域内毋宁说只是产生着自己本身作为它的儿子，它始终在与这个有区别者的原始同一性中，又同样永恒地扬弃着自己作为与普遍本质有区别的东西这个规定，并且通过这个扬弃着自己的中介的中介，最初的实体本质上就是作为具体的个别性和主体性——就是精神。②

---

① 《中国各民族宗教与神话大词典》（壮族部分），学苑出版社1990年版，第772页。
② ［德］黑格尔：《精神哲学——哲学全书第三部》，杨祖陶译，人民出版社2006年版，第380页。

花婆信仰正是利用精神在环生中的制衡与逍遥的境域之中达成生死转换。其特征就是易行周流，四时顺宜，以及应时感动，原始要终。

承上所述，斗据参位，作为一种制衡的生态策略，将人推入了与时消息的境域。而它又表现为壮族以妇女——花之源为主导的生活、生产方式，并进而完成返本归原的审美探寻。

（求花）仪式中的最重要的生殖象征物当属"花"了。"花"在壮族文化观念中隐含着受胎之意，道公经书《杂书》里有："花乃妇人之事"（广西天等县上映乡下庄屯黄国栋抄录之道公经书）。

与花相关的仪式贯穿了当地壮族人的一生。一对夫妻如果结婚3年以上无子嗣，就要"求花"，怀孕六个月后还要"安花"。壮族有婴儿4个月（百二）后举行命名礼的习俗，因为四个月意味着孩子可以正常成活、健康长大，因此要举行"百二"仪式，为孩子挂长命锁保佑孩子平安。1—36岁之间单数（1岁、3岁、5岁、7岁、9岁等），还要做"拿花"［ʔda3 ʋa1］仪式，拿花即为花朵培土、耕耘。在仪式中为孩子解楼关、剪发、穿黄衣、架桥等（一个人一生只做一次，只有做了整个仪式一生才能保平安，类似度戒仪式）。葬礼上要"焚花"，即在死者棺前挂两串五彩纸花，亲戚们执杖绕棺给死者送行时每人都要扯下一朵花，放在一个盆里，由最后扯到花的人点燃纸花，意为人本就是花魂，复为花魂归花山。[①]

人去世后，便回归花山还原为花。[②]

花婆作为壮族的生命与精神的核心，贯穿于生命全程。这种精神就是时间。人生把握住时间就是生，失去时间就是死。《淮南子·原道训》指出：

时之反侧，间不容息；先之太过，后之不逮。夫日回而月周，时不

[①] 许晓明：《接亲·安神·迎花》，李富强主编《中国壮学》（第四辑），民族出版社2010年版，第264页。

[②] 农冠品：《壮族神话集成》，广西民族出版社2007年版，第21页。

与人游。故圣人不重尺璧而重寸之阴,时难得而易失也。禹之趋时也,履遗而弗取,冠挂而弗顾,非争其先也,而争得其时也。是故圣人守清道而抱雌节,因循应变,常后而不先;柔弱以静,舒安以定;攻大磨坚,莫能与之争。①

进一步,"故达于道者,不以人易天,外与物化,而内不失其情。至无而供其求,使骋而要其宿"②。

这种"因循以变"地掌握时间规律,也与壮族民间流传的"北斗注死,南斗注生"的观念相一致。此时人的生死转换,天象是北斗据参位而运斗,它对应于花婆,即璇玑据参宿而斡运,即《史记·天官书》所谓魁枕参首,形成天地人三统:

> 以北斗之魁、衡、杓三星为纲,着人世授历之法为三统。三正皆于冬至之夜半视之,魁枕子中为天正,衡建子中为人正,杓携子中为地正。③

壮族的个别性本身的死亡及其回归花山,正是北斗据参机而斡运世界,表现出人的主体性和概念自身——是作为普遍性和特殊性对立、生死对立等而返回到了其同一根据——花婆代表的壮族世界的本质。这个环节就表明:作为预先假定的普遍实体从其抽象性中实现为个别的自我意识,而这个作为与本质直接同一的自我意识则把那个永恒领域的儿子置于时间性中,而且在时间性中恶是自在地扬弃了的。但是,绝对具体东西的这个直接的并因而是感性的实存,则因为具有自然性和社会性的本能却使自己受到判决,并在否定性的痛苦中渐渐死去。正是在花山境域里,这个否定性中绝对具体东西作为无限的主体性就能够再一次完成与自己同一,因而主体性就能够从这个否定性中作为绝对的回归和普遍本质性达成与个别本质性的普遍统一,进而成

---

① 《淮南子》,《诸子集成》(七),中华书局1960年版,第9—10页。
② 同上书,第4页。
③ 雷学琪:《古经天象考》卷二,转引自龚鹏程《儒学新论》,北京大学出版社2009年版,第38页。

为自为的,即成为永恒的——永远幸福。于是,生命就被表征为活生生的和出现在世界中的精神理念——善的同一与彰扬。

同时,花婆这个客观的总体,对于个别主体的有限直接性来说,她是自在存在的预先假定,因而相对于个别主体看来,她首先是一个他物和被直观的东西,不过,她被表征为壮族对自在地存在的真理的直观。这种直观在神话传说里,自为地把人自己的另一面规定为微不足道的东西和恶。进而,壮族按照真理的范例,借助于对这范例中自在地完成了的普遍本质性和特殊本质性的统一的信仰——花婆信仰,对放弃了直接的自然规定性和固有意志的个体,重新在否定性的痛苦里与那个范例和自己的自在相结合,从而认识到自己是与本质结合为一的。于是,这个本质通过花这样的中介就使自己成为存在于自我意识中的,服从并作为普遍精神的自在自为地存在的精神的现实出现。所以,不论是生死的转换,还是善恶的互动,都被置于壮族预设的对生性场域之中,最终自在并自为地完成了普遍本质性和特殊本质性的统一。

另外,与其他民族不同都是,花婆本身也有死亡与复生。

广西大化县板升乡平村的壮族麽经《布洛陀孝亲唱本》经文中有提到"乜皇"的唱词:

> 依照我那父皇的经书,依照我那玉帝的章节;
> 你们做人在阳间,我做百姓的王;
> 仙人叫我做舅舅,雷公叫我做大伯。
> 大伯就听我讲,大象就听我说;
> 乜皇生病在被窝下面躺了三个月,在床上昏睡了六个月;
> 寅申的日子跳不过,戊亥的日子跳不过;
> 她才化仙去天上,去到上方的天界;
> 重又去到仙界。①

---

① 张声震:《布洛陀经诗译注》,广西人民出版社1990年版,第185页。

这种生死转换就呈现人与自然的对生和环进的逻辑程序。而花就成为合目的性的美学表象。康德指出：

> 我们只由于对象之表象直接地被伴偶以愉快之情之故，我们始把"合目的的"这个形容词应用于对象上；而此被伴偶以愉快的表象，其自身即是合目的性之一的美学表象。①

从马山等地直到云南的文山，壮族有一个哭娅王节。每年到了农历七月十七日，娅王就开始生病，十八日病重，十九日死亡。每年的十九日凌晨第一声鸡啼，是娅王去世的标志性时间。为首的女巫用当地哭丧调哭唱孝娅王的巫歌，直到二十日天亮送娅王出殡，仪式才结束。七月二十一日，死去的娅王重又生还。这样的仪式年复一年，循环往复。其原理是："朔旦为复，阳气始通。出入无疾，立表刚微。黄钟建子，兆乃滋彰。播施柔缓，黎烝得常。"②

至此，人与神的死亡，其实是回复到"冬至"之"子"时。也就是说，此复所见的天地之心，其实是三大辰与日月对应的结果，同时，它的整个流程反映出宇宙星辰的对生和环进的生态美学发生范式。

而哭雅汪安排在农历的七月，其实仍是七月参宿在起作用。

根据《史记·律书》：

> 凉风居西南维，主地。地者，沈夺万物气也。六月也，律中林钟。林钟者，言万物就死气林林然。其于十二子为未。未者，言万物皆成，有滋味也。北至于罚，言万物气夺可伐也。故曰参，七月也，律中夷则。夷则，言阴气之贼万物也。其于十二子为申。申者，言阴用事，申贼万物，故曰申。北至于留，留者，言阳气之稽留也，故曰留。八月也，律中南吕。南吕者，言阳气之旅入藏也。其于十二子为酉。酉者，万物之老也，故曰酉。③

---

① ［德］康德：《判断力之批判》上册，牟宗三译，西北大学出版社2008年版，第142页。
② （汉）魏伯阳：《周易参同契》，中央编译出版社2015年版，第93页。
③ 《历代天文律历等志汇编》（五），中华书局1979年版，第1339页。

《淮南子·天文训》指出：

> 天地之袭精为阴阳，阴阳之专精为四时，四时之散精为万物。万物成于四时之散精，此其类所以杂也。①

人与万物是四时之精的散花——散化，而四时散精遵循的是圜道（见图4-5）。《淮南子》指出：

> 精行四时，一上一下，各与遇，圜道也。物动则萌，萌而生，生而长，长而大，大而成，成而衰，率乃杀，杀乃藏，圜道也。

图4-5 四时圜道②

这就是花婆信仰生死反复的原因所在，是所有"反复"的根本规定性所在，即《周易·复卦》所谓："复，其见天地之心。"

唐逸在《理性与信仰》中指出："有生必有死，这样的上帝自然可以死。

---

① （汉）刘安：《淮南子》，《诸子集成》（七），中华书局1960年版，第35页。
② （汉）刘安：《淮南子·天文训》，《诸子集成》（七），中华书局1960年版，第52页。

▶▶ 道法自然

只要上帝已经标准化、神学化、教会化、人格化,便已蕴时间性也就蕴含死。"① 而壮族的"反",就是利用七星主生死的特征来完成生死的转换。

《太上玄灵北斗本命长生妙经》指出:

> 北斗司生司杀,养物济人之都会也。凡诸有情之人,既禀天地之气,阴阳之令,为男为女,可寿可夭,皆出其北斗之政命也。

这正是循斗招摇、衡定元纪的民俗化表述,如图4-6、图4-7所示。

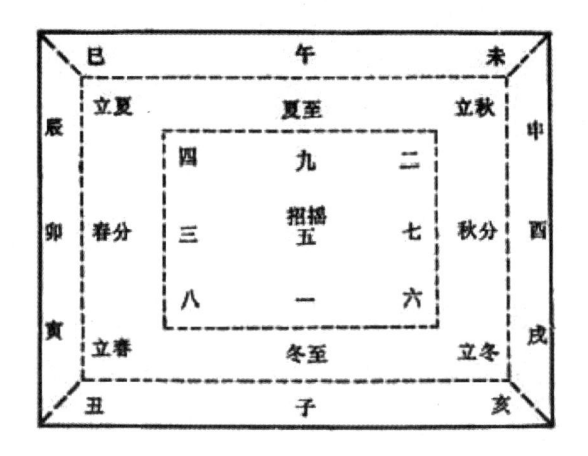

图4-6 分至与十二辰对应

图4-7 山东武梁祠斗为帝车

---

① 唐逸:《理性与信仰》,广西师范大学出版社2005年版,第7页。

· 232 ·

壮族的"反"表现在以下带有浓郁的宗教气息的艺术世界里。部分壮族地区至今在其丧葬礼俗中，保留有通过北斗七星信仰来实现人的灵魂转世的文化遗迹。广西龙州县金龙峒壮族支系傣人，老人过世，都要请道公来作道法。道公在棺的两头置有猪头等祭品和写有死者生殁时辰的灵位，猪头的两个鼻孔上插着一只宝烛，称为"七星灯"。出殡时在门外放着七盏生油灯，也谓之"七星灯"。他们企图通过礼祭北斗七星，让北斗七星引导死者荣登仙界，同时保佑活着的人能长生、幸福。

二　循环璇玑　怀德俟时

据蒙元耀先生讲，马山县师公在老人故去后，也举行踩花灯仪式。师公在棺前置花生油灯九盏，成三三形，师公穿梭其间。仪式结束后，最中间的那盏必须为老大所得，而其他油灯可以被同族的人拿走，如此就可以获得子嗣。但必须适当给钱，以前给三毛六分钱或三块六毛钱；点灯还可以扩展到18盏，最多的可置72盏。

上林县师公也在人故去后跳花灯，如图4-8所示。

图4-8　壮族灯仪[1]

---

[1] 杨树喆：《师公仪式信仰》，广西人民出版社2007年版。

如何超度死者再生为人？方法如《正一持丧口传·法师入丧门法密旨》：

> 内想法师为父，丧家为母。存道公为天师之老君入阴门，同我交媾受胎儿。救苦为太上老君，丧家变女人阴门。为夫妻交泰，日月合明。天上七星对七星，地下人平对人平。金半斤，银八两。男抛女，女抛男。乃是结胎也。①

而壮族的北斗被隐喻为葫芦，因此，葫芦就是花婆信仰中生死转换的关键（见图4-9）。

图4-9 涉及葫芦与生死的墓碑②

葫芦即北斗七星的隐喻，其实是《庄子·齐物论》所谓的天府葆光境界：

---

① 许晓明：《接亲·安神·迎花》，李富强主编《中国壮学》（第四辑），民族出版社2010年版，第270页。

② 碑位于东兰县武篆镇，见廖明君《穿越红水河》，广西人民出版社2004年版，第75页。

道，昭而不道；言，辩而不及；仁，常而不成；廉，清而不信；勇，忮而不成。五者圆而几向方矣。故知止其所不知，至矣。孰知不言之辩，不道之道？若有能知，此谓之天府，注焉而不满，酌焉而不竭，而不知其所由来，此之谓葆光。①

闻一多《周易义证类纂》云：

葆光者，北斗之别名[《淮南》作瑶光，高（诱）曰："瑶光谓北斗杓第七星也。"案，本七星之公名，后乃为斗柄第七星之私名]。古斗以匏为之，故北斗一名匏瓜，声转则为葆光耳。（瑶从名陪声，名古读归重唇，故葆光一作瑶光）《九怀思忠》曰"登华盖兮乘阳，聊逍遥兮播光。"华盖、逍遥皆星名，播光即北斗，亦匏瓜之转[王《注》上句曰："上攀北斗，蹑房星也。"《注》下句曰："且徐游戏，布文采也。"案，华盖在紫宫上，播光（北斗）在紫宫下。王似谓华盖即北斗，又解播光为布文饰，均非]。匏瓜转为包荒，犹转为葆光，播光矣。②

选取葫芦作为表征的原因，正如《孔子家语·郊问第二十九》所谓：

定公问于孔子曰："古之帝王，必郊祀其祖以配天，何也？"孔子对曰："万物本于天，人本乎祖。郊之祭也，大报反本始也，故以配上帝。天垂象，圣人则之，郊所以明天道也。"

……

孔子曰："……器用陶匏，以象天地之性也。万物无可称之者，故因自然之体也。"③

生死转换利用七星的原理是——这与中原文化具有相当的一致性。北斗

---

① 《庄子》，上海古籍出版社2001年版，第26页。
② 闻一多：《周易与庄子研究》，巴蜀书社2003年版，第1—2页。
③ 王德明主编：《孔子家语译注》，广西师范大学出版社1998年版，第320—322页。

反生六甲，就取代参宿成为玄牝：

黄帝占

北斗第一星为天道六甲，主五子：甲子、丙子、戊子、庚子、壬子。五子者，气之始也。魁星建除主建万物。甲子木，春始王，所以通达根茎。丙子火，夏始王，所以通成花叶。戊子土，季夏始王，主万物肌肤。庚子金，秋始王，煞万物。壬子水，冬始王，主含冻定根。故魁星为岁星。其位甲子。故天子不尊鬼神，幼稚多弱，则魁星不明，不明则万物少稚不昌。天润不盈，魁星不泽，列地封虚财而不赏，王道所后及皆思其下纪也。

北斗第二星为地道六甲，主乙丑、乙亥、丁丑、丁亥、己丑、己亥、辛丑、辛亥。除建主除闭。物无不除，除陈发新，地道自虐，故使万物皆得盛合宁。故第二星为太白，其位为后主诸侯，故天子教令显，数发土功，坏汲山林不受藏，则第二星不明，不明则太白无光，无光，则名术士不昌，藩臣不忠，地泽不藏，藩臣多疾。

北斗第三星为人道六甲，主丙寅、甲戌、戊寅、丙戌、庚戌、甲寅、壬戌。建除主满、开。天下能承天理物，设上定下，夫妇升进而定家道。故第三星主荧惑。百姓不进为退，过则第三星不明，不明即荧惑无光，无光则百姓罢死役，士多避过亡匿，智士退，贤人避。

北斗第四星为四时六甲，主丁卯、癸酉、己卯、乙酉、癸卯、己酉、乙卯、辛酉。建除主平四时。四者，万物之节度数也。故第四星为辰星，其位为司徒。故天子出令教化，不顺四时，春行秋政，秋行春政，冬行夏政，四时不和。不明则辰星无光，无光则凋杀，五谷不昌，百姓夭丧，上下不相亲，司徒非其人。

北斗第五星为音德六甲，主戊辰、壬申、庚辰、甲申、壬辰、丙申、甲辰、戊申、丙辰、庚申。建除主定、成。音者，五气之和，五官之政，制乐之节，皆在于是。故第五星为填星，其为天子中宫。故天数更，日历损，宗庙历，衣服远，亲属疏，戮辱父兄，蕃臣以兵，上下相欺。

北斗第六星为法星六甲,主己巳、辛未、辛巳、癸未、癸巳、乙未、乙巳、己未。建除主执、危。法律者,所以善善而恶恶也,故死者不可生,刑者不可息,故第六星为月,其位主天理。天子出令法苛,刻诛不正,威煞用刑,则第六星不明。不明,则月不光,不光则执政不察,盗贼并起。

北斗第七星为部星六甲,庚午、壬午、丙午、戊午、甲戌。建除主破、收。士兵主天四渎;渎者,江河淮济之水。故第七星主日,其位主司马。不敬诸神、江河淮济,则第七星不明,不明,则日无光,则海水出流,煞百姓,则其年有兵,司马将军而行,万民不昌,司马与士卒俱凶。①

卢央先生将它归纳为表4－1:

表4－1　　　　　　　　　北斗七星六甲配应②

北斗星名	七曜	代表意义	干支之配	建除
枢	岁星	天道	甲子、丙子、戊子、庚子、壬子	建(万物)
璇	太白	地道	乙丑、丁丑、己丑、辛丑、(癸丑) 乙亥、丁亥、己亥、辛亥、(癸亥)	
玑	荧惑	人道	丙寅、戊寅、壬寅、甲寅、(庚寅) 甲戌、丙戌、庚戌、壬戌、(戊戌)	
权	辰星	四时	丁卯、己卯、癸卯、乙卯、(辛卯) 癸酉、己酉、乙酉、辛酉、(丁酉)	
衡	填星	音德	戊辰、庚辰、壬辰、甲辰、丙 壬申、甲申、丙申、戊申、庚申	
开阳	月	法星	己巳、辛巳、癸巳、乙巳、(丁巳) 辛未、癸未、乙未、己未、(丁未)	
摇光	日	部星	庚午、丙午、壬午、戊午、甲午	破、收

① 转引自卢央《中国古代星占学》,中国科学技术出版社2008年版,第111—112页。
② 同上。

▶▶ 道法自然

以上花婆信仰所含的种种生死转换仪式及其宇宙学原理，就是将人的死亡置于冬至的虚无境界，从而获得宇宙的再生力量而达成新的生命的诞生，而这种新生是"复其见天地之心"，即与宇宙的运动相对应且具有同质性的：

在接近大爆炸时代的极高温度下——其实，粒子能量也极高，预期是LHC（大型重子对撞机，在日内瓦的欧洲核子中心）全力运转将达到的能量——当产生质量的因素被驱逐时，整个共形不变性就将重新恢复。①

黑格尔认为：

普遍性是不朽的（类是永恒的），但它只有通过个体的死亡才能获得它自身。②

别尔嘉耶夫也指出：

假如人的生命完全被看作是精神，变成精神生命，假如精神原则彻底地控制了自然的因素、心理和肉体因素，那么作为自然事实的死亡就根本不会到来，那么向永恒的过渡就会实现，而且用不着我们从外部理解死亡的那个事件。永恒的生命在时间中就能到来，它可以在每一个瞬间里，在瞬间的深处被显现为永恒的现在。……如果从内部看，即从没有投射到时间的观点看，从在瞬间的深处才能显现的永恒的观点看，死亡是不存在的，一般的死亡只是永恒生命中的一个时刻，是生命的神秘剧的一个时刻。死亡只是此世存在，在时间化了的存在里才有死亡，在"自然界"的意义上存在死亡，而且，揭示精神性，把人引向另外一个意

---

① [英]罗杰·彭罗斯：《宇宙的轮回》，李泳译，湖南科学技术出版社2014年版，第131页。
② [德]黑格尔：《精神现象学》，转引自张一兵《空无与黑夜：青年阿尔都塞的哲学关键词》，见《黑格尔的幽灵》，南京大学出版社2005年版，第17页。

· 238 ·

义上的存在，肯定生命中永恒的东西，就是克服死亡、战胜死亡。然而，克服死亡和战胜死亡并不意味着忘记死亡和对死亡的无动于衷，而是在精神内部接受死亡，这时死亡已经不再是时间中的自然事件，而是成为意义的显现，这意义来自永恒。①

所有这一切，即海德格尔所谓："死将存在的在场寓于自身之中。"② 因为，在花婆信仰里，存在者与存在是被严格区分的，存在的意义和存在的真理只有在存在者状态上的和存在论的区分中才是可能的。也就是说，由神内在的根据与存在的区分，就可以外化为此在世界的种种种属的差异与等次，而他们除了在本质上的同一，在具体的生存位格、状态是有差异的，这一点，似与中国古代的中和位育观是相通或相近的。

参宿与北斗互动，花人互指，花是作为连接过去与未来的中间规度，过去与未来通过北斗与南斗的互动，互相成为各自的倒影与镜像。花则通过这种倒数关系，并通过花作为初始引力场的自由度而将生命的原初暗物质传递给新生命，达成"前世"与"后世"的贯通。进一步，这一过程表明壮族在宇宙的星际穿越历程中，通过在更大尺度上的时空闭合，揭示并展现出了在空间无限意义上的时间循环。

同时，花婆信仰的生死观与西方的那种向死而生的出发点是不一样的。花婆信仰将生死定位于庄子那种生为大化流衍（万物以息相吹，为生），死为生命的大休（大块息我以死），即生命的两端，二者是平等的，具有同等的作用于意义，不是谁向着谁的。生死都是存在的本真状态，所以，壮族不避死亡，将生死都视为展现生命、世界的未来与当下的现实性的过程与手段。于是，生命就成为对世界的本质的领悟而展开自我的存在方式。

于是，生死就展现为时间性的展开——"存在于存在者的差异在到时中

---

① ［俄］别尔嘉耶夫：《论人的使命》，张百春译，学林出版社 2000 年版，转引自夏中义主编《人与自我》，广西师范大学出版社 2002 年版，第 346 页。
② ［德］海德格尔：《海德格尔诗学文集》，成穷、余虹、作虹译，华中师范大学出版社 1992 年版，第 163 页。

被显现为时间性"[①]。此种时间性,在作为存在者的人就是他的必死性,但作为必死的人,是与他的必生对立统一的有机状态。人作为能够领悟存在的此在,可在时间性的生存之中,将本体的与本体论的差异区别开来,就将向死而生的可能性展示为此在的超越性,而这种超越性就蕴含着神的根据的本质在内。当然,作为个体的死亡,有着在时间性与方式等多方面的与他者的不同。在这一意义上,世界在此就不再是存在者的整体的世界,而是展现出不同存在者具有丰富复杂属性的生存状态的世界。正在的个体存在者与他人一样,具有时间的统一性,其此在的超越性能够将创建世界的计划、"在—世界—中—存在"与给出本体论的根据有机地统一起来。而这种统一是自由地发生的。于是,我们透过上述理论发现,在壮族的死亡观念里,不仅是死将存在的在场寓于自身之中,并且将死主动、积极地转化为存在的当下性。所以,这些重叠的花婆祭仪,是要在通过神的存在本体论来推演现实存在,即主客二分的同时要求花神作为存在必须与现实存在者具有同一性,从而对具体的人的生命作了进一步的现实性描述与定位。而这种描述与定位,具有马克思所谓人首先只有通过异化的形式才能使自身作为现实的类存在物,亦即作为属人的存在物表现出来的特征。同时,对于利用具有抽象意义的花的祭仪,即使得花作为自然物的使用价值得以实现的过程。更重要的是,花在获取了精神性的合法性以后,从自然物变成了善,成为一种社会需要的、个体与其他社会成员相联系的、可以提供指导意义的中介。这也是祖先作为单一的个体,在花的衍续世界的意义的指导下,对于自我社会义务——在子嗣的顺利生长历程中的最终完成。因此,个人理性与活动,就可以视为社会生活尽可能的抽象。这也表明,不论祖先的存亡,都是在花的作用下族类生存的稳定性与可靠性的展示,否则就表现出理性存在与理性行为的脱节。

当然,花婆信仰对死的理解,是通过两种相反的取舍来表现出来的。一

---

① Martin Heidegge, *Grund Probleme der Phänomenologie*, Frankfurt/M: Vittorio Klostermann, 1993, s454.

种态度，人极力避免、反对死亡，通过对死亡的逃避来展现生的意义，并把死亡展示给人类自我，以在其逃往的沉沦的世界里（如回到祖先的神圣、富足之地，以及用花婆的死亡来说明现实的沉沦化）充分地领悟自己的存在与死亡；在价值观里，这种死亡就是一种不幸的展示。即海德格尔所谓："死亡被降格为一种从眼前冒出的事件，它虽然碰上了此在，却并不本己地属于任何人。"①

于是在这种态度与实践之中，死亡将个体与他人断开了，而活人在面对他人的死亡的时候，也表现出一种决断。而在这种决断中，活着的人与逝去的人一样，切断了一起关联，勇敢地切断死亡或承担起责任。

另一种态度，就是本真地领会死亡的态度。即如到死亡者仪式上去求取生命，在死亡者的葬仪上去获得生命的祝福，等等。这一种方式，先行到死亡之中，把死亡承担起来，并让死亡为活着的人祝福。死亡作为生命的终结，却取消了死亡的可能性而可以实现其他种种可能性，使得活人与逝者共同构建一个生机洋溢的循环的生命圈，为生命祝福，共同建构一个没有恐惧、没有失去的美好世界？走向时间"断灭"——"空无"的个体，没有放弃也被逼不能放弃提供生的希望与机遇，将各种关联紧密地拴在一起。这就与西方的将死视为空无并割断了与世间万物的联系的观点有着本质的不一致。

当然，死亡仍然有着西方与东方共同领悟到的东西，它是个体性的事件，也只有在这种个体性的事件这里，才将我与他者彻底区别开来。海德格尔指出："在先行活动中领会到的死亡的无关联性把此在个别化为它自身。这种个别化就是为生存展开的'此'的一种方式。"②

此在承担起了自身的死亡，就意味着此在可以自由地存在。而此在也从先行地领会所展开的死亡的可能性中获得了自身的立足点。于是，壮族的向

---

① ［德］海德格尔：《存在与时间》s. 253，转引自黄裕生《时间与永恒》，社会科学文献出版社2002年版，第77页。

② 同上书，第80页。

死而在其实就是一种先验判断的展现。这种先验判断告诉人们：自身的立足点就在于人自身内部，而人本身就是立足点本身。

所以，在这种死亡的观照与判断之中，就体现出人类的"精神"所在。而这种"精神"，就是使得心灵生动地、合目的地表现"审美理念"的活动，这是一种难以言传的世界。

这也就是黑格尔在《精神现象学》中指出的那样：

> 理性不是害怕死亡而幸免于蹂躏的生活，而是敢于承担死亡并且在死亡中得以自存的生活。理性只当它在绝对的支离破碎中能保全自身时才赢得它的真实性。……理性所以是这种力量，乃是因为它敢于面对面地正视否定性的东西并停留在那里。理性在否定性的东西那里停留，这就是一种魔力，这种魔力把否定的东西转化为存在。而这种魔力就是上面称为自我意识（subject）的那种东西。

别尔嘉耶夫也认为：

> 对待死亡自身，对待个性的死亡的被动态度也是错误的，这是把死亡当作宿命论的和决定论的自然事实。应该自由地和清醒地接受死亡，不要反对死亡的无意义，相反，自由地和清醒地接受死亡就是精神创造的积极性。①

所以，壮族的死亡观，其实蕴含着深厚的生命哲学于其中。死亡就展现为一种双向性：

> 由于此在本质上向来是它的可能性，因此，这一存在者在其存在中可能"选择"自身，获得自身，也可能失去自身，或并非获得自身而只

---

① ［俄］别尔嘉耶夫：《论人的使命》，张百春译，学林出版社2000年版，第346页。

是"像似"获得自身。①

《易·系辞下》指出:"复,德之本也。"《道德经》第五十六章:认为,这种德本身就是一种反者道之动的历程。"玄德深矣远矣,与物反矣,乃至于大顺。"② 这种思想获得了当代生态伦理学的认可:

> 关于道教,在《道德经》第四十节表述的观念是"反者道之动"(反复、循环是"道"的运动)。这思想是与近来形成的生态系统的理论的科学观点并行不悖的。对立二极的相辅相成令人印象深刻地存在于自然界。③

花婆信仰的这种原始反终的生命实践论与方法,既表现出"慎终追始"的人本主义,又是在超越主体知性境界后对于德性的强调。并且,它强调出德性的改变源泉所在,有力地指导、约束着族类的社会结构与具体的行为实践。

在这里,花婆信仰中现实存在的人,被族类的对于自然的宗教依赖感即其最根本的族类意识所支配;而了解人的最基本的生存方式和结构的最彻底的方法,就是先行到死中去或曰向死而生。因此,人是通过其固有的根本情结领悟到他的在世存在的。这样一来,无论是作为存在的人,还是作为存在的外部世界,都被融合在"存在"这神秘的"一"中而得以领悟、体验和澄明。它包含着一种用联系的、开放的、总体的理解人和事物的辩证法。

并且,由上述事例可见,壮族的这种将故去老人还原、升华为"祖"的行为,蕴含着壮族等民族将存在视为全体的理念,以寻找世界变化中不变的

---

① [德]海德格尔:《存在与时间》s.42,转引自黄裕生《时间与永恒》,社会科学文献出版社2002年版,第82页。
② 《道德经》,吉林文史出版社2001年版,第398页。
③ 中国社会科学院哲学所科学技术研究室编:《国外自然科学哲学问题》(1992—1993),中国社会科学出版社1994年版,第268—269页。

源泉或基础。但是，在新的存在者与始源结合的仪式中，使得人不再是静观世界的外在者。他克服了存在者天定的"物性"，实际上是作为获得了以人自身的理性尺度为原则来裁剪、简化乃至完整构筑世界的能力的人的形象出现的。神灵也不具有存在的自明性，而是通过与存在者的关联显现自身。而且，通过这种存在与存在者的互动过程，彰显出了存在的意义及对此意义追问的合法性。于是，花婆祭祀仪式是一种强大的手段，它提供了这样的信心：宗教观念是真实可靠的，宗教的指示是圆满的，并且是有效的。它凸显了宗教性的意义系统对于社会行为主体的经验和实在的形塑以及对其行为过程的影响，即用神圣的方式来进行秩序化的人类活动。

因此：

> 按照弗洛伊德的精神分析学，所有的人返回或重复先前经验的倾向，这是发自人的内在本能的事情。弗洛伊德甚至认为，这种倾向是一切有机的生命体内在固有的天性。重复生命历程的先前阶段，就意味着重返死亡。一切生命本来就是来自非生命，来自死亡，来源于已经不在的历史。生命只有返回死亡，回到它的源泉，才能获得重生，才能像尼采所说的那样，在死亡中，或通过死亡，实现生命无止境的"永恒回归"，从而真正地把握生命的最高价值。人类文化的创造及其循环往复的交流和发展，就是人的死亡本能与生存本能相互碰撞及相互转化的结果。①

不过，人的死亡本能与生存本能的相互碰撞与转换，意味着我们能够理解的新东西往往是一种循环往复的恒常性。它表现为物的属性的载体，是变化中的不动原则，是差异中的同一原则的本体。而这种本体原则，却赋予了个体生命的轮回。并且，它通过个体的不断繁衍而达成种与类的可持续发展，于是，恒定原则却又成为人类思维与实践中用以说明、推动变

---

① 高宣扬：《福柯的生存美学》，中国人民大学出版社2005年版，第521页。

量的东西。

于是，这种在死亡面前或里面的转化，就高悬着一种人的必然的自我反思之剑，从而将人的生命意义指向语境而非文本。它预示着形式与内容不是两个不同的世界，而是世界的一体两面。它们尽管具有时间的吻合特质，但并不意味着二者纯粹同一，它们以区分性概念同时共存于时间概念之中。并且，针对死亡的必然到来，又同时意味着将来始终是对新生事物、新的生命境界的开放，它在摆脱了过去与现在的关联的同时成功地建构着现在。表面上，死亡与人的出生一样，具有世界开辟的偶然性特质，但它始终是一种人类捕捉世界的新颖性的自由的表征。因为，人类面对死亡，理解了新旧转换的必要性与必然性，从而在始源与未来之间，建构起了一座通向可持续发展的永远处于发明诸形式之中的桥梁。

于是，花婆信仰这种生死的转换，作为思考人的意义与将来的形式之一，在被置入时间概念的那一瞬间，就变成了思想的内容本身，从而将指向人作为纯粹精神的指征，将人推入永恒之域。

如此，踩花灯等通过七星据参位而运斗，在南北斗之间转换，就可以完成生死的转换，这是一种艺术化的实践。这种花婆信仰通过生死转换来创生，其实就是意味着在人的"纯主体性"与时间性的完美合一。

"纯主体性"作为"创生"的重新开始，是一种"现时性""现实性"，因为纯粹的"现时"乃是一个"点"，是一个"瞬（间）"。这样，所谓"提前进入死的状态"对"过去"就是一种"摆脱""退出"，"摆脱"了"过去"，开启了"未来"，因为"现时"的"点"是一个"不稳定"的因素。"生命"是一个"不稳定"的因素，"再生"的"说明"也是一个"不稳定"的因素。从一个方面来看，"过去"已"不存在"，"未来"尚未"存在"，只有"现时"是"存在"的；然而，换一个角度来看，"过去"是"确实"曾经"存在"，而"现时"则似乎是"转瞬即逝"、不可滞留的"存在"。"现实"乃"过眼云烟"。"时间"作为一个不可分割的"流"（绵延），则"存在""不存在""生""死""有"

"无"也是一个"流"(绵延),而不可分割开来,此则又是"方生方死""出生入死"。①

综上所述,如果说,花婆作为玄牝是一个一化三的万物的生成过程,而以花为核心的生态进化系谱轴,就是壮族以三归一的回归玄牝的执一过程与结果:

> 一物能化谓之神,一事能变谓之智。化不易气,变不易智,唯执一君子能为此乎!执一不失,能君万物。君子使物,不为物使,得一之理。治心在于中,治言出于口,治事加于人,然则天下治矣。一言而天下服,一言定而天下听,此之谓也。②

也就是说,在花为总汇的日常生活运作的过程中,我们不能仅仅将花作为一种"同语反复",而是一种生命机能的鲜活展现。在不同的时态与时段中,它具有不同的作用与意义,并且这种"同语反复"具有一种在肯定生存的意义基础上的超越意义。尤其具有方法论意义的是,它是作为"得一"的回归宇宙根源性及其对天下安宁的作用而呈现出来的。

> 实际上,人们发现分析判断和综合判断之间是有中间情况的,一切关系开始时都是综合性的,而是在某些情况下根据它们的内涵(这是主体给予他自己所用的概念或运算的含义,例如在 $2+3=3+2$ 中的"+"号)才变成分析性的。……如果我们把"同语反复"特征只理解为某些运演具有"永真"的性质的话:但是"永真"决不能归结为同一性,因为它可以从一个既是同一化过程又是分化过程的组合体系中产生出来。而且,每个分化了的体系都是以公理化为依据的,选择公理的三个标准是:这些公理必须是充分的、前后一致的和相互独立的,这就是说,在

---

① 叶秀山:《道家哲学与现代"生""死"观》,《中国文化》第14集,生活·读书·新知三联书店1996年版,第27页。
② 《管子》,广州出版社2001年版,第258—259页。

彼此的关系方面，它们不能是同语反复的。①

故而，以花为总汇的生态进化系谱轴就预示着世界本质的全面实现。这种本质或潜能的实现，既揭示出各种分析模态蕴含的认识论本质，同时，这种分析论模式是将逻辑的形式化与其在意识中的发生建构过程视为一致的。在生态进化系谱轴的形成与运演过程中，它由花的玄牝意义出发，经由感知运演、前运演阶段、具体运演阶段到形式运演阶段构成的不同阶段的发生过程及其本质，综合进一个群体意义的生命建构过程，从而展现对花的回归，并获得阶段本质的超越与整生结构建构与意义的发生。

至此，花婆信仰就成为整个那文化用语言建立起来的主体通性结构。这种作为主体通性结构的语言，规定、约束着那文化的生存与发展。即哈贝马斯所谓：

> 既没有一种不依赖于语言而存在的对象，也不存在一种先于语言的先验意识和主体。人们所说的对象、事态、真理，等等，不经过语言的命名与言说是不能成立的。②

因此，花就是那文化的核心隐喻之一，它表现出一种壮民族赋予的对于其他事象的极强的约束力与贯通之力。利科指出：

> 跟隐喻陈述有关的东西，就是使一种"家族关系"（Kinship）出现，其中，日常的观念根本没有领悟到它们相互的适应性……使得遥远的东西接近，这就是相似性的作用。在这种意义上，当亚里士多德说"造一个好的隐语就是领悟相似性"时，他是正确的。但是，这种洞察同时是一种建构：好的隐喻就是建立相似性，而非纯粹显示相似性的那些东西。③

---

① ［瑞士］皮亚杰：《发生认识论》，王宪钿译，商务印书馆1981年版，第74页。
② 转引自方汉文《后现代主义文化心理：拉康研究》，上海三联书店2000年版，第82页。
③ ［法］利科：《隐喻过程》，转引自刘小枫主编《20世纪西方宗教哲学文选》，上海三联书店1997年版，第1056页。

汪民安认为：

> 这样的世俗主体必须打破，逻辑性的谋划路线必须断裂，目的论的践行必须拆毁，只有这样，神圣的内心体验才能流溢而出，人所固有的整体性要求——既是对原初混沌世界的乡愁式怀念，也是对神的世界的无保留认同——才能获得满足。①

可见，花婆信仰并不像后代文化批评的那样，是一种没有理性甚至抵拒理性的思维方式或生存状态，而是在不断变化的历史之流中，承认理性与理性思辨，但不放弃对概念或反思对于世界局限性的揭示。不过，这一努力始终将目光投向形而上之道的由经验理性向观念理性转换的原初时代与神圣逻辑，以始终保持形而上之道追问世界本原、世界本质、世界创生的原本形态，并在当代或后代，当其探寻世界存在的初衷被抵拒甚至遗落的时候，通过现实世界的推助获得还原。如此，通过发掘原初形而上之道的整体性、流动性及创生性的原本形态及其探寻世界存在的初衷，从其原本所是、应该所是的本真状态之中，找到形而上之道作为生态美学乃至整个生态思潮的必由之路，从而使得原初世界的整体性精神可以重新在现世发挥作用。于是，"审美经验将阻止使人成为劳动工具的暴力的、开发性的生产。……人的主动性超出了欲望和忧虑，成了表演，即对人的潜能的自由表现"②。

如此，就是生态美学的天化之境的呈现——"至美无偏，名将何生？故则天成化，道同自然……"③

也就是说，则天成化之美的本质就是时间，即《周易·系辞传》所谓："变动不居，周流六虚，上下无常，刚柔相易，不可为典要，唯变所适。"而

---

① 汪民安：《巴塔耶的神圣世界》，《色情、耗费与普遍经济》，吉林人民出版社2003年版，第33页。
② [美]马尔库塞：《爱欲与文明》，薛明、黄勇译，上海译文出版社1987年版，第6页。
③ （三国·魏）王弼：《论语释疑·泰伯》，楼宇烈校释，《王弼集校释》，中华书局1980年版，第626页。

唯变所适的目的就是——"变通者，趋时也。"①

总之，花婆信仰将北斗作为人类之源，对其究极，目的是推天道而明人事，究人事而返天功。而此种反复之道，原始要终，其本质就是"与时偕行""与时消息"，由此而进入"得至美而游至乐"的境界。即《易纬乾凿度》所谓："夫执中和，顺时变，以全王德，通至美矣。"②

总之，斗据参的生态制衡策略与审美范式，就进入了《庄子·知北游》的"原天地之美"之域：

> 天地有大美而不言，四时有明法而不议，万物有成理而不说。圣人者，原天地之美而达万物之理。

---

① 《周易》，上海古籍出版社 2001 年版，第 268 页。
② 徐庭芹：《易经五行灾异说》，中国书店 2011 年版，第 159 页。

第五章　辰系于日与日常生活的审美化

从本书第一章的立元时，神的生成、万物的衍生——时间的衍化，再到第二章花婆的参伐作用确立了那文化的自然时间与自然法，第三章社会时间的形成，以及花婆成为万物祖——时间衍化生成的全面展开，它说明了那文化以花为同心圆的宇宙—生态进化系谱轴的建构与衍续，进而本章将通过展现出那文化依循的道法自然的规律及其神与物游之境，建构起了那文化普泛的时间范式与生态审美认识论：

> 善建者不拔，善抱者不脱，子孙祭祀不辍。修之身，其德乃真；修之家，其德乃余；修之乡，其德乃长；修之邦，其德乃丰；修之天下，其得乃普。故以身观身，以家观家，以乡观乡，以邦观邦，以天下观天下。吾何以知天下之然哉？以此。①

这是一种以对生与环进而达成的至善境界的呈现：

> 以道莅天下者其鬼不神。非其鬼不神也，其神不伤人，非其神不伤人，圣人亦不伤民。夫两不相伤，则德交归厚焉。②

那文化花婆信仰这种天地人合德指向的天道，进一步表现为三大辰维系

---

① 《道德经》第四十七章，吉林文史出版社2001年版，第323—324页。
② 同上书，第360—361页。

于日。《夏小正》指出："九月，内火。……辰系于日。"①

也就是说，天象就是时间的载体，它通过那文化花婆信仰的万象同一化——道通为一的思维模式，展现出宇宙的伦理化图式。所以，三大辰与日月的关系，就是一种以太阳为中心的家庭化——伦理化的图式建构。

汉宣帝时宰相魏相认为："天地变化，必由阴阳。阴阳之分，以日为纪。"② 壮族宗伏羲，表明日月的归宿是伏羲，其最终的表现方式是日辰纳甲。这也表现出中华民族正朔之所在。

《尚书·尧典》指出：

> 乃命羲、和，钦若昊天，历象日月星辰，敬授民时。
>
> 分命羲仲：宅嵎夷，曰旸谷，寅宾出日，平秩东作；日中，星鸟，以殷仲春；厥民析，鸟兽孳尾。
>
> 申命羲叔：宅南交，平秩南讹，敬致；日永星火，以正仲夏；厥民因，鸟兽希革。
>
> 分命和仲：宅西，曰昧谷，寅宾纳日，平秩西成；宵中星虚，以殷仲秋；厥民夷，鸟兽毛毨。
>
> 申命和叔：宅朔方，曰幽都，平在朔易；日短星昴，以正仲冬；厥民隩，鸟兽毛氄。
>
> 帝曰：咨，汝羲暨和：期，三百有六旬有六日，以闰月定四时成岁；允厘百工，庶绩咸熙！③

如此，花婆信仰通过四时围绕太阳运作，并通过日月互动对生，达成了日夜与年轮的循环。正是这种循环构成了道的运行，决定着存亡的关键。

至此，花婆信仰生态审美的时间建构，将指向生态审美场的建构与网络化的时间呈现，以及在循环世界里展示出超循环的超时间意义的呈现。

---

① 转引自冯时《中国天文考古学》，中国社会科学出版社2007年版，第182页。
② （汉）班固：《汉书·天文志》，转引自卢央《易学与天文学》，中国书店2003年版，第92页。
③ 《尚书》，山东友谊出版社2002年版，第1—2页。

第一节　经纬奉日使：以日为中心的黄道运行与那文化和顺积中的时中凸显

在那文化艺术世界里，日常意义的宇宙建构，是以日为中心的。当然，以日为中心并不排斥月亮的作用。日月经天——共同构成每一"天"。

日即太阳，新壮文为"daeng gongz"；壮语"daeng"是"灯"，"gongz"是"天""白天"的意思，合在一起就是"天灯""白天的灯"。有的把太阳称作"yang ngoen"，或"da ngoen"，即"天的中心"或"天的眼睛"。①

这种宇宙中心论在中国文化史上由来已久。上述《尚书·尧典》就以日观测时间：

日中星鸟，以殷仲春。……日永星火，以正仲夏。……霄宾纳日，平秩西成。……日短星昴，以正仲冬。……②

壮族地区也普遍利用太阳黄道来举行日常实践。例如，南宁市邕宁区蒲庙五圣宫壮族日崇拜（见图5-1）。

当今云南西畴县还保留有女子太阳节，如图5-2所示。

壮族的太阳还具有宇宙中所有神灵的至高无上的位格特征。民间信仰中的太阳，就是管万鬼的至上神。例如，在壮族的安花仪式中就有"太阳管万鬼"的符（见图5-3）。

---

① 覃尚文等：《壮族科学技术史》，广西民族出版社2007年版，第386页。
② 《尚书》，《汉魏古注十三经》，中华书局1998年版，第3页。

图 5-1 蒲庙五圣宫的太阳崇拜

图 5-2 云南西畴县女子太阳节①

---

① 图片来源，网络作者七都印象。

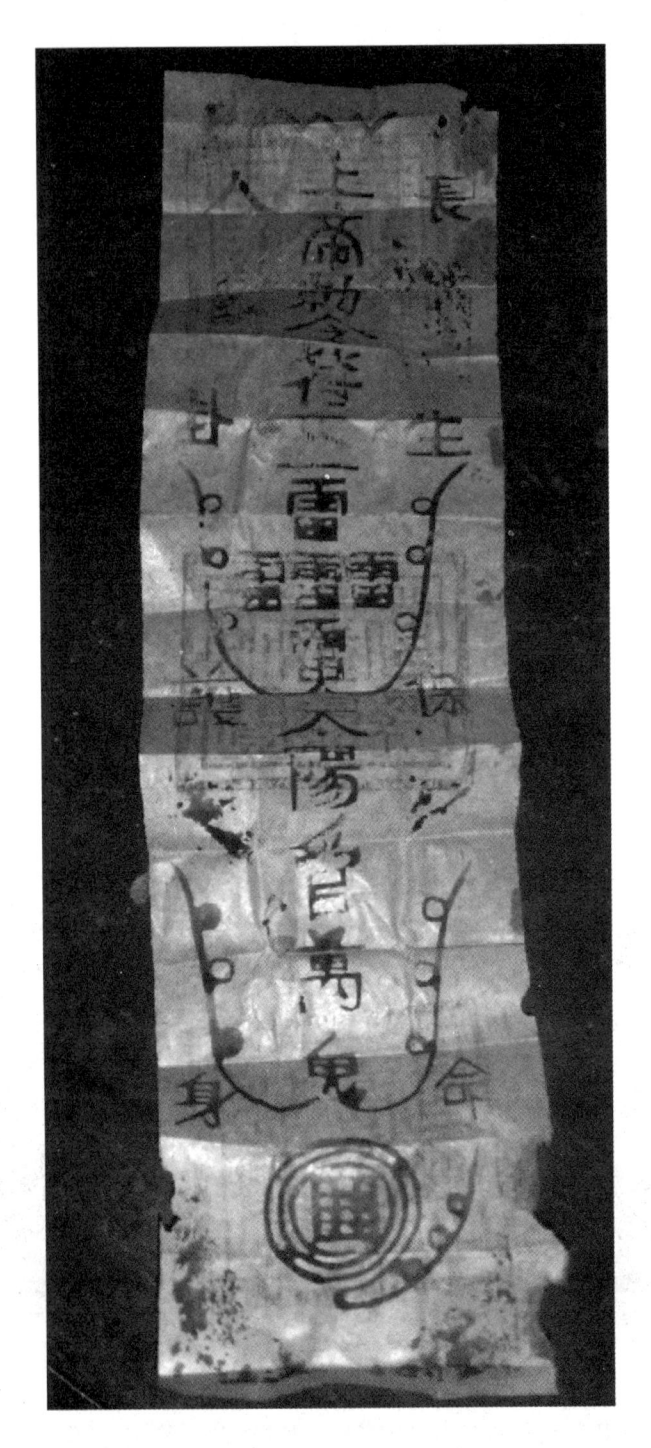

图 5-3　太阳管万鬼（黄吟霜的护身符）

所以，壮族的神话传说之中，天的中心是太阳，而地上方国——骆越王国的中心就是大明山，可见壮族对太阳的崇拜之情。

在壮族的神话里面，也保持着辰系于日的内涵。

广西上林县的《三星的故事》指出，太阳就是宇宙与家庭表征的核心：

> 相传在古时候，太阳、月亮和星星是一家人，月亮是妻子，星星是他俩的孩子。
>
> 太阳是个很毒辣的丈夫，他清早起来就想吃东西，吃的不是别的，而是自己的孩子。每天早晨和傍晚，都能看到太阳吃星星，流出来的血染得满天通红，那时，其他的星星都隐蔽起来了。月亮呢，是一个很慈祥的妈妈，在明朗的晚上，她带着她的孩子——星星，慢慢地走着，你看他们是多么快乐啊！可是一到白天，星星又要被那毒辣的父亲吃掉。
>
> 星星呢，时常跟着慈祥的妈妈，围着妈妈，想一阵哭一阵，一直哭到天亮，早上你到外面看看，可看到在树木和草地上的露水，那就是月亮和星星的眼泪。
>
> 每当黎明，太阳出来，星星早就隐蔽起来了，因为他们害怕这毒辣的父亲。到晚上，才跟着妈妈出来，但仍然闪着恐惧的眼睛，担心被父亲吃掉。
>
> 口述者：罗苏英，上林县三里中学；
>
> 搜集者：游华显，壮族文学史调查组成员。[①]

在这里，所有的星星都是太阳和月亮的孩子，都是以太阳为中心的。

当然，壮族这种恒久观念的实现，主要寄托在日——太阳的节律之上（见图5-4）。《左传·昭公七年》指出："日月之会曰辰，故以配日。"《广雅·释言》："日，节也。"《开元占经·日占一》引《春秋原命苞》："日之为言实也，节也，含一。开度立节，使物咸别，故谓之日。言阳布散合如一，

[①] 农冠品：《壮族神话集成》，广西民族出版社2007年版，第200—201页。

故立其字,四合共一者为日,望之尺度,以千日立。"①

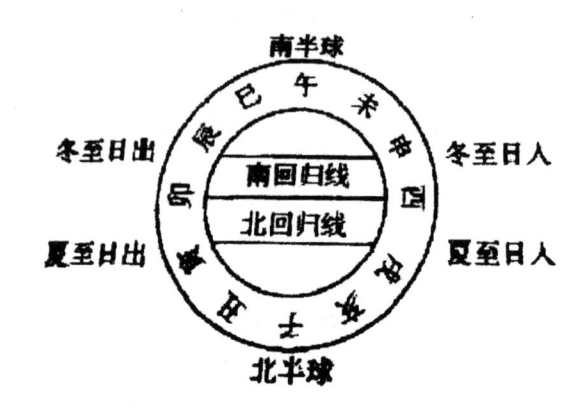

图 5-4 辰系于日——太阳周年视运动图②

以日纪,置于中国古代八卦体系之中,就是人们对"乾卦"的符号意义的重视。《周易·说卦传》:"乾为天""离为日,为乾卦。"而对日的重视,其实蕴含着古人对天的崇敬与回馈之义。《礼记·郊特牲》:"郊之祭,迎长日之至也,大报天而主日。"郑玄注:"天之神,日为尊。"又,"以日为百神王"。孔颖达疏:"天之诸神,唯日为尊,故此祭者,日为诸神之主,故云主日也""天之诸神,莫大于日,祭诸神之时,日居群神之首,故云日为尊也。"③

进而,太阳的运行,关乎性命的端正。故那文化对日的崇敬,其实是自我性命之正——潜能实现的一种生态策略与智慧——太阳与参宿的对生与环进。《周易·乾卦·象传》指出:

> 大哉乾元,万物资始,乃统天。云行雨施,品物流行。大明终始,六位时成,时乘六龙以御天。乾道变化,各正性命。④

---

① (唐)瞿昙悉达:《开元占经》,岳麓书社1999年版,第44页。
② 田合禄:《周易与日月崇拜》,光明日报出版社2003年版,第73页。
③ 同上书,第129页。
④ 《周易》,《汉魏古注十三经》,中华书局1998年版,第1页。

那文化这种以日为中心的神话,与汉族的日心理论类似(见图5-5),也与印度的佛教宇宙体系(见图5-6),有着近似的拟构。

图5-5　汉族的日心图①

图5-6　佛教的大日如来图②

---

① 田合禄:《周易与日月崇拜》,光明日报出版社2003年版,第310页。
② 周士一:《中华天启》,云南人民出版社1999年版,第192页。

道法自然

于是，花婆信仰在日的回归——建构之中，就通过对生性的方式踏入了中和之域。《汉书·天文志》："日之所行为中道，月、五星皆随之也""中道，又名光道、黄道。"

所以，那文化对日的重视，就是对当下的认同与把握："后之所为必续其前，今之所为必虑其后；万象之殊不遗方寸，千载之远不喧于旦夕。"[1]

花婆信仰通过辰系于日的对生历程及其具有的合目的性原则，将所有的外界对象纳入一个完整的日常体系之中，即将可以在生活中经验到的心与超越于经验的各种范畴结合起来。它既展现出自然律具有的形式合目的性，又能够通过自然界的生物多样性而展现出自然的合目的性，从而将人嵌入自然体系之中，并将"道法自然"意义的"自然"与生态（经验意义）的自然界相贯通，进而将对生与环进的发生范式设想为一个具有知性所含有的经验性规律的多样性与统一性合一的根据。

通过这种对生与环进的发生范式，花婆信仰通过自然的日常生活化过程成为知性、判断与理性等完全生命化的总和。因为辰系于日的自然律的内化——人类掌握了辰系于日的自然律。这一过程表明，虽然意识完全属于现象界，而心与灵都具有对生命自我起作用而产生内觉的特征，并且能够达至超经验的存在，所以，花婆信仰有关自然律表征的心与灵的结合，就可以达至神与物游的和谐而圆融的境地。这就是花作为范畴——理性认识之所以能够把感性的东西联系在一起而展现其必然性的理由所在，因而，花就是知性与理性作用的形式。

花婆信仰将外界对象的感性材料通过理性的思维，使之按人的理性的形式联系起来，就超越了自然现象原有的盲目性，进而，在感性与理性的结合中，就赋予所有存在物以意义，并构成了一个具有完整意义的整体。这种自然纳入日常生活化所呈现的感性与理性并生与对举的特点，从花这一概念出发，运用分析与综合的原理，就把人类思想扩大而进入知识的推进，最终形成壮族特有的、符合古代科学发展的综合原理，以便利用传统的形式判断分

---

[1] （清）王夫之：《尚书引义·多方一》，中华书局1972年版，第12页。

类来穷尽一切判断的形式，最终加以整合形成整一性知识与范畴。这正是壮族古代生态审美的本质特征所在。

第二节 月亮节律与人的潜能的全面实现

花婆信仰的阴阳对生，还表现在从十月历发展到十二月历。同时，十二月历也表现出对月亮周期的运用，如南宁市邕宁区蒲庙五圣宫的月神（见图5-7）。

图5-7 蒲庙五圣宫的月亮崇拜

因此，花婆御六龙而巡行十二月。在那文化世界里，每时、每月都寓示着人的生成与潜能的实现，反过来，人及其对应的客体万物的潜能实现也是十二月——时间的随时成就。如大新、天等等地的《十二月送花经》：

正月安花百草开，金枝玉叶上堂来；今宵备信迎花蕊，早种根苗院内来。圣母天尊主早赐白花开。

二月安花带桂枝，能种福田结连枝；托圣求仙颁贵子，此将子梦应罗帷。圣母天尊主早赐白花开。

三月安花春玉栽，遇逢暖气又再来；太上疏科宣教法，与花随时进花开。圣母天尊主早赐白花开。

四月安花随满鲜，芳世故叶庆今年；二女五男聪明位，分开托花寿如山。圣母天尊主早赐白花开。

五月安花荐石榴，枝枝含笑享春秋；是日架桥迎葩降，东宫王母赐枝头。圣母天尊主早赐白花开。

六月安花暂时熟，结传一子成童儿；引入门来开贵茂，千看法老庆新齐。圣母天尊主早赐白花开。

七月安花会遇缘，牛郎织女渡河边；德重乾坤高照耀，变生陶炼人孙仙。圣母天尊主早赐白花开。

八月安花香柱丹，愿求男女送花兰；是夜解粮开锁钥，洞房免见祸灾还，圣母天尊主早赐白花开。

九月安花重阳菊，南风泽尕德成图；夫妻同心求嗣世，早随云雾驾临屋。圣母天尊主早赐白花开。

十月安花带雪开，西宫王母接重来；天地愿从虔恳意，团圆七子五花开。圣母天尊主早赐白花开。

十一月安花雪蜡梅，能将持节接枝排；众圣并开林苑内，结成男女护生来。圣母天尊主早赐白花开。

十二月安花四季随，能将百岁老花红；胎孕湿生分造化，画衣太上说恩忠。圣母天尊主早赐白花开。[1]

---

[1] 许晓明：《接亲·安神·迎花》，李富强主编《中国壮学》（第四辑），民族出版社 2010 年版，第 262—263 页。

不仅如此，壮族的婚姻也用12种果实——月数来表征子女双全。壮族的男女比例是六男六女，性别和谐。如：

姆洛甲怀孕后，生下了六男六女。①

姆洛甲的子女都长大了，男孩子跑遍天下，都找不到妻子，女孩子翻山越水，也找不到丈夫。这也难怪，世上除了他们，哪里还有人？十二兄弟姐妹都是亲娘胎生，谁也不愿结合婚配。姆洛甲把他们带到枫树坳口，只见大枫树上挂着十二种不同的果子和树叶，山风吹来，果树飘香。姆洛甲问树上结的什么果？子女们数有枫、桃、李、梨、柑、枇杷、荔枝、龙眼、柚子、橄榄、酸枣、牛奶果等十二种果子。姆洛甲叫男孩子爬树摘果，叫女孩子在树下接果。说来也巧，大儿子摘的枫果、桃果，全落到大女儿的怀里；二儿子摘的李果、梨子，全落在二女儿面前。其他弟妹也都一样，树上每人摘下的两样果子，树下每人接到两样果子。姆洛甲说："果成双，人成对，这是天地姻缘，谁也不得违令。"十二兄弟姐妹拜跪大枫树，拜跪姆洛甲，结成六对夫妻，从此繁衍人类，天下处处有烟火。

收集地点：广西东兰大同乡和龙村、四合乡长洞村；口述：覃凤平、覃茂德（师公）；采录翻译：覃剑萍。②

根据《黄帝内经素问》"天为玄，人为道，地为化"的宇宙运行规律，花婆信仰表现出人随着每月的时间呈现而实现生命的降诞，恰恰是圣天之玄衍图式的历史呈现。而这种图式的运作方式就是对生与环进。

花婆信仰重视月亮的作用，如前述花婆乘龙与斗据参，有月亮行12个月的神话化内涵。并且，月亮更是姆六甲死后的归宿，如哭雅汪等材料所展示的。壮族的月亮崇拜，还表现在一系列的节庆习俗里。例如，壮族地区在八

---

① 农冠品：《女神·歌仙·英雄——壮族民间故事新选》，广西人民出版社1991年版，第13页。
② 同上。

月十五放花灯，以祈求月亮的赐福：

> 每年的八月十五，壮族的姑娘要放花灯。相传，壮族米洛甲是月亮里的嫦娥，她每到八月十五的晚上便在天空中向壮家姑娘祝福。是夜，未出阁的姑娘用柚子壳贴上五颜六色的花边，内置蜡烛或豆油灯，周围插上香，于月下放花灯。姑娘的福气视花灯流程的远近为准。如果飘得远且香火烧得越久，于是着姑娘嫁得远，命大福大。民间还流传着这样一首歌：
>
> "明月高高天上挂，清清河水笑欢哗；姑娘河中把灯放，满河情丝满河花。盏盏花灯河中开，全靠花婆保佑它；姑娘情随花灯去，前程美景到天涯。"①

在这里，辰系于日，其实就是辰系于日月。也就是说，三大辰的日常表现就是日月交会。日月之会的具体内容，就是三大辰拓展为十二辰。而这种交会，就是要进一步地突出时间及其对宇宙的建构意义。

在花婆世界里，世界和生命都具有完整性，都是完整的存在，而人的认识就扎根于对内在世界与外在世界整合的生命的体认之中。这就不同于西方那种将思维与操作完全隔离，使之成为一种孤立的存在，并强硬地使之按照其自身生存于封闭的、自主的领域。而以花为核心的壮族哲学体系是将认识的奥秘与存在的奥秘等量齐观的，即在根本上是同一的。

花婆信仰展现出的生态美学思维，是建立于活的世界与生命的生态化观照之上的，它是从作为生命之功能的、与自己的存在根源相一致之处开始思考的，因而先于一切理性反思和理性分解。它较之于认识系统的概念抽绎，更注重的是完整的生活真理，即更注重于对生命的本真、价值、意义的体悟。它不是西方现代思流行的从"我思"来证明"我在"，而是"我在"故"我思"。它认为，只有通过完全直接的第一性的存在，才能够认识全部存在。这是一种有机的——活的生态化的思维方式与状态。

---

① 红波：《壮家对花婆米洛甲的祭祀和崇拜》，《理论随谈卷》，香港天马图书有限公司2000年版。

第三节　日辰之会与生态交互网络环生的审美范式的历史生成

——周旋十二节，节尽更亲观①

十二辰，更是三大辰巡行六甲的结果，也就是天干与地支交会的结果。

屈原《天问》："天何所沓，十二分焉？"王逸《楚辞章句》："沓，合也。言天与地会于何所？""一岁日月十二会，所会为辰。"

首先，辰是日月之会与斗建对生，协同魁枕参首的结果。对此，汉代郑玄有较为明白的解释。《周易》郑玄注：

> 孟春之月，日月会于诹訾，而斗建寅之辰也。仲春之月，日月会于降娄，而斗建卯之辰也。季春之月，日月会于大梁，而斗建辰之辰也。
>
> 孟夏之月，日月会于实沈，而斗建巳之辰也。仲夏之月，日月会于鹑首，而斗建午之辰也。季夏之月，日月会于鹑火，而斗建未之辰也。
>
> 孟秋之月，日月会于鹑尾，而斗建寅之申也。仲秋之月，日月会于寿星，而斗建酉之辰也。季秋之月，日月会于大火，而斗建辰之戌也。
>
> 孟冬之月，日月会于析木，而斗建亥之辰也。仲冬之月，日月会于星纪，而斗建子之辰也。季冬之月，日月会于玄枵，而斗建丑之辰也。②

《鹖冠子》也指出：

> 斗柄指东，天下皆春；斗柄指南，天下皆夏；斗柄指西，天下皆秋；斗柄指北，天下皆冬。

张介宾《类经图翼》卷一也指出：

---

① （汉）魏伯阳：《周易参同契》，中央编译出版社2015年版，第127页。
② 《周易郑氏注》，齐鲁书社2005年版，第87页。

一岁四时之候，皆统于十二辰，所谓十二辰，即斗纲所指之处。正月指寅，二月指卯，三月指辰，四月指巳，五月指午，六月指未，七月指申，八月指酉，九月指戌，十月指亥，十一月指子，十二月指丑，这叫作月建。斗纲，指北斗七星的一五七三星而言，第一为魁星，第五为衡星，第七为杓星。例如正月建寅，天昏时则杓指寅，夜半时则衡指寅，平旦时则魁指寅，其他十一月莫不如此。建，训健，即《周易》"天行健"之义。辰，训时，每时三个月，即孟、季、仲。①

这在那文化之中有明显的表现。蒲庙五圣宫以北帝为中心，但五圣宫的诸神是属于阴性的，而置于其墙上的是作为更加显性的日月。

花婆信仰中，日辰之会形成的六十花甲，表现为身体—生命与十二月的严密对生关系。黑衣壮道公的解释是：

"禄马"是内法，是每个人都有的，"禄马"，就是我们"本身"，就是我们的"禄命"，也就是兵马，兵马多就是跟倒（着）你的，你去哪里他也去哪里，兵马多你就不怕啦。"禄马"怎么来的？"禄马"是由六甲构成的，六甲是由天干地支配起来的。怎么懂得的？算出来的呀，你看我们道公，子、丑、寅、卯、辰、巳、午、未、申、酉、戌、亥，甲、乙、丙、丁、戊、己、庚、辛、壬、癸，天干地支都拿手指头算得出来，算好了才给你做道场，才合得你的兵马，算得不准，道场也没得用的哟。你出门走哪一边，在什么时候出去、盖房子几时可以盖、门朝哪边开，都要算过的呀，各人都不同的，都要合你的"禄马"，要不然和你的"禄马"不合，你出门做事，你的兵马总犯人家的兵马，两边兵马就打架了，打死你的兵马，你就衰了啵。

海力波如此解释：

---

① 转引自张文江记述《潘雨廷先生谈话录》，复旦大学出版社2012年版，第224页。

"六甲"为道教中的神将名,包括六丁六甲共十二神将,分别为丁卯、丁巳、丁未、丁酉、丁亥、丁丑、甲子、甲申、甲午、甲辰、甲寅。六丁为阴神,六甲为阳神,道书宣称六丁六甲能"行风雷、驱鬼神",故道书中有六甲符箓。《云笈七签》称修行者"若辟除恶鬼,书六甲、六乙符持行,并呼甲寅,神鬼皆散走"。[1]

如此,花婆信仰中六丁六甲的互动,是世界拯救的方法与境界。六甲——兵马即"命"本身。而从一到二,再到六、十二,以及六六之间的相互交错,拓展到三十六,七十二、一零八乃至千万,就成就了世界及其生物多样性。而壮族的求子,就是日辰之会于六甲——在多样性的统一中来达成生命的完满。如壮族请花林圣母唱词:

拜了护命神,端正坐坛中。护命神请降,来佑我师公。八字拿在手,细说给你听。香火通天照,花鼓闹沉沉。唎下利,利下唎,夷希依夷哟!

六丁盼仙娘,六甲等你来。设宴待圣母,敬请下凡来。折下桃花枝,给我赐婴孩。香火通天照,花鼓闹沉沉。唎下利,利下唎,夷希依夷哟![2]

在花婆信仰相关的民间典籍中,具体每个人与十二月、十二地支的对应性如图5-8所示。

进而,花婆信仰含纳天地万物生命的组成元素,使天地万物构成生命的不同个体及其时间表征。最典型的是十二生肖,它既是那文化各族驯化的物种,又是与神沟通的灵媒,更是他们十二月历法的反映。这种天干地支合一的十二月——阴阳合一历法,较之于三大辰有着明显的综合性与进步性(见表5-1)。

---

[1] 海力波:《传魂》,李富强主编《中国壮学》(第四辑),民族出版社2010年版,第205—206页。
[2] 潘其旭主编:《壮族百科辞典》,广西人民出版社1990年版,第348页。

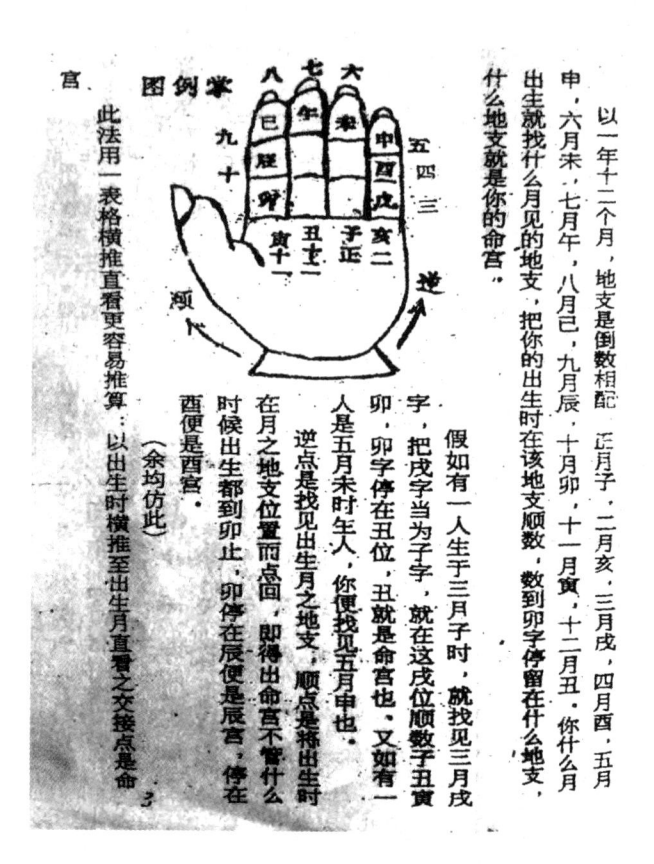

以一年十二个月，地支是倒数相配，正月子、二月亥、三月戌、四月酉、五月申、六月未、七月午、八月巳、九月辰、十月卯、十一月寅、十二月丑。你什么月出生就找什么月见的地支，把你的出生时在该地支顺数，数到卯字停留在什么地支，什么地支就是你的命宫。

假如有一人生于三月子时，就找见三月戌字，把戌字当为子字，在这戌位顺数子丑寅卯，卯字停在丑位，丑就是命宫也。又如有一人是五月未时生人，你便见五月申，逆点是找见出生月之地支，顺点是将出生时在月之地支位置而点，即得出命宫不管什么时候出生都到卯止，卯停在辰便是辰宫，停在酉便是酉宫。

（余均仿此）

此法用一表格横推直看更容易推算：以出生时横推至出生月直看之交接点是命宫。

掌图例：一子正、二亥、三戌、四酉、五申、六未、七午、八巳、九辰、十卯、十一寅、十二丑

顺 逆

图5-8　十二月、十二辰与人体对应①

表5-1　　　　　中国汉族、壮族和越南十二生肖对照（彭志达制）

顺序	汉族 生肖	地支	壮族 生肖	读音 壮文	读音 国际音标	地支方块壮文	读音 壮文	读音 国际音标	越南 生肖	读音
1	鼠	子	鼠	nou	Mou⁴	使	coih Gjoih	tso:i³kjo:j³	鼠	
2	牛	丑	水牛	vaiz	wa:i²	表	biuhbjauh	Piu³pja:u³	牛	

---

① 《定花根》，壮族民间命理书，第3页。

续 表

顺序	汉族		壮　族						越　南	
	生肖	地支	生肖	读音		地支方块壮文	读音		生肖	读音
				壮文	国际音标		壮文	国际音标		
3	虎	寅	虎	guk	Kuk^7	仪	ngaezngeiz	ŋai^{2}ŋei^2	虎	
4	兔	卯	乌鸦	ga	Ka^4	冇	maeumjauh	mau^{4}mjau^3	猫	mja:u^{5}me:u^2
5	龙	辰	龙	lungz	Luŋ^2	丝	seix	θei^1	龙	
6	蛇	巳	蛇	ngwz	ŋw^2	赛	soisoih	θo:i^{4}θo:i^3	蛇	
7	马	午	马	max	Ma^1	哈	haqhah	ha^{6}ha^3	马	
8	羊	未	蚂蚁	moed	Mo:t^8	蚂蚁	moed	mo:t	羊	
			熊	mui	Mui^4	熊	muimuix	mui^{4}mui^1		
9	猴	申	猴	lingz	liŋ^2	口生	saeŋxsaenx	θaŋ^{1}θan^1	猴	
10	鸡	酉	鸡	gaeq	Kai^6	喽	raeulaeu	rau^{4}lau^4	鸡	
11	狗	戌	狗	ma	Ma^4	拍	swkpat	θək^{7}phat^7	狗	
12	猪	亥	猪	mou	Mou^4	唉	ngoizgoi	ŋo:i^{2}ko:i^4	猪	

注：线索靖西县武平乡父老、县城陈家兴、麻程有，那坡县杨先生提供

资料提供：退休教师梁福昌、领导干部廖有来、农村神职许忠春

那文化十二生肖观与时间紧密相连。它们关联的原理是：

十二生肖与动物（农加璧辑）

在十二生肖中，老鼠排行第一，猪处于末尾，为什么这样排列呢？

古代一昼夜分为十二个时辰，一个时辰相对于现在的两个小时。例如，半夜为子时，日出为卯时，中午为午时，日没为酉时。古人根据他们对动物的出没时间的认识，把十二个时辰配了十二种动物。子：子夜11时到次日凌晨1时，这时老鼠的夜间活动最活跃，"子"就同鼠搭配了。丑：牛白天吃足了草，到凌晨1—3时还在倒嚼，所以"丑"就同牛搭配了。寅：据说老虎在凌晨3—5时最凶猛，所以寅时就同虎搭配了。卯：凌晨5时以后，太阳还未露脸，月亮（又称玉兔）还挂在天上。所以，卯就同月宫中唯一的动物玉兔搭配了。辰：龙是神话中的动物，传说早晨7—9点钟正是龙行动的时候，"辰"就属龙了。巳：蛇经常隐蔽在草丛中，据说上午9—11时的时候，蛇不在人行走的路上游动，不会伤害人，这样，"巳"就属蛇了。午：上午11时到中午1时，太阳当头，据说，午时阳气达到极限，阴气将产生，马跑离不开地，是阴类动物，"午"就属于马了。未：下午1—3时，据说，羊吃了这时候的草，并不影响草的再生，"未"就属于羊了。申：下午3—5时，猴子喜欢在此时啼叫，所以猴就搭配"申"了。另说，猴子善于伸屈攀缘树木，伸和"申"谐音。酉：下午6—7时，傍晚来临，鸡开始归窝，"酉"就属于鸡了。戌：晚上7—9时，黑夜来临，狗开始"工作"看家守夜，"戌"就属犬了。亥：晚上9—11时，夜渐深了，万籁俱静，猪睡得更熟，"亥"就属猪了。

还有另一种说法：十二生肖是根据这些动物中趾的奇偶而参差排列的。鼠，其趾长得奇特，同一躯体上有单有双，没有适当位置安插，只能将它排在第一。然后，按足趾奇偶轮换排列，依次是：牛（四趾）、虎（五趾）、兔（四趾）、龙（五趾）、蛇无趾同马（一趾）、羊（四趾）、猴（五趾）、鸡（四趾）、狗（五趾）、猪（四趾）。

壮族这种十二生肖及其与天地人的对应关系，与壮族地区运用苗甲子的原理有一定的关系。这种苗甲子表现出花婆与相关的生肖与曜宿的对应关系是：

第一元：甲子鼠宿（虚）日曜，乙丑燕宿（危）月曜，丙寅猪宿（室）火曜，丁卯鱼宿（壁）水曜，戊辰獾宿（胃）土曜……

第二元：甲子獴宿（奎）金曜……

第三元：甲子乌鸦宿（毕）水曜……

第四元：甲子鬼宿（鬼）月曜……

第五元：甲子蛇宿（翼）土曜……

第六元：甲子貉宿（氐）木曜……

第七元：甲子豹宿（箕）火曜……①

那文化各族以日月之会为核定标准，遍及生活的方方面面，如田林壮族的《情誓》：

我俩情意深，若被抓去杀；妹面向河面，哥背向河滩。

刀砍我俩颈，热血一起流。

两颈一同断，鲜血洒下地；化雨落纷纷，鲜血飞上天；变成满天星，照亮十二街。

我俩死同死，死后葬同坟。②

此正是金木受日月而生，进而完成金木性命的复原历程与范式：

金木从月生，朔旦受日符。

金友归其母，月晦日相包。

隐藏其垣郭，沉沦于洞虚。

金复其故性，威光鼎乃熺。③

---

① 陈久金：《中国少数民族科学技术史丛书·天文历法卷》，广西科学技术出版社1996年版，第335—336页。

② 甘丽芙：《巧借民歌元素，鲜活作文教学》，石朝雄主编《高考备考思考》，广西民族出版社2011年版，第142页。

③ （汉）魏伯阳：《周易参同契》，中央编译出版社2015年版，第27页。

如此，花婆信仰就进入了日常生活的审美化生存境地。花婆信仰的日辰之会便是对生与环进的生态美学发生范式的重要内容："周旋十二节，节尽更始元。"①

进而，花婆信仰通过这种对生与环进的范式，将宇宙万物，都纳入他们的生产世界里来，如哭雅王时：

各种动植物哭。主要是动物，植物哭的很少见，目前已发现哭的动物有水牛、马、黄牛、羊、狗、猪、鸡、鸭、鹅、鱼、虾、田螺、马蜂、蜜蜂、老鼠、猫、麻雀、蝼蛄、鲤鱼、鲩鱼、蝴蝶、燕子、乌龟、螃蟹、河虾、蟋蟀、黄蚁、白蚁、蛀虫、蟑螂、织布鸟、叫父鸟、水蜘蛛、蜻蜓的幼虫、水鸟、毛鸡鸟、斑鸠、鹊鸪等。②

晚清陈其元《庸闲斋笔记》指出：

世以十二支配十二肖，由来久矣。殊不知古人一支有三禽，盖取六甲之数，式经所用也。支合三禽，故称三十六禽。三禽于一日之中，分朝昼暮，则取乎气之盛衰焉。子朝为燕，昼为鼠，暮为伏翼。丑朝为牛，昼为蟹，暮为鳖。寅朝为狸，昼为豹，暮为虎。卯朝为猬，昼为兔，暮为貉。辰朝为龙，昼为蛟，暮为鱼。巳朝为鳝，昼为蚯蚓，暮为蛇。午朝为鹿，昼为马，暮为獐。未朝为羊，昼为鹰，暮为雁。申朝为猫，昼为猿，暮为乌。戌朝为狗，昼为狼，暮为豺。亥朝为豕，昼为貜，暮为猪。此等皆上应天星，下属年命，三十六禽各作方位，为禽虫之长。领三百六十，而倍之至三千六百，并配五行，皆相贯领，云云。见隋人萧吉所撰《五行大义》内。③

所以，四时——四正四维纳入六甲系统的宇宙秩序的建构，最明显表现

---

① （汉）魏伯阳：《周易参同契》，中央编译出版社2015年版，第32页。
② 黄桂秋：《中国壮族民间信仰研究》，中国社会科学出版社2010年版，第81页。
③ 转引自吴裕成《生肖与中国文化》，东方出版社2003年版，第53页。

在岭南铜鼓艺术之中（见图5-9）。

图5-9　铜鼓上的十二生肖

至此，花婆信仰展现出万物皆备于我的大全境界。即《周易·萃卦》所谓："利见大人，亨，聚以正也。"① 王弼注："大人，体中正者也。通聚以正，聚乃得全也。"②

万物不仅备于我，而且被花婆信仰纳入了他们的时间系统之中，从而完成了宇宙万物潜能的呈现与实现。

至此，日辰之会的作用就如《周易·系辞传》指出：

> 天地之道，贞观也；日月之道，贞明也。天下之动，贞夫一者也。夫乾确然，示人易矣；夫坤隤矣，示人简矣。爻也者，效此者也；象也

---

① （清）王夫之：《周易外传》，中华书局1977年版，第208页。
② 楼宇烈：《王弼集校释》，中华书局1980年版，第444页。

者，像此者也。①

花婆信仰的时间观从三大辰的确定时间，发展为日月所会为辰，这是一种时间观的发展。于是，自然的伦理化就展现为一种阴阳合一的交互理性特征。更进一步，日月与四时相映照，指向了时间的永恒性的实现。即《周易·恒卦·象传》所谓：

> 日月得天而能久照，四时变化而能久出。圣人久于其道，而天下化成。观其所成，而天地万物之情可见矣。②

第四节　日辰合运与土王地中

日辰之会，并不仅仅有相生，而且有相克。这些都是花婆信仰对生与环进的审美发生范式题中之意。广西贵港的"月亮与太阳的传说"就是日月激薄与对生的例子，表现出道法自然的特质。

> 从前，有一个人，他叫太阳由北向南走，行不通，他又叫太阳由东往西走，太阳就由东向西走了。于是，从那时起，太阳就永远由东向西走了，直到现在，太阳都是由东向西运行，从东边升起，向西边落下去。
> 听说太阳是女性的，月亮是男性的。壮族有些地方传说：男的漂亮，同时性情温和；女的爱骂人，吵架很凶，保护小孩很勇敢，所以说女的性情粗鲁，行动鲁莽。
> 又说：太阳与月亮在互相追逐，追到之后就吞下去，吞下去又吐出来，吐出来又追，追到又吞下去，这样不断在相互追逐、吞吐，出现了

---

① 《周易》，《汉魏古注十三经》，中华书局1998年版，第55页。
② 同上书，第23页。

日月食的现象。①

这种日月食现象喻示星辰与宇宙本身的生死。天地万物的生死——其潜能的实现，其实就是时间的变化与潜能实现的对生历程。《淮南子·天文训》指出："天圆地方，道在中央，日为德，月为刑，月归而万物死，日至而万物生。"②

所以，《周易·贲卦》虞翻注认为："日月星辰为天文也。泰，震春兑秋；贲，坎冬离夏。巽为进退，日月星辰，进退盈缩。……历象在天成变，故以察时变矣。"

日辰之会成为天地四时的最形象化展示，也是其文化本质的形象化凝聚，更是圣人和百姓效法的根据。《周易·系辞传》指出："是故易有太极，是生两仪，两仪生四象，四象生八卦，八卦定吉凶，吉凶生大业。是故法象莫大于天地，变通莫大于四时，县象莫大于日月。"③ 亦即《周易参同契》所谓："道犹御者，执衔辔，准绳墨，随轨辙。处中而制外，数在于历纪。月节有五六，经纬奉日使。"④

这种"处中而制外，数在于历纪。月节有五六，经纬奉日使"，并不仅仅突出太阳月亮的作用，而是太阳金华转相因——对生与环进的范式呈现。

太阳金华转相因规律是花婆信仰对永恒的建构与把握。它在回归花婆的"执古御今"的道纪的基础上，又拓展出一种"执今之道"，从而在历史与当下的贯穿之中，即在"守母存子"与"原始要终"的合一之中，真正地进入永恒。

那么，太阳是宇宙的中心，它具体怎样的呢？要了解这个问题，必须从那文化大量的射太阳神话入手。

壮族流传着诸多的射日神话。如柳江的《戳太阳》，寡妇用竹竿戳落了

---

① 农冠品：《壮族神话集成》，广西民族出版社2007年版，第186页。
② （汉）刘安：《淮南子·天文训》，华夏出版社2000年版，第54页。
③ 《周易》，《汉魏古注十三经》，中华书局1998年版，第52页。
④ （汉）魏伯阳：《周易参同契》，中央编译出版社2015年版，第4页。

11个太阳;都安的《特火请太阳》中特火射落了11个太阳;来宾的《太阳与月亮》是佛陀的9个儿子射落了12个太阳中的10个,受伤的太阳是月亮,还有一个完整的太阳;龙州的《公鸡叫太阳》是后羿射落了好多个太阳;[1] 忻城的射太阳则是射落了7个当中的6个。其他的还有南宁市与龙州县的《侯野射太阳》、巴马的《特光射太阳》、大新的《平义射太阳》、上林的《太阳、月亮和星星》、龙胜的《特康射太阳》、东兰的《郎正射太阳》、云南文山的《汉弘与素弘》[2],等等。所有这些神话传说都是在探索太阳与人类生存的关系。而壮族对太阳崇拜的核心,不在于天上,而是在对地中的探求。而求地中的方法就是金火相激而成就时中。最突出的是神话"侯野射太阳"。

侯野射太阳

最古的时候,只有一个太阳,后来雷公又造了十一个,天上共有十二个太阳。

太阳多了,白天热得像火烧,地上的水被晒干涸了。人们白天躲到岩洞里去,晚上太阳落山了,才出来找东西吃。地面上的树木枯萎了,禽兽剩下的也就不多了,人们的生活苦到了极点。

那时有个巨人,名叫侯野。他拉动十二丈长的弓,射箭又准又远,是个打猎的能手,人们很尊敬他。

由于十二个太阳晒得太狠,人们都对侯野说:"侯野啊,太阳这样狠,要采摘的树叶给晒干了,要猎取的禽兽被晒死了,连喝水也困难,我们活不成了,你替我们想个法子吧。"

侯野前思后想,想出一个办法:把十一个太阳射下来,留它一个,这样不太热,生物可以生长,人们就能生存了。决定之后,就上山去砍树木,做成一张最大最硬的弓,又制了十一支箭,准备去射太阳。

---

[1] 农冠品:《壮族神话集成》,广西民族出版社2007年版,第187—191页。
[2] 同上书,第303—313页。

第二天早上,侯野背起弓箭,朝着一座最高的山顶走去,傍晚时分才爬到山顶。那时十二个太阳一排挂在天边,阳光没有白天那么猛烈了,只发着淡红的光。侯野拿起弓,搭上箭,看准一个太阳,把弓张得像满月,"呼"的一箭,射个正中,第一个太阳被射穿了一个大窟窿,晃了几下,掉下来了。侯野又向第二个太阳射去,第二个太阳又着了箭,同样晃了几下,掉了下来。侯野一连射了十一个太阳。最后一个是留下来的,可是它给吓怕了,慌慌张张滚下海里去,再也不敢上来了。

太阳下海去了,天地又变成漆黑一团,呼呼的北风吼着,寒风刺骨,这和十二个太阳暴晒时同样使人不好受,众人又叫喊:"太阳啊,太阳啊!出来吧,我们没有你,活不下去呀!"

侯野心里也很焦急,马上召集众人来商量。大家认为除非去叫太阳回来,不然地上的一切都将死得干干净净。可是谁能到海里去叫太阳呢?人们说公鸡可以去,因为早上公鸡叫了太阳就出来。侯野便去问公鸡:"公鸡,你能叫得太阳出来吗?"公鸡说:"能,可是太阳已经躲到海里去了,要到海中心去叫才能叫它出来。我不会游泳,也不能飞,去不得。"侯野想:公鸡不会游泳,那么叫母鸭背它去不就成了。于是跑去问母鸭:"母鸭,你背公鸡到海中心去叫太阳好吗?"母鸭懒惰,不愿去,推说:"我不能去,现在正孵蛋呢。"侯野说:"为了救活大家,也救活你自己,烦你走一趟,孵蛋吗,我叫母鸡替你孵。"母鸭想偷懒,还推这推那,后来推不脱,只好答应。但又要求,从今以后,鸭子鸭孙只会生蛋,不再孵蛋。侯野答应了。(据说鸭子只生蛋,不孵蛋,是才这时候起的)

一切商量好了,侯野和众人抱起公鸡和母鸭,冒着严寒,在黑暗中跋山涉水,走到海边,把公鸡放在母鸭背上,母鸭背着公鸡游去。游到海中心,公鸡就鼓着翅膀,高声呼唤。公鸡不停地叫,叫了一天一夜,太阳才慢慢从海底升上来,光芒射到海面,射到地面,射到一切地方,风小了,大地也暖和了。

在海边等待的人们,一个个欢呼狂笑,从此天上只有一个太阳,热的时候不太热,冷的时候不太冷,暖和宜人。树木花草又重新开花结果,禽兽也渐渐繁殖起来。人们过着欢愉的生活。①

我们知道,后羿射太阳是流行于中华民族多个成员内共同的神话资源(见图5-10)。

图5-10 竞生中透着和谐的花园——后羿射日②

射日神话恰恰是中华文化对地中——与日相对的海中心的探求的神话化表述。《周礼·地官·大司徒》:

> 以土圭法测土深,正日景以求地中。日南则景短,多暑;日北则景长,多寒;日东则景夕,多风;日西则景朝,多阴。日至之景,尺又五寸,谓之地中。天地之所合也,四时之所交也,风雨之所会也,阴阳之所和也,然则百物阜安,乃建王国焉。③

求得地中即王,即所谓"土王地中",这正是我国古代"五行归土"的

---

① 农冠品:《壮族神话集成》,广西民族出版社2007年版,第304页。
② 冯时:《天文考古学》,中国社会科学出版社2007年版,第200页。
③ 转引自陆思贤《神话考古》,文物出版社1995年版,第157页。

思想的展现。如此,我们就理解了花婆被称为王的原因以及古骆越在大明山建立骆越王国的原因。

又,午作为交会,即天地人合于五行之土,即呈现为一天的时中。《仪礼·大射仪》:"若丹若墨,度尺而午,射正莅之。"注曰:"正方圜者,一纵一横曰午。"疏曰:"午,十字。"①

因此,求地中以显时中,有着十分重要的人文意义。

柳江的歌谣《戳太阳》,就是通过太阳纳甲而展现出天人竞生与共生的审美范式。

> 古时天宇低,彩云房顶过。
> 天离地很近,伸手摸得着。
> 古时太阳多,足足十二个。
> 晒得塘干涸,烤得地冒烟。
> 白日坐不安,夜晚睡不着。
> 汗水流成溪,汗水汇成河。
> 米峇舂谷米,娃仔背上驮。
> 太阳当头照,汗如大雨落。
> 米峇解背带,抱娃贴胸窝。
> 谁知娃断气,干得像煎馍。
> 布峇见娃死,心痛似刀割。
> 哭声震天地,愿死不愿活。
> 布峇怪妻子,妻子多难过。
> 乖娃被晒死,太阳是恶魔。
> 仇恨满胸膛,两眼喷出火。
> 米峇来发誓,要把太阳戳。
> 米峇拿碓杆,戳天天就破。

---

① 转引自陆思贤《神话考古》,文物出版社1995年版,第157—158页。

> 太阳像火球,纷纷往下落。
> 米峆戳太阳,戳到第十个。
> 惊动众乡亲,乡亲来劝说:
> "夜晚需要亮,白日需要光。
> 留个作太阳,留个作明月。"
> 太阳十二个,米峆戳十个。
> 两个轮流转,日夜照山河。
> 米峆戳太阳,人心皆欢乐。
> 花婆也感动,送来两朵花。
> 红花出贵子,白花生娇娥。
> 人类得繁衍,当记此传说。①

这种天干地支纳甲的方式,又进一步将宇宙星系纳入每个人的生命体系之中,表现出一种更为详密的对生与环进特质,即如《安花杂秘法不离身》所谓:

> 法师先收六贼凶日乃落昭前常用之法章是也,法师复存启请帝圣光临。万天星主在心,通下胞罗,中天大圣是两肾,合七元是两眼两鼻是也。九天卫房圣母(花王)在心顶,通肺鼻梁脑顶,下通胎顶生十二花果,先天太后在心,通脑顶,南唐正心,六国肝胆肺两肾脾……托花送花在两奶,托生送生在两肾……②

综上所述,花婆信仰对日月及三大辰的运用,表现出一种宇宙的整体视野。三大辰与日月归于花婆的节制,日月更是围绕着花婆运行,形成了宇宙与人以及古今的对生与环进图式(见图5-11)。

---

① 《中国歌谣集成·广西卷》,中国社会科学出版社1998年版,第21—22页。
② 许晓明:《接亲·安神·迎花》,李富强主编《中国壮学》(第四辑),民族出版社2010年版,第271页。

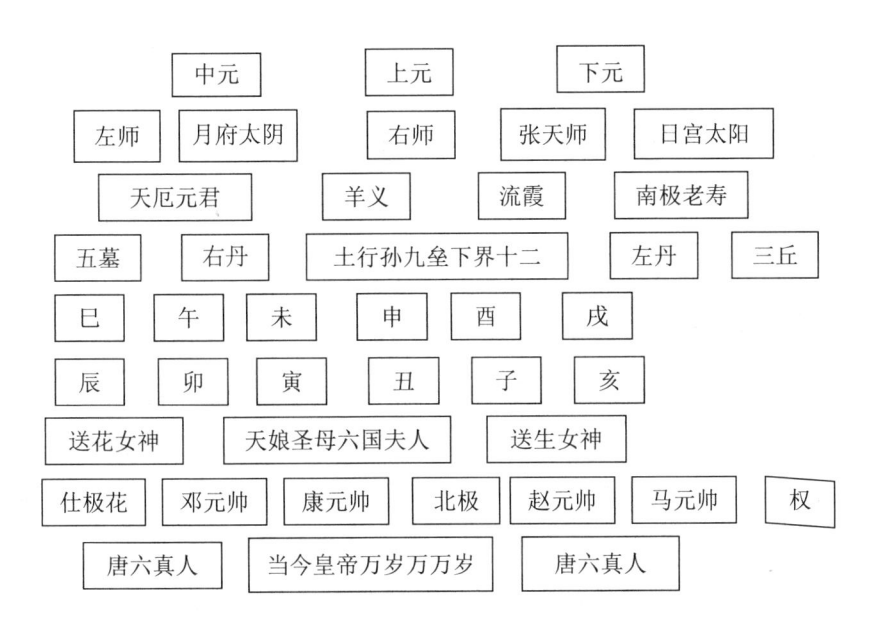

```
         中元            上元            下元
   左师   月府太阴   右师   张天师   日宫太阳
        天厄元君      羊义      流霞      南极老寿
     五墓   右丹    土行孙九垒下界十二    左丹   三丘
      巳    午    未    申    酉    戌
      辰    卯    寅    丑    子    亥
        送花女神    天娘圣母六国夫人    送生女神
     仕极花  邓元帅  康元帅  北极  赵元帅  马元帅  权
         唐六真人   当今皇帝万岁万万岁   唐六真人
```

图 5-11 马山县师公神画像的层级（现存广西艺术研究所）①

此即《周易参同契》所谓："日合五行精，月受六律纪；五六三十度，度竟更复始。原始要终，存亡之绪。"② 花婆信仰这种四时成岁，庶绩咸熙，即是通过天人对生而达成环进，即《史记》所谓"天人之际续备"。

总之，花婆信仰这种天干地支纳甲的观念本身，就是自然的本质呈现。即如黑格尔所谓：

> 结果自然界成为具有异在形式的观念。既然观念在这里表现为对自身的否定或外在于自身的东西，那么自然界并非只在相对意义上对这种观念来说是外在的，而是外在性构成这样的规定，观念在其中表现为自然界。③

马克思也指出：

---

① 转引自杨树《师喆公仪式信仰》，广西人民出版社 2007 年版，第 102 页。
② （汉）魏伯阳:《周易参同契》，中央编译出版社 2015 年版，第 19 页。
③ 转引自马克思《1844 年经济学哲学手稿》，人民出版社 2000 年版，第 118 页。

> 靠别人的恩典为生的人，认为自己是一个从属的存在物。……而如果我的生活不是我自己本身的创造，那么，我的生活就必定在我之外有这样一个根基。所以，造物这个概念是很难从人们的意识中排除的。人们的意识不能理解自然界和人的依靠的自身存在，因为这种依靠的自身存在是跟实际生活中的一切明摆着的事实相矛盾的。①

在这则神话里，太阳与人类处于对立的状态，既可以理解为自然灾害对人的危害，也可以理解为人在独立于自然环境之后的与自然环境对生。但不管是哪一种情况，有一点是肯定的，那就是不论是人在恶劣的环境下的劳动生产还是类的生产，其最终目的都是为无限繁殖建立基础。两种生产都推动人类从自然中独立出来，形成自我的生产序列，而这种序列慢慢地就会对自然序列挑战。在这一神话中人类的力量太渺小，她的工具也太简陋——碓杆，因此，对于处于主宰地位的自然的战胜就是一种想象性的解决之法。所以，这种竞生的范围是无法与资本主义时期的机械化相比拟的，但是，人类就是运用这种简单的生产工具，在无限的想象力的支持下，获得了生存，这中间就蕴藏着历史的真实。《周易参同契》指出：

> 太阳流珠，常欲去人。卒得金华，转而相因。……五行错王，相据以生。火性销金，金伐木荣。三五与一，天地至精。②

人类这种对太阳种群的控制策略，以及留下一个太阳来实现对人类种群的调控，都是这种生态位占有与协调规律的正向引导。其实，作为人与太阳的种间竞争，人类充分地展示了其种的生态习性、生活形态及生态幅度等多方面的内容，成为战胜自然灾害的自我确立与繁衍的讴歌。

人与自然的竞生与对生，即如康德所谓：

> 理性却具有一种特质，即是：它能借助于构想力来假造欲望，而不

---

① [德] 马克思：《1844年经济学哲学手稿》，刘丕坤译，人民出版社1979年版，第83页。
② （汉）魏伯阳：《周易参同契》，中央编译出版社2015年版，第180页。

仅没有一种以此为目标的自然冲动，甚至还违背这种冲动。这些欲望起初得到"贪婪"之名，但是透过它们，却逐渐有一大堆不必要的，甚至违反自然的爱好被编想出来，统称为"淫佚"。背弃自然冲动的机缘可能只是一桩小事；然而，这个首度的尝试之效果——亦即，意识到自己的理性是一种能力，能使自己扩展到羁束所有动物的界限之外——却是非常重要，并且对生活有关键性。……这就能够提供理性以最初的机缘，来刁难自然之声，并且不顾自然的反对，首度尝试去作一次自然的选择……他发现自己选择一种生活方式，而不像其他动物一样，被唯一的生活方式所拘束。①

并且：

在他与那个想象的福地之间，却横亘着永不休止而又不可遏制地驱使他所禀受的能力去发展的理性，并且这种理性不容许人回到粗野与纯真的状态——它曾将人从这种状态引出来。②

正是在花婆支持下的米咨——人类的再生产，在吸收了生产过程的同时，并没有改变生产的目及其产品的单位、地位与生产者。这一点与资本主义时期的生产大为不同。资本主义再生产在获取剩余价值的同时，吸收了生产过程并改变了生产的目的、产品的地位与生产者本人。尤其是当代，资本主义再生产的归途在于马克思所谓资本的意外开支之上，即这种再生产回归到了时尚、媒体、广告业、信息通信网络等之上，亦即资本主义再生产落脚于拟象与代码之上，借此来完成资本过程的统一性。于是，花婆信仰里的技术没有被视为传统政治经济学的生产力，而仅仅是中介，是生成新意义的原则和形式。因为，技术关注产品的大规模的复制，这种再生产结束了产品的"启示"作用，也结束了劳动力本身的参与性与创造力。并且，这一过程就将

---

① [德]康德：《康德历史哲学论文集》，李明辉译，联经出版事业公司2002年版，第76—77页。
② 同上书，第81页。

"启示"定在了再生产本身之上，而认定生产是没有意义的，生产的社会终极性在大规模系列产品的复制中丧失了。这样的结果，推动拟象跨越了历史障碍，成为符号繁殖的主流。而人类历史告诉我们，生产的社会终极性才是真正的人类挺立的根本，在这一意义上，古今的文化追求，也处在一种竞生与对生的境遇之内。

而竞生始终是对生的一种手段与方法。上升到方法论意域，太阳与花婆的对生又是导向中和的必由之路。王夫之《张子正蒙注·太和篇》指出：

> 人物之生，皆缊缊一气之聚伸，虽圣人不能有所损益于太和。而二气既分，吉凶善不善以时位而不齐。圣人贞其大常，存神以御气，则为功于变化屈伸之际，物无不感而天亦不能违之。[1]

太阳运行的时间点的开端，是从冬至开始的。《易纬·通卦验》指出："正此之道，以冬至日始。"[2]

花婆与日月互动其推动了花王成圣的进程，即王夫之《张子正蒙注·参两篇》所谓：

> 太和未分之前，初得其精者，日月也。阴阳成质以后，而能全其精者，人也。人之所以继天立极，与日月之贞明同其诚而不息，能无丧焉，斯圣矣。[3]

于是，花婆信仰这种思维方式，就解说了"土王地中"为纳甲之本的文化之根源。

综上所述，花婆—玄牝作为审美的认识论意义，始终展现出经验对象必须通过先验而成为经验对象的依生与回归之镜。康德认为：

---

[1] （清）王夫之：《船山全书》卷十二，岳麓书社1996年版，第44页。
[2] 徐庭芹：《易经五行灾异说》，中国书店2011年版，第168页。
[3] （宋）张载：《正蒙》，王夫之注，上海古籍出版社2000年版，第104页。

先验概念是否也作为（对象的一切知识的）前提条件而先行呢？在此（先验概念）条件下，某物虽不被直观，却可以作为一般对象被思想；（关于）对象的一切经验知识之所以必然地符合（遵循）这些先验概念，是因为没有这些先验概念作为前提，任何东西都不可能成为经验的对象。于是，一切经验，除了感性直观（事物通过它而被给予）外，还包含某一对象（在直观中被给予或在直观中显现出来的一个对象）的一个概念。因此，（关于）一般对象的诸概念作为先验条件也就成了一切经验知识的根据。于是，作为先验概念，诸范畴的客观有效性是建立在这一个基础上，即经验（就其思想的形式方面而言）只有通过这些范畴才是可能的。这些范畴之所以必然地先验地关联到经验的对象，这是因为只有借助于它们，经验的任何一般对象才能够被思想。①

当花婆信仰中的人成为域中笼括四大的玄牝之时，就正是自我潜能的全面实现之时。所以，当我思意识到自己、思想着自己的时候，它表现为一种独立自主性，故而我思本身就是起源性的。而在被我思笼罩的世界里，一切表象都是我生出来的，与我有着必然的联系。这才是玄牝的核心意义。

同时，花作为一种表象，它具有可判断性。也就是说，花不仅可以作为那文化自我设定性特征，也是在与族内人、其他人的交往中作为一种设定性而呈现的；花作为表象，可以通过想象与判断的肯定性和否定性结合在一起，具有可鉴赏性。并且，任何一个判断都必须以一个表象为前提。而作为族群整体表象的花，在这一意义上，花就是玄牝。在那文化历史中，花这一表象与判断构成了一个属质性（Qualitaetsgattung）。正如胡塞尔指出的那样：

在我们看来，质性与质料是一个行为的极为重要的、因而永远必不可少的组成部分，所以，尽管这两者只构成一个完整行为的一个部分，我们把它称为行为的意向本质仍然是合适的。②

---

① 转引自黄裕生《真理与自由》，江苏人民出版社2002年版，第160页。
② ［德］胡塞尔：《逻辑研究》第二卷第一册，A392/B417。

在花婆信仰里，质性就是那种使表象成为表象，意向成为意向的东西，亦即内在规定性。质料就是胡塞尔所谓的在某种程度上为质性奠基，亦即不会因质性的不同而变化的给对象立义的意义。而质料包含在行为之中，它"赋予行为与一个对象的联系，而这种联系是一种得到完善规定的联系，以至于质料不仅确实地规定了整个对象，而且还规定了对象被意指的方式"①。

在这一意义上，花作为表征生态审美的最初质料与质性，称之为玄牝，是理所当然的了。而对花的质性的判断，以及对于与花有关的所有表象的判断，都具有一种共性，这种共性就是花的质性。而花的质料可以单独地规定称谓行为的统一和陈述行为的统一。所以，花的质性与质料共同构成了壮族的意向本质。这意向就是现象学美学的内时间的本质。而花生人与人归花，都是世界与人的时间本质的彰显。因此，对花意向本质的鉴赏与判断，就通向信仰的境域。或者说，包括对花的鉴赏在内的各种判断共同构成的花婆信仰。

埃伦·迪萨纳亚克《审美的人》指出：

> 仪式庆典中固有的程式化为人类在整个历史中体验艺术提供了重要的契机，而这些艺术本身是重要的集体信仰和真理必不可少的饱含情绪的强化刺激。在把这些当作太烦琐或太过时的东西抛弃之时，我们也就失去了艺术对生活的中心地位。于是，我们也就取消了古老的、自然形成的和经过时间检验的那些理解人类生存的方式。在整个人类历史中，艺术就是作为塑造和美化我们生活中重要而严肃的事件标示出来的过度和超常的手段，我们放弃的与其说是我们的虚伪，还不如说是我们的人性。②

所以，花婆作为神圣始祖通过对壮族艺术世界的审视而成为一切肯定性和否定性的源泉。并且，不论是对万物的肯定、"控制"，还是对人的时滞的

---

① ［德］胡塞尔：《逻辑研究》第二卷第一册，A390/B415。
② ［美］埃伦·迪萨纳亚克：《审美的人》，户晓辉译，商务印书馆2004年版，第200页。

超越，都表现出花婆是壮族否定之否定的艺术辩证法的展示。通过这种艺术辩证法，万物作为否定之否定的时间之点，才能够在真正意义上成就自己：

> 在否定之否定中（亦即在"点之可能成为点"之中），点自为地建立自己并从而脱离现存的漠不关心状态。作为自为建立起来的点，点便区别于这一点与那一点，它就不再是这一点并还不是那一点。①

于是，花婆信仰通过花婆与三大辰及日月的互动，建构了那文化世界—历史—时间，它既必须为绝对性概念的功能的外化，又有一个永远现身在场的存在—神性—自我—历史—逻辑的生态元点的建构。其实，在此视野中，时间被赋予万物自我成就的原因与始基乃至归宿等意义。于是，万物的现在，作为一个时间点，展现的是海德格尔所谓的"绝对当前"（Gegenwart）。亦即，时间成为一种具有否定之否定功能的艺术辩证法。

因此，花婆信仰的时间指向的"天地之大德曰生"的生态理念，正如《太乙数统宗》所指出："一宫乾，太乙初判，引一函三，乾为天首，太乙之数行焉""三阳交泰，万物咸始，大德施生。"②

在花婆信仰以花为核心、总汇的生态进化系谱轴的形成与演化历程之中，从单一物质的引进，到四时全具，形成了人与世界的完整的对应方式，以及世界的全体呈现。然后，再到各种动物生命体的纳入，形成了一个完整的带有物质意义域的生命体世界。接着，不同民族对花的认同，构建了壮族社会共同体，再发展到对儒释道文化的纳入，拓展了花婆信仰的意识空间。这样，就使得：

> 流动中的意识生活在一种隐蔽的连续体综合中，按照一种严格的本质规律性，作为在时间上存在的体验而自为地构造起自身。在这里开启

---

① ［德］海德格尔：《存在与时间》，陈嘉映译，生活·读书·新知三联书店1987年版，第504页。
② 转引自冯时《中国天文考古学》，中国社会科学出版社2007年版，第305页。

了对意向性本质以及对其建构一些蕴涵的诸方式的全新洞察。①

花婆信仰表明，从最原始的或超语言学的单纯的自然物质态与人类思维习惯，走向了注重分析、描述的元语言学状态，即这种语言学跨越了单纯语言符号的包打天下的局面，从单纯的符号思想走向了语言的一般范畴，以花为核心建构了一整套的语言学符号体系。因此，花婆信仰以花为总汇，就表明人类在实施了对所有超越的有效性的彻底排除的方法之后，完成了对从纯粹现象学上理解的心理学上的主体性和超越论的主体性的原则性的对照过程。

---

① 转引自倪梁康《胡塞尔〈内时间意识现象学〉译后记》，《内时间意识现象学》，商务印书馆2009年版，第473页。

第六章　日辰纳于甲与回归始源的中和之美

花婆信仰中，三大辰与日月是一种对生与环进的关系。辰系于日乃是那文化一种文化网络建构的重要规则。同样，日月纳甲也作为具有对生性的世界运行规律之一（见图6-1）。

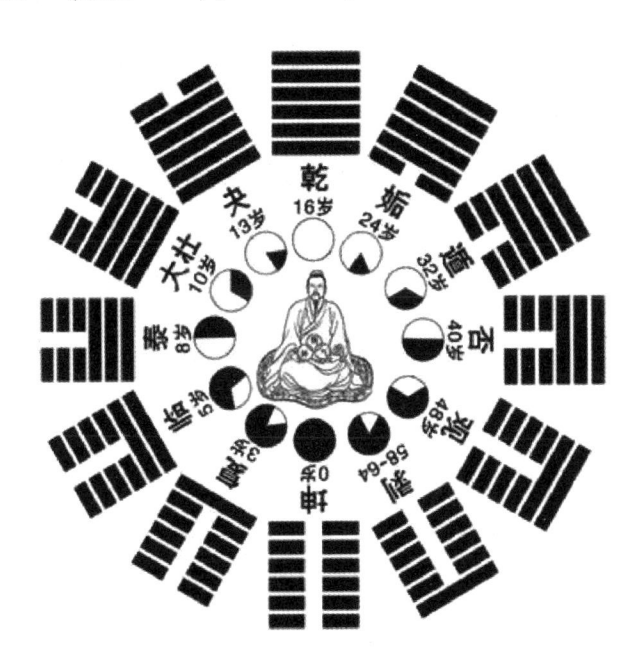

图6-1　日月纳甲

宋代汉上《京氏易传》卷下：

> 何谓纳甲也？举甲以该十日也。乾纳甲壬，坤纳乙癸，震巽纳庚辛，坎离纳戊己，艮兑纳丙丁，皆自下生。圣仰观日月之运，配以坎离之象，而八卦十日之义著矣。

沈括《梦溪笔谈》：

> 易有纳甲之法，未知起于何时。予尝考之，可以推见天地胎育之理。乾纳甲壬，坤纳乙癸者，上下包之也。震巽、坎离、艮兑纳庚辛、戊己、丙丁者，六子生于乾坤之包中，如物之处胎甲者。①

那文化的日辰纳甲，有其神话学的依据。壮族宗伏羲，伏羲乘六龙而将日月合一形成六十花甲的过程：

中楼圣母

> 壮族师公信奉之神，又叫"花林婆"。昔凡生小孩是都要请命理先生来推八字，用六十甲子算出年月日时所属的金木水火土，如甲子年生人属海中金，故乃为金命，土才能生金；如果月日时不属土，就为命缺土，要请师公来栽命补粮，用红纸剪十枝红花，又用红纸剪一排十个纸人，煮四个红鸡蛋放入其中。师公打卦念诗必先请中楼圣母。②

日辰纳于甲即如上沈括所言，其实就是宇宙——生命孕育的消息的呈现过程与规则。魏伯阳《周易参同契》指出："君子居室……顺阴阳节。藏器俟时，勿违卦月。……按历法令，至诚专密。谨候日辰，审察消息。"③

也就是说，只有在一个宇宙—时间网络化的世界里，我们才能真正地确立自我，也才能整生化地实现自我乃至宇宙的潜能。

---

① 以上转引自梁韦弦《惠栋〈易汉学〉评解》，黑龙江人民出版社2010年版，第116—117页。
② 《中国各民族宗教与神话大词典》，学苑出版社1990年版，第758页。
③ （汉）魏伯阳：《周易参同契》，中央编译出版社2015年版，第90页。

第一节　洞天福地与爻辰纳甲

三大辰归于花婆的最显著的特征,就是以"洞"表征,从而展现出花婆的"土王地中"的特征。下面从两个方面予以论述。

一　洞天隐喻与回归始源之美

前述神话中,花婆的生殖器就是岩洞,它成为生我之门、死我之户,即玄妙之门。

> 相传,姆六甲是一位造天造地、造人类和造万物的女神。她吹一口气,升到上面便成了天空;天空破漏了,抓把棉花去补救成为白云。天空造成了,她发现天小地大,盖不住,便用针线把地边缝缀起来,最后把线一扯,地缩小了,天能盖得住了。然而地又不平了,大地边沿都起了皱纹,高突起来的就是山,低洼下去的就成了江河湖海。她没有丈夫,只要赤身露体地爬上高山上,让风一吹,就可以怀孕,但孩子从腋下生下来。她见地上太寂寞,便又造了各种生物。她的生殖器很大,像个大岩洞,当风雨一来,各种动物就躲进里面去……①

岩洞是壮族的始源,是关系到生死的源泉与表征,更是归宿。这在历史上表现为两种现象。

第一种,岩洞是壮族先民最早的栖身之所,故壮族回到岩洞,就是回家,它是一种远古生存之道的记忆及其艺术化。

壮族的男始祖就住在岩洞里。《布洛陀造天地》:

> 洛陀山连绵起伏,树高林密,溪水淙淙,百鸟争鸣,百花竞艳。山

---

① 蓝鸿恩:《广西民间文学散论》,广西人民出版社1982年版,第24—25页。

脚下一个精巧的岩洞里，住着一位胡子花白的老头子，这就是壮族三王的布洛陀。[1]

壮族有一支自称为"布壮"，布为人，壮即爽即岩洞，即自命为居住在岩洞里的人。

壮族远祖柳江白莲洞人、桂林甑皮岩人以及后来史书所载的壮族多住岩洞。《隋书·南蛮传》载：

> 南蛮杂类，与华人错居，曰蜑、曰儴、曰俚、曰獠、曰㲠，俱无君长，随山洞而居，古先所谓百越也。

诗文中对那文化岩洞及其作用也多有记载。唐李商隐《昭州》诗云：

> 桂水春犹早，昭州日正西。虎当官道斗，猿上驿楼啼。
> 绳烂金沙井，松干乳洞梯。乡音殊可骇，仍有醉如泥。[2]

宋代乐史《太平寰宇记》：

> 宜州江山险峻，人民旷戾……礼异俗殊，以岩穴为居止。

广西诸山洞结构尤为复杂，多层次。绝胜者多为三层，也为花婆一分为三的神话逻辑奠定了地理基调，如兴安的乳洞、武鸣的山洞以及范成大所记的桂林佛子岩。

宋代刘克庄《乳洞》诗云：

> 千峰梦里尚崔巍，
> 不记青鞋走几回。
> 天恐锦囊犹欠缺，

---

[1] 蓝鸿恩：《壮族民间故事选》，上海文艺出版社1994年版，第1页。
[2] 樊平：《历代桂林山水风情诗词400首》，漓江出版社2004年版，第44页。

又添乳洞入诗来。

樊平注：

乳洞，又名乳洞岩，在桂林市兴安县城南董田村的蟠龙山上。岩由三洞组成，下为喷雷洞，面积约3000平方米，泉水自洞壁流出，溢为玉溪，将洞厅切割为二。溪南有石乳凝成的大小、深浅、高低不一的水池，称龙田，清泉漫流而下，形成"龙田吐珠"。而当春夏水涨，溪流喷急，则轰响如雷。中为驻云洞，高出地面20米，面积约328平方米。洞内平阔干爽，有清康熙间观音雕像6尊。洞外则雾气腾腾，烟云缭绕，呈"乳洞驻云"奇观。上为飞霞洞，高出地面40米，面积5428平方米。分前后厅，有天然石屏间隔。前厅有晶莹洁白的钟乳石两块，称"景阳双钟"。后厅石乳姿态万千，斑斓如霞。乳洞岩唐宋时即为游览胜地，有"绝胜南州""湘南第一洞"之誉。[1]

范成大《桂海虞衡志》记载：

余外邑岩尚多，不可皆到。兴安乳洞最胜，余罢郡时过之，上中下亦三洞。此洞与栖霞相甲乙，他洞不及也。阳朔亦有绣山、罗汉、白鹤、华盖、明珠五洞，皆奇。又闻容州都峤有三洞天，融州有灵岩真仙洞，世传不下桂林，但皆在瘴地，士大夫尤罕到。[2]

范成大《兴安乳洞有上中下三岩，妙绝南州，率同僚饯别者二十一人游之》一诗描述了那文化族群栖居乳洞的胜景：

山水敦素好，烟霞痼奇怀。向闻乳洞胜，出岭更徘徊。
雪林缟万李，东风知我来。华裾绣高原，故人纷后陪。

---

[1] 樊平：《桂林山水风情诗400首》，漓江出版社2005年版，第146页。
[2] （宋）范成大：《桂海虞衡志》，广西民族出版社1984年版，第5—6页。

系马玉溪桥，嵌根豁崖嵬。荡荡碧瑶宫，冰泉漱墙隈。
芝田溉石液，深畦龙所开。丐我一掬悭，颏此炎州埃。
仍呼轮袍舞，醉倒瑞露杯。但恐惊山灵，腰鼓轰春雷。
薪翁杂饷妇，圜视欢以咍。兹岩何时凿，阅世几劫灰？
始有此狂客，后会真悠哉！南游冠平生，已去首犹回。
岁月可无纪，三洞俱磨崖。会有好事者，摩挲读苍苔。①

所以，洞通为一，是中华文明"洞天福地"的重要理念。刘安《淮南子·诠言》认为："洞同天地，混沌为朴，未造而成物，谓之太一。"② 这种艺术表征，是道教的洞天理念与栖居现实合一的生态美学呈现：洞（岩洞）—峒（峒弄——生产的区域）—洞（族称）—洞天—壶：栖居即世界的全部。

故宋代李师中将岩洞视为天门，其《留题龙隐岩》诗云：

过江缘磴寻溪垠，隐然绝壁天开门。
传云此处昔龙隐，阴岩凛凛犹疑存。
风云已与时会变，苔藓尚迹初潜痕。
嗟余出处不自重，遇事轻发难为神。③

幽洞意象一直以来证明那文化区人民对于神灵的依赖关系。同时人间是神灵依托的表征，它现实地化为壮族的居住单位——洞——峒。上林县保存的唐代《智城碑》指出"洞"的作用："千溪万壑，积涧幽阻。攒峰磊砢，神化攸归，灵祇是托。"

如此，广西的山洞就都具有开辟的元气，故多有命名为"玄""元"的。例如，宋代黄应武咏南溪山元岩的《念奴娇·元岩》词云：

乾坤开辟，桂林有元气，自来融节。石磴盘空行木杪，天柱屹然中

---

① 齐治平：《桂海虞衡志校补》，广西民族出版社1984年版，第76页。
② （汉）刘安：《淮南子》，《诸子集成》（七），中华书局1960年版，第235页。
③ 樊平：《历代桂林山水风情诗词400首》，漓江出版社2004年版，第66页。

立。窟宅幽深，泉源清远，不是灵神孼。潜通后洞，张刘万古遗迹。

输我长剑凌虚，六尘尽扫，银海清风知得。唤起白龙，护持飙驭，稽首朝金阙。山灵欢喜，紫云已在诗壁。①

洞即花婆，其中隐龙藏斗，如龙隐洞与七星岩，说明岩洞——花婆是世界的核心与全部。不仅如此，中国古代的四神兽——四象，表现在壮族的宗教仪式中也是以花婆——虎为中心的，如上林县师公"散花"仪式中的凤与龙都是以白虎为中心的（见图6-2）。

图6-2　上林师公绣有龙虎凤的三开的围裙②

在这里，花婆信仰展现了参宿、大火星和北斗以及日月的对生与环进的规律：

以金为堤防，水火乃优游。金数十有五，水数亦如之。临炉定铢两，五分水有余。二者以为真，金重本如初。其三遂不入，水二与之俱。三

---

① 樊平：《历代桂林山水风情诗词400首》，漓江出版社2004年版，第155页。
② 杨树喆：《师公仪式信仰》，广西人民出版社2007年版。

物相含受，变化状若神。下有太阳气，伏蒸须臾间。先液而后凝，号曰黄舆焉。①

所有这些，还表现出那文化日月纳于花婆的文化关联性。在这里，花婆的神职同于九天玄女。《上清元始变化经》指出："玄母则化形为人头鸟身，口衔日月。"又，那文化九天玄女与花婆在神职上趋同于西王母："高上元始皓灵九天大空祖宗西王母实九灵之气，混西金之魄，炼日月之辉。封掌龟玄，总领玄录。"②

如此，花婆信仰的洞喻，就展现出自我意识的超验统一性（Die Transzendentale Einheit），成为先验知识的可能性与源头的特质：

> 直观的一切杂多与处于在同一个主体中的我思有必然的关系。但是，（我思）这一表象是一种主（自）动性的行动，也即说，它不能被视为是感性的。我把（我思）这种表象称为纯粹统觉（Die Rein Apperzeption）（以区别于经验的统觉），或者称为本源的统觉（Die Ursprungliche Apperzeption），因为它是这样一种自我意识（Selbstbewusstsein）：当它产生"我思"这一表象——这一表象必须能够伴随有（贯穿于）其他一切表象，并且在所有意识中保持为同一者时，它不能再从其他表象中产生出来。本源统觉的这种统一性，我也称之为自我意识的超验统一性（Die Transzendentale Einheit），以便根据它来说明先验知识的可能性。③

正是这种本源统觉的先验统一性，揭示出黑格尔《小逻辑》指出的那种自我的源始统一性：

> 自我乃是那原始的同一性……凡是与自我的统一发生关系的事物，

---

① （汉）魏伯阳：《周易参同契》，中央编译出版社2015年版，第127页。
② 转引自王家祐《彭山道教铜印与道教养生》，《道家文化研究》（第七辑），上海古籍出版社1995年版，第295页。
③ 转引自黄裕生《真理与自由》，江苏人民出版社2002年版，第176页。

都必须受我的影响和融入其中。自我犹如洪炉烈火,吞并消融那散漫的杂多感性而将它融为一体……纯粹统觉被康德认为……是将外物自我化的动力。一切人类的努力的趋向是去理解这个世界,适应并宰制世界,为此目的,世界的积极的实在必须好像被打碎砸烂,换言之,加以理想化。同时我们得注意,并不是我们个人的自我意识的活动,使感觉的杂多导致一个绝对的统一,毋宁说,这同一性即是绝对自身。①

花婆作为圣母即绝对自身,洋溢出一种壮族追求通过朝圣而实现潜能的诉求,从而展现出壮族的宇宙本体认识论。在这种宇宙本体论的指导下,就可以尽性至命。亦即,在天地人和的时中境界之中,最终突出了人在宇宙中的意义。由天而人,人天相反相生,正是对生与环进的美学发生范式的呈现。熊十力指出:

> 圣学本不反知,却须上达于证解之境;本不遗物,却须由万殊以会入一本。夫穷理至万化根源处,至真至实,而万德皆备。无封无畛,而万有资始。此理之在我者,亦即在天地万物者也;其在天地万物者,亦即在我者也,是故谓之一本。即此一本,在吾人分上言,便名为性。穷理至此,已知吾人自性即是天地万物之性,天地万物即是吾人自性。……
>
> 已说尽性,今谈至命。命者,吾人与天地万物共有之本体。至者,还复义。吾人有生而后便为形骸所拘,迷执小己,日益堕没,遂至亡失其本来与天地万物共有之本体,即与天地万物互相对峙。佛说,人间世为苦海,三界为火宅,其故皆在此。人生不能复返其本命,释迦氏亦见及此,而兴大悲,有反人生之希愿,是则流于宗教感情。孔子却不如此,其学在由穷理而归本尽性。尽性工夫做到无亏欠,即已还复其本命,譬如游子还至其家,得大安稳,何用反人生为学至于尽性至命,方是究竟

---

① [德]黑格尔:《小逻辑》,贺麟译,商务印书馆1962年版,第133页。

位。然已至此位,还须加功,永不退转,《易乾》之《象》曰:"君子自强不息"。①

所以,在中国文化的世界里,花婆作为壮族的本体表征,不是停止与凝固的,而是处于永恒的变化之中。正是通过花婆信仰拟设的对生与环进的生态美学发生范式,目的是达成世界、社会、人类的可持续发展。

这种可持续发展范式,可作为对本体绝对单一化错误的纠正,即熊十力在《体用论》中所谓:

> 从来哲人谈本体,大都犯一种错误,皆以为本体是绝对的。……余敢断言,本体是具有生命、物质种种复杂性,不可任意想而轻断定其为单纯性。千变万化之大源倘是单纯性,则其内部本无分化的可能,云何成变化,云何有发展?②

岩洞喻作为花婆信仰的审美统观表象,在那文化以花为圆心的生态进化系谱轴及其审美场的形成历程中,表明了这样一个美学原理:尽管经验性直观在感性中被给予出来的方式可以先行撇开,但直观杂多必须先于且不依赖于知性综合而被给予出来。这是生态进化系谱轴形成的首要条件,也说明物质性是先验综合的基础与前提,更是范畴的发挥其认识作用的前提。因为,如果没有范畴对与自己不同的东西(直观杂多)的对象化综合,范畴就会失去意义,认识直观杂多也就不可能了,知性对于自我也就一无所知。于是,以花婆——岩洞为隐喻的壮族生态进化系谱轴乃至其整个宇宙的构建,建立于直观杂多的统一,就没有蹈空的失误。这恰恰是符合现代性的物质思想的追求,又可以是生态危机前提下的神与物游得以实现的前提。而在认识论意义上,花婆信仰展现出的知性只能通过范畴才能实现先天的统觉统一。这就对范畴的适用范围也做出了明确的规定,对其作用方式也做了具体的说明,

---

① 熊十力:《原儒》,中国人民大学出版社2006年版,第22页。
② 熊十力:《体用论》,中华书局1984年版,第172—174页。

对其正当的权力给予了彰显，也可促进范畴客观效力的客观演绎的完成。这就表现出古老的民族生态智慧的生命性所在。

另外，岩洞是人的归宿。自古至今，岩葬是壮族安葬主要方式之一。而后世的金坛葬就是岩葬的一种衍续。

岩洞葬遍布广西的平果、隆安、大新、龙州、崇左、东兰、柳江、永福、全州、武宣、来宾等市县。

凌云岑氏墓群中岑云汉葬于岩洞，距地表高50米。刘锡蕃《岭表纪蛮》："凌云岑氏祖墓在半山石岩间，每逢清明，其子孙必祭于塔下。"① 典型的有东兰苏仙岩洞葬。它位于东兰县大同乡坡壕村苏仙山西面，红水河崖壁上，有两处岩葬，展现出壮族对花婆岩洞的回归。刘锡蕃《岭表纪蛮·编后余墨》记载：

> 东兰县属都彝区波豪乡，有名苏仙村者，在红河之右岸。村畔一山高耸，山半悬岩间，离地约五丈，有岩洞一穴，人迹所不至，而有两棺平置洞口，望之严焉。

其1号洞为上中下3个洞。洞距水约50米，三洞相通。中洞无棺材，上下两洞摆满棺材，以上洞为最多。葬式一次葬、二次葬均有。

壮族这种葬式，其实蕴含着壮族的生命轮回观。岩洞为生地，也为死地，为玄牝。对岩洞的讴歌，就是对生命流程的艺术赞礼，更是那文化生态审美的回生与环生范式的呈现。

那文化在选择岩洞的时候，往往选择那些具有三层或三洞相连的岩洞，从而展现岭南民族葬制与神话的三界相对应的特征。如上述武鸣之洞、兴安乳洞等三层洞，就与三元意义具有类比性。

更进一步，作为空间的岩洞——生态场之一，在作为那文化人生的回归意义的同时，本身有着对死的扬弃的特征。或者说，岩洞具有时空合一性生

---

① （民国）刘锡蕃：《岭表纪蛮》，商务印书馆1934年版，第173页。

发出的欷平生死作用：

> 空间就是这种自身具有否定的矛盾，但这种否定却分裂为许多漠不相干的特殊存在。由于空间仅仅是对其自身的这种内在的否定，所以，空间的真理就是其各个环节的自我扬弃。现在时间正是这种持续不断的自我扬弃的存在，所以在时间中点具有现实性。从空间中产生了差别，这就意味着空间不再是这种无差别性，空间在其整个非静止状态中是自为的，不再是无能为力的、停止不动的。这种纯量，作为自为地存在着的差别，就是潜在地否定的东西，即时间；时间是否定的否定，或自我相关的否定。在空间中的否定是对他物的否定；所以在空间中否定的东西还没有得到它应当得到的东西。在空间中，面虽然是否定的否定，但就其真理而言，则不同于空间。空间的真理性是时间，因此空间就变为时间；并不是我们很主观地过渡到时间，而是空间本身过渡到时间。①

可见，花婆信仰既展现了那文化天地开辟的演化历程，也展现了返本归根的"原始要终"的生命—历史历程。这种回归，正是对始源意义的揭示。《荀子·礼论》指出：

> 礼有三本：天地者，生之本；先祖者，类之本；君师者，治之本。无天地恶生？无先祖恶出？无君师者恶治？三者偏亡焉，无安人。故礼，上事天，下事地，尊先祖而隆君师，是礼之三本也。故王者天太祖，诸侯不敢坏，士大夫有常宗，所以别贵始。贵始，得之本也。②

花婆信仰以岩洞喻善终得始，就是天地之大德曰生的逻辑呈现，就会生生之谓易，使生命与世界进入可持续发展之域。

蔼理士《性心理学》指出：

---

① ［德］黑格尔：《自然哲学》，梁志学译，商务印书馆1980年版，第46—47页。
② （战国）荀况：《荀子》，辽宁教育出版社1997年版，第89—90页。

生殖之事，造化生生不息的大德，原始的人很早就认识，是原始文明所崇拜的最大一个原则：原始人为了表示这种崇拜心理，设有种种象征，其中主要的一个就是生殖器官本身。①

那文化对岩洞作为生殖器而神化为玄妙之门的崇拜，其实是道法自然的一种表征。即支道林《大小品要钞序》所谓："夫物之资生，靡不有宗，事之所由，莫不有本，宗之与本，万理之源矣。本丧则理绝，根朽则枝倾，此自然之数也。"

岩洞作为万物宗本与源头，在美学意义上就是主客体的对生与环进的艺术化：

客体的形成意味着事实的协调，在客体永久性的感知运动初期，这是很明显的，并伴随着有助于寻找被屏蔽遮盖的事物的位置、连续性等作用。但反过来说，与一个格式体系有关联的事实只有当能表达物体的属性或作用时，方才能获得能把它与一个可观察事实区分开来的扩展意义。因此，人们能把客体当作与同一个基础有联系的事实的综合，把事实当作在物体间或内在于其中的一个物体的关系和作用的表达（但在这种情况下，伴随着相对于其他对应的可能对应）。②

于是，在这种认识的一贯性的连续作用下，花婆作为：

所谓的"事实"在形成最终的解释理论体系的等级体系中是处于最初级阶段的。这种初始的认识并不是知觉观念，而是在一定的"格式"之中的对客观影响的"同化"活动的产物。这种"同化"是主客之间的相互作用，是主体把经验性的内容同化为自己的主观的思想形式。同化的格式并不是一成不变的，而是可以通过调节活动来变化和创新的。这种内在的调节之所以可能，是因为主体在认识世界时的主观能动性的作

---

① ［英］蔼理士：《性心理学》，潘光旦译，生活·读书·新知三联书店1988年版，第68页。
② ［瑞士］皮亚杰：《发生认识论》，王宪钿译，商务印书馆1981年版，第23页。

用。同化和调节功能结合起来就是适应过程。[①]

这种将岩洞作为始源与回归的逻辑系谱学表明，审美认识论发生的先验逻辑将一切发生的意义与可能性奠基在经验的明见性之上，尤其是，在探讨历史中的人的生成的时候，将作为经验的人——历史的对象与主体的最初与最确切的意义，定义为与"个体之物"的直接关系。这一点，也确定了花之所以可以成为最初的女人乃至最后可以成圣的所有逻辑原理。

同时，在人的自然化——对象化的历程之中，一切从个体之物作为背景之中发出刺激作用的东西，从一开始就具有了某种可以清晰地意识到的对象性理解，这种理解就是作为知识取向的可能基底而被理解的。于是，这种理解就使得未知性在任何时候都同时是作为一种已知性模态而实际存在的。这就为壮族打开世界之门奠定了知识论的基础。也可以这样来表述：花婆信仰中的对象化就成了一种自我的主动性（能动性）彰显。

这种三大辰合于花婆的内外合一的对生与环进，即《周易参同契》所谓：

> 金入于猛火，色不夺精光。自开辟以来，日月不亏明，金不失其重，日月形如常。金本从月生，朔旦受日符。金返归其母，月晦日相包。隐匿其匡郭，沉沦于洞虚。金复其故性，威光鼎乃熺。[②]

综上所述，那文化用岩洞意象隐喻着将三大辰——龙火、参宿、北辰都归于花婆，天地人也归于花婆，其实是"巡行六甲"，子母相求，最终达成了天人合一的整生境界，即《淮南子·天文训》所谓"八合天下"。

《淮南子·天文训》指出："数从甲子始，子母相求，所合之处为合，十日十二辰，周六十日凡八合……"至此，花婆乘龙而起于青龙，乘斗而运天，口衔日月而守时，最终进入中和之美的玄域。亦即，经过一周天，又回到析

[①] 张昌盛：《理念、意义与科学真理》，博士学位论文，中国社会科学院，2006年，第35页。
[②] （汉）魏伯阳：《周易参同契》，中央编译出版社2015年版，第159页。

木之津——震出万物，花开结果，子嗣殷殷，而入黄钟之律——中和之声。即《汉书·律历志》所谓："协之五行，则角为木，五常为仁，五事为貌。商为金为义为言，徵为火为礼为视，羽为水为智为听，宫为土为信为思。"

故冬至子协黄钟、协五行为中孚卦，孚为信，为土，为黄泉，循环对应于冬至。中即中和，即中和之色——黄色。故汉代孟喜认为："自冬至初，中孚用事。"

花为总部的理则进一步表明，壮族解决了个体与那种有关"无形式的形式"相互联系的基础与中介问题。它表明，花婆信仰中蕴含的这种无形式的形式，既活跃于个体的心灵之中，同时，它还是个体生命质感、形态的活的有机组成部分，它还可以在族群内部成员间传递（如吃谋月饭、寄拜亲属关系等），甚至推动不同民族间的有利生存。这种兴灭继绝的作用，确保着人类的可持续发展。

同时，从花婆信仰关联的生态进化系谱轴的视角来观照，我们发现，生态进化系谱轴与生态审美场的历史生成，就是壮族生产力的历史发展水平的彰显，社会问题（包括审美问题）的解决必须依赖于生产力的发展，并通过历史发展辩证法来提升人类的生存质量。进而，花婆信仰通过将自然生态的多样性内化为生命—社会世界的多样性，并促生、丰富自然的多样性，在发展的视域中解决了在自然中无法解决的问题。

正是这些展现出人类生存的悲壮性与崇高。又正是在人类生存的悲壮与崇高的氛围之中，彰显出主体的伦理观念与自由意志。这种伦理与自由，不是一种主体内在要求的简单投射，也不是以社会主体的个体与群体的对立为基础的，而在于二者的互通与同质性以及跨越异化达至同一。

这种同一，是和而不同——生态—生命意义上的同，不是绝对的物质同一性。所以，在中国巫史传统中，花婆信仰彰示的"无形式的形式"，侧重于形式关系的表征，又必然地表现出形而上的道的回归之路——自由的境界。

花婆信仰这种回归自由之路，既有通过自身本质的绽放，又有通过自然物作为中介。或者说，将自然物对象化的过程，即将存在理解为理念或相，而没有遗落存在显现的时间域，并且充分展现了存在显现而成的"在场者"的"外观"，突破了利用概念式或对象性的思维方式而完成的将西方逻各斯局限为单纯的思维逻辑的误区，突破了那种执着地将逻各斯看作陈述即将思想的真理视为陈述的逻辑性的规定，而在老子的"道可道，非常道"的超越性之中，将存在的采集、聚集的本义与本源性经验揭示出来，最终将逻辑、历史与元理论完美地结合在一起，而不是仅仅将存在的学说局限于被言说和被置于眼前而呈现为单一的范畴与范畴序列的境域。

花婆信仰展现的那文化生态进化系谱轴，既将世界——生命的可见方面呈现出来，又将自然展现为一种本源性的知觉，在跨越生命——世界无时态的普遍概念的抽象范畴的同时，进入了存在的始源性展现。

二　土王地中与中和之美

岩洞的本质是"土"，是金土合一的表征与隐喻：

> 当人类还在混沌时代，宇宙间只有一团大气结成的东西，由屎壳郎来推动。后来飞来了一只裸蜂，这裸蜂有钢一样的利齿，把这一团东西咬破了，出现了三个蛋黄一样的东西，一个飞向天上，成为天空；一个飞到下边，成为水——海洋；在中间的就是大地。大地后来长草，草上开了花，花里长出一个披头散发赤身裸体的女人，这就是人类的始祖母——姆六甲。姆六甲受风而孕，撒了一泡尿，润湿了泥土，姆六甲拿起泥土按照自己捏成人形，后来就有了人……①

所以，人的本质就是土。并且，那文化的姓氏制度也是土的表征。即姓氏是土地的产出：

> 很古很古的时候，世上的人都没有姓，也没有名。喊人都是一声"喂"，答应都是一声"而"。一人喊，几人应；喊一个，来一群，实在

---

① 《中国各民族宗教与神话大词典》，学苑出版社1990年版，第751页。

不方便。这还不算,更难办的是不分姓不好结亲,大家都认为是一家人,男的不敢娶,女的不想嫁。于是,姆洛甲想给大家分姓。怎样分呢?她一时拿不出法子来。

那时候,天下分成四界,每一界都有一个王:天是上界,雷公做王;水底是下界,"图额"做王;森林是边界,老虎做王;地是中界,姆洛甲做王。听说别的界都分了姓,姆洛甲就去请教他们,她先去请教雷王,问道:"雷王大哥,你们是怎样分的姓呀?"雷王说:"我们天界的生灵按嘴的模样分姓。嘴尖的叫鸟;勾的叫鹰;扁的叫鸭。"姆洛甲想:这法子好是好,可我们人的嘴巴都是一个模样,用不上。她又去请教图额:"图额二哥,你们是怎样分姓的呀?"图额回答说"我们按身体的模样分姓。身子长的叫蛇,短的叫鱼。"姆洛甲又想:我们人身的模样都差不离,这法子也不合用。她又去问老虎:"老虎三哥,你们是怎样分姓的呀?"老虎回答说:"我们用火棍来分姓。我叫子民们都睡在地上,我拿起火棍,眯起眼睛在它们身上乱划乱点。划完后我睁开眼睛一看,他们身上的花纹斑点都不一样,我就按这些花纹斑点去分姓。身上有九条纹杠的叫虎;六条纹杠的叫猫;有斑点的叫豹,挨烧大块的叫狸。"姆洛甲又想:我的仔女都是心肝骨肉,身上又没有毛,怎能忍心用火棍在他们身上乱划乱点呢?这法子我不能用。姆洛甲拿定主意,靠自己想法子。她想呀,想呀,想得身子闹出病来了。

姆洛甲生病了。大家都拿点礼物前去看望。有的送桃子,有的送朴柚,有的送新米,有的送鸟⋯⋯姆洛甲看到这些礼物,分姓的法子突然跳出胸口,身上的病不知道跑到哪里去了。她一骨碌爬起来,高兴地说:"仔女们快聚拢来,我给你们分姓!"说着,她按各人所送的礼物分姓:送桃子的就分给他们姓陶(桃);送朴柚的就姓朴(壮语"朴"即柚子);送谷米的就姓侯(壮语"侯"即谷米);送盐巴的就姓韩(壮语"韩"即咸);送鸟的就姓陆(壮语"陆"即鸟),送马的就姓马;送牛的就姓牛⋯⋯有一个人什么礼物也没有,手里提着空篮子,姆洛甲也给他分姓蓝（篮）。最后，姆洛甲宣布："那些还不会走路，今天不能来领姓的娃仔，就和我共个姓，姓黄（王）。"大家分到了姓，正要高高兴兴地往回走，突然从炊棚里传来"笃笃笃"的响声，原来是煮饭的那个人故意敲起砧板，他气呼呼地说："我辛辛苦苦帮你们煮饭，为什么不分给姓给我？"这时，姆洛甲才想起，原来漏了他还未分姓，于是说道："你整天和砧板打交道，就分你姓覃吧，合意了吧？"（壮语"覃"即砧板）那个人高兴地说："成！"从那时起，大家才有了姓，不但称呼方便，攀亲认故也有了谱了。①

可见，壮族的姓氏制度其实质就是土地作为中心与源头的意义呈现。

土地作为源泉与中心，在壮族民间宗教的神职人员的培养仪式中也有明确的表现：

授戒弟子榜文

修设披真授戒祈福保安寿命延长禳灾殄疫集福保安度戒榜

奏为今据

中华人民共和国广西壮族自治区上林县×乡×村

本庙×王下本际×社主大王×土地×自然庄

住址奉

师修设正一启建披真授戒，祈福保安，寿命延长，禳灾殄疫，集福保安

新恩弟子×××等

谨竭凡情冒干②

上林的求子仪式，也将花婆视为地母——

我们夫妻，求天公地母仙娘，花林三楼圣母，送子嗣进房。如若得

---

① 农冠品：《女神·歌仙·英雄》，广西民族出版社1992年版，第4—6页。
② 杨树喆：《师公仪式信仰》，广西人民出版社2007年版，第199—201页。

子，一定不忘地母花婆恩情，备办礼物架桥还愿。×县×乡×村×××
×与×××夫妻拜表以闻。①

花婆信仰的三大辰纳甲表明，花婆贯通三界，就是花王。董仲舒论"王"：

  古之造文者，三画而连其中，谓之王。三画者，天地与人也。取天地与人之中以为贯而参通之，非王者孰能当是？②

《白虎通》也映照出花婆称为王的合理性："土生万物，天下所王也。"③进而，神话洞天之王成为"元"，正好与花之元、天上的三垣——三元之元对应。正是这种对应，揭示世界的发生学原理——"君人者，国之元，发言动作，万物之枢机。枢机之发，荣辱之端也"④。

亦即，花婆信仰中，万物出于岩洞并归于岩洞，其实是日月纳入六甲系统而巡行六甲——干支的配合。

干支的配合的中心是"土王四季"或"土制四方"，即《周易参同契》所谓："土旺四季，罗络终始。青赤黑白，各居一方。皆中宫所禀，戊己之功。"⑤

综上所述，花婆为"洞"——土，是三大辰的归宿，即为五行的中心，表现出以纳甲为核心的对生与环进的审美发生范式：

  艺术中使用的符号是一种暗喻，一种包含着公开的或隐喻的真实意义的形象；而艺术符号却是一种终极的意象——一种非理性和不可用语言表达的意象，一种诉诸直接的知觉的意象，一种充满了情感、生命和富有个性的意象，一直诉诸感受的活的东西。因此它也是理性认识的发源地。⑥

---

① 杨树喆：《师公仪式信仰》，广西人民出版社2007年版，第21页。
② （汉）董仲舒：《春秋繁露·王道通三》，上海古籍出版社1989年版，第67页。
③ 《白虎通》，中华书局1992年版，第91页。
④ （汉）董仲舒：《春秋繁露·立元神》，上海古籍出版社1989年版，第37页。
⑤ （汉）魏伯阳：《周易参同契》，中央编译出版社2015年版，第9页。
⑥ ［美］苏珊·朗格：《艺术问题》，滕守尧、朱疆源译，中国社会科学出版社1983年版，第134页。

道法自然

可见，花婆作为玄牝，就不仅是一种具体的世界生产的母器，更是一种认识方法论，更是对事物的本质直观的哲学原理与境界的历史呈现："古之所谓道术者，果恶乎在？曰：无乎不在。曰：神何由降？明何由出？圣有所生，王有所成，皆原于一。"①

总之，花婆——六甲将天地人、日辰、五行完整地纳入自己的世界之中（见图6-3）：

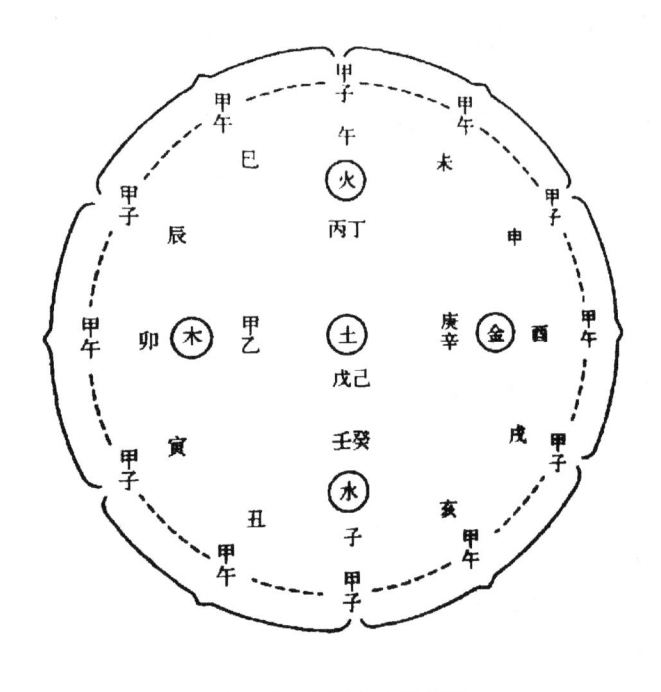

图6-3 花婆含六甲图②

花婆信仰展现的原始要终的方法论与境界，就是"时中"的呈现。即《尚书·召诰》所谓："有王虽小，元子哉，其丕能諴于小民。今休，王不敢后。用顾畏于民碞，王来绍上帝，自服于土中。"③《星历考原》："至于土则旺于辰戌丑未为四库，水火金木皆藏于土而位乎中央。"④

---

① 《庄子》，上海古籍出版社1989年版，第164页。
② 潘雨廷：《潘雨廷学术文集》，上海人民出版社2011年版，第5页。
③ 《尚书》，山东友谊出版社1999年版，第100页。
④ 转引自冯时《中国天文考古学》，中国社会科学出版社2007年版，第41页。

所以，从本书第一章花婆被立为壮族的历元，并结合壮族的宇宙——延续，都呈现为时间性，而时间的本质与归宿就是土。亦即《淮南子·天文训》所谓："土生于午，壮于戌，死于寅，三辰皆土也。"

至此，花婆作为圣人，就展现出德—天—神—人的合一境界，进而推动壮族进入逍遥游的审美自由。即《庄子·在宥》所谓：

> 夫有土者，有大物也。有大物者，不可以物物；而不物故能物物。明乎物物者之非物也。明乎物物者之非物也，岂独治天下百姓而已哉？出入六合，游乎九州，独来独往，是谓独有。独有之人，是之谓至贵。①

> 今夫百昌皆生于土而反于土，故余将去女，入无穷之门，以游无极之野，吾与日月参光，吾与天地为常。②

进而，壮族这种土王中央的思想，既是"时中"的体现，更是壮族对中央王朝文化认同与政治归趋：

> 故先王患礼之不行于下也，故祭帝于郊，所以定天位也；祀社于国，所以列地利也；祖庙，所以本仁也；山川，所以傧鬼神也；五祀，所以本事也。故宗祝在庙，三公在朝，三老在学，王前巫而后史，卜筮瞽侑，皆在左右。王中，心无为也，以守至正。故礼行于郊，而百神受职焉；礼行于社，而百货可极焉；礼行于祖庙，而孝慈服焉；礼行于五祀，而正法焉。故自郊社、祖庙、山川、五祀，义之修而礼之藏也。③

花婆信仰这种文化归趋，表现出一种"美美与共"的审美品格，即《庄

---

① 《庄子》，上海古籍出版社1989年版，第63页。
② 同上书，第61—62页。
③ 《礼记》，钱玄等译注，岳麓书社2001年版，第309页。

子·天道》所谓：

> 夫天地者，古之所大也，而黄帝、尧、舜之所共美也。故古之王天下者，奚为哉？天地而已矣。①

至此，花婆信仰将天时——天元、地中与人元的合一，呈现中和之美的境界：

> 静而圣，动而王，无为也而尊，朴素而天下莫之能与之争美。夫明白与天地之德者，此之谓大本大宗，与天和者也，所以均调天下与人和者也。②

此即《中庸》所谓："中也者，天下之大本也；和也者，天下之达道也。致中和，天地位焉，万物育焉。"进而，在时中的中道原则指导下，世界将表现出王弼《老子注》所谓的"不可得而穷"的可持续发展范式：

> 天地任自然，无为无造。万物自相治理，故不仁也。仁者必造立施化，有恩有为。造立施化，则物失其真；有恩有为，则物不俱存。物不俱存，则不足以备载矣。……天地之中，荡然任自然，故不可得而穷。③

天地不得而穷的秘密，就在于对生与环进。卡普拉认为："在伟大的诸传统中，据我看，道家提供了最深刻并且最完美的生态智慧，它强调在自然的循环过程中，个人和社会的一切现象和潜在两者的基本一致。"④ 这种道同自然的生态美，实现了《庄子·知北游》指出的"天地之大美"：

---

① 《庄子》，上海古籍出版社 2001 年版，第 179 页。
② 同上书，第 171 页。
③ 《老子》，上海古籍出版社 1989 年版，第 2 页。
④ 转引自葛荣晋主编《道家文明与现代文明》，中国人民大学出版社 1991 年版，第 194 页。

> 天地有大美而不言，四时有明法而不议，万物有成理而不说。圣人者，原天地之美而达万物之理。是故圣人无为，大圣不作，观于天地之谓也。①

花婆信仰中，花—人对生与环进的历程，可以接纳无穷尽的自然物，可以将自我无限地对象化，并且可以在对象化的过程中将同源与异源民族纳入一个生态进化系谱轴之中，这正是康德归纳出的无形式的对象化的崇高美的彰显。同时，花婆信仰通过人际、人与自然的血缘关系的伦理缔结，在人的自我实现乃至异化的实现历程之中，揭示出人类的深层目的和需要，日益彰显出一种崇高的审美特质。

花婆信仰中，崇高就是在异化的社会条件下人类的深层目的和需要——人的自然—社会关系的本质实现过程中彰显出的一种审美特质。花婆信仰这种崇高的审美特质，并不如西方主流美学那样，是与力量、阳刚结合在一起的，它并没有排除崇高与女性等优雅的事物结合的可能性与现实性，而是在人的本质的意义上来观照崇高。崇高是建构性的，需要唤起，它有着复杂的结构特征，而不能够停留在简单的层次来加以表述与表征。

花婆信仰的崇高美，同样也不排斥和谐，而是将它们有机地结合在一起。所以，这种审美特质，也就不同于西方那种将和谐转向崇高与古典走向近代的转换的思维特征，而是在古今的融合中始终关注、提持着美的生命性——生态性。

尤为突出的是，女娲、花婆信仰的崇高美具有的这种社会本质特征，与康德的那种崇高是主体对现实无能为力又仍然向往终极目的的表现不同，它不仅具有社会生成性，而且与类的终极目的息息相关。这也是与壮族的社会生态中始终挺立着各种生产力与生产关系的综合性相一致的美的特质，它是一种经验与先验互通、质量合一的中和的美。

花婆信仰这种中和美，更显示出了马克思的"人是按照美的规律来生产"

---

① 《庄子》，上海古籍出版社1989年版，第112页。

(《1844年经济学哲学手稿》)这一历史哲学与艺术哲学的命题。在壮族的按照美的规律来进行的两种生产之中,各种自然物被纳入生命—生态进化轴与生态审美场,既是自然的生物多样性的体现,更是人类存在的感性丰富性的体现,它展现出即使人类在进入社会商品化阶段之后,人类存在的丰富性与商品造成的及其与资本逻辑的抽象化之间的对立。

于是,花婆信仰始终在"神与物游"的美学规律观照之下,使得现实生活与神秘世界始终处于互动互构的境域之中。在这样的视域之中,人与自然的关系,就不再是一种简单的现实的与终极的二元对立关系。而富含人与自然关系的人的身体,就成为人与自然、社会关系的丰富性与整体性的实质性的展开。同时,身体蕴含的精神性与自然性,又表现为社会关系投影的结果而不是其根源与前提。于是,身体关联的生产力与生产关系并不必然地导出拜物教。也就是说,并不必然地成为拜物教的根源与基础或者是相反;因为在花婆信仰内,存在始终是在时间中的,即对生的,因而就避免了存在遗忘的可能性。而壮族花婆信仰的生命生态观,如前所述,从人的自然性和社会同一性相结合的角度,映照出商品拜物教的异化特征和不合理性及其建立于形而上学的表象性与计算性思维方式,并为分立与断裂的对立的现实问题的解决,提供了合理的解释与可能性。它直指人类现实关系的合理化建构与改造。

如是观之,花婆信仰的这种美学,尤其是生态美学发生范式,真正展现出了它那种揳入现实的可实践性特征,以及在参与历史进程的同时并对其做出历史阐释的学理建构与展演。

第二节 歌圩与壮族生态审美制度

在花婆信仰中,岩洞与花的对应性,产生奠定了神与物游的基础,并确立了存在者及其归宿。元代雅琥《七星山》诗云:

碧藓自封岩径杳,
白云不锁洞门闲。
何时得遂烟霞愿,
来此幽栖结大还。

也就是说,生殖与回归是生命的两头,其中就蕴含着潜能的对生性实现的方式与境界在内。这是一个民族审美的世界及其机理的呈现。所以,壮族歌圩对岩洞的回归,其实就是诗意的栖居并展现存在的澄明境界。

歌圩的产生,有这样一个传说:

> 壮族始祖米洛甲在造完天地万物,并安排好人类万物之生业之后,每年的七月十四,就把她的孩子带进岩洞,教他们唱三天三夜的歌,以感谢岩洞的生育之恩,并确定这一天为敬岩节,要子子孙孙年年祭岩。[①]

广西东兰的传说也认为,姆洛甲创造歌墟,指定歌节:

> 姆洛甲刚生下六男六女,就将他们送进山洞给娘家抚养,自己忙着去造田造地去了。到姆洛甲回山洞那天,是七月十四,姆洛甲就教子女唱了三天三夜的歌,感谢岩洞养育之恩,并定于七月十四那天为"敬岩节",要子孙后代年年祭岩。如今,壮家男女老少每年七月十四拥进岩洞去烧香唱歌,都是姆洛甲早年吩咐的。[②]

> 田东"敢仰"歌墟就在岩洞前,靖西壮族直接将歌墟称为"okgamj",音译为"窝敢",汉语直译为"出生岩洞",即"从岩洞出生"。[③]

壮族人认为,人从岩洞出生,歌圩被称为"出岩"。流传在靖西的歌圩产

[①] 《中国各民族宗教与神话大辞典》,学苑出版社1990年版,第338页。
[②] 覃剑萍采录,见农冠品《女神·歌仙·英雄》,广西民族出版社1991年版,第13页。
[③] 农学冠:《岭南神话研究》,广西民族出版社2000年版,第31页。

生的传说是：

> 歌圩最初叫出岩。为什么这样叫呢？那是很早以前，人们都住在岩洞里。当时有一个岑姓的土司，他讨了十多个小老婆，最小的那个老婆几乎和他的孙女一样年纪。她们天天相互吵闹，到土司五十多岁时，除了大老婆和二老婆外，其余都出走了。但土司淫心未改，还想另找新欢。于是，便下令要各个岩洞里的男女青年集中来圩场唱山歌，想借此机会挑选最漂亮的女人。因为他有权势，人们不得不依。自此以后，每一年到了这一天，便成为青年男女集中娱乐的圩日了。因为大家都是从岩洞里出来的，所以称它为"出岩"。①

作为壮族传说中歌仙的刘三姐，即被认为是花婆——参宿。刘三姐对歌或仙化的遗址也多为岩洞，如广西柳州的鲤鱼岩、玉林的水月岩、广东封开的水石岩、罗定的清岩、阳春的铜石岩（又称通真岩）等。

所以：

> 至今红水河、左右江流域的壮族民众还把岩洞当作乜洛甲的生殖器来膜拜，如东兰县大同乡。四合乡一带的壮族民众十分崇拜乜洛甲的生殖能力，说壮山岩洞是她的生殖器，壮人就是从岩洞里生出来，源源不断。每年农历七月十四中元节，这一带的壮家男女老少带着酒肉、鸡腿和粽粑去祭岩，过"岩育节"。这天，男女对歌，老少欢腾。祭岩洞前，众人先在岩洞口每人烧一炷香，然后由村老高呼"喔！喔！喔！"三声，岩洞内也传来"喔！"三声回音。人们认为是乜洛甲答话了，便蜂拥入岩。按传统惯例，众人将带来的粽粑（过去，祭岩洞的粽粑很长很大，象征布洛陀的生殖器，每个粽子约需20斤糯米，如今祭岩的粽粑小了些）、鸡腿和酒肉放在一个地方，香火也插在一起。大家坐听村老讲乜洛甲的故事，或听老歌师唱乜洛甲的山歌：

---

① 《靖西歌圩概况》，《广西歌圩资料》（第1集），广西壮族自治区群众文化资料编辑室1963年编印，转引自潘其旭《壮族歌圩研究》，广西人民出版社2010年版，第8页。

"乜的怀抱最宽广,

乜的乳汁最甘甜,

千万人从你岩口(阴道)生出来,

千万人出你岩口都安全,

后人岂忘始母恩,

今时特来寻祖源。"

待祭岩洞10多分钟后,各人吃各人带来的东西,男结双,女结对,唱起山歌,赞美岩洞,追溯祖源,谈情说爱。小孩则打竹枪,吹竹号,岩洞内一片欢腾。这天,人们以能回到始祖母的怀抱为乐,直到夕阳落山,还是依依不舍。离洞岩后,众人一路向岩洞"喔……"呼喊,招呼始祖,直到远离岩洞,回音消失,人们才四散回家。有些地方,男女青年还在当天晚上汇集岩洞下,对唱情歌,少则三五百人,多达上千人,形成岩洞歌圩。①

歌圩回到岩洞,就是回到冬至,凸显天元、地元、人元的合一。《汉书》将此一时刻——"子时"对应于"黄钟",由此繁衍人类,拓展世界。《周易参同契》指出:

辰极就正,优游任下。明堂布政,国无害道。内以养己,安静虚无。原本隐明,内照形躯。闭塞其兑,筑固灵珠。三光陆沉,温养子珠。②

黄钟建子,兆乃滋彰。③

这种岩洞情结,是一种世界性的母题,如印度的世界母神,生出万物,并伸展双臂容纳、庇护万物(见图6-4)。

---

① 黄桂秋:《壮族"岩洞情结"的人类学分析》,《河池学院学报》2006年第6期。
② (汉)魏伯阳:《周易参同契》,中央编译出版社2015年版,第153页。
③ 同上书,第130页。

图6-4　印度世界母神①

可见，不论是姆六甲主动教歌而成歌圩，还是歌圩本身就是壮族的出生地或出生方式，壮族的歌圩与前面所说的"岩洞"的"土王地中"的意义一致。

歌圩、歌节的形成，不仅有人与自然、神的关系地投射，还有壮族自我的民族制度意义。歌圩就是壮族自我外化及其与自然和谐共生的生态审美制度。

忻城的"三月三"的由来，就直接展现了这一生态审美制度形成的情况。

三月三的来由

古时候，有一个小小的村子，村里住着十多户壮族人家。有个名叫

---

① 转引自德国埃利希·诺伊曼《大母神》，李以洪译，东方出版社1998年版，第241页。

罗达的孤儿，早死的父母没有给他留下田地，他每天就靠进山烧炭为生。

有一次，罗达来到一座山高林茂的山上烧炭。一连几天下着蒙蒙细雨，他没有办法砍柴烧炭，就打算找一个躲雨的处所。他一找，就在离炭窑不远的地方发现了一个岩洞。岩洞有三间房那么宽，洞壁光滑，洞内两边各有四个圆圆的石头，滑溜得照出人影；洞壁中间有一个小洞，容得一个人睡在里面。这个岩洞的洞口还有一棵老松树半遮着，使这个洞显得有生气。罗达来到里面，觉得空气凉凉爽爽；坐在那圆圆的石头上，身子舒舒服服。当晚，罗达就搬来洞里住。为了防备猛兽，罗达就睡在那个小洞里。

这样，罗达就成了这个岩洞的主人。一天夜里，他正睡得朦朦胧胧，隐隐约约听到婉转动人的歌声，由远而近，后来听到嘻嘻哈哈的笑声，夹着一个银铃般的喊声："姐妹们，还不快来呀，什么时候了！"笑声已进洞口来了，罗达索性爬起来往外一看，啊！一群俊美的少女正在洞中轻盈歌舞，悠扬的笛声伴着嘹亮的歌声，使罗达听得如痴如醉，魂飘魄荡。正当这群少女沉醉在轻歌曼舞之中时，又是那银铃般的声音喊道："姐妹们，今晚歌会到此，回去吧！"少女们听到叫声，马上停止歌舞，一个接一个地出了洞口，但是，那歌声还在洞中回荡。罗达连声喝彩，连忙追出洞口，但人影已不知去向，只留下歌声在空中悠扬地飘荡。

从那晚在洞中听到歌声后，每天天一黑，就回到洞里睡觉。那群姑娘也总是夜夜到洞里来唱歌跳舞，天还没亮她们又都走了。罗达每次听到这些清脆悦耳的歌声，就忘却了这生活的苦楚。他想，要是我们村也能这样欢欢乐乐地唱歌，村里就不那么冷冷清清的了。

罗达为了了解这群姑娘是哪方歌女，这天天一黑，他就攀上那棵老松树上等着。等到半夜，望到东方上空飘着亮光，罗达定神察看，一群姑娘已经飘落洞口，嘻嘻哈哈，手拉手往洞里走去，随着歌舞起来，那迷人的歌声又在洞里回荡着，比以往更热闹、好看。罗达看得出了神，就在树上手舞足蹈学起来,一不小心,"叭啦"一声跌落树下伤着了。歌仙们听到响声,寻声望去,见一个后生昏倒在洞口的松树下,她们便停止歌舞,把罗达扶回洞中。这时罗达已经醒过来,微微睁开眼睛,见有的少女帮他治伤,有的少女在偷偷地流泪。罗达十分激动,用微弱的声音说道:"歌仙姐姐们,我已经在洞里听了你们一年的歌了,请你们接受我的一个请求,把这些歌传给壮家人吧!"说完闭上了眼睛。歌仙们非常同情罗达,把奄奄一息的罗达带到天上医治。

在天上,经过歌仙们的仙药调治,罗达很快就恢复了健康。歌仙们满足了罗达的要求,天天教他唱歌。聪明的罗达虚心好学,一学就会。歌仙们都很羡慕他的聪明才智。罗达学得了歌,告别歌仙姐妹,回到人间来。

罗达回到人间时,正是三月初三。他一回到村里,即把学来的歌教给姑娘和小伙子们,他们一唱就迷醉在欢乐无比的幸福之中。优美欢快的歌声,使壮家人忘记了困苦和疲劳,使寂寞的山村充满了生机和热闹。罗达和青年们一起教教学学,大家天黑了也不愿回家。从此,一传十,十传百,歌就传遍了壮乡的村村寨寨。后来,为了纪念罗达的传歌日期,就把农历三月三定为壮家传统的歌节。

[流传地区:广西忻城县宁江乡;收集地点:宁江乡猫洞村;口述:蓝炳务(壮族);采录翻译:莫清新。][1]

《三月三的来由》等告诉我们——

人间音乐(它在提供快感的艺术中居于首位)实质上是一种模仿。它的原型是从天体间得到的和声。这些进行着远距离运行的天体,不仅是自然体系中的主要实在,即隐藏于自然现象之后的真正宇宙,同时也最好地体现了数学规律。[2]

---

[1] 农冠品:《女神·歌仙·英雄》,广西民族出版社1992年版,第112—114页。
[2] [美]吉尔伯特·库恩:《美学史》上卷,夏乾丰译,上海译文出版社1988年版,第19页。

较之于西方的模仿说,中国古代的音乐学在此基础上认为,音乐的发生是人心感于物的结果,因而就形成了人物交融、天人合一的境界。即如《礼记·乐记》所谓:

> 乐者,音之所以生也。其本在于人心之感物也。是故其哀心感者,其声噍以杀;其乐心感者,其声啴以缓;其喜心感者,其声发以散;其怒心感者,其声粗以厉;其敬心感者,其声直以廉;其爱心感者,其声和以柔。六者非性也,感于物而后动。

可见,随着时空的意义趋一,岩洞不仅成了壮族的源发性之一,更是歌圩的起源,也是爱情的发源地。

> 桂西北一带有"拜三妹"习俗,由于这种祭祀多在岩洞进行,故壮语又叫"拜甘(敢)",甘即"岩洞"义。故刘三姐便与花婆、岩洞连接在一起。巫经《布洛陀》有"僚三妹造酉"说法,"僚"即壮语"我们","酉"即爱情,故刘三姐为爱神。①

在此,刘三妹、刘三姐就是花婆——参宿。壮族歌谣与风情源于花婆,正是天地人和的时空合一的历史呈现,它呈现对生与环进的审美发生范式(见图6-5)。

花婆作为壮族歌圩的始源,即如《古文龙虎经注疏》认为的那样:

> 玄女乃天地之精神,阴阳之灵气,神无不通,形无不类,知万物之情,晓众变之状,为道教之主也。玄女亦上古之神仙,为众真之长。②

至此,三大辰与日月以参宿为归,即爻辰纳甲,就圆满地展现出花婆具备三元六甲,其表现为时间方式为:

---

① 潘其旭主编:《壮族百科辞典》,广西人民出版社1990年版,第333页。
② 转引自王家祐《彭山道教铜印与道教养生》,《道家文化研究》第七辑,上海古籍出版社1995年版,第295页。

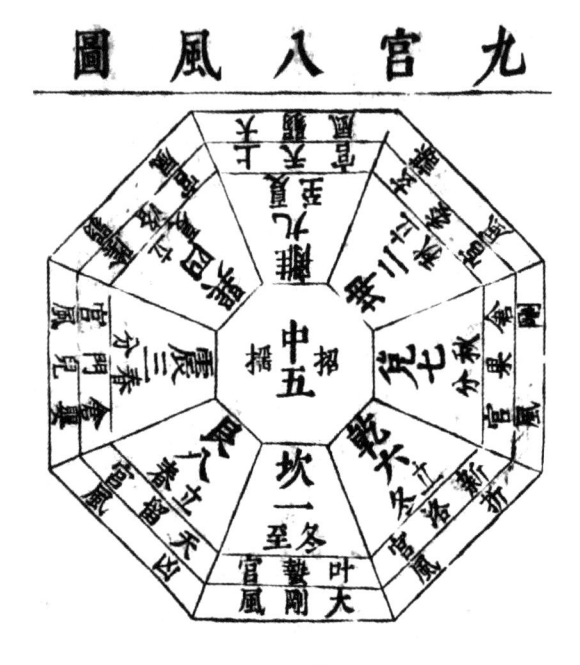

图 6-5 九宫八风图

甲子旬：甲子、乙丑、丙寅、丁卯、戊辰、己巳、庚午、辛未、壬申、癸酉。

甲戌旬：甲戌、乙亥、丙子、丁丑、戊寅、己卯、庚辰、辛巳、壬午、癸未。

甲申旬：甲申、乙酉、丙戌、丁亥、戊子、己丑、庚寅、辛卯、壬辰、癸巳。

甲午旬：甲午、乙未、丙申、丁酉、戊戌、己亥、庚子、辛丑、壬寅、癸卯。

甲辰旬：甲辰、乙巳、丙午、丁未、戊申、己酉、庚戌、辛亥、壬子、癸丑。

甲寅旬：甲寅、乙卯、丙辰、丁巳、戊午、己未、庚申、辛酉、壬戌、癸亥。[①]

[①] 卢央：《易学与天文学》，中国书店 2003 年版，第 23 页。

这种时间呈现范式，不仅是宇宙自然的运作规律，还完整地体现在壮族的艺术之中。进一步，壮族民间的六十甲子与具体的命理形成了严密的对应性（见图6－6）。

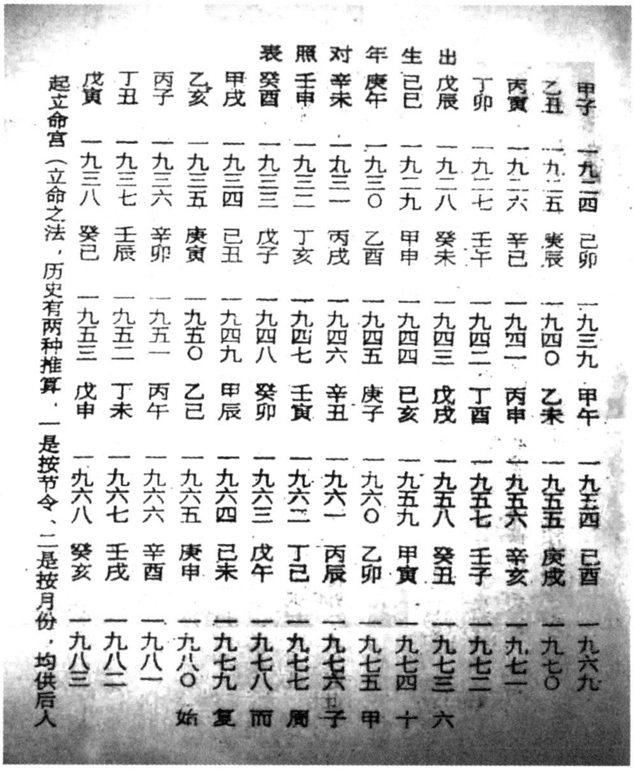

出生年对照表

甲子	一九二四	己卯	一九三九	甲午	一九五四	己酉	一九六九
乙丑	一九二五	庚辰	一九四〇	乙未	一九五五	庚戌	一九七〇
丙寅	一九二六	辛巳	一九四一	丙申	一九五六	辛亥	一九七一
丁卯	一九二七	壬午	一九四二	丁酉	一九五七	壬子	一九七二
戊辰	一九二八	癸未	一九四三	戊戌	一九五八	癸丑	一九七三
己巳	一九二九	甲申	一九四四	己亥	一九五九	甲寅	一九七四
庚午	一九三〇	乙酉	一九四五	庚子	一九六〇	乙卯	一九七五
辛未	一九三一	丙戌	一九四六	辛丑	一九六一	丙辰	一九七六
壬申	一九三二	丁亥	一九四七	壬寅	一九六二	丁巳	一九七七
癸酉	一九三三	戊子	一九四八	癸卯	一九六三	戊午	一九七八
甲戌	一九三四	己丑	一九四九	甲辰	一九六四	己未	一九七九
乙亥	一九三五	庚寅	一九五〇	乙巳	一九六五	庚申	一九八〇
丙子	一九三六	辛卯	一九五一	丙午	一九六六	辛酉	一九八一
丁丑	一九三七	壬辰	一九五二	丁未	一九六七	壬戌	一九八二
戊寅	一九三八	癸巳	一九五三	戊申	一九六八	癸亥	一九八三

六十甲子周而复始

起立命宫（立命之法，历史有两种推算，一是按节令、二是按月份，均供后人

图6－6　壮族六十甲子图①

花婆作为壮族宇宙的总体根源，与中国古代文化也有一致性。南朝·陈沈炯《六甲诗》如此道：

> 甲拆开众果，万物具敷荣（笔者按：象征——首出庶物，万国咸宁）。乙飞上危幕，雀乳出空城。
>
> 丙魏旧勋业，申韩事刑名。丁翼陈诗罢，公绥作赋成。

① 《定花根》，壮族民间命理书，第1页。

▶▶▶ | 道法自然

　　戊巢花已秀，满堂草自生。己乃忘怀客，荣乐尚关情。
　　庚庚闻鸟啭，肃肃望凫征。辛酸多悯恻，寂寞少逢迎。
　　壬蒸怀太古，覆妙伫无名。癸巳空施位，讵以召幽贞。①

　　花婆信仰这种纳甲的对生与环进图式如图6-7所示。

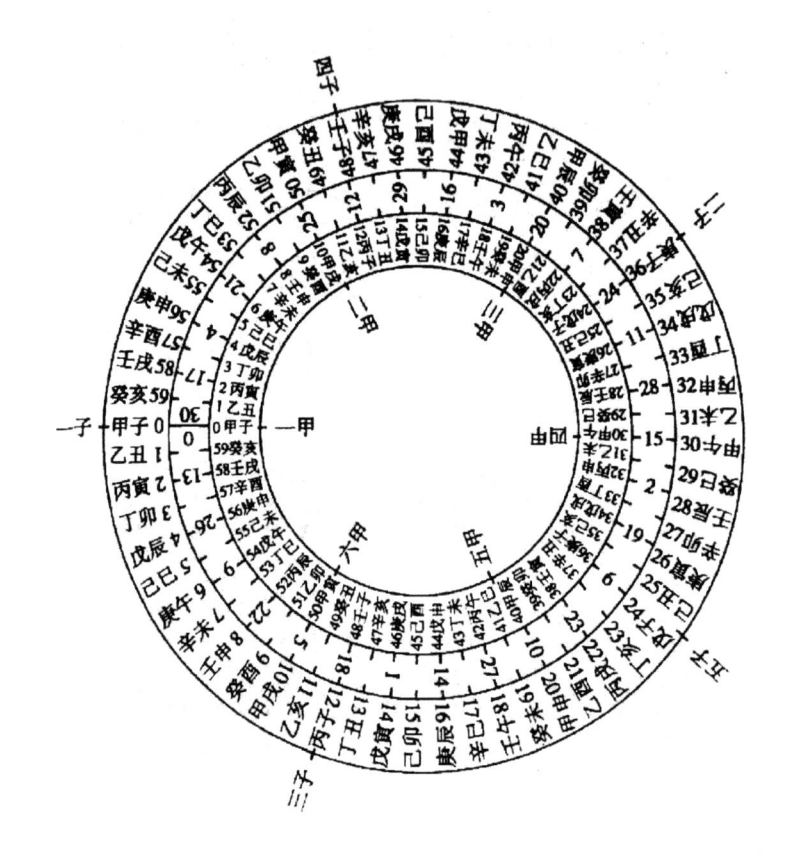

图6-7　五子与六甲的全息对应性②

　　在中华民族文化的大框架之内，花婆信仰通过立元又复归于历元，这种对生与环进的审美发生范式，是各民族共同归趋的一种"复归于朴"的文化范式的表现：

---

① 转引自吴慧颖《中国数字文化》，岳麓书社1995年版，第382页。
② 田合禄、田峰：《周易真原》，山西科学技术出版社2011年版，第335页。

知其雄，守其雌，为天下谿；为天下谿，常德不离，复归于婴儿。知其白，守其黑，为天下式；为天下式，常德不忒，复归于无极。知其荣，守其辱，为天下谷；为天下谷，常德乃足，复归于朴。①

所有星辰归于花婆之洞，即真地平、黄道（太阳运行轨道）与赤道（七星运行轨道）交互合一的复杂性观象授时境界的呈现（见图6-8）。

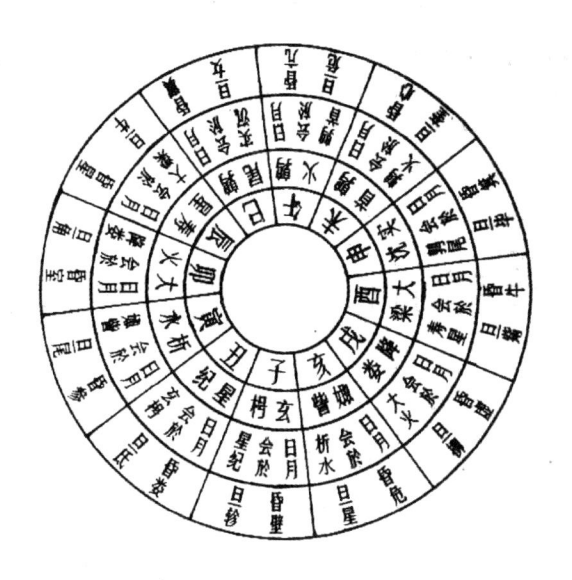

图6-8 十二辰、次会于花圆②

总之，各种星象归宿于岩洞——花婆，形成了壮族的歌圩，在对生与环进的历程中展现了时空过渡中的自我主体，而这种主体恰恰是人与自然对生后的升华，即纯粹自在精神的显现与实现的过程。正是这种对生规程，意味着宇宙的初始奇点与终结奇点的一致性，并由此一致性而达成宇宙与社会、人生在时间性本质上的环进：

在共形图中，大爆炸向外扩展成为完全光滑的类空3维曲面，而从

---

① 《老子》，上海古籍出版社1989年版，第7页。
② 牛实为：《内经的生态观》，中国医药科技出版社2003年版，第9页。

数学来看它是向大爆炸之前的共形"时空"扩张,于是物理活动将逆时间以数学一贯的方式传播,呈现为一幅不为巨大的标度所扰动的图像,传向那个根据托德的建议而"等着他"的假想的前大爆炸区域。①

总之,花婆信仰中的宇宙、星际、人类、生命的对称性与多重性融汇,标显出了人与自然宇宙多维时空的和谐共生图景。这种和谐共生的特点表现为不同星际建构的平行宇宙所代表的过去、未来、现在的时间融合表征;这种时空融会又落脚于我们当下的生命及其艺术表征,即以花为同心圆的具有引力波状的花片环结图式。

第三节　音律纲纪阴阳、揆物终始与生态审美意象话语

依前述,花婆信仰中的七星、龙火的归原于花婆——岩洞,进而形成歌圩。那文化歌圩对岩洞的回归,其实质就是《淮南子·天文训》所谓:"日月星辰复始甲寅元。"②

我们发现,人类的艺术、音律,其实是人与自然通过对生与环进而进入中和之美的发生范式的历史呈现。也就是说,岩洞生出歌圩,正是三大辰与日月合为五——中和之美的呈现过程。日辰纳甲形成的音律合一的特质,是花婆信仰得以源远流长的重要原因。

前述三大辰与日月以花婆为归的,就是音律的生成原理与规律。《淮南子·天文训》指出:"律以当辰,音以当日。"③

因此,日辰的合于花婆,即律吕——爻辰纳甲的过程,就是中和之境的生成之路。也就是说,花婆作为历元是隐含了冬至与五五合十的"大备"的中和之道于其中的。《易纬·通卦验》指出:

---

① [英]罗杰·彭罗斯:《宇宙的轮回》,李泳译,湖南科学技术出版社2014年版,第131页。
② (汉)刘安:《淮南子·天文训》,华夏出版社2000年版,第48页。
③ 同上书,第58页。

> 正此之道，以冬至日始。人主不出宫，商贾、人众不行者五日；兵革伏匿不起，人主与群臣左右从乐五日；天下人众亦在家从乐五日，以迎至日之大礼。人主致八能之士，或调黄钟，或调六律，或调五声，或调五行，或调律历，或调阴阳。政德所行，八能以备，人主乃纵八能之士击黄钟之钟，人敬称善，言以相之。……天地以和应，黄钟之音得蕤宾之律……五日仪定，地以气和，人主、公卿、大夫、列士之意得，则阴阳之晷如度数。夏日至之礼，如冬至之礼，舞八乐，皆以肃敬为戒。……故曰冬至之日立八神、树八尺之表，日中规其晷之如度者，则岁美，人民和顺；晷不如度者，则岁恶，人民为言，政令为之不平……①

于是，歌圩就是生态和谐之境与壮族生态审美意象话语的历史呈现：

> 夫歌者，直己而陈德也，动己而天地应焉，四时和焉，星辰理焉，万物育焉。

下面从两个方面予以论述。

一 依歌择偶及其达成的"自然"与"自由"同源性审美话语

壮族等民族通过依歌择偶的方式来回归始源，呈现出他们的生态审美制度。而这种生态审美制度的特质就是日常生活的审美化。

明代王济《君子堂日询手镜》载"横州土俗"：

> 每岁元旦或次日，里中少年裂布为帛，挟往村落，觅处女、少妇相期答歌。允者，男子以布帛投女，女解所衣汗衫授男子归，谓之抛帛；至十三日，男子衣其衫而往，父母欣然迎款。

民国《同正县志》（同正在今广西扶绥县境内）也详细记叙了县境内倚歌择配，甚至延至已婚女子的习俗，并考证道：

---

① 徐庭芹：《易经阴阳五行灾异说》，中国书店2011年版，第168—169页。

考之《周礼》：仲春，会男女无夫家者，礼有未备，相奔不禁，所以蕃育人民也。今则有夫之妇，随其所欲，公行无忌，此不替自牧之归荑，溱洧从赠芍，有此遗风。①

仲春会男女，就可与我们前述花婆信仰合男女阴阳之诉求结合起来。《周礼·地官·媒氏》：

媒氏掌万民之判。……中春之月，令会男女，于是时也，奔者不禁。若无故而不用令者，罚之。司男女之无家者会之。②

对歌，就是花婆将红花与白花移在一起，男女即成夫妻。例如，壮族当代的恋歌：

夜了天来夜了天，
夜来月亮照天边；
天上星星伴月亮，
哥伴情妹在花园。③

花婆拥有 36 个花园，是那文化生态审美场的原型与形式化。那文化生态审美场的生成原理就是对生与环进。对歌定情，就是这种音律生发出来的对生与环进的现实化方式。如此，那文化各族在花婆花园里的对歌，就是希望将神圣世界纳入他们的现实逻辑与实践理性之中，进而回到花婆美丽的花园之中。因此，这一过程，就是这种将自然与生命艺术化的过程，也是一个将自我置入艺术世界的审美之境。

花婆信仰视域内的对歌及其各种拓展形式，揭示了在自然向人的生成，与人的自然化双向互动过程中，凝练出了神与物游的境界，推动了日常生活

---

① 覃慧宁：《传统书写文化视野下的壮族歌谣习俗》，《广西民族学院学报》（哲学社会科学版）2005 年第 2 期。
② 《周礼》，辽宁教育出版社 2000 年版，第 30 页。
③ 邓金如：《漫谈壮族歌圩》，《民族艺术》1986 年第 4 期。

的审美化进程。

民国《三江县志》载：

> 僮人昔皆有歌坪，男女集于其间，而分界线，相距约半里，彼此唱山歌，互相应和。

> 今于清明、端午二节行之。……大抵会必有歌，歌而后情惬。男女婚姻缔结之始于此场中者，虽尚有必经之过程，其最先媒介则歌声也。其他集会有定期者，为春秋社、清明节、旧历之三月十五、四月初八、九月十五或春季土壬用事日，随地而定。届期不约而同，毕集于一定之山上，男各为群，男择女之相悦者，相款曲，订会期。再进，则可议婚云。此平江一带之俗也。

这种天启意义的审美化，一方面：

> 一切被叫作创造出来的或者创造性的东西，是那些不能靠筹思、计算、人的理性和意志来产生的东西，这些东西甚至不能被叫作发明，却是靠大自然的创造力或者人类精神的创造力，直感地从无变为有，并且跟发明相对照，应该被叫作天启。[1]

另一方面，歌声展现出自然的一切，恰恰就是人的潜能实现的本身：

> 自然不再是如同它显得是艺术那样被评判，而是它现实地是艺术（虽然是超人类的艺术）而言被评判了；而目的论的判断就充当了审美判断所不得不加以考虑的自身的基础和条件。[2]

进一步，歌圩关乎阴阳交接，是"道法自然"的必然，更是生命的时间本质的呈现，即如《白虎通·德论四》所谓："嫁娶必以春者，春天地交通，

---

[1] [俄] 别林斯基：《别林斯基选集》第三卷，满涛译，上海译文出版社1980年版，第108页。
[2] [德] 康德：《判断力批判》，邓晓芒译，人民出版社2004年版，第22页。

万物始生,阴阳交接之时。"同书引《周易》:"设嫁娶之礼者,重人伦,广继嗣也。"

花婆信仰这种自然的人化与人的自然化双向对生的逻辑展现,既突出自然的合目的性,又呈现出人作为世界本源的核心地位。花婆不仅是外在的宇宙意象,而且是永恒的心灵意象——玄牝的一种生态表述:

> 在东方,以及西方诺斯蒂中的一些人,很快就认识到,宇宙人不只是个具体的、外在的现实,更是个内在的心灵意象。例如,依照印度人的传统,他是一些生活在个体人类内部的东西,并且是唯一不朽的部分。这个内在的"伟大的人",通过引导他从天地万物及各种苦难中超脱出来,来拯救个体,使之回到其原本永恒的境地,但只有当人们认识到他,并且必须使他摆脱昏睡状态以便于引导时,他才能做到这一点。①

对歌还揭示出,人不仅是全部生命——整个天地万物——的开始,也是最终目标。他是宇宙对生与环进的力源:"宇宙的人不仅是全部生命——整个天地万物——的开始,也是最终目标。"②

在这里,歌圩与婚姻、子嗣的诉求结合在一起,既有对自我本源的诉求的意识,更是对源始的歌赞。二者的合一,就将花婆美丽的花园建构在现实世界之中,推动了花婆信仰的审美化升华。

因此,歌圩世界里,鉴赏判断体现了形而上学的智慧,即体现了对本体的认识,尽管它是对形式的认识,而非真正的知识判断本身。乌格里诺维奇《艺术与宗教》指出:"原始神话是在同仪式活动尚未分解的统一中产生的。原始公社成员为了在仪式中实现自己的渴望和期待,仿佛集体创作神话,从而把愿望当作现实。"③

---

① [瑞士]梵·弗朗兹:《个性化的历程》,转引自瑞士卡尔·荣格等《人类及其象征》,张举文、荣文库译,辽宁教育出版社1988年版,第166页。
② 同上书,第167页。
③ [苏联]乌格里诺维奇:《艺术与宗教》,王先睿、李增鹏译,生活·读书·新知三联书店1987年版,第34页。

民国刘锡蕃《岭表纪蛮》载：

> 清乾隆时，赵翼以进士知镇安府……赵时入壮人家，或散步郊野，听壮人歌唱。其歌集中有纪镇安风土者，对于蛮民唱歌，绘形绘声，淋漓尽致……
>
> 赵诗曰："世间真有'无碍禅'，似入华胥梦缥缈！始知礼法本后起，怀葛之民固未晓。君不见双双粉蝶作对飞，也无媒妁定萝茑。"①

于是，对歌—歌圩作为心灵的审美意象化育，就具有了一种迷醉的狂欢化特质。巴赫金指出：

> 狂欢式（意指一切狂欢节式的庆贺、仪礼、形式的总和）的问题，它的实质，它那追溯到人类原始制度和原始思维的深刻根源，它在阶级社会中的发展，它的异常的生命力和不衰的魅力——这一切构成文化史上一个非常复杂而有趣的问题。……狂欢节形成了整整一套表示象征意义的具体感性形式的语言，从大型复杂的群众性戏剧到个别的狂欢节表演。这一语言分别地，可以说是分解地（任何语言都如此）表现了统一的（但复杂的）狂欢节世界观，这一世界观渗透了狂欢节的所有形式。②

花婆信仰这种狂欢正预示着"人的能动与受动"，因而是"按人的方式来理解的人的自为享受"：

> 人以一种全面的方式，就是说，作为一个总体的人，占有自己全面的本质。人对世界任何一种人的关系——视觉、听觉、嗅觉、味觉、触觉、思维、直观、情感、愿望、活动、爱——总之，他个体的一切器官，正像在形式上直接是社会的器官的那些器官一样，是通过自己的对象性的关系，即通过自己同对象的关系而对对象占有，对人的现实的占有；

---

① 转引自潘其旭《壮族歌圩研究》，广西人民出版社2010年版，第167页。
② ［苏联］巴赫金：《巴赫金全集》第五卷，河北教育出版社1998年版，第160—161页。

这些器官同对象的关系,是人的现实的实现(因此,正像人的本质规定和活动是多种多样的一样,人的现实也是多种多样的),是人的能动和人的受动,因为按人的方式来理解的受动,是人的一种自我享受。①

如此,歌圩使得主体在美的鉴赏中揭示了审美意象中感性和理性的同源性,展现出"自然"和"自由"一致性:

> 在美的鉴赏中,感性和理性似乎找到了它们的"同源性","自然"和"自由"出自一个来源。"自然"不再是现象,作为现象,自然受知性范畴的规整,受"时间""空间"的规范,而艺术中的时空是虚拟的时空,因果关系也带有虚拟性,从而使得活跃的想象力可以把"自由"引入"自然",艺术家似乎可以"自由地"处理时空、因果,即按照一个道德原则、自由原则来处理它们;"自由"也不再是纯粹的理性概念,一个理念、观念,而是体现在自然之中的,有自然作为它的现象。一句话,"自然"成了"自由"的象征,而"自由"成了"自然"的本质。……于是,"自然"也好,"自由"也好,在美的鉴赏中,都出于一源:对"物本身""世界本质""人生真谛"的把握。②

所以,歌圩将节庆、生殖、快乐等形成了一个完美的对应性,并且进入了一种重玄的无极欢乐之境。

二 怀元抱真,通德三元:神道设教与生态审美制式

歌圩关联神道与人类实践及其审美场所。相传,歌圩具有乐神求雨的功能,各地的材料如下:

> 靖西——某年奇旱,民众敲锣打鼓到河边求天拜地,终于得到甘雨,以后便初一、初二、初三宰牲酬神,歌舞欢庆。青年男女恋爱对歌;祈

---

① [德]马克思:《1844年经济学哲学手稿》,刘丕坤译,人民出版社2000年版,第85页。
② 叶秀山:《叶秀山文集》(美学卷),重庆出版社2000年版,第734页。

丰与爱情成为"歌圩"的两大主题。

马山——三月十六歌唱便能风调雨顺，五谷丰登，人畜兴旺；

大新——歌圩起于农神诞节，庙前歌唱乐神，可以得到丰收。①

民间有山歌："天旱庙中去求雨，你盼雨来我盼晴（情）。"②

民国《龙津县志》（龙津即今广西龙州县）载：

四月间，乡村男女，指地为场，讴歌互答，俗名歌圩。邻村多赶圩助兴。每场聚集人众不下千人，一似溱洧遗风。相传此圩一禁，则风雨不调，年谷不登，或人畜瘟疫云。

可见，歌圩关联着两种生产。歌圩中的祈雨与丰收，其实是运用万物以种相禅的规律，来完成天均——存在的真正的去蔽，使得宇宙完全呈现为自由之境。即如《庄子·寓言》所谓：

无物不然，无物不可。非卮言日出，和以天倪，孰得其久？万物皆种也，以不同形相禅，始卒若环，莫得其伦，是谓天均。③

这种宇宙的本真通过歌圩的时间节奏的呈现，就可复归"无时无刻"的永恒，它展现出一种宇宙共形的"循环学"：

因为在宇宙历史的末期，原则上不可能用那样的东西来制造时钟，那么宇宙本身在遥远的未来将莫名其妙地"失去时间标度"，从而物理宇宙的几何会真的成为共形几何（即零锥几何），而不是爱因斯坦广义相对论的完全规度几何。④

---

① 农学冠：《壮族歌圩的源流》，《少数民族文学论集》第1集，中国民间文艺出版社1983年版，第259页。
② 陶立璠：《歌圩纪行》，《民间文艺集刊》第1集，上海文艺出版社1981年版，第286页。
③ 《庄子》，上海古籍出版社2001年版，第399—310页。
④ ［英］罗杰·彭罗斯：《宇宙的轮回》，李泳译，湖南科学技术出版社2014年版，第139页。

歌圩建构的宇宙共形几何结构及其彰显出的乐律，本身就是潜能实现的状态与境界。尤为重要的是，歌圩以艺术的方式对应于生命节律，将神性意义的旋律安放在现实之中，达成了艺术与生命的共时栖居，进而展现出一种对生与环进的潜能实现的方式。《吕氏春秋·适音》有云：

> 夫乐有适，心亦有适。人之情，欲寿而恶夭，欲安而恶辱，欲逸而恶劳。四欲得，四恶除，则心适矣。四欲之得也，在于胜理。胜理以治身则生全，以生全则寿长矣；胜理以治国则法立，法立则天下服矣。故心适之务，在于胜理。①

所以，在歌圩世界里，不仅两种生产的目的得以实现，更将宇宙大化运转为自由的极则。也就是说，歌圩本身就是生态审美制式。它表现为一种时间网络的历史建构（见图6-9）。

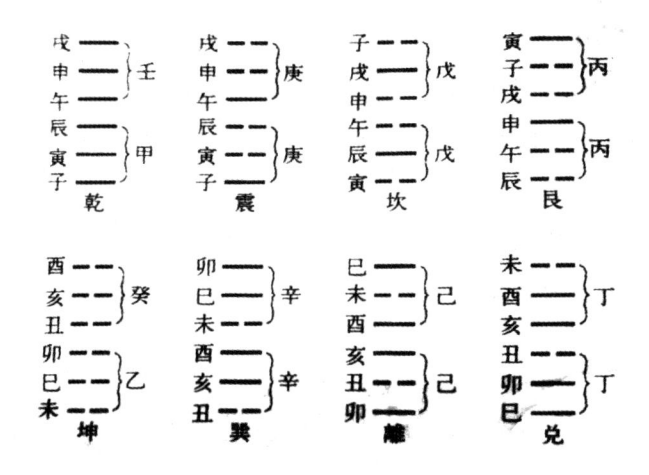

图6-9 纳甲爻辰②

正是这种时间网络化的审美制式，确保了艺术以及一切行为和知识的根本和必然的起源，艺术中人的内外的对应性，进而展现出人的自由理性的天然境界：

---

① （战国）吕不韦：《吕氏春秋》，华夏出版社2002年版，第55页。
② 潘雨廷：《道教史发微》，复旦大学出版社2012年版，第171页。

艺术表现的普遍需要所以也是理性的需要，人要把内在世界和外在世界作为对象，提升到心灵的意识面前，以便从这些对象中认识他自己。当他一方面把凡是存在的东西在内心里化成"为他自己的"（自己可以认识的），另一方面也把这"自为的存在"实现于外在世界，因而就在自我复现中，把存在于自己内心世界里的东西，为自己也为旁人，化成观照和认识的对象时，他就满足了上述那种心灵自由的需要。这就是人的自由理性，它就是艺术以及一切行为和知识的根本和必然的起源。①

总之，歌圩——音乐就具有了《庄子·天道》指出的神道设教的载体意义。正是在这种神道设教的意义域内，审美成为壮族制约天地与自我的制度：

知天乐者，其生也天行，其死也物化。静而与阴同德，动而与阳同波。故知天乐者，无天怨，无人非，无物累，无鬼责。故曰：其动也天，其静也地。一心定而王天下；其鬼不祟，其魂不疲，一心定而万物服。言以虚静推于天地，通于万物，此之谓天乐。天乐者，圣人之心，以畜天下也。②

正是由于花婆信仰展现出圣人有意蓄养天下而游于艺，所以，在花婆的神道设教与人类参赞化育的双向对生之中，宇宙就始终处于和谐之中：

精于物者以物物，精于道者兼物物，故君子壹道而以赞稽物。壹于道则正，以赞稽物则察，以正志行察论，则万物官矣。③

于是，在歌圩作为人参赞化育而万物官的生态审美场中，审美主体发现并实践着他们立于不败之地的审美实践策略：

致虚极，守静笃，万物并作，吾以观其复。夫物芸芸，各归其根。

---

① ［德］黑格尔：《美学》第1卷，朱光潜译，商务印书馆1979年版，第40页。
② 《庄子》，上海古籍出版社2001年版，第172—173页。
③ 同上书，第399—400页。

归根曰静，静曰复命。复命曰常，知常曰明。不知常，妄作凶。知常容，容乃公，公乃王，王乃天，天乃道，道乃久，殁身不殆。①

最终，歌圩作为生态审美制式，其实是回归花婆——返本归真的一种审美途径：

忽然反本，会彼真原，归其重玄之乡，见其至道之境，其为乐也，岂易言乎！②

夫证于玄道，美而欢畅，既得无美之美而游心于无乐之乐，可谓至极之人也。③

歌圩引导审美主体"复归于无物"，从而进入了"执古之道，以御今之有。能知古始，是谓道纪"④的境界，呈现出守母存子的生态审美方法论及其境界——"天下有始，以为天下母。既得其母，以知其子。既知其子，复守其母，没身不殆"⑤。所以，罗马诗人维吉尔在《第六田园诗》中说：

谁不向母亲微笑，谁就永远享受不到与上帝同桌或与女神同寝的荣耀。⑥

第四节　节庆仪式与和顺反中的时间现象超越

歌圩展现出的人参赞化育而官万物的"中和位育"境界，渗透入花婆信仰相关的各种民间艺术，他们既不受国家意识形态——礼教的束缚，也不会

---

① 《道德经》，陈忠点校，魏源分章，吉林文史出版社2001年版，第89页。
② 《南华真经注疏》卷二十七，《道藏》第16册，上海书店出版社1988年版，第596页。
③ 《南华真经注疏》卷四，《道藏》第16册，上海书店出版社1988年版，第317页。
④ 《老子》，上海古籍出版社1989年版，第3页。
⑤ 《道德经》，吉林文史出版社2001年版，第310页。
⑥ 转引自戈尔德·施泰因《婴儿的微笑与理解他人问题》，刘小枫主编《人类困境中的审美精神》，东方出版社1994年版，第383页。

被政府官员所取缔,而是沿着天道运行,体天道而得天乐,从而将本地的社会与生命运行置于圣人笼罩下的天乐之中,展现出一种别样的和谐境域:"夫至乐者,先应之以人事,顺之以天理,行之以五德,应之以自然,然后调四时,太和万物。……"[①]

歌圩进入的这种审美玄域,往往与宗教具有文化的共同性。并且,花婆作为壮族的始祖神,她并没有离开人间,而是以神道设教的方式,渗透进壮族的日常生活,并作为一种特殊的纪念节庆。下面分两部分予以论述。

一 辰极受正——节庆仪式与"和以反中"的审美规范

那文化民间节庆,往往是天文历法的某个节点,表现出民族文化的核心指向——辰极受正。这种节点又是那文化的有机组成部分。

走花坡(龙瑞生)

每逢农历三月三,是广西中部柳城县古砦乡壮族、仫佬族人民传统节日——"花婆节"。

1949年以前,在古砦西山扒里,三月三这一天,还有"走花坡"的习惯。男女青年爱摘一枝枝山花回来插在房门,姑娘们给自己辫上扎上一朵鲜艳的山花,她们用鲜花象征青年男女,以鲜花表示欢乐幸福。正值山花盛开的季节,她们也就特意地在三月三这天采摘山花。这样做的仫佬族、壮族姑娘自称"采花"。这一天,男女青年换上新衣,一对对、一双双,踏着山路,唱着山歌,新衣鲜艳的男女青年,绕着山扒周围的山岭,他们便自称"走花坡"。一路上,男女双方互相唱情歌,一般是一对一的男女对歌。有时女的故意诱引,边唱边走到一个又一个山坡上去,男的也跟着去对歌。由于男女都是得力的对手,唱时也常轮换,互相对歌、不分胜负,往往在对歌的时刻选择对象。当男女一方看中对方时,便是建立了感情。以后,女的如果看上男的就会把一双布鞋送给男方,

---

[①] 《庄子·天运》,上海古籍出版社2001年版,第190页。

若是男方收起了布鞋，双方便结成对象了。

1949年后"走花坡"的活动虽然不那么明显了，但是，仍是有对歌的风俗习惯，互相唱出爱慕的情歌。现在唱的情歌，内容逐步在更新，他们的理想好追求比较进步，成为新的民族"走花坡"的味道。且听这么一些提倡晚婚晚育、新婚新办的约会情歌：

男："谁说春季桃花美，谁说世间蜜最甜；二十出头花正发，我俩成双比蜜甜。"

妹："哥多心，怪哥多心想早婚；法律鼓励晚婚好，青春常在幸福甜。"

男："想鸳鸯，想妹迷迷挂在心；哥为四化争贡献，妹做生产带头人。"

妹："莫挂心，有心恋哥妹不嫌；提倡晚婚先计划，要做晚婚晚育人。"

男："鸟爱青山鱼爱水，蜜蜂爱花不会飞；新婚新办情意深，风吹雨打头不回。"

妹："情哥我俩结交连，自由恋爱不讲钱；等到登记成双日，一把锄头喜相迎。"

壮族、仫佬族人的风俗习惯，三月三这天家家户户都用大枫叶、红兰叶、白饭花等中草药煮汤泡制糯米，炊成五颜六色的糯米饭，用来奉祭"花婆"。这种颜色鲜艳、味道甘美的食物，小孩非常喜欢食用。还要煮很多鸡、鸭熟蛋，用大红粉染红，用纱线打网袋装上挂在小孩的胸前。旧时，为了奉祀"花婆庙"，各村按户轮流筹办节日祭品，叫作"庙头人"。过节这天，庙头人负责宰猪杀鸡鸭，全村扶老携幼聚集到"花婆庙"拜祭，祭罢，庙头人把熟猪、鸡、鸭肉分成小块分给村民，大家在"花婆庙"共度节日。

"花婆庙"的传说颇多，其中一个传说：为了纪念壮族、仫佬族人民的祖先——女神名叫云肖、碧肖、琼肖的三姐妹。据说三姐妹的哥哥赵公明被天庭邪神无辜杀害，她们为了报仇不幸也全部身亡，都成了神仙。当时，商纣王昏庸，天下混乱，人民不安宁，这时，有个女国，整个国家全是女性，没有男性。女国里有个花妹，长得像桃花一样艳美。这年早春，山花万紫千红，花妹登山眺望远处白云中飘飘降下三位婆婆，她们问道："花妹呀！你在这里想着些什么啦？"一连问了几遍，花妹才答应道："婆婆呀，我是个单身苦楚的人，你说我怎么才能过美满的日子呢？"婆婆们说："这不难，到三月三那天，你们到払里最高的山顶面向南方就是了。"说罢，婆婆突然消失了。花妹又惊又喜，回来把神仙婆婆的事告诉了众姐妹。到了三月三那天，众姐妹按婆婆的吩咐，到最高的山顶面向南方。这时，南风微微的吹来，不久，众姐妹都怀了孕，生男育女。从此，这个女国就成为有男女配偶的国家。

后来，古砦一带的壮族、仫佬族人民就建了"花婆庙"，把三月三这天作为节日，每年都举行"花婆节"。（流行地区：广西柳城古砦乡）①

三月三是上巳节，正是子嗣凸显的时候。《周易·革卦》："巳日乃孚。元亨利贞。"② "巳日乃孚，革而信之，文明以说，大亨以正。……天地革而四时成，汤武革命，顺乎天而应乎人，革之时大矣哉！"③

孚，有开始并确信之意。而花婆信仰这种万物孕育——开始之中，蕴含着那文化"治历明时"的努力。再者，巳日孚，孚者，信也。信有二义：一是信息；二是诚信，表现出中和之美。正是在这种中和之美的境域之中，壮族长期地将它作为指导生活审美化与审美生活化的节庆，故而，节庆就是那文化生态审美制度。

在此，我们仅以春季的天象运行来分析对歌作为花婆信仰是怎样调动三大辰与日月构筑的时间网络的。《礼记·月令》指出：

> 孟春之月，日在营室，昏参中，旦尾中，其日甲乙，其帝大皞，其神句芒，其虫鳞，其音角，律中大蔟。……是月也，天气下降，地气上

---

① 黄全安等：《壮族风情录》，广西人民出版社1991年版，第182—184页。
② 《周易》，《汉魏古注十三经》，中华书局1998年版，第35页。
③ 同上。

腾，天地和同。

仲春之月，日在奎，昏弧中，旦建星中，其日甲乙，其帝大皞，其神句芒，其虫鳞，其音角，律中夹钟。……择元日，命民社，……是月也，玄鸟至。至之日，以大牢祠于高禖。

季春之月，日在胃，昏七星中，旦牵牛中，其日甲乙，其帝大皞，其神句芒，七虫鳞，其音角，律中姑洗。……是月之末，择吉日大合乐。①

通过这种生态审美制度来达成现实的规范，即如哈贝马斯所指出：

行动规范在其有效性领域内是带着以下主张出现的，即在某个要求规导的事务方面，它表达一种对所有受影响的人都共同的利益，因而值得普遍承认。基于这个理由，有效的规范必须能够在原则上受到每一个受影响的人在合作地寻求真理的动机之外的所有动机都加以中立化的条件之下的合理地促成的赞同。②

正因为"有效的规范必须能够在原则上受到每一个受影响的人在合作地寻求真理的动机之外的所有动机都加以中立化的条件之下的合理地促成的赞同"，所以，节庆中的审美愉悦超出了人仅仅作为工具理性的载体，或者是实质合理性的范围，在社会现实内部建构起一种商谈伦理，即神与物游的宇宙模式：

乐由中出，礼自外作。乐由中出故静，礼自外作故文。大乐必易、必简。乐至则无怨，礼至则不争。揖让而治天下者礼乐是也。③

在那文化节庆世界里，礼乐不仅会促进人类在生产性的活动之中回归源头，而且，礼乐的极境将会达至对生与环进的生态审美发生境域：

---

① 《礼记》，《汉魏古注十三经》，中华书局1998年版，第51—55页。
② 转引自童世骏《批判与实践》，生活·读书·新知三联书店2007年版，第9页。
③ 《礼记·乐记》，上海古籍出版社1987年版，第67页。

倡和有应，回邪曲直，各归其分，而万物之理，各以类相动也。……奋至德之光，动四气之和，以著万物之理。是故清明象天，广大象地，终始象四时，周还象风雨，五色成文而不乱，八风从律而不奸，百度得数而有常。大小相成，终始相生，倡和清浊，迭相为经。故乐行而伦清，耳目聪明，血气和平，移风易俗，天下皆宁。①

同时，它更是一种对花婆的坚守中达成花婆潜能实现的特征，从而推展出"和以反中，形性相葆"——对生与环进的审美发生范式。即《管子·白心》所谓：

和以反中，形性相葆。一以无贰，是谓知道。将欲服之，必一其端，而固其所守。将欲服之，必一其端，而固其所守。责其往来，莫知其时，索之于天，与之为期，不失其期，乃为得之。②

此即天地人合一的整生境界的呈现。严遵《老子指归·不出户篇》指出：

天地人物，皆同元始，共一宗祖。六合之内，宇宙之表，连属一体。气化分离，纵横上下，剖而为二，判而为五。③

花婆信仰通过天地人物皆同元始，共一宗祖——花婆，在回归原始的历程中达成了潜能的自由实现。此即如《庄子·山木》所谓，神与物游就进入了与时俱化的审美境域：

若夫乘道德而浮游则不然。无誉无訾，一龙一蛇，与时俱化而不肯专为；一上一下，以和为量；浮游于万物之祖，物物而不物于物；则胡可得而累邪？④

---

① 《礼记》，《汉魏古注十三经》，中华书局1998年版，第136页。
② （春秋）管仲：《管子》，李丹、荣挺进译注，中国书店1994年版，第342页。
③ （汉）严遵：《老子指归》，中华书局2002年版，第23页。
④ 《庄子》，上海古籍出版社2001年版，第266页。

二　进退合时，统化优游：日常禁忌的超越与自由境界的呈现

正如康德所说，美比历史更真实，而审美往往具有相当的超越性。光绪《浔州府志·风俗》载及"壮人放浪"（唱"浪花歌"）：

> 于村之庙附近（笔者按：与神游）地段空阔之处，男女聚会，攒簇成堆，歌唱互答，或以环钏、巾帨槟榔之物相遗……
>
> 僮人之浪，盖古代平民通俗。《周官·媒氏》，以仲春之月会男女，令男三十而娶，女二十而嫁，绳以礼，经昏仪近似于野。按以旧俗则已为政治之进化，所谓修其教不易其俗也。其后勾践治越旨在生聚，乃驰媒氏之掌，令思夫寡妇会于山上，与往日僮俗正同。则僮人者，其勾践之遗民耶？

刘锡蕃《岭表纪蛮》亦载：

> 在桂称为"坡会"，在黔称为"跳厂"，其会多在"正月年节""二月二""三月三""四月八""八月中秋""九月重阳"等日，而春秋为最多。……其会况热烈者，杂以扛神、演剧、樗蒲诸戏，次则仅为青年男女，游乐唱歌，其开会之唯一理由，以为必如此，而秋收乃得丰稔。……蛮人妇女……短促期间，仍得恢复其"做后生时代"之原有权力。①

歌圩的作用完全与花婆信仰的两种生产发生及其审美发生原理对应，体现在以下四个方面。

首先，北斗与七曜、分野对应（见表6-1）。

---

① （民国）刘锡蕃：《岭表纪蛮》，商务印书馆1934年版，第176页。

表 6-1　　　　　　　　　北斗与七曜、分野对应表①

北斗七星 \ 七曜	马融	皇甫谧	北斗七星 \ 分野	陆绩	皇甫谧
枢	日	太白	枢	徐州	雍州
璇	月	填星	璇	益州	冀州
玑	火,荧惑	荧惑	玑	冀州	青、兖州
权	土,填星	辰星	权	荆州	徐、扬州
衡	水,辰星	岁星	衡	兖州	荆州
开阳	木,岁星	日	开阳	扬州	梁州
摇光	金,太白	月	摇光	豫州	豫州

其次，呈现出《史记·律书》所谓的九宫与八风对应（见图 6-10）。

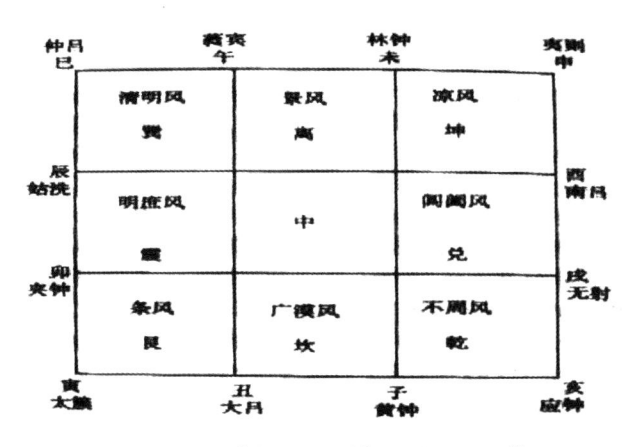

图 6-10　《史记·律书》九宫八风图②

再次，呈现出天地与六律、十二月的对应（见表 6-2）。

---

① 卢央：《中国古代星占学》，中国科学技术出版社 2008 年版，第 109 页。
② 同上书，第 136 页。

表6-2　　　　　　　　　　　天地律吕对应表①

天	一	天	三	天	五	天	七	天	九
子	生水	寅	生木	辰	生土	午	成火	申	成金
十一月	黄钟	正月	太簇	三月	姑洗	五月	蕤宾	七月	夷则
宫		商		角		徵		羽	
地	二	地	四	地	六	地	八	地	十
未	生火	酉	生金	亥	成水	丑	成木	卯	成土
六月	林钟	八月	南吕	十月	应钟	十二月	大吕	二月	夹钟
徵		羽		宫		商		角	

如前述，壮族歌圩源于花婆，又回归花婆，从而将壮族的日常生活置于审美化的境域，而审美也构成了壮族的日常生活本身。

广西上林一带以二月初二日为花婆节。这一天，同村的妇女要聚集在一起谈心歌唱，不同姓氏而志同道合的姑娘，可结拜为姐妹。大家杀鸡烧香敬祭花婆，祈求保护儿童，赐给出嫁的姑娘几朵鲜花——宝宝。在右江河谷一带则以二月十九日为花王节。田东县的仰岩歌圩，平果县的太平歌圩和玻璃歌圩，就是在这个日子里举行。其他地方的二月歌圩，也大都为当地的"花王"诞日。如凭祥市就有：二月二的白龙村板布歌圩和友谊乡三山街歌圩；二月三日的凭祥街歌圩；二月四日的礼茶村那岭屯歌圩；二月五日的脑口街歌圩；二月十四日的浦门村那良屯歌圩；

---

① 卢央：《中国古代星占学》，中国科学技术出版社2008年版，第136页。

二月十六日的板任村板任屯歌圩；二月十八日的油隘村圹四屯歌圩；二月十九日的练江村江屯歌圩；二月二十日的油隘村那灵屯板旺屯歌圩。此间的会期大都与"花王节"藉求嗣以祈丰年的意义相关联。而其节期之所以不统一，可能是与各地开春耕作的习俗有关，亦是为了便于广泛交际和吸引邻近更多的人参加欢聚所致。春季的歌圩尤以三四月间为最盛行。其中，左江流域的壮语南部方言区是在三月中下旬。如大新县过去就有七个歌圩点，分别于三月十四日至廿六日举行，这与当地的生产活动有关。而在红水河流域的壮语北部方言区则多集中于三月初三日。如都安县的二十个传统歌圩点，全都在这一天举行，并且，都阳乡棉山等十处歌圩，每年也仅此一次会期。……

壮族地区也是如此。"携楮墓供乌米饭，乡村专用三月三"（《南宁府志·风俗》），"三月三日，男女携酒馔于西山尽欢而罢"（《开化府志》卷九），"三月踏青，男女唱歌互答，以为丰年"[《养利（今属大新）州志·风俗》]。

四月的歌圩，从四月初五至四月二十九日各地均有举行，且以左江流域的会期最盛。例如，据民国三十四年（1945年）《雷平（今属大新）县志》稿本记载原有的67个歌圩点中，就有33个点的会期是在四月间。龙州县今尚活动的43个歌圩点，有19个是在四月举行的。[①]

据笔者调查，来宾市武宣县农历二月二十九的花婆节；广西南宁市邕宁区农历二月二十九的花王节，正是"和以返本"的美学境界呈现。

《礼记·乐记》指出："乐也者施也，礼也者报也；乐乐其所自生；而礼反反其所自始。乐章德，礼报情反始者也。"所以，不论是礼还是乐，都是要返回到它的生境，而在花婆信仰中包含的各种礼乐成分本身，就是要形成、推动人返回他的生成源头。

最后，在艺术的快乐的极境之中，人类的活动与身心的对生，并通过环

---

① 潘其旭：《壮族歌圩研究》，广西人民出版社2010年版，第41—44页。

进都将进入"神化"的至真境域:"是故情深而文明,气盛而化神;和顺积中,而英华发外,故为乐不可以为伪。"① 这是一种反者道之动、反者道之验的审美道态,更是发乎情止乎礼的中和境界:

> 礼乐之极乎天而蟠乎地,行乎阴阳而通乎鬼神,穷高极远而测深厚。乐著大始,而礼居成物。②

> 乐也者,施也;礼也者,报也。乐,乐其所自生;而礼反其所自始。乐章德,礼报情,反始也。③

在花婆信仰的至真境域之中,身心得以安歇,从而在礼乐合一中进入永恒之域,即如《礼记·乐记》所谓:"乐则安,安则久,久则天,天则神。天则不言而信,神则不怒而威。致乐以治心者也。"④ 如此回归审美之域,那就是——杜夫海纳认为:

> 无论怎么说,知觉都是从呈现开始的。而这正是审美经验所能向我们保证的。审美对象首先是感性的高度发展,它的全部意义都是在感性中给定的。⑤

> 只不过这里更强调审美判断不能先验地制定一个概念去强行规定特殊经验,而必须由对特殊经验的反思中上升到某种无概念、无目的的合目的性的先验原则,这既坚持了先验的立场,又给经验派的感性留下了充分的位置。⑥

花婆信仰正是这样,使得个体真正成为世界的出发点,并达成源始促成

---

① 《礼记·乐记》,上海古籍出版社1987年版,第33页。
② 《礼记》,《汉魏古注十三经》,中华书局1998年版,第134页。
③ 同上书,第136页。
④ 同上书,第140页。
⑤ [法] 杜夫海纳:《审美经验现象学》,韩树站译,文化艺术出版社1996年版,第376页。
⑥ 邓晓芒:《康德〈判断力批判〉释义》,生活·读书·新知三联书店2008年版,第300页。

潜能的对生性实现。在这里，花婆信仰通过传统礼制规定的特殊社会秩序与内容，完成"和而不同"——在肯定差异中追求和谐。这就涉及"中""度"与"乐"的范畴运动与和谐原则。和谐的境界不仅仅是外在的等级与制度的和谐，而且要达到社会成员内心的和谐与愉悦，即形成"与众乐乐"的天下大同的"天籁"境界。在此境界中，"乐与政通"，政通才人和。所以，任何否弃生命的真实至善彰显的行为，都将被排除出理想的国度之外。可见，歌圩也是围绕着以神话的形式来表述人生与政治的历史活剧，使得神与物游的原则与境界油然溢于境外，即境生象外。同时，它也是"超以象外，得其环中"的美的本质的彰显。

如何完成"与众乐乐"的天下大同的境界？在花婆信仰里，有着自己的表述。即由己及人，在社会结构中由近及远，始终贯彻仁民爱物、民胞物与的原则，在人际和谐中透出公平正义，由感性上升到理性，最终进入和谐均衡的大同世界。这一人际、人与社会、天人之际的和谐，正是主客体潜能对生性实现的自由的中国古代的美的极则与极境。

于是，花婆信仰将花婆神的灵力，发挥得淋漓尽致；即《老子·第二十五章》所谓：

> 有物混成，先天地生，寂兮寥兮，独立而不改，周行而不殆，可以为天下母。吾不知其名，字之曰道，强为之名曰大。大曰逝，逝曰远，远曰反。故道大、天大、地大、王亦大。域中有四大，而王居其中之一焉。人法地，地法天，天法道，道法自然。①

亦即《黄帝内经·素问·天元纪大论》引《太始天元册》所示境界：

> 太虚寥廓，肇基化元。万物资始，五运终天。布气真灵，总统坤元。九星悬朗，七曜周旋。曰阴曰阳，曰柔曰刚，幽显既位，寒暑弛张。生

---

① 《道德经》，吉林文史出版社2001年版，第134—135页。

生化化，品物咸章。①

此即《周易·系辞》所谓："神而明之，存乎其人。"② 最终，花婆信仰的审美发生就进入了《庄子·天下》所谓天人齐一之域：

> 独与天地精神相往来，而不傲睨于万物，不谴是非，以与世俗处。……上与造物者游，而下与外生死、无终始者为友。其于本也，弘大而辟，深闳而肆；其于宗也，可谓稠适而上遂矣。虽然，其应于化而解于物也，其理不竭，其来不蜕，芒乎昧乎，未之尽者。③

因此，花婆信仰与歌圩，不是单一的神或人的潜能获得实现，而是双方都得到了潜能的实现，甚至完成了二者的整生。刘锡蕃《岭表记蛮》第十八章《歌谣》记载并评述了壮族民歌这种艺术形式的作用与意义：

> 蛮歌有五言、七言、多言之别，又有单唱、合唱、男女对唱之别。有门类（如喜事唱喜歌，丧事唱孝歌），有体裁（长歌体、短歌体、连珠体、单一体）。亦娱乐，亦教育。或庄或谐，或雅或俗，比赋兴三体皆备。其押韵不限在语脚，凡语中之任何一字，俱无不可，但必上下和谐，跌宕有势。僮歌尤悦耳，唱时，一呼疾起，曳声入云。在余音袅袅中，急转直下，再跌再起，长声绕天，回旋不散。若联合多人同声齐唱，抑扬振落，四山回声相应，虽远隔数里，而声彻耳鼓，使人怦然动怀。僮人群体农作，尤喜合唱，谓之"唱朗"。"唱朗"乐乃无穷，虽惫，弗觉也（"朗"，读若滚舌音。蛮女至朗场工作，靓妆华服，如赴盛会，男女常达百数十人，称曰"赶朗"）。大抵蛮人歌谣，一以平民化为其基本原则，而艺术又臻于善美，故能左右心灵，使人甜醉。僮歌尤擅此道。其

---

① 转引自卢央《中国古代星占学》，中国科学技术出版社2008年版，第141页。
② 《周易》，《汉魏古注十三经》，中华书局1998年版，第53—54页。
③ 《庄子》，上海古籍出版社2001年版，第495—496页。

在平民社会，势力伟大，良有以也。①

亦即刘锡蕃在《岭表记蛮》所谓：

> "坡会"之俗，盛行于灰色以下各蛮族之社会中……会场为山岗或旷野或圩市，俱皆无一定。集会一年一次，或间年或三年一次，大抵一年一次为多。……斯时三五为群，绿荫树下，青草池边，皆其会歌盟情之所。此答彼唱，声彻四野。男性群携三弦月琴，随声配合。唱至空气紧张时，则以枇杷花果乱掷，斯时呼笑声大作，簪履杂沓，殆入华胥乐国矣。

所以，在这种歌场的审美境域之中，不仅男女对生，人与自然对生，人与神也处于一种对生的境界之中。最终在艺术的作用下，形成了那文化的整生的境界："观天之神道而四时不忒，圣人以神道设教而天下服矣。"②

可见，所有的艺术分形都表现出花婆作为圣母与人并而使人化的神与物游的境界。《庄子·则阳》指出：

> 故圣人，其穷也，使家人忘其贫；其达也，使王公忘爵禄而化卑。其于物也，与之为娱矣；其于人也，乐物之通而保己焉；故或不言而饮人以和，与人并而使人化。③

并且，花婆信仰关涉的各种艺术分形既具有使人安生的作用，又可使人复性。即各种艺术分形以花婆——圣人为皈依，极好地进入自我之"性"之中，尤其表现在歌圩中人的"安然"状态之中：

> 圣人达绸缪，周尽一体矣，而不知其然，性也。复命摇作，而以天为师，人从而命之也。忧乎知，而所行恒无几，时有其止也。若之何？

---

① （民国）刘锡蕃：《岭表记蛮》，商务印书馆1934年版，第127页。
② 《周易·观卦》，上海古籍出版社2001年版，第196页。
③ 《庄子》，上海古籍出版社2001年版，第366—367页。

> 生而美者，人与之鉴，不告，则不知其美于人也。若知之，若不知之；若闻之，若不闻之；其可喜也终无已，人之好之亦无已，性也。圣人之爱人也，人与之名；不告，则不知爱人也。若知之，若不知之；若闻之，若不闻之；其爱人也终无已，人之安之亦无已，性也。①

于是，人类与自然的和谐相处，极有利于抗击物化与异化，超越于人的大哀：

> 如求得其情与不得，无益损乎其真。一受其成形，不亡以待尽。与物相刃相靡，其行尽如驰，而莫之能止，不亦悲乎！终身役役而不见其成功，苶然疲役而不知其所归，可不哀邪？人谓之不死，奚益？其形化，其心与之然，可不谓大哀乎？人之生也，固若是芒乎！②

并且，在人的大哀的超越过程之中将人固有的狭隘、愚痴与无所作为超越，提升了人的生命境界。

> 夫随其成心而师之，谁独且无师乎？奚必知代而心自取者有之？愚者与有焉。未成乎心而有是非，是今适越而昔至也，是以无有无为。无有无为，虽有神禹，且不能知，吾独且奈何哉？③

正是在花婆信仰这种审美制度之内，一旦将歌圩付诸内容与形式的时间性区别的视野来加以观照，即刻就将过去、将来与现时联系起来了，它吸收了相对主义的对象与透镜相混融的特质，在一种浪漫主义的观念世界之中创造了实在性——对象与境界。如此，这种想象与实在的同一性彰显的世界之中，超验性根植于内在性，此在与彼在、所指与所指的载体无二无别。至此，自我的源始（第一）、非反思的意识都聚焦在歌圩之源——花婆之上。故花婆

---

① 《庄子》，上海古籍出版社 2001 年版，第 367—368 页。
② 《庄子·齐物论》，上海古籍出版社 1989 年版，第 11 页。
③ 《庄子·逍遥游》，上海古籍出版社 2001 年版，第 16—17 页。

信仰，作为一种潜能实现的生态审美制度，就进入了天籁之域。

《庄子·齐物论》指出：

"敢问天籁？"子綦曰："夫吹万不同，而使其自已也。"

郭象注云：

夫天籁者，岂复别有一物哉？即众窍比竹之属，接乎有生之类，会而共成一天耳。无既无矣，则不能生有，有之未生，又不能为生，然则生生者谁哉？块然而自生耳。自生耳，非我生也；我既不能生物，物亦不能生我，则我自然矣。自己而然则谓之天然耳，非为也，故以天言之。以天言之，所以明其自然也，岂苍苍之谓哉。而或者谓天籁，役物以从己也。夫天且不能自有，况能有物哉！故天也者，万物之总名也。莫适为天，谁主役物乎？故物各自生而无所出焉。此天道也。①

如此，花婆信仰的探索也进入了《老子》揭示的"天地之根"境界——"玄之又玄，众妙之门；谷神不死，是谓玄牝。玄牝之门，是谓天地根"②。

总之，花婆信仰流衍的歌圩，具有《论语·述而》所谓的"志于道，据于德，依于仁，游于艺"的逍遥自由境界，那么，各种艺术与生活结合形成的日常生活审美化与审美日常生活化的互动态势，就表明了一种《论语·泰伯》指出的"兴于诗，立于礼，成与乐"的审美境界。

正是这种道法自然的审美境界，确保着世界的"全而生之，全而归之"的对生与环进的生态审美制度的实现："乘云气，御飞龙，而游乎四海之外。其神凝，使物不疵疠而年谷熟。"③

这种真善美合一的境界，是中华民族传统文化的神髓。徐复观先生阐发道：

---

① 《庄子》，郭象注，上海古籍出版社1989年版，第10页。
② 《道德经》，吉林文史出版社2001年版，第26页。
③ 《庄子》，上海古籍出版社1989年版，第6页。

由孔子所传承、发展的"为人生而艺术"的音乐,决不曾否定作为艺术本性的美,而是要求美与善的统一,并且在其最高境界中,得到自然的统一;而在此自然的统一中,仁与乐是相得益彰的。但这并不是仅由艺术的本身即可达到的。如前所述,艺术是人生重要修养手段之一;而艺术最高境界的达到,却又有待于人格自身的不断完成。这对孔子而言,是由"下学而上达"的无限向上人生修养,透入无限的艺术修养中才可以做得到,而此时的乐是与一般所说的快乐,完全属于两种不同的层次,乃是精神"上下与天地同流"(《孟子·尽心上》)的大自由、大解放的乐。①

综上所述,花王节及其歌圩,涵括了三大辰与日月的网络化时空汇融体系的建构,其实是壮族"年岁":节、气、候、月、四季、年、岁——"时"的审美理念的完美呈现。

这种时空体系以花婆为始,以花婆为终,形成了一个对生与环进的审美发生范式,即如《黄帝内经·六节藏象论》指出:"天以六六为节,地以九九制会。天有十日,日六竟而周甲,甲六复而终岁,三百六十日法也。"② 因此,对花婆的回归,也就是年成——岁的完成——整体审美场的形成。一行《历本议》也指出:

> 天数中于五,地数中于六,合二中以通律历。天有五音,所以司日也,地有六律,所以司辰也;参伍相周,究于六十,圣人以此见天地之心也。③

参伍相周即"对生与环进"审美范式的呈现。扬雄《太玄·玄测》指出:"巡行六甲,与斗相逢,历以纪岁,百谷时雍。"④ 此亦即郭象所谓,当

---

① 徐复观:《中国艺术精神》,华东师范大学出版社2001年版,第17—18页。
② 《黄帝内经校释》,人民卫生出版社1982年版,第165页。
③ (宋)欧阳修等:《新唐书·历志三》,中华书局1975年版,第588页。
④ (汉)扬雄:《太玄》,郑万耕校释,中华书局2014年版,第3页。

人游心于玄妙之境的时候，万物皆不得遁逃："夫人之形者，万化而未始有极也，其为乐可胜计邪？故圣人将游于物之所不得遁而皆存。"成玄英疏：

> 夫大冶洪炉，陶铸群品，独遇人形，遂以为乐。如人形者，其貌类无穷，所遇即喜，喜亦何极。是以唯形与喜，不可胜计。夫物不得遁者，自然也，孰能逃于自然之道乎？是故圣人游心变化之途，放任日新之境，未始非我，何往而不存哉！①

在此万物永远处于生生之谓易的境界中，也就是将生命的永恒性完全展现了出来——生命永远活在当下。这种直观展现出了时间的永恒性，也就是自然的永恒性。黑格尔《哲学全书》指出：

> 时间按照其概念来说，本身是永恒的，因为时间本身既不是某个时间，也不是现在，反之，作为时间的时间是时间的概念，而时间的概念同任何一般概念一样，本身是永恒的东西，因而为绝对的当前。永恒性不是将要存在，也不是曾经存在，而是现在存在着。因此，人们可以从时间的肯定意义上说，只有当前存在，这之前和这之后都不存在；但是，具体的当前是过去的结果，并且孕育着将来。所以，真正的现在是永恒。②

在这里，笔者借用邓辉《王船山的历史哲学研究》的一段话来说明花婆信仰进入永恒历程中的"蔽"与"去蔽"——永恒：

> 主要是立根于中国易学精神论有之"幽明隐现"的意义生发其含义的。"蔽"在这里的基本意思有两层，一为遮蔽，一为蒙蔽。所谓"遮蔽"，这里指的是宇宙的自在活动所体现的潜在的历史特征，即宇宙之道

---

① （清）郭庆藩：《庄子集释》，《诸子集成》（三），中华书局1960年版，第111页。
② 转引自柯小刚《海德格尔对黑格尔时间概念的解读》，《哲学门》第一册，湖北教育出版社2001年版，第150页。

无思无为却又自在地创造化生出天地人物万有一切,而宇宙的创化是本真的时间性、生命性与历史性的体现,此种体现是没有意志的,故其历史性是潜在不彰的。于具有自由意志的人而言,宇宙潜在的历史性既是自在的、无意志的,又是蒙昧的、无明的,却是本真的。所谓"天文"乃天道之文外显而明,这种"明"就是自在与蒙昧意义上的潜在历史性的体现。唯有具有自由意志的人,立人道之极,成为天地之心,以其有思有为、能择能持之力揭示出宇宙潜在历史性,自觉含化实践宇宙历史性之道,于自然世界中以其智、仁、勇创化出一个内合天道之本然的人文世界,从而使宇宙潜在的本真的历史性成为自觉的彰扬的历史性,去其遮盖解其蒙蔽,澄明其历史性,此之谓"解蔽"。故于人言,既有"天明",即其本真的历史性,又有"己明",即对本真历史性的澄明;则人就可能于自然世界中创化人文世界,又可能使人文世界融合于自然世界,合同而化,不相悖逆。因此,自造其文明之人就可能"赞天地之化育",与天地终于大同之化。①

总之,花婆信仰可以在各种审美范式的单一运作以及在各种范式的统观运作过程之中,表现出神与物游的机理与境界,进而形成、达至这种统观境界。也就是说,生长、安息于大地上,体悟其美的旋律,就是进入了审美之域。亦即,道法自然即美。故《淮南子·地形》云:"息土人美。"② 人类快乐地生长于大地上就是美。并且,人的潜能实现后的美将充满宇宙,形成审美场——美的发散性与流播性。进而,这种土王地中——时中的机理与境界,不仅是对现象界的超越,更是对时间的超越,真正地进入了"道法自然"之域中。

首先,它是时中对于现象界的超越。张载《正蒙·天道》认为:"正明不

---

① 邓辉:《王船山的历史哲学研究》,岳麓书社2004年版,第25页。
② 《淮南子》,《诸子集成》(七),中华书局1960年版,第60页。

为日月所眩，正观不为天地所迁"① "世人知道之自然，未始识自然之为体尔。"② 所以，自然就是道体。

也就是说，花婆展现的"土王四方"，实际上既是"时中"而复归于"元时"的历史呈现，又完成了对时间本质实现之后的超越——超循环（见图6-11）。《白虎通德论·五行篇》：

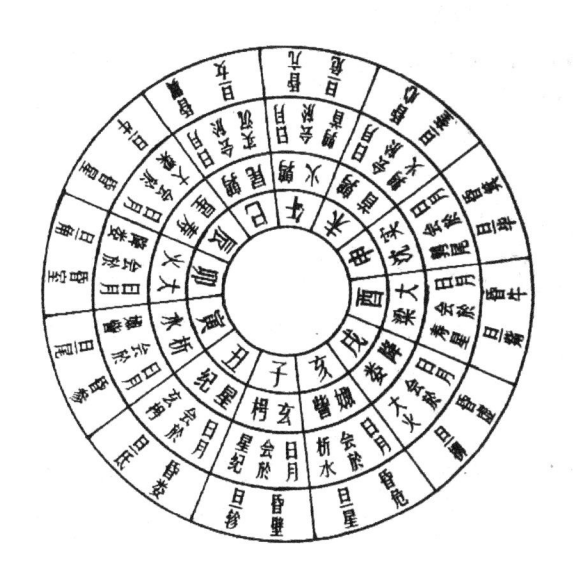

图6-11 十二辰十二次会元图③

土所以王四季何？木非土不生，火非土不荣，金非土不成，水无土不高。土扶微助衰，历成其道。故五行更王亦须土也。王四季，居中央，不名时。④

图6-11中，所有时间会于混沌与虚无，即天文学的冬至状态。如此，即进入了《庄子》所谓"游乎无终始者"之境。至此，在花婆以土御制四方

---

① （宋）张载：《正蒙》，王夫之注，上海古籍出版社2000年版，第114页。
② 同上书，第113页。
③ 牛实为：《内经的生态观》，中国医药科技出版社2003年版，第9页。
④ 转引自卢央《京氏易传解读》，九州出版社2004年版，第75页。

的"时中"的呈现之中,展现出:

> 时间的概念是变易,时间的诸维度为直观建立了时间概念的总体性或实在性,从而使直观中得到规定的东西臻于完善。这种实在性在于:构成变易的统一体的各个抽象的环节的每一个,就其本身来说,都被建立为整体,尽管是在对立的规定性之下。
>
> 所以,这对立规定的双方中的每一方都是作为在与无的统一;但是它们也有差别。这种差别只能是产生与消逝的差别。①

花婆信仰及托载它的歌圩,在对此在的原初的、自源性的直接的逻辑环节的直观中,发现了事物在时间变易中的短暂性,而又正是在这种电光石火的洞然"一瞥"之中,即在并无明确意识却锐利的洞察之中,完成了先于时间并给出时间的直观。也就是说:

> 在概念把握住自身时,它就扬弃它的时间形式,就对直观作概念的理解,并且就是被概念所理解了的和进行着的概念式的理解的直观。②

因此,进一步,即如黑格尔在《小逻辑》中指出:"直观着的理念就是自然。"③

综上所述,花婆、歌仙、岩洞、歌圩、歌节的互指,展现出参宿、大火与北斗三大辰及其与日月的对生与环进的审美旅程:

> 金入于猛火,色不夺精光。自开辟以来,日月不亏明,金不失其重,日月形如常。金本从月生,朔旦受日符。金返归其母,月晦日相包。隐匿其匡郭,沉沦于洞虚。金性复故性,威光鼎乃熺。子午数合三,戊己

---

① [德]海德格尔:《黑格尔〈哲学全书〉第259节附释》,《存在与时间》,陈嘉映译,生活·读书·新知三联书店1987年版,第506页。
② [德]黑格尔:《精神现象学》(下),贺麟译,商务印书馆1996年版,第268页。
③ 同上书,第409页。

号称五。三五既和谐，八石正纲纪。①

所有这一切，其实是彰显了那文化花婆信仰对于人的本质的理解，以及人地天关系的审美化，即《汉书·律历志》所谓：

> 人者，继天顺地，序气成物，统八卦，调八风，理八政，正八节，谐八音，舞八佾，监八方，被八荒，以终天地之功，故八八六十四。②

总之，花婆信仰关涉的歌圩作为审美制度，将导向人的尽性至命境界的呈现，即张载《正蒙·神化》所谓：

> 存虚明，久至德，顺变化，达时中，仁之至，义之尽也。知微知彰，不舍而继其善，然后可以成人性矣。③

尽性至命境界的呈现与实现，就是一种中和之美的最高意义境界，即《周易·文言传》释《坤》六五指出的：

> 君子黄中通理，正位居体，美在其中，而畅于四支，发于事业，美之至也。④

---

① （汉）魏伯阳：《周易参同契》，中央编译出版社2015年版，第84—85页。
② 班固：《汉书·律历志》，中华书局1977年版，第963页。
③ （宋）张载：《正蒙》，王夫之注，上海古籍出版社2000年版，第120页。
④ 《周易》，《汉魏古注十三经》，中华书局1998年版，第4页。

第七章　淡然无极而众美从之的可持续发展范式

通过上述各章分析，我们发现，花婆信仰包括花、花婆、花王、花王圣母以及由花婆衍生的花园、花桥等诸多神话意象，既展现出壮族信仰与社会互动及其网络关系、组织的建构，又将与花婆信仰相对应的壮族宇宙结构、世界观、时间观淋漓尽致地展现出来了。这种道法自然的生态美学发生范式将导向淡然无极而众美从之的可持续发展范式。

第一节　王化经略慧镜与神与物游

壮族每一个体都是花婆——自然的赐予，因此，每人都必须以各种仪式实现对花婆——自然的感恩。

每个人一生必须举行还花仪式，喃《还嗣》经文，唱《还花歌》，报恩——人与花的互动、人与神灵的互动，仪式本身就是自然及其代表神灵的潜能实现的过程："天公地母仙林婆，去年送我花一朵，我得花朵得子嗣，夫妻来唱还花歌。"[①]

[①] 范宏贵主编：《中国各民族原始宗教资料集成·壮族卷》，中国社会科学出版社1998年版，第573页。

每个个体还必须立花婆神位，表现出个体与自然的永久性关联。广西来宾壮族求花、安花神位：

> 旧时，来宾县有一个山庙，庙里有个女菩萨，民间传说她是掌管民间生男育女的，称她为"花婆"。男女青年婚后不久，就由家婆拿着供品到庙里去摇签，问花婆儿媳妇有没有生养，此即所谓"问花"。如果有生养，就要求花婆赐给五男二女，此所谓"求花"。
>
> 孩子出生后，马上在床头立花婆神位，焚香秉烛抱婴儿来拜。一来表示对花婆的感谢和尊敬，二来请花婆保佑孩子快长快大。
>
> 立花婆神位的具体做法是：用一个能装三斤水的瓦罐，放上八成满的草木灰，压实后放在床头。床头的墙上贴一张红纸，用约三尺长的红布，分三截叠成门口形挂在红纸的上方和左右两边；两角插上用金锡纸折成的扁形花朵。搞完这一切后，就请师公来请花婆就位。
>
> 每年农历初一、十五两天，都要给花婆烧香，并抱小孩来祭拜。大人口中要念"请花婆保福保佑，给孩子快长快大，长快如竹笋，力大如雷公"等语。过年过节，祭祀了祖宗之后，还要祭祀花婆。
>
> 花婆神位要小心保护，防止把瓦罐打烂。如果不小心打烂了，要请师公重新请花婆归位。①

那文化花婆信仰不仅仅表现出花婆生成宇宙与人，人对花婆代表的世界也极尽尊崇之礼，形成了隆重的节庆习俗，表现出人天、人际的对生与环进之旅。最著名的就是花婆节，亦称"圣母节"，它有丰富的人天对生的内涵，演化为人的具有生态意涵的审美制度与狂欢化境域。

农历二月二十九为花婆神的诞辰日，与观音菩萨同诞辰日，也有说每年农历二月初二是花婆的诞辰。届时壮族妇女举行祭祀仪式，村寨里同一辈的妇女结异姓姐妹，凑钱备办鸡鸭和香烛钱纸，供祭花婆神，然后成群

---

① 黄全安等：《壮族风情录》，广西人民出版社1990年版，第226页。

结队到野外采花来戴，祈求生育和保佑小孩健康成长（见图7-1）。没有生育的妇女，是日要到野外采花来戴，以求花婆神赐花送子。若日后怀孕，为使小孩出生后有灵魂，须请师公到野外念经求花，还要在路边小沟做架桥仪式，把花从桥上接过来。小孩出生后，要在产妇床安上花婆神位，定期祭拜。

图7-1 云南壮族花王节[①]

壮族老人去世后，出嫁的女儿要赶回来，在老人的灵柩上插上一束纸花。过后，再把纸花带回自己的家，插在花婆的神龛前，谓之"女儿受花"，表示死去的父母已还原为花回到花婆园中，得到了安宁。

《周易·象传》释"节"："天地节而四时成。节以制度，不伤财，不害民。"在这种天人对生双赢的思维方式与生存方式的指导下，壮族会以极为虔诚的礼仪来赞礼花婆。如壮族《求花经》：

---

① 图片来自金羊网。

主家真虔诚，天天向神灵朝拜。无奈左边无亲郎，无奈右边无亲女。老了难以自理一切，缺柴无人要，缺稻无人耕，生病无人理。今天才祭礼花婆，希望花婆多宽恕。希望给照顾主人，希望显灵神赐花，赐给桃花也喜欢，赐给李花也喜欢。桃花管生女，李花管生男。干栏屋上有笑语，男左女右排两旁。狼来有人堵，虎来有人防。一代更强过一代，一代更比一代强。农忙有人耕，开垦有人帮。干栏香火不间断，神欢人也欢。①

当然，这种对自然的要求，是富含审美选择与价值取向的。壮族的《接花王词》：

花呀花，花丛上下来，我家有钱米，请你来呀花。
花呀花，长在苦瓜棚，朵朵笑眯眯，这回有了家。
花呀花，长在丝瓜棚，我不要白花，要红花回家。
花呀花，长在桐树上，人仔要娘领，我仔自进家。②

壮族花婆节作为顺应天地之节与对自然的选择达成的互动，就是《周易·系辞上传》所谓人与自然对生的"易简至德"的呈现："广大配天地，变通配四时，阴阳之义配日月，易简之善配至德。"因此，花婆信仰，始终不仅仅是作为一种历时性生活的对策出现的，它在不断地渗透入民族当下生活的同时，广泛深入地被当代所诠释，进而产生出其深刻的影响力。在明清时期，花婆信仰就因为民间接受面的广泛与深入，曾经获得朝廷的认同，载之边郡祀典，成为国家经略边疆战略是重要组成部分。清代嘉庆元年（1796年），归顺直隶州衙门顺应民俗，将李宪乔所撰《花王庙碑记》勒石，全文如下：

按祭法，凡祭祀皆有功业于民、及民所瞻仰、民所取材用者。非此

---

① 廖明君：《壮族自然崇拜文化》，广西人民出版社2002年版，第23—232页。
② 黄全安等：《壮族风情录》，广西人民出版社1990年版，第223页。

族也，不在祀典。近世神祠，为祀典不载者颇多，如泰山之天齐碧霞元君，吴之五通，百粤之三界，皆甚荒诞而其礼不废，以民治威信之也。近世，边州郡又有所崇花王者，略如元君。有能虔祀之则宜子嗣、除疾疠、免夭折，并为祀典所无。而揆其义，则与昔年御灾而捍患，有可相通。且如文昌六星，皆在紫薇垣，旁为天六府，非有神也，而后世故祠祀之，号曰帝君。又北斗七星，其三即为杓，即书所谓玉衡；其四方为魁，即书所谓璇玑，亦非有其神也，而后世绘像祀之，作鬼形，右握笔，左持斗，以象魁字之体，皆属附会不经，独以其意取文明之义也。故天下奉之。朝廷功令从之，莫或非也。又世祀张仙，本无其人，或传是花蕊夫人之夫孟昶，为宋太宗所灭，花蕊夫人入宋宫，思之，私写其容。太宗诘问，乃诡称云："此蜀中张仙，祀之宜子。"太祖信之，由是张仙之庙遍宇内矣。此花王者，其本末事迹，亦不甚可考，而其有益于嗣续，为功于生灵，远暨系望遐荒之境，视张仙不尤溥哉！抑张仙为亡国之孱主所托名，其社已墟，其神不灵，亡之子孙且不能保，而谓能福天下后世之子孙，谁其信之！若夫花者，葩也，得《诗》之正：王者，往也，为天下之所归。《诗》有《采苣》，《传》有《征兰》，其取义颇为近理，而边州之人，祷之辄应，祠而祀之，以比古者郊禖元鸟之遗意，亦其宜耳。何必拘厉山、共工以下数神圣乃为祀典哉！抑《王制》称"北方白狄衣毛穴居，有不粒食者。南方曰蛮，雕题凿齿，有不火食者。五方之民，言语不通，嗜欲不同，达其志，通其欲，修其教，不易其俗；齐其政，不易其宜，此为治之道也。"故余之牧此州也，去王畿万有余里，轺轸交南，抚巡四处，惟以遵志通欲为尚，而无取矫戾更张。即此祀神，为民祈福，亦岂非不易其俗，不易其宜之诣耶？且此州自改流以来，承王化已久，其士多为而民多淳，由是蒸蒸日上，生齿加繁，敦诗说礼，更求所谓禋祀之典，祈报之义，安见不如古所云耶？祠既成，其首事等请为记之。既以嘉其鸠工之勤，庀材之善，众心之协，成功之速，后为叙述如此,俾后有所稽焉。①

因此,在国家意识形态认同的前提下,花婆由荒野走入国家祀典,成为壮族的圣人,具有极强的普适性。花婆进一步展现出了《中庸》指出的"尊亲配天"的"时"之大义:

> 唯天下至圣,为能聪明睿知,足以有临也;宽裕温柔,足以有容也;发强刚毅,足以有执也,齐庄中正,足以有敬也;文理密察,足以有别也。溥博渊泉,而时出之。溥博如天,渊泉如渊,见而民莫不敬。言而莫不信,行而民莫不说。是以声名洋溢乎中国,施及蛮貊,舟车所至,人力所通,天之所覆,地之所载,日月所照,霜露所坠,凡有血气者,莫不尊亲,故曰配天。②

因此,花婆信仰中,不论是壮族自我时间意识与宇宙世界的确立,还是将它作为与外部世界交往的窗口,都是壮族文明富含两种生产的可持续发展范式的历史呈现。恩格斯在《家庭、私有制和国家的起源》第一版序言中指出:

> 根据唯物主义观点,历史中的决定性因素,归根结底是直接的生产和再生产。但是,生产本身又有两种。一方面是生活资料即食物、衣服、住房以及为此所必需的工具的生产;另一方面是人类自身的生产,即种的蕃衍。③

我们通过对以花婆神话为主包括各种仪式在内的花婆信仰的分析,了解到壮族始终以花为其核心信仰之一。花婆信仰具有的悠久传承历史的诗化境界以及其主体取向的描述方面,都是以其独特的讲述方式、话语范式来凸显

---

① 何福祥:《归顺直隶州志》,台湾成文出版社1968年版,第11—115页。
② 《中庸》,上海古籍出版社1987年版,第15页。
③ [德]马克思、恩格斯:《马克思恩格斯选集》第4卷,人民出版社1972年版,第2页。

其形而上学的道体渊源。这一文化的核心是"神与物游",我们由此而探寻了壮族极富生态智慧的文化慧境——镜——道法自然。它表明,在那文化花婆信仰里,壮族等作为文化主体在历史长河中,自由地命名诸神,追逐诸神的踪迹,呼唤神的降临,进而创建自我独特的话语,确保此在持存。很明显,壮族等民族的这种文化努力包括了诗人与思哲的双重取向,不仅在存在的遗忘与上帝之死的贫乏时代可以思考源初的意义,以呼唤此在的觉醒,而且完成了诗与思在语言的本质与本质的语言上的合一,同时达致了二者在语言本质意义上守护的神圣空间的同一。

用列维-斯特劳斯的野性思维来表述,就是花婆信仰借助于想象化的世界深化了壮族等民族的原初社会结构的知识,它建立了与壮族等内部世界相对应的心智系统,并通过将被感知的具体事物生命力的揭示,确立了自然界、自我与社会间的关系模式,从而推进了族群整体对世界的认识和理解。

第二节　执德循道与美成在久

进而,在神话世界里,不论壮族在进行什么实践,也不论壮族在从事何类思考,我们发现,这一切都与壮族贴近存在的意义与存在的真理——花婆信仰相关联。

在现代文明史上,韦拔群等革命者将花婆信仰与马克思主义相整合,将花婆崇拜作为革命者的资源与培植的对象,从而将古老的审美意识形态与崭新的审美趋向交流与结合。事实证明,这一历史趋势,完成了由花婆信仰的审美发生范式从共生向整生的过渡。

根据廖明君等《走过红水河》记载,广西著名的革命者韦拔群生前提倡(见图7-2):

浇灌革命之花王

惯熟门外的呼声，唤醒朦胧的愚梦。革命的花王，是由于寒雪水深之候，去栽培。浇灌者唯一勇敢勤劳，坚执维护，奋赴莺迁滋蔓，以至于喧瑗而掀起了庄严灿烂永于世界。

图7-2 韦拔群烈士将花婆与革命相结合的碑文[①]

韦拔群的这种革命理想，援引花婆作为革命的历史资源，它说明那文化花婆信仰具有支配性文化价值，可以不断地形塑其历史观或历史性，更决定着主导社会制度与价值观念的历史选择。这种历史选择，既表明他作为政治领袖，透过他的异族意象来建立他的历史观，并在他与花婆共鸣的历程中获得政治权力与权威，进而带领壮族群众经历革命的历史。同时，

[①] 廖明君：《穿越红水河》，广西人民出版社2004年版，第45页。

透过与世界性革命理论的结合,花婆在壮族历史主体性的建构、活动与再现上,在促进历史的本质回归于人的实践活动的创造性上等方面均具有主导性乃至决定性,表现出壮族自觉的历史主人翁特质。

花王崇拜这种极强的可结合性与伸展性,它完全可以与现代政治革命与理想相认同。它通过把关怀、爱、友谊、诚实和互惠作为自己——无产阶级的核心价值,并强调在与他者发生关系时,透过对美好世界的建构来理解并建构自我。于是,革命、自我实现与花婆具有潜在的一致性。

韦拔群等如此巧妙地利用、运用花婆信仰来解释、建构时代精神,并吸纳外来文化以滋养民族精神,因而有力地推动民族精神的时代表述,并将外来的文化精神纳入民族精神之中,从而推动民族文化走向新的形式与社会环境。这是一个壮族利用本民族文化逻辑建构现代性并抗拒现代性的成功的范例。

在这种民族精神与外来意识形态的转换与对接历程中,未来的社会理想得到了想象性的表达,并且,在想象的境域内,革命的意识形态提供一整套的物化结构来确保它的实践,并通过壮族原有的文化机制与新的文明质地的结合,使主体臣服于未来的"现实"关系的利益和要求,从而推动主体再生产的完成。在这里,阶级社会中的审美意识形态,作为社会的基本要素,要求生存于其中的人与生存环境的联系必须服从于统治阶级的利益,但韦拔群等革命者以相反的意识形态去拟构一种新的带有审美品格的意识形态及其境界,以去除不公平,在正义的世界里恢复那没有等级的、满足所有人的利益的人与生存环境的联系。在这里,我们发现,审美意识形态成为文明交流的媒介与生态,马克思主义的革命理论作为一种审美理论——理想,成为新社会里人际交流的中介与境界,更是一种带有意识形态的情感话语。它在与花婆信仰的结合中,推动二者进入新的境界的同时,成就为壮族一种与个体——群体利益相关的新的形象性——新的审美品质。

可见,花婆信仰的审美与意识形态的关系至为密切,审美也具有不可否认的实践性。审美对象可以表征现实生活关系的可能性及其方式。审美是意识形态贯彻的中介与境界。更进一步，针对当今的全球化浪潮，花婆信仰作为壮民族的文化价值核心之一又被置身于全球一体化的浪潮之中来吸收，以达至自我激活、升华的目的。

广西壮族自治区每年举行的南宁国际民歌节，就是运用歌圩形式以完成的审美载体的新变化。花婆文化作为审美文化的名片与符码，展现了壮族人民的生存品位及其潜能实现的新景观。每年举行的田阳布洛陀祭祀大典（公祭），更是将广西与东南亚的壮族后裔与同源民族紧密地联系在一起，共同追思祖先，展望未来。而这一仪式中，壮族在综合的艺术世界里，利用民族文化与世界全球化及经济大潮结合的特点，极好地完成对生与整生的审美范式的形成与提升。进而，那文化区歌民族通过同源民族及异源民族的信仰共享，建构起新海上丝绸之路的生态文明和谐纽带。

壮族的民间节日——敢壮山祭祀大典，还将花婆文化符号与当代经济大潮相结合，如图7-3所示。

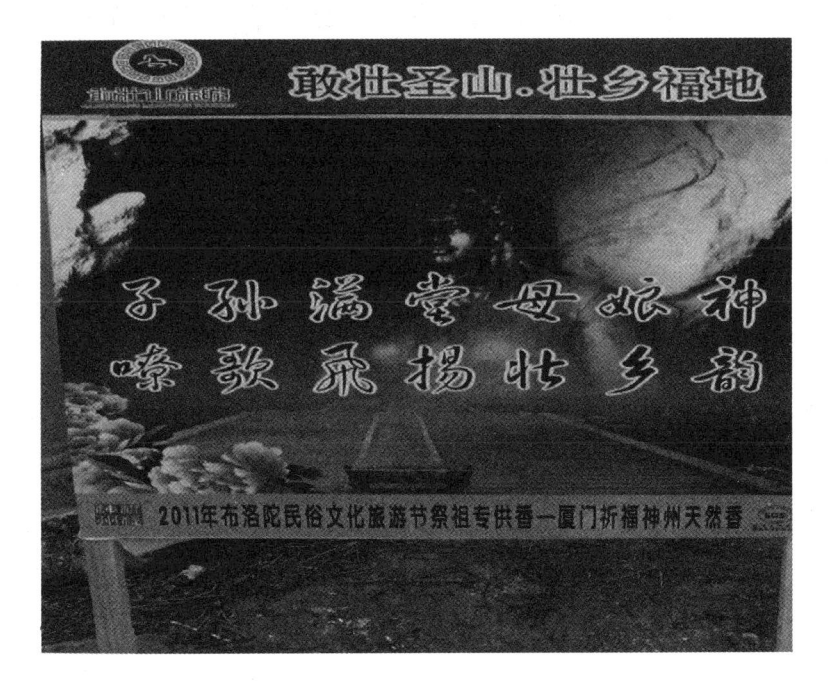

图 7-3　布洛陀祭祀大典上的歌颂姆六甲的宣传牌（摄于 2011 年 4 月 10 日）

道法自然

于是，花婆信仰拟设的生态进化系谱轴的建构与衍续，在古今一体与终始循环的时间链接之中展现出神与物游的天地境界和普泛之神观：

> 善建者不拔，善抱者不脱，子孙祭祀不辍。修之身，其德乃真；修之家，其德乃余；修之乡，其德乃长；修之邦，其德乃丰；修之天下，其得乃普。故以身观身，以家观家，以乡观乡，以邦观邦，以天下观天下。吾何以知天下之然哉？以此。①

这种世界像一个万花筒，花婆作为一种函数式，它以野性思维的逻辑展示出世界内幻化无穷的结构图案，尽管有限但颇具灵动性地应对着外在世界的冲击与变化。那文化花婆信仰的这种努力与展示告诉我们，如从存在来思考上帝—神，上帝—神需要存在，需要存在为他重新敞开一个四重体差异互属的空间，以寄寓神圣之物的位置，使得神性得以聚拢。于是，通过对花婆信仰的思考，可以使我们发现此在生存最关键的因素——存在的自因。海德格尔《尼采的话：上帝死了》中指出：

> 自因是哲学中表示上帝之名称。人既不能向它祈祷也不能向它献祭。既不能因敬畏而跪倒在它跟前，也不能在这个哲学的上帝面前载歌载舞。因此，那种必须放弃哲学的自因的上帝的无神的思也许更切近神性的上帝。这仅仅意味着当它能承认本体论神学时，他对上帝才更为开放。②

诸神的消逝意味着对上帝的期待。这种期待将呈现出《庄子·天地》所谓"万物一府，死生同状"的存在澄明的境界：

> 无为为之之谓天，无为言之之谓德，爱人利物之谓仁，不同同之之谓大，行不崖异之谓宽，有万不同之谓富，故执德之谓纪，德成之谓立，

---

① 《道德经》第四十七章，吉林文史出版社2001年版，第323—324页。
② 转引自张旭《海德格尔的上帝之路》，《施米特：政治的剩余价值》，上海人民出版社2002年版，第460页。

循于道之谓备，不以物挫志之谓完，君子明于此十者，则韬乎其事心之大也，沛乎其为万物逝也。若然者，藏金于山，藏珠于渊，不利财货，不近贵富，不乐寿，不哀夭，不荣通，不丑穷，不拘一世之利以为己私分，不以王天下为己处显。显则明，万物一府，死生同状。①

所以，花婆信仰以个己为核心与出发点，就展现出《孝经》所谓天下之本在身的文化逻辑："天下之本在国，国之本在家，家之本在身。"并且，一身的归的升华为圣人，圣人又是以个体生命为出发点的。这种对生与环进的进程即表现出《荀子·正论》指出"备道全美"的特质：

天下者，至重也，非至强莫之能任；至大也，非至辨莫之能分；至众也，非至明莫之能和。此三者，非圣人莫之能尽。故非圣人莫之能王。圣人道备全美者也，是县天下之权称也。②

最终，花婆信仰形成了《荀子·王制》所谓回归"天人合一"的"大本"："君臣、父子、兄弟、夫妇，始则终，终则始，与天地同理，与万世同久，夫是之谓大本。"因此，花婆信仰神与物游之境，就形成了太和—大同这样一种良性的超循环的逻辑进路，进而可以发挥其对历史的拯救作用及其审美意义。

花婆信仰这种以时间为核心的生态审美学是具有世界性的借鉴意义的。英国科学史家李约瑟指出：

近代自然科学的巨大成功之所以可能，是由于提出了一个机械性宇宙的假说，这当然是必要的，但是，只有当因知识的增长而需要接受更具有机械性的哲学——既是自然的，也是原子唯物主义的哲学——的时候，这个时代才有可能到来，这便是达尔文、弗雷泽、巴斯德、弗洛伊德、斯佩曼、普朗克和爱因斯坦的时代。如果要理出一条为之开辟道路

---

① 《庄子》，郭象注，上海古籍出版社1989年版，第65页。
② 《荀子》，辽宁教育出版社1997年版，第83页。

的哲学家构成的承传之线——从怀德海追溯到恩格斯和黑格尔,从黑格尔到莱布尼茨——那么,这灵感之所由也许根本不是欧洲人。大多数现代"欧洲人的"自然科学之理论基础也许更应归功于庄周、周敦颐和朱熹这样一些人,对这一点世人迄今还没有充分认识到。

如果说欧洲人不再以整合的努力来克服欧洲人在神学活力论与机械唯物主义之间的矛盾的话,这应归功于从中国的有机自然论所受到的深刻而重大的启发。中国的这种理论在公元前三世纪的道家哲人的学说中已经得到精彩表述,在12世纪的宋儒思想家们的著作中成为体系。①

概括地说,在花婆信仰视野中的世界历史及其发展规律,先是被归结为一种鲜花绽放般的符号认识论,并且,花婆信仰作为一种具有自我符号化生存论,再进一步,它以中介性的自我解读范式超越符号意象,进入了道法自然思想的历史继承与更新的过程。这是一种对生与环进的历史进化论。利科说:"任何未经符号中介、象征中介和本文中介的自我理解,都是不存在的;理解最终毕竟吻合于对这些中介环节的诠释。"②

总之,花婆信仰告诉我们,地球上的物质是我们的生命的发源处与组成部分,地球是我们生命的家园与托载体;地球的运动机理是我们的生命准则与存在的基础;地球本身更是我们的神的最高表现形式,所以,那种将地球资源化的思想实际上是戕化生命与人类,将自我的肌肉组织、机理与前景毁灭。所以,花婆信仰展现的人与自然的亲密关系,是历史经验的总结,更将是人类历史蕴含的对未来建构的重要参考原理——道法自然的道纪的彰显原理。进而,我们的研究视野,就不应该仅仅停留在它是不是过去的、单一民族的、小境界的原理之上,而应该将它纳入世界整体的建构原理之中,在消化中吸收,共同建构一个美好的未来。

---

① Joseph Needham, *Science and Civilisation in China*(中国科学技术史), Vol. 2, Cambridge University Press, 1979, p. 505.

② 转引自朱士群《本文世界与社会行动——试论利科的诠释策略》,成中英主编《本体与诠释》,生活·读书·新知三联书店2000年版,第334页。

诚然，对天宇的探索，是那文化，尤其是壮族花婆信仰持续不断的审美趣味所在。最著名的，如布伯与妈勒对宇宙的探索，通过对守母存子方法论的持守，并实现"执古御今"的道纪的呈现，揭示了那文化尤其是壮族可持续发展的契机与道路。

所有这一切，正是中国美学"美成在久"命题的逻辑呈现。

第三节 执古御今与终始连环的环复美

艺术世界中的花婆信仰，既是壮民族的源头，又是其归宿。即使男权主导的神话也将姆六甲作为回归处，如布洛陀神话中布洛陀死于岩洞；而壮族的第二代神话祖先布伯，死后就成为启明星——参宿。

> 在众多的星星中，有一些肉眼可见的星星，它们在天空中不断地变换自己的位置，这些星星是为"行星"。其中有一颗星，壮语叫作"da：u^{24}dei^{35}hat^{35}"，即现在所说的金星。金星在天空中不断地更换位置，它在不同的时间出现于不同的方向，早上出现于东方的叫作"da：u^{24}dei^{35}hait^{55}"（意谓晨星，即启明星），黄昏出现于西方的叫作da：u^{24}dei^{35}ham^{33}（意谓晚星，即长庚星）。①

《淮南子·天文训》指出："西方金也，其帝少皞，其佐蓐收，执矩而治秋，其神为太白，其兽为白虎，其音商，其日庚辛。"②《开元占经》卷四十五《太白占》也认为启明星与长庚星是一致的，它的出现表现出时间的循环特质："《荆州占》曰：'太白出东北，为观星。出东方若东南，为明星。出西方，为太白也。'"③

---

① 覃尚文、陈国清主编：《壮族科学技术史》，广西科学技术出版社2003年版，第294页。
② （汉）刘安：《淮南子·天文训》，华夏出版社2000年版，第44页。
③ 《开元占经》，刘韶军整理，广西师范大学出版社1992年版，第172页。

可见，布伯的回归处是以参为核心的西方白虎星团。所以，壮族不仅在生死问题上关注着花婆牌，以之为坐标，其审美兴趣更是扩大到整个天宇的探索。更为重要的是，壮族不仅以三大辰的星际穿越建构起太空之豁，而且在天人之间始终贯穿着一条对生与环进的可达致持续发展的通道。

因此，布伯死为金星，既是对花婆的回归，更是一种道法自然的宇宙诗性神思的呈现。

红波的《壮家对花婆米洛甲的祭祀和崇拜》，记叙了壮族通过三大辰的综合运用，达成生死的转换与新生命的诞生：

> 花婆是人类的保护神，她管生也救死，救死是为了托生。相传人死了以后，这朵花就凋谢了，但又投到另一朵花里，于是新的一朵又诞生了。
>
> 在有老人去世的家里，请师公来做道场时，有两个宗教舞蹈叫作"踩九地"和"踩花灯"。
>
> 踩花灯之前是"踩九地"。踩九地的道理是说：人原来是天上的仙子，是米洛甲要他们落凡为人。这些人死了以后被天帝打进地狱受惩罚。米洛甲要破地狱把这些灵魂救出来，他们才能托生。于是就产生了踩九地这个舞蹈。踩九地地点一般在广场，场上摆灵位，地上摆盏油灯。有师公和道公一起联合踩。当舞蹈开始时，死者的亲属端着灵牌跟在其后。在一阵阵繁闹的鼓乐声中，师道公们翩翩起舞。经过一场激烈的"拼搏"，才把死者的灵魂从九地里救出来，这样踩九地的仪式就算结束了。踩九地有些地方称"破狱"。
>
> 踩花灯就是送死者灵魂去托生。如果是位德高望重的老者，其道场更隆重。舞蹈开始前，在死者的棺材前摆上九盏灯，有的摆上十二盏。九盏摆成三三点，十二盏摆成三四点。花灯是用大瓷碗来做的，碗边镶着用红、绿、黄纸剪成的花边，碗里盛有花生油或其他豆油，碗中间燃放数根灯芯。舞蹈时师公和道公同时出场。舞蹈开始的时刻一般在深夜十二点，也就是阴阳所说的子时。当时刻一到，灵堂里便灯火通明，鼓

乐喧天，师道公敲锣打鼓来到灵堂踩花。参加踩花灯的人员排列顺序是：师道首手执神主牌位在前，主家手捧死者灵牌跟在师道首后面，师道徒们手执表文、小鼓、小锣、小钹和中钹根在主家后面。踩花灯开始时，师道首带领大家先在灵棺前扬幡唱诵经诗，然后从花灯中间走过，绕着棺材走。步法是按蜜蜂采花时飞舞的轨迹进行的。其步伐由缓渐快，逐步飞舞。

据说，盏盏燃亮的花灯是花婆点燃的，它象征着新的生命正在开始。如果有不育子女想求花送子者，就在师道公踩花灯时，虔诚地跪拜的花盏灯前护灯管花，等待那盏灯芯开出朵朵灯花，那便是送子的吉祥福音。待踩花灯结束，师道首知道其不育子女的心意，便选出灯花开得最大最红的花灯送到求花女子的内房安放。安放时师道首颂上一段吉利经词才作罢。以后不育夫妇则要日夜加油点燃这盏灯。时间最短要点上三天三夜，最长的可达三十六个昼夜。这样坚持下去，求花就可能成功。但如果仍不生育者，则被视为这对夫妇可能心不诚，因此花婆并未赐花。

如今在壮族地区民间流行的花灯舞，就是根据师道公所跳的宗教舞蹈踩花灯脱胎而来的。其内容更为鲜明突出。就马山一带的花灯舞而言，它的基本结构是这样的：

在轻快的音乐声中，大幕徐徐开启，只见地面摆着盏盏花灯。花灯中间是一朵朵含苞欲放的荷花。随着轻快的音乐声，一群身着鲜艳夺目的服饰的仙童从朵朵含苞的荷花中绽开而出，然后绕着花灯翩翩起舞。他们绕着花灯跳了一阵之后，又把盏盏花灯放在头顶继续舞蹈。这个舞蹈与踩花灯最大的不同是艺术化了，演员代替了宗教人员，轻快的音乐节奏代替了踩花灯时的各种鼓乐声。盏盏花灯，包含有踩花灯的内容，一个个鲜艳夺目的仙童，象征着一个个美丽的新生命。这与米洛甲从花中诞生是相吻合的，都是花婆米洛甲安排和赐予的。这些舞蹈表示着对花婆的赞颂和顶礼。它的内容虽然脱离了宗教含义，但仍然隐含着宗教的痕迹。总的来说，这个舞蹈有求花送子的含义，它是对生育女神、创造万物的人类始祖米洛甲的崇敬。①

在这一仪式中,花婆为参宿,九宫为步罡踏斗,以南北斗的转换为璇玑,花灯为大火星,三者综合运用,发端于子时冬至,拓展于十二辰,将人类的养生送死与宇宙循环运动结合在一起,表现出宇宙与生命的可持续发展特质。

而这种信仰或通道表现为天文学上的三大辰的对生与环进图式:"杓携龙角,横殷南斗,魁枕参首。"② 并且,参据大火——子位,斗据参机,"三物相含受,变化状若神。"③ 于是,花婆信仰在对生与环进的生态美学发生范式中推动了时间本质的呈现:"丹砂木精,得金乃并;金水合处,水火为侣,四者混沌。"④ "三君天所挺,迭兴更御时。"⑤

壮族对三大辰的运用,进一步拓展到了整个天宇星纪的运用。杨宗亮《壮族文化史》载,云南省广南县八宝镇板莫村一位布摩神龛神灵:

> 凤舍八宝归神
> 祖师南斗六司延帮星君
> 祖师六合无穷高明大帝
> 祖师前传后教历代祖师大帝
> 祖师正乙黑虎真人赵大元帅
> 侍奉香火孺寻三清三宝三教法虚无然
> 祖师十二命宫神星君
> 祖师三元三品三官大帝之神
> 祖师北斗九皇上道帝君之神
> 祖师治下万方史官之神⑥

---

① 红波:《理论随谈卷》,香港天马图书有限公司2000年版,第271页。
② (汉)司马迁:《史记·天官书》,中华书局1965年版,第1285页。
③ (汉)魏伯阳:《周易参同契》,中央编译出版社2015年版,第31页。
④ 同上书,第57页。
⑤ 同上书,第29页。
⑥ 杨宗亮:《壮族文化史》,云南民族出版社1999年版,第124页。

花婆信仰这种天地人对生与环进的规律延展到了宇宙的每一个细部,展现出了"以一生万"与"万化归一"的循环与超循环的生态美学的源生性的原理与整生态机理、境(见图7-4)。

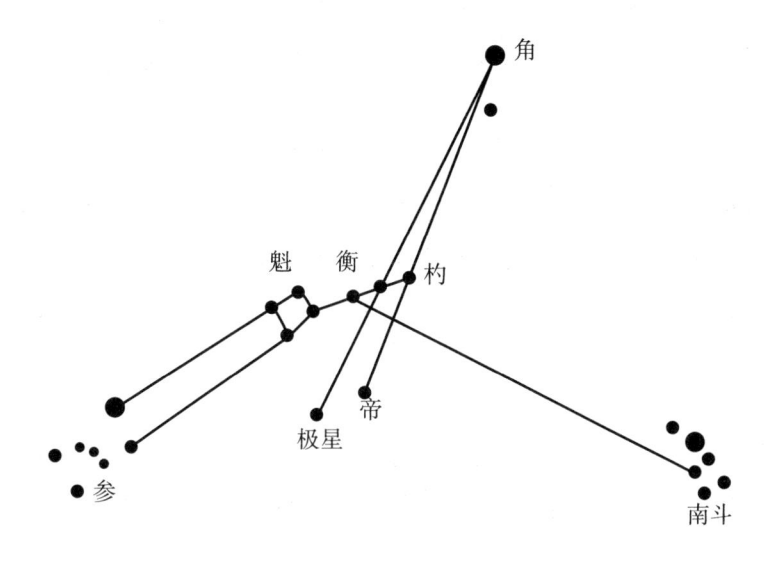

图7-4 三大辰对应图①

这是作为花婆信仰的核心呈现在壮族的生命仪式之中。据杨树喆于1999年4月30日调查,农民韦某请广西上林县西燕镇师公为其体弱多病的小孩作"架桥保命"法事。其师坛总体设置如下:

> 在主家祖龛下的正壁中央悬挂师公最为尊崇的神灵的画像,左起依次为"玄天真武大帝""中元祖师葛将真君""上元祖师唐将真君""三楼圣母""下元祖师周将真君""张天大法师"。这些神像画均为师公自己绘制。画像比例协调,端庄可爱,尤其是"三元祖师"的神像画。除了分别画有主神外,主神两侧和下面还分别画有其他十多位神灵。神像画下方置一方桌以摆设各种物品。物品的摆放颇有讲究。从里侧起,第一排自左向右依次为:

---

① 卢央:《中国古代星占学》,中国科学技术出版社2008年版,第106页。

1. 一个装满大米的口盅，沙纸封口，上插宝剑一把，代表"真武宝剑"。

（笔者按：真武代表北方，代表北极与北斗，是作为中央出现的，即史记所谓临制中央，所以，道公的求子仪式，是以北斗为核心的）

2. 半碗水里放有只带三张叶片的小柑树枝，代表"月府太阴"。在做法事的过程中，经师公口念咒语，焚烧纸钱，并将纸灰放入水碗内之后，此碗中之水即成了可以荡涤净化一切污秽的"五龙水"。

3. 一碗大米做香炉，上插三根点燃的线香和一个小幡，同时放有人民币三元六角和三片柑树叶，代表"金星"。

（笔者按：金星代表西方，既是中国人的死亡与休憩的寓意，又是金生水的形而上的实际生方。故如《西游记》的西天取经，东方成就的神话故事，即反映出这种流动的置之死地而后生的生存、生命哲学）

4. 一碗大米上置一花生油碟，碟边伸出一根点燃的灯心，代表"日宫太阳"。第二排是主家提供的祭品，有"三牲"（即一大块熟猪肉、一只熟鸡和一条生鱼）、甘蔗、水果、粽子、糍粑、饼干等，以及三杯水酒和三双筷子（杯与筷间隔放）。第三排是师公使用的各种法器，有法铃、玉简（笏）、面具、刀、斧、符（即卦木）、法印，其中符法印连同人民币三元六角一起放在一碗大米上。[①]

具体的做法是：

法师擎花在盆中（这里用金字）天地交泰、日照月临、合明天帝。法师擎花入房中，是阴阳送进精气神，存魂□安卧床阴门……魂为两边女，鸡肉是女心，两杯酒是奶，婴魂是精气神（笔者按，魂何以有三以

[①] 杨树喆：《壮族民间师公教仪式中所用之器物及其圣化》，《广西师院学报》2001年第3期。

及魂通天地人的原因在此），夫妻交泰合青黄白三色（笔者按，三魂之色表征三大辰，对应三楼花婆）结成花果。①

这种涵括了日月星三光潜能在人的生命历程中呈现的整生态，表现如图7-5所示。

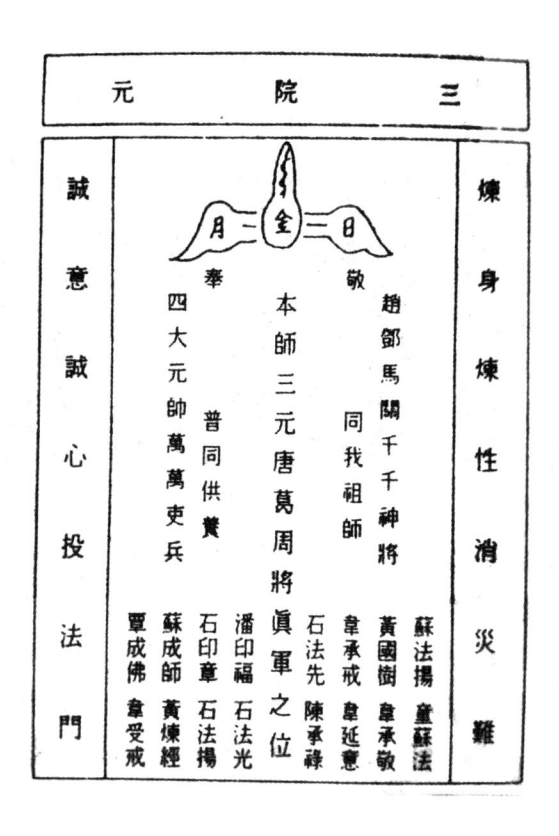

```
          元    院    三
┌─────────────────────────────┐
│ 誠                         煉 │
│ 意      月 金 日           身 │
│ 誠                         煉 │
│ 心   奉       敬           性 │
│ 投   四   本   趙           消 │
│ 法   大   師   鄧   蘇   災 │
│ 門   元   三   馬   法      │
│       帥   元   闘   揚   難 │
│       萬   唐   千   童      │
│       萬   葛   千   蘇      │
│       吏   周   神   法      │
│       兵   將   將           │
│           眞       黄        │
│       普   軍   同   圍   章 │
│       同   之   我   樹   承 │
│       供   位   祖   韋   戒 │
│       養           師   承   韋 │
│                       敬   延 │
│           潘       石       意 │
│       石   印   石   法     │
│       印   章   法   先   陳 │
│       章       揚       承   │
│                           祿 │
│       蘇               黄     │
│   覃   成           石   煉   │
│   成   師           法   經   │
│   佛   黄           光       │
│       煉                     │
│       經                     │
│   韋                         │
│   受                         │
│   戒                         │
└─────────────────────────────┘
```

图 7-5 上林县师公的天人合一图②

在这里，日月与三大辰的合用，说明壮族道公在确定人的本质的时候，是阴阳合用，日代表天，月代表地，从而将天干与地支结合起来确定人，并将天圆地方以及时间的流变来作为整体原则的，从而显示出人的本真是时空

---

① 许晓明：《接亲·安亲·迎花》，李富强主编《中国壮学》（第四辑），民族出版社 2010 年版，第 271 页。

② 杨树喆：《师公仪式信仰》，广西人民出版社 2007 年版，第 182 页。

合一的结果。

尤其重要的是,在这个仪式中,真武代表北方,金星代表西方,太阳、月亮围绕东南西北方转,运用了五行原理。这就是一个生态美学整生范式的具体呈现。

壮族其他花婆仪式与神龛也蕴含着这种宇宙的整生图式(见图7-6)。

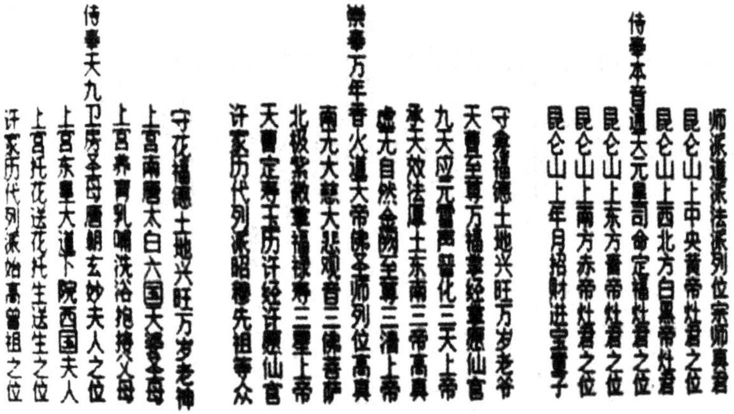

图7-6 师公神龛图①

这一图式,即宇宙运动"得其环中"与"混三归一"的中和之美的历史呈现:

> 丹砂木精,得金乃并。金水合处,木火为侣。四者混沌,列为龙虎。龙阳数奇,虎阴数偶。肝青为父,肺白为母。肾黑为子,心赤为女。肺黄为祖,子五行始。三物一家,都归戊己。②

至此,花婆信仰纳三大辰与日月而合成壮族的五维一体的宇宙图式,进一步揭示出人的两种生产的时间性与美的生成的时间性意义:

> 阴阳卷舒,日月居诸……百灵以之肃若,四海由其宴如。惟上元之

---

① 李富强主编:《中国壮学(第四辑)》,民族出版社2008年版,第267页。
② (汉)魏伯阳:《周易参同契》,中央编译出版社2015年版,第185页。

岁，时和气茂；惟南至之辰，日月来就。望乌兔之交集，瞻斗牛之既觏。璧惟圆制，象其圆正之形；王以贞称，表此贞明之候。可以袭天意，可以敬授人时。①

所以，万物归于花婆的这种时间性的呈现，作为自然的合目的性，即人类本真的完美性的历史呈现，如康德所指出：

> 如果对象作为一个艺术品被给予了，并且本身应当被解释为美的，那么由于艺术在原因里（以及在它的原因性里）总是以某种目的为前提的，所以首先必须有一个关于事物应当是什么的概念作基础；而由于一个事物中的多样性与该事物的内在规定的协调一致作为目的就是该事物的完善性，所以在对艺术美的评判中同时也必须把事物的完善性考虑在内……②

在以上我们对花婆信仰的各种艺术分形的分析之中，看到了花婆信仰对三大辰利用以推动两种生产的达成历程，尤其是人的生产的形成历程，于是，我们就可认定，人的类的生产实践本身是具体的人的实践。也就是说，各种艺术—精神境界的形成都是与具体的人的生命—肉体相关联的。反过来，人类通过具体的生命的实践也使得各种艺术得以形成并实现美的升华。

至此，花婆信仰的这种宇宙全息对生与环进的境界，就进入：

> 天地之雄雌兮，徘徊于子午。寅申阴阳祖兮，出入复终始。循斗而招摇兮，执衡定元纪。升熬于甑山兮，炎火张设下。白虎倡导前兮，苍液和于后。朱雀翱翔戏兮，飞扬五彩色。③

这种全息图式即《烟波钓叟歌》指出的六甲推理：

---

① （唐）韦展：《日月如合璧赋》，《文苑英华》卷三，转引自陈江风《天文与社会》，河南大学出版社2002年版，第159页。
② ［德］康德：《判断力批判》，邓晓芒译，人民出版社2004年版，第155页。
③ （汉）魏伯阳：《周易参同契》，中央编译出版社2015年版，第135页。

> 先于掌上排九宫，纵横十五在其中。
> 次将八卦论八节，一气统三为正宗。
> 阴阳二遁分顺逆，一气三元人莫测。
> 五日都来换一元，接气超神为准的。
> 认取九宫分九星，八门又逐九里行。
> 九星逢甲为直符，八门直使自分明。
> 符上之门为直使，十时一位堪凭据。
> 直符常遣加时干，值使逆顺遁官去。
> 六甲元号六仪名，三奇即是乙丙丁。
> 阳遁顺仪奇逆布，阴遁逆仪奇顺行。
> 吉门偶尔合三奇，值此须云百事宜。
> ……天自为客地为主，六甲推兮无差理。①

可见，花婆信仰相关的各种艺术——不论是手工技艺还是各种高级的艺术——都达成了与生产的沟通。这种沟通是一种人类两种生产与宇宙自我生成的混融与合一。

在这种混融历程中，艺术超越了单纯的器具特质，而是成为"器具的器具"，成为"真理之生成与发生的一种方式"②。于是，艺术就可以履行它的拯救功能——它犹如有了一只彼岸世界的慧眼，在世界的沉溺之中将存在拯救了出来。

这种道法自然范式又艺术化地呈现为神话"妈勒访天脚"，展现出壮族对宇宙永恒的向往与探索：

> 古时候人们瞭望苍天，觉得天就像翻过来的锅头一样，每天见太阳从天脚出来，又向另一个天脚落下去。人们就认为天一定有脚的，而住在天脚的人每天最先看到太阳出来，他们也一定很幸福。

---

① 《奇门遁甲》，中国戏剧出版社2006年版，第3—4页。
② [德] 海德格尔：《艺术作品的本源》，孙周兴译，上海译文出版社1997年版，第44页。

第七章 淡然无极而众美从之的可持续发展范式

于是，大家便商量如何去寻访天脚，以便能够找到幸福快乐的地方。大家都争着要去。谁先寻访好呢？

老年、青年、孩子，大家都提出各自的理由。

老年人说："我们年纪大了，虽然别的干不了，但我们有经验让我们先去吧！"

青年人说："你们年纪大了，访天脚又很远，我们年轻力壮，不怕高山深水，不怕毒蛇猛兽，还是应该让我们去。"

小孩们说："天脚很远很远，说不定要走三五十年，而我们年纪小，如果再走下去二三十年，也不过六七十岁，还是我们去好。"

大家正在称赞小朋友们有胆有识，准备同意他们去时，突然，有个怀孕的妇女说：

"给我去最合适！"

大家一看是个挺着大肚子的妇女要争着去，就不约而同地"哟"了一声，谁也不说话了。

那个怀孕的妇女见大家望着她不说话，知道他们看不起自己，便说：

"你们别看不起人！我最合适。"接着，便摆出道理来：

一是她正在年轻力壮的时候，可以活下去四五十年；二是如果走不到，怀着的孩子生下来，还可以接着走下去，哪有走不到之理。

她那么一说，立即赢得"啧啧"的赞扬声。大家都同意让这位怀孕的妇女去。

第二天，太阳刚刚升起，她向亲人告别，离开家乡，朝着太阳出来的天脚走去。

孕妇走远了，人们又欢喜，又难过。欢喜的是，我们壮人里能有这种不惜个人生命的人为大家寻找幸福的地方；难过的是，天脚不知有多远，也不知什么时候才能找到。想着想着，大家就流下眼泪来了。

年轻的孕妇一直朝着太阳升起的天脚走去，不知走了多少路，爬了多少山，终于生下了个小男孩来。这个小孩，一生下来便"背呀！背呀！"直叫，长得又粗又壮。母亲背着小孩一直往前走，小孩就不哭了。"背呀"是壮语"走呀"的声音，意思是催促快点走。

母亲背着孩子走，不知太阳升了几多回，太阳又落了几多回，月亮圆了几多回，月亮又缺了几多回。

他们走过了高山峻岭，涉过了大江大河，穿过了许多莽莽苍苍的原野、荒无人烟的森林。一路上，还和毒蛇猛兽作斗争。母子俩经过了很多村寨，人们知道他们母子是去访天脚，去寻找幸福的地方。大家都深受感动，送了他们很多吃和用的东西，鼓励他们继续前进。

母子俩向大家表示：找不到天脚，决不回头！

母子俩一走就是几十年，天脚还没有找到。妈妈从头发乌黑走到白发苍苍，天脚还没有找到。只见太阳从前边山头出来了，她以为就在前边，但爬过了山头，却见太阳还在更前边山头的后边。这样一直到她走不动了，孩子已经长大成人，变成了一条壮汉，他就劝妈妈留下来，决心自己一人向前边走去。

母子分别的时候，妈妈鼓励儿子不要退却，孩子对妈妈说：

"我一定要把天脚找到！"

不知后来找到天脚没有，反正现在壮族的孩子生下来就哭，哭声里仍然是叫喊着"背呀！背呀！"意思是"走啊！走啊！"不要停止脚步。

［口述者：佚名；整理者：蓝鸿恩，壮族，干部，大学文化。］①

这种对宇宙无穷的兴味导致对宇宙源泉的探索与拥有，展现出人类对绝对自由境界的向往与探究，即如《庄子·天运》指出存在的澄明之境：

奏之以阴阳之和，烛之以日月之明；其声能短能长，能柔能刚；变化齐一，不主故常；在谷满谷，在坑满坑；涂却守神，以物为量。②

---

① 农冠品：《壮族神话集成》，广西民族出版社2007年版，第208—209页。
② 《庄子》，上海古籍出版社1989年版，第78页。

壮族以物为基础，不以人的知识为量，以天衡人，即进入"天地与我并生，而万物与我齐一"①的以道为归之境。亦即林希逸《庄子口义》所谓道法自然之境："随万物而为之剂量，言我之作乐，不用智巧而循自然也。"这种神与物游的极境是——"得其环中，以应无穷"，这种以应无穷，不仅是生命、社会、历史的可持续发展的无穷尽，更是人类审美境界的无穷生发与超越的境界：

夫乘天地之正，而御六气之辨，以游无穷者。
乘云气，骑日月，而游乎四海之外。②

所有这些，壮族对宇宙无穷的探索意识中蕴含着壮族可持续发展的期盼与对宇宙根源的不断探索，进而期盼着在宇宙的永恒中达成时间意义的实现与生命本真的安歇，即《庄子·寓言》所谓道法自然的"天均"境界：

无物不然，无物不可。非卮言日出，和以天倪，孰得其久？万物皆种也，以不同形相禅，始卒若环，莫得其伦，是谓天均。③

如前所说，那文化没有将花婆信仰仅仅局限于一个经济模式之中来探讨人类的未来发展，而是将其置于一个经济、文化乃至审美的混一的世界中来加以关照，并借此探寻出未来的发展道路：

在传统经济理论的范围，它是形式化的，而无论怎样都不含有事实的断言。由传统经济学描述的世界是一个高度"理想化"的世界。它是一个个人以充分的信息和预见活动于其中的世界；在这里，对进入即刻行动的决策转变没有文化或心理限制，而且这里，所有的个体都进行着选择，而所有的行为都互相依赖。在这个理想化的世界中，经济学家就

---

① 《庄子》，上海古籍出版社1989年版，第223页。
② 同上。
③ 《庄子》，上海古籍出版社2001年版，第399—410页。

能以逻辑的一致性、归纳的确定性和常见的数学的优雅来行事。①

因此，通过对花婆信仰的生态美学发生范式的分析，我们发现，不应将现实的危机仅仅安置在一个非理想的境域内，使之获得解脱。同时，我们更应探索原初的智慧在与当代智慧的汇流之中获得更为广阔的发展空间的道路，以推动世界的可持续发展。

第四节 归根返元，道法自然

所以，任何一个拥有伟大文化的民族，都会将未来的发展汇流于他们的原初生成之域中，而这将会超越精于算计的哲学家的努力。因为：

> 哲学家们便徒劳地通过每种可能的和不可能的计谋，苦苦力求说明陈述（思维）与存在的之间的关系——其所以是徒劳，是因为他们决不再把存在问题带到它的原初的基地上，从而展开这个问题。②

那文化秉承着中国古代生态文明的思路，将存在带回原初的本真，达成归根复命的大全境界的实现。唐代顾欢《道德真经取善集》认为："草木零落，归根则静；人物变化，反真则安。"同时，"圣人因天任物，无所造为，心常凝静于前，美善处于无争，故不为六境之所倾夺"③。花婆信仰即以此天心的透现达成即真即善即美的合一，美的判断因此得以超越地建构，即自由地获得了具有超越性的安顿；美的世界即圆成的世界得以安立与运演，其文明的整体本质得以实现。至此，最初以逻辑进路为依据建构的美的世界的宇宙论，最终转向了道德形而上学意义的呈现，即建立起了"道法自然"的"如如地生化、如如地寂照"的审美世界。尤为重要的是，壮族花婆信仰的审

---

① 转引自陈庆德《经济人类学》，人民出版社2001年版，第135页。
② 转引自张世英《天人之际》，人民出版社1995年版，第409页。
③ 《道藏》第13册，上海书店出版社1988年版，第843页。

美范式是沿着由循环到超循环的范式递进的。

至此，我们就可以再一次回到中国古代美学的创造性根本之中去，即如《庄子·天道》所谓：

> 圣人之静也，非曰静也善，故静也；万物无足以挠心者，故静也。水静则明烛须眉，平中准，大匠取法焉。水静犹明，而况精神。圣人之心静乎！天地之鉴也，万物之镜也。夫虚静恬淡，寂寞无为者，万物之本也。①

《庄子·应帝王》也认为，道法自然故能洞达一切之源，确保存在的潜能的全面实现：

> 至人之用心若镜，不将不迎，应而不藏，故能胜物而不伤。②
> 自然玄镜洞达智慧之源也。③

如此：

> 就是主体融入客体，或者客体融入主体，坚持根本同一，泯除一切显著差别，从而达到个人与宇宙的不二状态。④

正是在花婆信仰这种现象与本真的合一进程之中，升华出美的合规律性与合目的性的趋一：

> 这样，鉴赏判断里的合目的性，一方面与知性的原因系列相联系，另一方面又与理性的"终极目的"相联系，而不是与具体的实际目的相联系。……与鉴赏判断联系着的，一方面作为自然对象的生意盎然的形象（意象），另一方面则由这种生机中体现出来的（艺术家"看"到的）

---

① 《庄子》，上海古籍出版社2001年版，第169—170页。
② 同上书，第105页。
③ 《老君传授经戒仪注诀》，《道藏》第32册，上海书店出版社1988年版，第169页。
④ 金岳霖：《金岳霖学术论文选》，中国社会科学出版社1990年版，第335页。

更为广阔的社会内容，表现了对一种更为深刻的规律的捕捉，体现了一种合规律性的自由，或自由的合规律性。[1]

综上所述，结合中西文明发展历程，我们不难发现，不论是中国古代圣贤，还是民间的文化探索；不论是古希腊罗马的文明，还是后来的康德、黑格尔、马克思，或是带有明显反现代色彩的后现代诸公，他们的哲学—美学不论以何种面目出现于世，都是力图在建构一个从道德形而上学的先验原则到完成此道德形而上学在知识领域的运用的理论体系，以激发人们的"历史"兴趣，进而建构起真实的历史。因此，中西的各种哲学—美学，都在致力于通过审美判断、鉴赏将理论理性与实践理性贯通起来。历史上，人类实践的步履往往踏中的是先验哲学的经验运用的节律，即使是批判哲学，人们通过先验冒险——将人引向先验原则的探讨，目的还是指向、解释"人类学"，以排除那些空洞的"超验的"假象。这正是生态美学致力的方向。

第五节　跨越平行宇宙：美学与伦理学的融会及商谈伦理话语的历史建构

综上所述，花婆信仰通过身体对应的三大辰的文化表征及其联系的自我与宇宙，将永恒地处在"道"——对话的境地。并且，通过反思的意义与对话知识的对立统一构筑的"对话"世界将呈现为：

> 对话的神学，对话的哲学，对话的政治学。……这条道路从赫拉克立特阿拉开始，我称之为"大众分享着的对话的逻各斯"。惟有其对话，逻各斯才保持为"辩证"的（而不是形而上学的），才保持为"永恒的活火"（而不是神学的），才保持为大众分享的理性（而不是唯我论的）。在这条路上，我们

---

[1] 叶秀山：《叶秀山文集》（美学卷），重庆出版社2000年版，第727—728页。

通过（与人）对话获得知识，我们通过（与神）对话保持信仰。[①]

当然，这种具有实在意义的"人类学"——"历史学"，其内部并不是单一话语暴力的展示，而始终是一种"神与物游"的互动境界，或者用哈贝马斯的理论作结，即一种商谈伦理的建构与形象展示。

花婆信仰通向的商谈伦理的境域，就像人类往来于多重平行宇宙之间，预示着人们不能再以历史为工具，同时必须超越仅仅将客观世界的统一性视为人的抽象化的综合主观能力的理性展现的局限，进而在哲学实践性再度彰显的前提下，将形而上学与伦理学、自由与国家、民族与世界再度安置在神话与理性、宗教与诗的综合统一境界之中，从而达成理性与心灵的一致，使得想象力与艺术始终被置于为有源头活水来的多样性情状展现之中。如此，在生态视野下的医学伦理学、环境保护、非理性主义、世界的南北对立以及第三世界的政治神学等问题，或许可以获得更好的解决范式。

诚然，我们在这里分析花婆信仰及其蕴含的神话和信仰、理性，从宏观层次看揭示其含有的宇宙观及其对生活世界的意义等内容，也似乎蕴含着一种非理性主义与反理性主义因素。

花婆信仰关涉了人的两种生产：在形式上，它以艺术的想象力与个体乃至全体的天才创造，表现出壮族等民族在历史创造中以高超的技能完成了对自然物质世界的掌握；在内容上，也展示出其平常人和具有优异品性的英雄代表的族类对各种束缚的摆脱，把精神与自然界的抽象统一性艺术化展现了出来，从而上升到一般人类的普遍性特质。

于是，花婆信仰尽管具有对原初的本土宗教及其神话的描述与借鉴，但由于花婆信仰将宗教事迹作为人类事件来加以描述与理解，它借助神对事件的处理来实现人的潜能。同样，如黑格尔指出的：

> 诗人们在解释这类现象中又向前进了一大步，因为他们把凡是涉及

[①] 汪丁丁：《走向边缘》，生活·读书·新知三联书店2000年版，第386页。

普遍的本质性的情致,人类的抉择和行动的东西都归之于神们和神们的行动;因此人类的活动显得也就是神们的事迹;神仿佛通过人来实现他们的决定。①

因此,信仰的艺术化过程促使自己超越了单纯的宗教观念及其教义、仪式的局限。

借此,我们就可以用这种带有非理性色彩的艺术化思维来揭示所谓的科学霸权的机械、板滞与佞妄,以调和神话世界与科学的生活世界的矛盾的意旨,从而达成与"新神话"的建构相结合的历史诉求。于是,从社会的或者说中观层面来看,我们将信仰与神话视为浓缩了社会事件与过程的一种范型,它作为一部人类伟大生活的形象记录,既展现出人类的物质与精神需求,又表达了人类生活的形式与经济形式。在各种生活形式与经济形式的紧密关联之中,它还记载了人类的社会分工与人物角色,并揭示出为何如此的原理。从微观层面观照,花婆信仰是人(包括个体与集体)的心灵体验,它旨在展现出人的具体情感背后的深层结构及其意义。我们对花婆信仰的生态审美分析,就不仅仅局限于理性或非理性的范围,而是力图在一种整生态或综观的层面来审视信仰与神话,既要揭示二者的不可替代性,又要展示二者在共同构建社会生活方面的积极作用,从而建构出一种完美的"神话理论"。如此,我们就可以穿越各种平行宇宙,在美学与伦理学的融会及商谈伦理话语的历史建构历程中,回应我们原有的实践理性,在更为超越的境地之中建构起新的理论理性,以推动人类的可持续发展。

第六节　花婆信仰的前瞻性与生态美学的建构前景

我们对花婆信仰及其神话艺术的发掘,其实就是注重对"神话"本质的发掘,而其归结却在于人的本质的呈现及潜能的实现。因为,"神话"艺术始

---

① [德]黑格尔:《美学》第 2 卷,朱光潜译,商务印书馆 1979 年版,第 245 页。

终落脚于人的创造性及其活动,也就意味着人是具有创造性的动物——社会体。纵观艺术的历史,艺术始终是以超越为主线的,是作为人与其所处的自然和社会环境的关系的一种表达方式而在历史中占有其应有的位置。所以,神话展示的人,因为其具有创造性——这是一种人的前瞻性本质,所以,尽管人受制于历史,即它受制于其作为自然物种的限制,受制于他所处的社会环境与地位等因素,但是,他能够超越历史,用他的发现去建构未来,即他是为未来所铸造的。也就是说,人类的生态性既是其约束又是其自由的表征。所以,花婆神话等艺术展现的人对于本体——世界本然的回归,就预示着相对于人而言新的开端是必然的。这才是神与物游的本质所在,也是我们审视历史以推陈出新的目的所在。

海德格尔一直批判那种将存在混淆于存在者所导致的对存在的遗忘局面:

> 存在之遗忘状态间接地表现在:人始终只是观察和处理存在者。同时,由于人不得不在表象中拥有存在,故人也就把存在说明为存在者的"最普遍的"因而涵括一切的东西,或者只把存在说明为这个无限存在者的一种创造,或一个有限主体的制作物。同时,自古以来,"存在"就代表"存在者",反过来,"存在者"亦代表"存在",两者犹如在某种奇特而又未经深思的混淆中打转。①

于是自柏拉图和亚里士多德以来,无所不在的"存在"被固化为层出不穷的"存在者",然后再以"存在者"为最高的意义范畴,直到我们现实的活动和具体的日常行为,这种拎出一个"存在者"来遮蔽"存在"的做法,被后世许多思想家一再使用。中世纪的经院哲学把"存在"归于神的启示;近代形而上学和先验哲学则用众多的功能和范畴堵塞了"存在"的空间,似乎"存在"成了一种可有可无、不言而喻的事;笛卡尔的"我思"、主体、精神和人格更是耽搁了对存在问题的发问,使存在沦为主体的附属品;黑格

---

① [德]海德格尔:《路标》,孙周兴译,商务印书馆2000年版,第400页。

尔的绝对理念则是把"存在"降格为待加工的材料，分配在《逻辑学》的建构之中。形式化倾向的存在论，使存在变成一件华丽的外衣，中看不中用。所以海德格尔说，"人们反而把传统存在论范畴内涵加以形式化，作为纯粹消极的限制加到这种存在之上，或者为了在存在论上对主体的实体性做出解释而乞灵于辩证法"①。

壮族的花婆信仰，不仅要揭示出存在与存在者的关联及其在特定的环境里的相互指代，更重要的是揭示出二者在对生环境里潜能的各自实现乃至整体潜能等的自由实现。综上所述，我们分析花婆信仰的生态美学方法论就立足于以下两点。

一 对立统一的生态辩证法——生态艺术哲学

那文化花婆信仰，在始与终、内与外、一与多、道与境等诸多的对立统一境域之中，完成了存在对存在者的灌注与升华，故美的生成表现为一个完整的存在与存在者对生与环进的美的生发历程：

> 安者实安，而曰非安之所安；存者实存，而曰非存之所存；侯王实尊，而曰非尊之所为；天地实大，而曰非大之所能；圣官实存，而曰绝圣之所立；仁德实著，而曰弃仁之所存。故使见形而不及道者，莫不忿其言焉。夫欲定物之本者，则虽近而必自远以证其始。夫欲明物之所由者，则虽显而必自幽以叙其本。故取天地之外，以明形骸之内；明侯王孤寡之义，而从道一以宣其始。②

这种内外一游的道法自然的美的生发历程，既是宇宙之道的明晰过程，更是艺术化的存在的澄明的过程：

> 资陶虚无而生乎规，拦神明而定模，通古今以开类，摘措阴阳而发

---

① ［德］海德格尔：《存在与时间》，陈嘉映译，生活·读书·新知三联书店1997年版，第26页。
② （三国·魏）王弼：《老子指略》，《诸子集成》（三），中华书局1960年版，第21页。

气。一判一合，天地备矣；天日回行，刚柔接矣；还复其所，终始定矣；一生一死，性命莹矣。①

可见，那文化花婆信仰蕴含着深厚的生态艺术哲学精蕴，其标的就是存在的澄明与诗意的栖居。

二 花婆信仰的逻辑与指归——历史生态哲学

花婆信仰，通过守母存子、原始要终的历史哲学方法论，建构起了生态化的美学品格，从而使得这种美学具有灵动而深厚的历史生态哲学维度：

> 举终以证始，本始以尽终；开而弗达，导而弗牵。寻而后既其义，推而后尽其理。善发事始以首其论，明夫会归以终其文。故使同趣而感发者，莫不美其兴言之始，因而演焉；异旨而独构者，莫不悦其会归之征，以为证焉。夫途虽殊，必同其归；虑虽百，必均其致。而举夫归致以明至理，故使触类而思者，莫不欣其思之所应，以为得其义焉。

这就是花婆信仰通过含纳历史生态哲学与生态艺术哲学，并将生态美学的建构呈现为历史、逻辑与元理论合一的完美的艺术化——生态化的美学理论体系。

综上所述，通过对花婆信仰蕴含的各种生态审美发生范式的探原，以及将花婆信仰的各种生态审美范式置入其历史本身及其与当代审美的对视、对话境域之中来加以观照，我们就可了解到，壮族花婆信仰不论是花婆创生世界及其万物，还是万物回归花婆；不论是花婆乘龙，还是龙助花婆以衍化世界；不论是七星据参以整饬世界，还是七星皈依花婆以表征为花婆的生殖力乃至源于花婆的个体生命本身的生死，都具有相互之间的严密对应性，并且在这种严密对应性之中达成生命、世界的对生性的推演。这是一个个循环的整生过程：

---

① （三国·魏）王弼：《老子指略》，《诸子集成》（三），中华书局1960年版，第32页。

道法自然

空间中隐藏着高维度，振动着的弦及其微小的环，宇宙就是靠它们才得以维系。①

这种对生与环进的进程表现出的内在与外在力量作用下的整合，又达成一个个循环的超越，形成新的更高级的超循环状态与境界，从而展现出对生与螺旋式上升及演进之历史特质，进入生生之谓易的"玄妙之门"，进而将花婆信仰中蕴含的道法自然的生态审美发生学原理淋漓尽致地展示出来了。我们用图7-7加以展示。

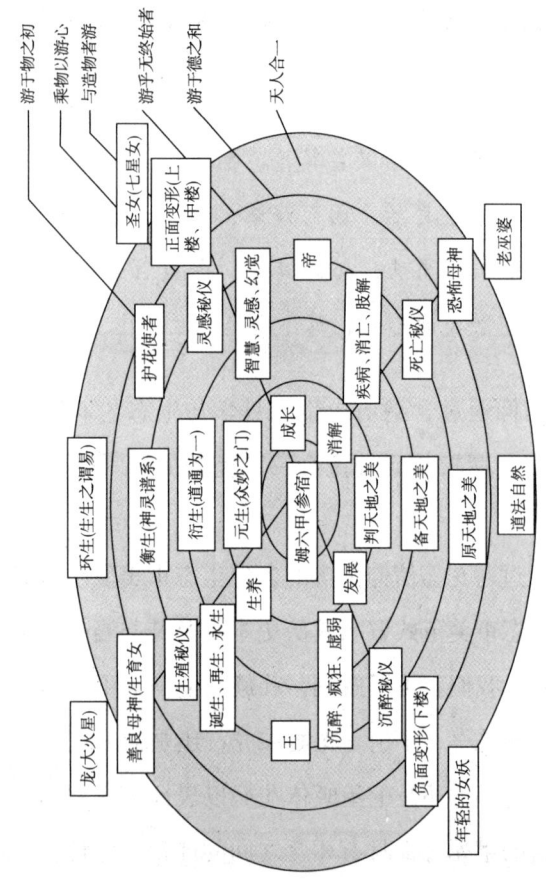

图7-7　花婆信仰生态审美发生范式图

---

① ［澳大利亚］保罗·戴维斯语，［美］加来道雄《平行宇宙》，重庆出版集团2008年版，第1页。

第八章　万国咸宁与太和之美

我们知道，中国道家的世界生发范式是"道生一，一生二，二生三，三生万物"，并由三回归一而达成归根复命。西方主流文化是上帝创造万物，而上帝本身具有圣三位一体的特质，并由基督带领，人类万物可回归天堂。这种三位一体的环生，与中国文化具有相似的逻辑。

更进一步，根据当今的科学理论，花婆信仰的三合一宇宙—人生—社会思维路径的循环与超循环性，与宇宙的发生图式［大爆炸—坍塌（收缩）—大爆炸］有着思维模式的一致性。因此，即使作为古老的民族智慧，花婆信仰蕴含的生态智慧也具有相当的实践性与未来品格。这种实践品格，即通过人与自然、人际共生达成形成世界可持续发展范式的升华。

也就是说，花婆信仰尽管是区域内民族的生态智慧，当它与世界范围内的文化进行对视与互动的时候，它具有一种可与他族对话和融合的可能性，并能够在历史性的自我建构之中表现出相当的世界视野。

综上所述，通过对花婆信仰及其所涉各种艺术的研究，我们可以运用古老的民族思维，对近代以来科学占主导地位的机械思维进行反思。在民族的神话与信仰中，宇宙是一个有机的图景，却被近现代机械思维构成了一个无生命的、被动的、要为人类所支配的对象。而且，在西方现代化隐喻中，自然被比喻为机器。正是这种自然观形成了延续至今的人类对自然环境和生态的破坏和掠夺。相比于世界体系理论，花婆信仰指向的批判的社会科学，没有把社会科学简单地当成某种权力的附属品,而是尽量通过提倡技术—知识专家的政治预言能力来制衡个体与国家权力,以超越国家权力。这种灵活的宇宙观本身是通过花婆生养万物,并在原动力的召唤下回归花婆——岩洞的循环历程之中,如此达成超循环的意义的提升,具有中华文化乃至世界文明的相当的普世性特质。

第一节 世界视域下的和谐共生范式

实践理性与实践品格在那文化,尤其是在壮族花婆信仰中有非常丰富的历史展演。

花婆本身就是众花和谐共生的典范。壮族创世史诗《布洛陀》记载,姆六甲是由 99 朵鲜花聚拢变成。

壮族通过双系抚育关联的花——子孙为中心,达成祖家(父源)与外家(母源)的共生,更是一种对生与环进的审美发生范式的呈现。

> 我的家乡在原邕宁县五塘镇,属邕江下河片,居于南宁以北三十多公里处,古称金城驿。这一带居住的均为壮族人口,但据老人们说大多是北宋时期随狄青南下的北方人后代,故当地人多有"祖籍山东白马县"之说。
> 在入宅仪式中屋主人的外家(女主人的外家)是必定要通知到且一定要来的,因为他们将为新宅送来"花婆娘"。受道教文化影响,据传"花婆娘"是掌管、佑护后代生息的,故外家在男方入新居时是一定要送去的,以求女儿家人丁兴旺、安康。这"花婆娘"其实就是几朵花,受中国古代文化的影响,白花代表男丁,红花代表女丁,故这"花婆娘"是极讲究的。一般是 7 朵花:五白二红,意即有男有女。男丁兴旺,这也与人们重男轻女的思想是分不开的。外家的"花婆娘"一般要送两盒,一盒置于屋主家中的正厅祖宗牌位旁,一盒放在女主人的床头,且要供

奉香火。据岳父说，送"花婆娘"不能随便拿去，给主人时一定要说一些吉利的话，如"吉日送花，花到×（屋主人姓）你，结果花开，朵朵英雄""五白二红，七子到屋，合家团聚，富贵齐全"等。这一习俗主要是送子送福之说。所以如果在入新屋时，若主人家的外家不到场，不送"花婆娘"，往往被认为是不可理喻的。

（讲述者：李强加，广西民族大学2007级中文函授本科1班学员，学号：071061134）

这种也呈现在花婆信仰的相关的仪式"送背带"之中。

满月送背带是广西柳江县穿山、百朋、百雍、进德等地的生育习俗（不仅如此，汉族也有此习俗，笔者小时亲眼见过；苗族、瑶族也有此习俗）。外孙满月时，外婆送背带来，一路将米花撒到家门口。舅娘、姨娘、姨妈、表姐、表妹等都会到主家祝贺。主家招待，特倒一杯糯米酒，中置一块熟猪肝或猪肉，呈给外婆喝。喝完后，主客对唱《背带歌》。对完歌，外婆将绣有壮锦的背带送给主家。[①]

下面就是柳江、象州等地的《背带歌》（对歌）。

孔雀开屏绣中间

外婆：

牛生蛋来马出角，麻雀下海去做窝；吉利日子来到了，外孙门前凤凰落。

主家：

昨夜桌上灯花开，一股暖风吹进怀；吉利日子来到了，今早喜迎外婆来。

外婆：

[①] 潘其旭：《壮族百科辞典》，广西人民出版社1990年版，第133页。

今早鲜花开满台,蜜蜂飞去又飞来;金路银路米花路,外婆送得背带来。

主家:

金线银线五彩线,孔雀开屏绣中间;四角芙蓉竞开放,看看背带笑开颜。

外婆:

月琴挂在画眉嘴,唱得阳雀上下飞;红花背带背孙女,背出一只鹧鸪媒。

主家:

林中英雄红棉木,花又红来杆又粗;红花背带外婆送,背孙长大多幸福。

外婆:

春风吹柳柳成荫,春雨润竹竹成林;外婆送来新背带,背带背孙孙聪明。

主家:

背带好比宝囊袋,背起外孙小乖乖;蜜蜂飞来把花采,一身沾蜜甜心怀。

外婆:

下雨背带是把伞,刮风背带当面墙;竹壳包笋长得快,葛藤攀树牵得长。

主家:

背带上面绣图案,绣有一朵红牡丹;牡丹四季开不败,外孙一生得平安。

外婆:

今年背带背外孙,明年外孙坐门墩;再过几年外孙大,必定能武又能文。

主家:

外婆过寨又过村,送来背带背外孙;好果甜甜靠树好,好瓜香香靠好藤。

外婆:

心想遮雨就买伞,心想酿酒就买坛;今天外婆送背带,外孙知暖不知寒。

主家:

丝绸背带新又新,背带绣面值千金;又绣蝙蝠绣蝴蝶,保佑外孙长成人。①

平果壮族也举行安花仪式。孩子出生时,在家门口插上一束柚子叶,杀鸡数只,将鸡肉剁碎,拌上姜末,煮成一大锅汤,除了给产妇吃外,其余则分成若干份,送到外婆家及本家亲戚报喜。本家亲戚得讯后,便给产妇送鸡、肉、红糖之类的礼品。外婆家则备好一束纸花及酒肉、糯米、糍粑之类的礼品,于当天或第二天到女儿家庆贺,称为"安花"。孩子满月时要举办满月酒,外婆送一副壮锦背带和一个摇篮(见图8-1、图8-2),酒宴上唱酒歌,其词为:

阿弟(妹)生来真巧乖,聪明伶俐最可爱。

未曾满月会唱歌,日后定是好人才。

阿弟(妹)生得恁健壮,两眼炯炯圆脸膛。

天庭饱满红光闪,生就一副贵人相。

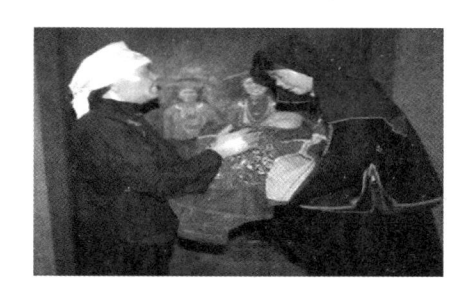

图8-1 外婆送背带　　图8-2 背带图案(广西博物馆)

---

① 覃九宏:《传统礼仪山歌》,广西民族出版社2002年版,第8—10页。

这种祖家与外婆家的和谐共生展现的是不同家庭在共同完成子嗣繁衍之后，通过亲属关系来进行再分配，从而达成整个社会结构的平衡、稳定与发展。

这种人际共生，正如波拉尼指出：

> 有意义的事实是，纯粹个人行为聚合的问题在于，并非由他们自己生产出这样的结构。个体之间互惠行为对经济的整合，完全在于是否给定了对称性组织的结构，诸如血亲群体的对称系统。但是，一个亲属系统永远不会作为在个人层面上单纯互惠行为的结果而生成。同样可类似地看待再分配。它预设了社会中一个分配中心的存在。然而，这样一个中心的组织和确认，并不仅仅作为个人之间频繁的负担行为的结果而得来……一个制度的建立，在任何地方都不是由纯粹任意的交换行为所创造的。①

进一步，花婆信仰还通过个体与民族间的由竞生走向整生，进而回归花婆的整生范式的实际形成。

这就表现在花婆分姓到分家，再由家族向民族的演进。而火——香火始终是那文化民族分化的依据。流传于大化地区的花婆神话这样记载：

叫仔女分家

姆洛甲的十二个仔女长大了，大家还是同吃同住同做活路。这样住倒是热闹，可是，树不分丫不结果，仔不分家难立业。于是，姆洛甲叫他们分家，各自去创立家业。

有一天晚上，大家坐在灶边烤火，姆洛甲对他们说："仔女呀，从明天起，你们分开吃住，各人出去自谋活路。我今晚为你们准备东西，明早你们各拿走一件，用那件东西去谋生。你们现在就去睡吧，明天早点起身。"听说要分家，十二兄妹心里好难过，觉得难舍难分。可是祖娘的

---

① 转引自陈庆德《经济人类学》，人民出版社2001年版，第96页。

话不听不成呀，大家二话不说，老老实实去睡觉了。等到仔女们都睡着了，姝洛甲拿出犁头、弓箭、书本、背篓、丫子、竹子、甘蔗、蓝靛、粳谷、糯谷、南瓜和小米共十二件东西，摆放在火灶旁边。

第二天早晨，老大第一个起身，他最喜欢犁头，就把犁头扛走，到田坝去犁田，从此他变成"布板"（壮人）。老二到老幺十兄弟同时起身，拿东西的时候，大家互相推让，弟弟让哥哥先拿，哥哥让弟弟先拿，谁也不先动手。后来他们想了一个法子，大家用脸巾蒙起眼，摸到哪件算哪件。结果，老二摸到弓箭，变成"布斗"（猎人）；老三摸到本书，变成"布哈"（汉人）；老四摸到背篓，变成"布傣"（傣人）；老五摸到丫子，变成"布淋"（渔人）；老六摸到竹子，变成"布苗"（苗人）；老七摸到甘蔗，变成"布星"（讲汉语平话方言蔗园词方言的汉人）；老八摸到粳谷，变成"布农"（壮人）；老九摸到糯谷，变成"布垌"（侗人）；老十摸到蓝靛，变成"布努"（布努瑶人）。老幺摸到南瓜和小米，这两件东西搁在一起，他以为是一件，一起拿走，变成"布条"（瑶人）。十一个兄弟走了，只剩下老满还在睡懒觉，太阳有三条竹竿高了，他才起身看看灶边什么东西也没有了，他就喊姝洛甲："妈妈，我什么也拿不到，怎么办呢？""那你就跟妈妈一起住吧。"

老满跟妈妈住，样样事等妈妈做，只认得吃，认得玩，认得睡，一样本事也没有学到。后来，姝洛甲老了，做不得活路了。她要死的那天把老满叫到身边，亲昵地问道："孩子，妈妈死了之后，你打算怎样生活？"老满回答说："妈呀，耕田种地、打鱼捞虾我都不会，我不懂得哪样生活。"姝洛甲又说："你样样都不会做，那你就上山去吃野果吧。"说着，她从床底拿出一把扫把，插进老满的屁股，变成了一条尾巴。从此，老满变成了猴子，在山上吃野果。十二兄弟就这样分家了。[1]

---

[1] 农冠品：《女神·歌仙·英雄》，广西民族出版社1992年版，第9—10页。

在壮族的视野里，花婆不仅被视为那文化民族的共祖，还能够在不同民族的融合中生长出新的花种，形成对生与环进的审美升华。这种道法自然的境界又将构筑起民族和谐的新天地。

金银花

古时候，山上住着一位瑶族姑娘，名叫盘银。她十七岁死去双亲，单独一人以打猎为生，练出了一手好枪法，打飞鸟，要打头决不会打对身；打野兽，专打兽眼，丝毫不伤兽皮。

有一天，盘银正在寻野兽，突然听到人兽搏斗的声音。她赶步上前，见一个壮家后生，正挥刀跟一头猛虎搏斗。他的衣服已经被虎爪抓烂，手被虎牙咬伤，眼看招架不住了，他步步后退，突然被一条野藤拌倒，手中的柴刀丢去一丈多远。老虎大吼一声，前腿腾空，张开血盆大口向他扑去。在这危急关头，盘银举枪"叭"的一声，不偏不倚，子弹从猛虎的右眼进，左耳出。它立即倒地，吼一声，滚几滚，不久便死了。

壮族后生弄不清是怎么回事，急忙爬起来就跑，撞到了一个人。那人把他抓住，说："莫跑！老虎已经被打死了，还跑什么？"

青年定睛一看，是一位拿枪挂刀的瑶族姑娘。她中等个子，丰满结实，美貌超群。不用细说，她就是搭救自己的恩人。后生急忙向瑶族姑娘叩头道谢。

瑶族姑娘把后生扶起，见他虽然穿着破破烂烂，但个子高大结实，是百里挑一的美男子，就笑着说："都是自己人，何必谢呢？"接着，介绍自己说："我叫盘银。请问你叫什么？"

壮族后生告诉她：自己叫特金，孤苦零丁一个人。从小给一家财主当长工，过着牛马不如的生活。今天身体不舒服，但财主硬要他上山打柴，谁知碰到猛虎。要不是盘银搭救，自己性命难保。

盘银也把自己的身世告诉特金。两人越说越知心，越谈越互相同情。

盘银带特金到她住的岩洞里，用草药给他敷伤口，煮饭菜给他吃。

第八章 万国咸宁与太和之美

盘银对特金说:"我们是一根藤上的两朵花,相同的苦命已经把我们连在一起了。如果你不嫌我丑,就留在我这里,我们合做一家吧!"

特金听后,脸红到了耳根,话也不说,就点头同意了。(笔者按:从相貌、品德、职业地位等方面,特金与盘银做出了血缘选择?)

盘银和特金结婚后,一起打猎、开荒、种地。(笔者按:生产关系、职业、生存空间的拓展?)夫妻俩勤勤恳恳,恩恩爱爱,生活过得十分甜蜜。

特金娶了一个漂亮的瑶族姑娘,传到财主耳朵里。一天,财主带领一帮打手上山来,要打死特金,把盘银抢走。特金和盘银奋勇抵抗。特金拿猎枪,盘银拿弓箭。他们把财主的狗腿子打死了好几个。眼看子弹和箭头快用完了,盘银对特金说:"子弹和箭头用完,我们就要落进财主手心。好汉不吃眼前亏,你快撤退吧!我来掩护你。"

特金说:"不!我是男子汉,我死也不能让你丢在后面。我是你的丈夫,还是我来掩护,你快走吧!"

两人正说话间,特金突然中弹身亡。盘银把眼泪往肚里咽,连续打死几只豺狼。直到弹尽粮绝,她便把尖刀刺进自己的胸口。(笔者按:从前面盘银的偶然性利他行为,发展到男女婚姻结构,最后形成互惠性利他行为,而互惠性利他行为发展成为自然的有利于人类整体的行为,进而构成了壮族主体对于社会品德的拟构特征?)

特金和盘银去世后,山下的乡亲们(笔者按:社会、环境)把他俩合葬在一起。第二年夏天,在他们的坟墓上,长起一种奇特的花,同一条藤上开出的花朵,有的黄色,像金;有的白色,像银。乡亲们都说,这是特金和盘银的化身,黄花是特金,白花是盘银。因为他们感情深,永远不分离,所以死后化为花朵也要共用一条藤,人们称它为金银花。

后来,金银花越来越多,整个桂西山区到处都有。

[收集地点：广西忻城县；口述：韦宝光（壮族）；采录翻译：辛古（瑶族）。]①

在那文化区内，不仅不同民族共生为花，他们还共享着花婆信仰。仫佬族有着类似的花婆信仰。其《求婆歌》：

三月三来求婆，少座木桥少朵花，
生我命丑无缘分，无缘无分，
好比茶壶少杯茶。
人讲我有龙虎煞，天狗吃了我的花，
夫妻吵闹姻缘丑，花棚婆王，
求你送我一枝花。
烧香烧纸敬天门，酒肉饭菜求地神，
头上靠天来保佑，谢天谢地，
好花应送我家门。
今年求你三月三，六月初六再来还，
明年若有花枝到，众人喜欢，
好丑送来心也宽。②

那文化区的汉族也拥有花婆信仰。

在天等汉族里，堂屋神位旁边（一般在右边）会有一个精致的小木屋，大概有鞋盒一样大小，只见插着一束纸花，我们称为"要花"，就是一个家庭中长子或长女才有"要花"这个仪式。小木屋的制作者必须是这个孩子的外公，它由外公亲手制作，亲手把纸剪成的一朵朵纸花用竹条串起来并放进去。等到对方选了黄道吉日，又亲手捧着小木屋到外孙家中安放，这个过程是不允许别人代劳的（如果外公已不在人世则另选

---

① 农冠品：《女神·歌仙·英雄》，广西民族出版社1992年版，第341—343页。
② 《中国歌谣集成·广西卷》，中国社会科学出版社1998年版，第1138页。

一位年纪相仿、八字对号的男性为代表），小木屋一旦安放就不再改动了，从一二岁到成年娶妻、出嫁为止。我就没这个福气了，因为我在家中不是老大。

举行"要花"的仪式很隆重，与结婚的档次一样，为什么呢？听老人讲"要花"就是对祖宗先辈报告，已经又有后一代的传人了，就像我们现在的入户手续一样了。首先选好黄道吉日，神公（道公）和神婆一起作法事，"要花"的长辈和长子和长女则要坐在旁边陪同，直到法事做完。家中还要宴请同宗同族的人过来庆贺和见证，这个仪式程序完整，气氛严肃，直到孩子的外公亲手把"小木屋"安放好，然后再上三炷香，才算完成。过后的三天要香火不断。这就是我们村汉族同胞各家庭较重要的一个事情。

（讲述人：农智，广西民族大学 2007 级中文函授本科 2 班学员，考号：55）

与壮族同源的布依族也有类似的花婆信仰。

布依族在小孩出生 15 日之后，外婆家的人和道姑来帮助摘花，就是感谢花神娘娘的帮忙，完成了她的任务后，恭送她走的仪式。

布依族妇女结婚后如果数年不育，要找"迷拉婆"、布摩来择日搭花桥。认为搭了花桥，王母娘娘就会送来子女。贞丰一带的花桥，是用一对竹子为桥柱和桥梁，将红绿纸剪成许多人形（红纸表示男孩，绿纸表示女孩）放在花桥上，迷拉婆在房外举行仪式跳跳唱唱，随后用一根白线从花桥牵到村外，爬过的昆虫被认为是龙王贵子，主人把它捉起来，放在花桥上。仪式结束后，将桥安置在媳妇房门上或床头上方，一直放到女方年老无生育能力为止。

（讲述者：莫明芳，布依族，华中师范大学 2008 级中文函授本科一班；时间：2008 年 8 月 4 日）

布依族的《十二个花园歌》：

> 返回天庭第七道，回到天宫第八层；
> 去问七仙女，去访七姐妹。
> 七仙女有好心意，七姐妹是好心肠；
> 指点我们来到万花山，指引我们走进百花园。
> 园中百花好鲜艳，园里花色多耀眼；
> 一朵朵比碗口还大，一蓬蓬比竹篷还宽。
> 花婆带我们去观赏，花婆领我们来挑选；
> 千万朵花任我挑，千万朵花任我选。
> 选来选去眼睛花了，挑来挑去心头乱了；
> 就选这一朵红的水灵灵，就摘这一朵紫的亮晶晶。
> 水灵灵的女儿手才巧，亮晶晶的儿子勤劳；
> 往后好酒好肉谢花婆，日后好衣好裙谢神母。
> ……①

中国瑶族中不仅盘瑶、山子瑶有花婆祭仪，泰国的盘瑶也有相关的花婆信仰。

茶山瑶的《花王歌》：

> 太平春，
> 十二月花姐妹临。
> 今日娘在□山殿，
> 天婆差妹到坛心，
> 从头起唱妹原因。
> 正月花王寅时女，
> 二月花王卯屋人。

---

① 韦兴儒：《女巫》，贵州人民出版社2001年版，第143—146页。

三月花王辰时女，

四月花王巳屋人。

五月花王午时女，

六月花王未屋人。

七月花王申时女，

八月花王酉屋人。

九月花王戌时女，

十月花王亥屋人。

十一月花王子时女，

十二月花王丑屋人。

今日才郎有情状，

同来保护你花魂。①

泰国盘瑶若人生不遂或遇疾病，还有种种"架桥"仪式，以及治病的宗教性仪式。男女婚后无子求子称"求花"，要架"花桥"；有子不多（人丁不旺）或子女不孝，或生产不顺利，认为是夫妻前世阴功不好，要架"功德桥"；小孩乃至成人失魂，要架"三岔桥"，到三岔路口找回失去的魂魄；年老有病或虽无病却想续命，架"补楼桥"；打卦算出"大限"将到，要架"接命桥"；人受惊生病，要"解吓"；生大病要"烧赦"；有大事心里不甘要"释天地"；见到未见过的怪事，要"送怪"；举行过挂灯、度戒仪式的人做错了事要"释师父"，请祖师原谅。人常生病，认为是命带"煞神"，要举行"解煞神"仪式。②

---

① 胡德才、苏胜兴编：《大瑶山风情录》，广西民族出版社1990年版，第30—311页，另见张有隽《中国各民族原始宗教资料集成·瑶族卷》，中国社会科学出版社1998年版，第414—415页。
② 张有隽主编：《中国各民族原始宗教资料集成·瑶族卷》，中国社会科学出版社1998年版，第169页。

至此，各民族共享的信仰成就了：

> 我们所说的"共生"，是向异质者开放的社会结合方式。它不是限于内部和睦的共存共荣，而是相互承认不同生活方式的人们之间之自由活动和参与的机会，积极地建立起相互关系的一种社会结合。①

不仅如此，那文化花婆信仰还达成了与中华民族整体的对生与环进（见图8-3）。

图8-3 辽代花与十二宫对应图

图8-3是辽宁考古发现的辽代花生宇宙及其与十二宫对应的全息宇宙图。

同时，花婆信仰达成了那文化各民族与中华民族历史传统的对生与环进。这种道法自然的生态审美方法论预示着信仰共享中文化与国家文明的认同。

壮族古代主用十月历，即夏历，以十月为岁首，故今仍流行"冬至大过

---

① ［日］山口定：《走向共生的冒险》，每日新闻社1992年版，第24—25页。

年"的俗语。云南壮族土僚系,至清代仍以十月为岁首。据光绪《云南通志》卷二百零一引《蒙自县志》载:"土僚,以十月为岁首。"清代乾隆《开化府志》卷九也记载道:"十月祀先墓祭,僚夷大过年。"民国年间,云南富宁、广南等地壮族,包括布侬、布沙两支系,以十月为岁首的习俗仍然保留着。民国《个旧县志》卷十载:"白土僚,十月朔日为岁。"民国时著名学者刘锡蕃《岭表纪蛮》观察,广西"僚":"姓多韦、莫、骆、王,以孟冬(十月)朔日(初一)为岁首。"

如今,广西武鸣县双桥一带壮族魔婆唱的《求花词》,仍然用十月历:

一只金鸡来晓啼,说唱五更报寅(按:人时)时。红冠内子凶星退,保祈男女受灾无。奉请一喊潭花到,东方青衣童子送花来。过桥来,过桥来,真花奶仔送花束。桥上娘即送,童子送花来。花开十月足呀,早早送花来!

花请莲花朵朵开,祥麟每朵玉珠来。阴阳配合生成数,十月月圆结福胎。过桥来,过桥来,麟儿贵子降生来。花开十月足呀,早早送花开。

青莲直照白花开,接应英儿过桥来,秋时辰后英儿渡,渡过桥来早生来。楼上花开四季春,楼下花朵百年轻。齐簇登楼吹花喜,五男二女早临来。桥上娘即送,童子送花来。花开十月足呀,早早送花开。

正月萝卜花,越收花越香;九十月收萼,花男在里□。
二月开桃花,亮似十四星;在枝上鲜艳,影地下亮明。
三月开野樱,遍地花盛开,合的花娇婷,开的花亮星。
四月开瓜花,眼眼全结籽;子男坐膝内,子女缠后背。
五月开菊花,风吹花不落;师公有心送,给成群子孙。
六月开荷花,铺满在水里;是我们福分,根蒂都收要。
七月蓊菜花,结成一簇簇;阿公送儿吗,展包袱等待。
八月开稻花,簇簇一样满;朵朵悬阿依,风吹不落地。

道法自然

九月芥菜花，籽夹在花中。我挥手去要，便得儿成群。

十月姜花开，家傍挂拉拉；祖公送儿孙，全家皆喜欢。①

壮族不仅在一般的生活中有十月历的具体运用，即使在一些重器上也表明他们使用十月历，如图8-4所示。

图8-4 铜鼓上的十月历表征②

这种十月历的运用，说明壮族在运用自然规律的时候，始终与人的十月怀胎紧密地对应起来。并且，在壮民族的记忆深处，十月历的运用，表明他们并没有仅仅局限于当下，而是将个体生命通过十月历与民族的初始状态紧密相连，进而通过花木意象彰显出他们宗伏羲的民族信仰。

宋均《春秋内事》指出："伏羲氏以木德王。"《太平御览》卷七八引《帝王世纪》："太昊帝庖牺氏……继天而王，首德于木，为百王先。帝出于

---

① 韦苏文：《壮族悲文化》，广西人民出版社1994年版，第30—31页。
② 丘振声：《壮族图腾考》，广西教育出版社1996年版，第78页。

震,未有所因,故位在东方,主春,象日之明,是称太皥。"① 宋代刘辰翁《须溪集·核山堂记》也指出:"木生于亥,核在木中,仁在核中,则天地之于元气,人之于天地,皆非外至者也。……核者,造物之心也。"②

而壮族宗伏羲,伏羲以木德王,故展现为花—东方龙—木—生的宇宙流衍及人的生成流程。壮族的求花,即以木的生德为信仰的核心,并以花木喻人,表明人为天地之心。

我们还可以在壮族神话中发现壮族宗伏羲的历史记录。神话史诗《布伯》等中重开天地的是伏羲兄妹③。

下面,我们再用两则材料来加以说明壮族建寅宗伏羲的民族认同,并呈现出那文化的核心理念。柳江的《创世盘歌·世间万物从哪里来》:

问:哪个来造米,米撒满天下?哪个来造人,人生满六国?根基在哪里,是谁牵他来?天下几多姓,我们是哪种人?

答:布农种出米,米撒满天下;伏侬来造人,人生满六国。根基在海屯,蚂蟥牵他来;天下百家姓,我们是壮人。

传唱者:覃少华,男,51岁,壮族,穿山乡穿山村下荣屯农民,高小文化;罗志农,男,37岁,壮族,穿山乡穿山村雄良屯农民,初小文化。搜集者:潘忠勤,男,37岁,壮族,高中文化,县文化馆干部,刘启新,男,37岁,汉族,高中文化,进德农中教师。翻译整理者:潘忠勤,陆焕嵩,男,54岁,壮族,高中文化,县文化馆干部。搜集时间:1986年秋;流传地区:穿山、进德、土博、里雍等地。④

"伏侬"即壮语伏羲的汉字记音。

《布洛陀经诗》也有壮族与汉族共祖的记载:

---

① 闻一多:《伏羲考》,《神话与诗》,华东师范大学出版社1997年版,第68页。
② (宋)刘辰翁:《须溪集·核山堂记》,中华书局1983年版,第24页。
③ 梁庭望整理,农冠品:《壮族神话集成》,广西民族出版社2007年版,第268—270页。
④ 农冠品:《壮族神话集成》,广西民族出版社2007年版,第11页。

天下处处被水淹，

只剩下伏羲两兄妹。

兄妹两人结夫妻，

他俩商量结夫妻。

夫妻同居三年整，

夫妻同床满四年。

妻子怀了孕，

怀孕整整九个月。

生下儿子像磨刀石，

怪儿降生在半夜。

伏羲夫妻好惊奇：

为何生儿不像人，

为何生儿变成磨刀石？

拿起怪儿放后院，

将它放到篱笆脚边。

夫妻到路边拜天祈求，

夫妻到路边求仙保佑，

布洛陀对他们说，

么渌甲对他们讲：

你们兄妹结夫妻，

兄妹本是同肠生，

你们要杀牛来敬父母，

要杀牛来祭祖宗。

伏羲听了这些嘱咐，

把它念记在喉管里（按：指心里）

将它牢记在肚子里。

轻移左脚往回走，

慢转右脚往回退，

回来杀牛敬父母，

回来杀牛祭祖宗。

伏羲转去看，

他的妻子转去瞧。

看见怪儿长出了头，

看见怪儿手脚长出了肉。

父亲高兴抱起来，

母亲欣喜搂起来。

突然变成头人官吏，

刹时变成千百个人。

各人都安上各个姓，

还给每个人安上名。①

从上述壮族口传材料我们知道壮族建寅，而其神话的始祖为伏羲，关于"夏建寅，宗伏羲"，这就说明："人生于寅。"

《史记·律书》对寅时的解释是：

> 条风居东北，主出万物，条之言条治万物而出之，故曰条风南至于箕。箕者，言万物根棋，故曰箕，正月也，律中泰簇。泰簇者，言万物簇生也，故曰泰簇，其于十二子为寅。寅者，言万物始生螾然也，故曰寅。

进而，壮族民间还流传着具体的时辰所生人与中国其他姓氏、省份的对应性（见图 8-5）。

那文化—壮族的花婆信仰还表现出与世界性的花生成世界的观念有着一致性（见图 8-6）。

---

① 张声震主编：《布洛陀经诗》，广西人民出版社 1991 年版，第 143—151 页。

道法自然

正月生人：花公吴三郎　花母郑三娘　第三桥子柏枝花京都人氏托花来
二月生人：花公刘七郎　花母甘大娘　第五桥子石榴花四川人氏托花来
三月生人：花公田五郎　花母许大娘　第四桥子玉兰花秦州人氏托花来
四月生人：花公张九郎　花母李大娘　第九桥子大红花河南人氏托花来
五月生人：花公周七郎　花母秦六娘　第二桥子牡丹花岭南人氏托花来
六月生人：花公王四郎　花母粱十三娘　第七桥子玫瑰花湖南人氏托花来
七月生人：花公杨十三郎　花母郭大娘　第六桥子柏枝花淮南人氏托花来
八月生人：花公李五郎　花母王七娘　第一桥子石榴花湖广人氏托花来
九月生人：花公马四郎　花母陈十娘　第五桥子玉兰花广州人氏托花来
十月生人：花公沈一郎　花母刘九娘　第十桥大大红花武陵人氏托花来
十一月生人：花公何五郎　花母卢三娘　第八桥子牡丹花山东人氏托花来
十二月生人：花公朱二郎　花母张九娘　第九桥子梅桂花江南人氏托花来

定花根

图 8-5　生辰与省份对应图①

图 8-6　希腊神生于花

① 壮族地区民间流传的命理书——《定花根》，第22页。

世界出生于花，是一个世界性的母题。希腊的神生于花，印度的大梵天也出自莲花。埃及的太阳神从花中出生——可与壮族花的宇宙生殖功能比较。①

在花婆信仰及其与之趋同的各种世界民族文化里，植物与女人作为世界之源，始终是一个普遍的、本体性时间性隐喻：

> 女人与植物之间的关联可以在人类象征的全部阶段中去寻找。灵魂作为花朵，作为莲花、百合花和玫瑰。在厄琉西斯，处女作为花朵，都象征着如花般绽放的心理与精神的最高发展。无论埃及的太阳神拉或奈弗特姆（Nerfertem），佛教的"莲花中的神圣珍宝"，还是像在中国和现代西方那样，自性从金花中诞生，都是如此。②

历史上，那文化花婆信仰宇宙三分观与道教的三元观有着深刻的联系，壮族的求花仪式中的对联是这样的："二斗注命生子女，三元拥护健童魂。"③

不仅如此，花婆信仰还和儒家神道思想、家庭结构及国家行政理念相结合：

堂门雁

本　音

淳安厚奏传先代

通天玄皇司命定福灶君

农民历代始曾高祖考姚之神位

九六卫国花王圣母六国夫人

国学名儒启后人

---

① ［德］埃利希·诺伊曼：《大母神》，李以洪译，东方出版社1998年版，第275页。
② 同上书，第274页。
③ 许晓明：《接亲·安神·迎花》，李富强主编《中国壮学》（第四辑），民族出版社2010年版，第259页。

传入那文化区的道教主要是梅山教、茅山教,还有闾山教。壮族求花仪式中安神科对联:

疏表奉诸神普降真花家吉利,道经安列祖昭垂英物宅亨通①

仫佬族的《安花歌》就运用了闾山教的仪式及其内容:

闾山门下安花师,安花仙人童子郎。
安稳花园护花子,护佑花子年寿长。
拜请花公来做主,安稳花树做爷娘。
拜请花母来做主,安稳花树在娘房。
花子无灾又无难,无灾无难任娘养。
送花仙姑日夜看,不许花子去别方。
花好生在桃源洞,洞宽树大得久长。
好花移回娘身住,歪花移到别人乡。
好花见娘娘欢笑,欢欢笑笑在娘房。
莫在荒野受雨霜,日夜啼哭不见娘。
今日安花娘房间,千年万载得久长。②

这种花婆信仰圈的扩大,也呈现出花婆信仰的对生与环进的文明特质。

随着佛教的传入,壮族的米洛甲也在接受佛学的基础上被置换为女性的佛。它既达成了壮族与佛教的对生,又在对生的基础上实现了中国文化与外来文化的整生。广西来宾市的神话"太阳与月亮"是这样描述的:

古时候,佛陀创造了山水天地,花草树木,还有两个太阳,世界充满了生机。可是不久,太阳繁殖得很快,天上总共出现了十二个太阳,

---

① 许晓明:《接亲·安神·迎花》,李富强主编《中国壮学》(第四辑),民族出版社2010年版,第257页。
② 《中国歌谣集成·广西卷》,中国社会科学出版社1998年版,第1138页。

把大地照得火热炙人，整个世界热得像火炉一样，万物难长，大地焦黄。

佛陀想不到太阳这么厉害，她为了拯救世界万物，就派她的九个儿子一齐去射杀太阳。她的儿子们很听话，个个带了弓箭去了。经过一天一夜的苦战，他们终于射落了十个太阳，第十一个太阳也被射伤了，但没有落下来。这时，天上只有两个太阳了。佛陀就命令儿子们停止射杀，让两个太阳留下照耀世界，但她又害怕他们结婚生孩子，继续危害万物。于是，她把这两个太阳分开，一个完好无损的太阳在明处，一个受伤的太阳在暗处；在明处的太阳白天照耀世界，在暗处的太阳晚上给大地带来光明，并另给它起了一个名字叫月亮，每个月只准它们会面一次。现在我们看到月亮有许多黑斑，那就是古时佛陀的儿子们射伤它留下的伤痕。[①]

现实生活中佛教对花神信仰的引用，拓展了壮族花婆信仰的领域，如广西龙州的《道场歌》：

燃灯书科

东岸水流西岸闲，南山风送北山云。山中常有千年树，世上难逢百岁人。

人生恰似彩云飞，飞去西来飞去东。采得百花成蜜后，到头辛苦一场空。

亡者参佛已菩提，藕似莲花出每日。经文受入三摩地，请登灵位受法食。

诸圣已蒙临法会，孝眷细侣运诚心。俯仰莲基安玉座，香花五供表微忱。

烛焰荣煌列宝台，灯明上续笑舒怀。谁知万斗红莲子，今夜燃灯道场开。

[①] 农冠品：《壮族神话集成》，广西民族出版社2007年版，第190—191页。

寒光夜静一方停,今时灯光如七星。灿灿流光归今夜,沧沧百福自然成。昔日达摩灯点起,今晚大朗照幽明,惟愿佛光垂接引,明灯点照度亡人。

云散家家月,春来处处花,佛慈登宝座,孝眷献春茶。奈何千尺浪,苦海万重波,欲免轮回路,大众念弥陀。①

并且,壮族花婆信仰的三分宇宙模式与印度佛教的宇宙模式有着相似性(见图8-7)。

图8-7 佛教宇宙图

---

① 龙州县民间文学三套集成编委会编:《中国民间文学三套集成·龙州县歌谣(资料本)》上册,油印本。

据笔者的了解，涉及花婆信仰的宗教人士有儒释道三家，还有巫婆、麽公、师公等，形成了一个宗教文化的大融合。

> 在广西崇左市扶绥县龙头乡与南宁市江南区江西镇交界的一个叫谭龙的小山村，每年农历二月十九都在村前的蛤蟆山举行隆重的花婆节。我曾连续两年特意赶到该村，感受花婆节的盛况。
>
> 花王又称花婆，百花仙子，是壮族虔诚敬奉的女神。传说百花仙子降于这天。她喜欢木棉树，因为它长得高大粗壮，春来满树红花，鲜艳如火，所以她常常栖木棉树上，佑护大地百花灿烂，人间安宁。
>
> 尽管在不同的地区有关"花婆"的称呼不尽相同，但她们的职责却是基本一致的——她们是专管生儿育女的生育神，也是儿童的守护神。
>
> 在农历二月十九这一天，谭龙村的人们都要在蛤蟆山举行庆祝活动，因为他们认为那天是"花王"的生日。全村凑钱买鸡鸭猪肉来祭祀"花王神"，到蛤蟆山上的寺庙拜神乞求一家平安健康、富裕。在这一天，来自很多周边的人们也会到蛤蟆山祭拜花王，为全家人乞求平安，保佑小孩平安、聪明。到了晚上，请来的师公队就在蛤蟆山脚下搭台"唱师公"。附近的村民纷纷赶来拜神、看热闹。村民们则忙着把稀粥给来拜神、看热闹的人们。唱师公的活动一直会持续到天亮，有时"花婆节"也会连续活动三天。
>
> （讲述者：莫有英，广西民族大学 2008 级中文函授本科一班学员）

这类信仰还笼括在那文化的生命潜能的全面实现里面（见图 8-8）。

流传在桂中的师公剧《唱圣母》认为，花王圣母是壮族姑娘张达环的化身。张有十姊妹，九位已出嫁，而她被视为命中克夫克子，自尽后被佛祖封为花王，专司送子。可见，在壮族的花婆信仰里，参宿——花婆可以生出万物，不仅佛教可以纳入花婆信仰，人也可以通过佛祖的敕封而成为花婆，从而展现出花婆信仰与佛教的对生与环进历程。

图 8-8 笔者求的平安符

总之，花婆信仰作为一种儒释道合一的信仰体系，在那文化区具有广泛的群众基础：

拥嗣观碑文
李章晖

尝思随处化身，涌莲花而昭法海；驱邪引福，仗宝剑而肃观瞻。本慈航而济世，悟铁杵而成功。不有感通，何有名胜？如寺岛坊拥嗣观者，上钟江浃庙之灵，犀牛发瑞；前把笔架山之秀，气象增辉。左安南海观音，右立北方玄武，馨香鼎盛，四民共祝，如南德泽，恒流五里，咸舒拱北顾。亘古常昭者，声灵不可思议；而后人继美者，鼎革贵合时宜。同治己酉冬，值法相装新之候，正山家吉利之年，乘此机缘，议修殿宇，敢遍告于十方，翼兴功于一旦。所幸乡里名贤，村墟善信，发慈悲之念：

家馈兼金，结净土之缘；人输尺璧，因心种果。自然积少成多，以福为田。不啻倡予和汝，遂乃经营正座，改换规模；左右两旁，广增宅舍；聚河边之顽石，以筑高基；绘堂上之华甍，以成胜举。而观宇大新，而灵爽益著。慈容焕彩，常贻善庆于同人；帝泽流光，并播芳名于奕世；吉神拥护，善业嗣徽。[①]

这类神话与信仰，我们还可参考壮族神话"牛戴花"来探索南美洲的玉米在壮族地区开花结果的文明融合逻辑及其历史。

牛戴花

秋天，玉麦（愿按：玉米）黄时，空麦地周围，就开着一种金灿灿的多瓣小花。水牛见了，就用头去顶撞，撞折几枝戴在头上。这种花，就叫牛戴花。

看见牛戴花，我就想起我奶奶讲的牛戴花的故事——

古代，人都住在小河边的岩洞里，没有谷种，也没有玉麦种，专靠上山打猎，下河捞鱼过活，常常饱一顿，饿一顿的。

有个小伙子，叫勒青；有个姑娘叫勒朵。一个像春天的绿叶，一个像春天的鲜花。鲜花配绿叶，美上加美。勒青和勒朵呀，刚好成一双。

有天早晨，阿妈笑眯眯地对勒青说："阿青，你上山去打猎，使点劲呀！哪天打的猎物多，哪天我就将阿朵娶过来，给你成亲了。"

勒青听了阿妈这句话，甜甜地答应了一声，笑着走出岩洞，笑着上山打猎。

又谁知，老天偏偏不作美！

勒青第一天上山打猎，连一只雀也没有射中。

勒青第二天下河捞鱼，连一条鱼也没有捞到。

此后，一连几天，总是空手出去，空手回来，一家老小饿得无法，

[①] 《信都（贺县）县志》，成文出版社影印1967（1936）年版，第679页。

只好扯野果充饥。

又有一天，勒青去山上打猎，从早到晌午，从晌午到傍晚，连一只小兔也没有捉到，饿得走到小河边，一捧接一捧地捧水喝。

恰巧这时，他闻到一股香喷喷的气味，抬头见一个金发老人坐在不远的地方烧东西吃，就向金发老人走去。

勒青走到金发老人身旁，见他左手拿着牛角样东西上的金色颗粒，不断地往嘴里送，吃得津津有味，就笑着问道："阿爷，你吃的是什么东西呀？"

金发老人一边吃，一边答："玉麦苞。"

勒青没有见过玉麦苞，更没有吃过，就问："这玉麦苞好吃吗？"

金发老人点了点头，从火堆里拿出一苞烤得黄生生的玉麦，递给了勒青。

勒青学着金发老人的模样，不断地剥玉麦吃。

金发老人看着勒青，笑了笑，问："好吃吗？"

勒青一边吃，一边答："又甜又香，太好吃啦！"

金发老人说："这玉麦苞好吃，你就找几苞玉麦种去栽吧！"

"这玉麦苞，你是从哪架山拿来的？"

"金子山。"

"金子山在哪里呀？"

金发老人指了指面前的小河，说："你顺着这河水流去的方向，一直朝前走，就能找到金子山了。"

"那么，这玉麦苞怎么栽呀？"

金发老人听了，笑了笑，从怀里掏出一苞金灿灿的玉麦，剥了几粒，埋在土中。他甩一下手袖，玉麦粒发了芽，冒出了土；甩两下手袖，玉麦苗长有一人高；甩三下手袖，玉麦玉麦苗半腰长出一苞玉麦；甩四下手袖，那苞玉麦就黄了叶，成熟了。

勒青见到这情况，哈哈地笑着，将刚成熟的玉麦苞掰下来，撕开叶壳，放在火堆里烤熟，不用手剥，就大口小口地啃嚼起来。

金发老人看着勒青，哈哈笑了起来。笑了几声，说："你到金子山拿到玉麦种子后，春天播种，夏天薅锄，秋天玉麦就成熟了。你春天种的越多，秋天收到的玉麦就越多。年年都种，年年就有玉麦吃，就不会饿肚子了。"

勒青笑着答："知道了，记住了！阿爷，你真好呀！不过，好阿爷，你就给我一点种子，就……"

金发老人打断勒青的话，说："我有的玉麦，刚才都烧吃光了，拿什么给你？天快黑了，你回家去吧。明天，你一定去金子山（笔者按：突出与花山的关系）拿玉麦种呀！"

金发老人说完话，一眨眼，就不见了。

勒青不见了金发老人，知道遇着神仙了。他一边吃烤熟的玉麦，就往家里走。第二天，太阳刚冒山时，勒青去找勒朵。走到勒朵家，勒朵坐在岩洞口绣花。他见勒朵绣着几朵金灿灿的多瓣小花，特别的美丽，就笑着问："阿朵，你绣的是什么花呀？"

勒朵格格地笑着，说："这花，是想着绣的，叫什么花，我也不知道。"

"是为我绣的？"

"是。"

"什么时候才将这花给我戴上呀？"

"成亲的时候。"

"那……那我快得戴花了！"

"什么时候？"

"明年！"

"这……"

接着，勒青就将阿妈讲的话，将遇到神仙的事，一一对勒朵讲了。

勒朵听了，格格地笑个不停。笑了一阵，说："仙哥，你就去金子山拿玉麦种去吧！你走后，我天天在这里绣花等你。"

"哎！"

"你快去快回呀?"

"哎!"

讲了一阵话,两人依依惜别。勒青来到昨天吃玉麦的地方,顺着小河流淌的方向,加快脚步,就朝前赶路。

不知走了多少天,勒青来到一条大河边。朝前看,一架大山耸立着,山上长满密密麻麻的玉麦,金光闪闪的:一群金牛在玉麦之间,穿来插去哞哞地叫着。朝面前看,一条大河金光闪耀,波涛汹涌,又宽又长,将金子山环绕了一圈,又朝远方流去。

怎样才能渡过这条河,到金子山取回玉麦种子呀?想到这里,勒青发愁了,呆呆地站在河岸上。

恰巧这时,金发老人从天而降,站到他身旁。

勒青见到金发老人,急切地问:"阿爷,这条河水急浪高,我怎样才能渡过这条河呀?"

金发老人说:"要渡过这条河,砍几根竹子做竹筏,就能渡过去了。可是渡过河,到了金子山上,你也拿不到玉麦呀!"

"为哪样呀?"

"金子山,是天神的山!那玉麦种,是天神的珍宝。那山上,有很多天神守着呢!"

"那么,我怎样才能渡过河,拿到玉麦种呢?"

"唯一的办法,只有一个,就是看你愿不愿意了。"

"什么办法呀?"

"这……"

"好仙爷,你快讲吧!只要能取回玉麦种,让我家和众人有饭吃,不再饿肚子,就是死,我也心甘情愿。"

"真的?"

"真的!"

"你不后悔吗?"

"决不后悔!"

"好!你变一条金牛,游过这条河,爬上金子山,混入金牛群中,天神才不容易发现你呀!你在金子山上,等太阳辣,那群金牛下河洗澡时,你咬几苞玉麦含着,同它们一起下水,再悄悄地游上岸来……"

"好,我记住了!阿爷,快使法让我变成一条金牛吧!"

金发老人吹了几口气,拍了拍他的肩膀,勒青就变成一条金牛了。

金牛跪下前脚,向金发老人点了点头,就站了起来,走进大河,朝金子山游去。

金发老人朝远去的金牛看了几眼,满意地笑了笑,就摇身一变,变成了一只花喜鹊,朝着勒朵的岩洞飞来。

勒青去金子山找玉麦种后,勒朵不管天阴天晴,总是坐在洞口绣花。她一边绣,一边朝着勒青离去的方向不断地看。她绣一阵,看一眼,绣两针,看两眼,盼着勒青早点回来。

可花绣了一朵又一朵,盼了一天又一天,总不见勒青的影子,她发愁了,流泪了。

一天,勒朵坐在洞口绣花,一只花喜鹊飞到她头上绕了几圈,落在她身旁的一棵树上,望着她,喳喳直叫。勒朵抬头看着喜鹊,问:"喜鹊呀,人人都说你是报喜的,我有什么喜事呀?"

喜鹊喳喳叫了几声,说:"告诉你,勒青走到金子山了!"

勒朵听了,格格笑了一声,问:"那么,他拿到玉麦种了没有?"

"拿到了。"

勒朵格格笑了两声,说:"那太好啦!"

喜鹊说:"勒青拿到玉麦,马上就要到家啦!"

勒朵格格笑了三声,说:"那么,以后我们有了玉麦种种地,就不会饿肚子啦!"

喜鹊说:"可是勒青他……他……"

勒朵听到这里,转喜为忧,马上问:"他……他……他怎么啦?"

喜鹊叹了一口气,说:"他……他……他变成一条金牛啦!"

勒朵听了这消息,哇地哭了。她哭了一阵,抓起很多花,撒在洞门口,边撒边哭着说:"阿青啊阿青,你人好心好,不要说变成牛,变成马,我也爱你,永远跟你在一起。但我绣的花,你戴不成了呀!"

喜鹊听了这番话,哈哈一笑。勒朵撒的那些花,就马上落地长根长叶,一朵又一朵,一丛又一丛,跟她绣的一样,金黄金黄的,美丽无比。

勒朵见到这种神奇的景象,停止了哭,惊呆了。

喜鹊看了看勒朵,说:"只要你爱勒青,你绣的花,可以戴在它的头上嘛!"

勒朵点了点头。

喜鹊喳喳叫了几声,就朝远方飞走了。

勒朵摘了一朵花,拿在手中,等着变成金牛的勒青回来。

眨眼间,一条金牛含着几苞金灿灿的玉麦,腾云驾雾,向勒朵飞来,降落在身旁,摇头摆尾,眼睛眨也不眨地望着勒朵。

勒朵又惊又喜,就将手中的那朵花,放在金牛的头上。

金牛一碰那朵花,金光一闪,又变成勒青了。

勒朵见了,笑了,一头扑在勒青怀里。

取回玉麦种的时节,正是春天。勒青和勒朵将玉麦种按照金发老人的吩咐种在地里,夏天薅锄,秋天玉麦就丰收了。

那年秋天,勒青和勒朵成亲了。

此后,不管将玉麦种在哪里,那金灿灿的多瓣小花就开在哪里。玉麦不熟它不开,玉麦一熟,它就开放了,金灿灿的,特别美丽。

人们为了不忘勒青勇于献身的事迹,为了纪念勒青和勒朵纯真的爱情,就将金牛戴的这种花,叫作牛戴花啦。

[流传地区:云南文山县攀枝花区;口述:王朝清;采录翻译:刘德荣。][1]

---

[1] 《女神·歌仙·英雄》,广西人民出版社1991年版,第331—338页。

在这类神话与信仰里,一切都是向着花的回归。花是作为终极拯救者的表征出现的。

"牛戴花"中,神话将娶女之生殖与物质生产对人类的拯救结合了起来,达成了类的延续与生活资料的保证两种拯救,这就是一种世界文明的整合趋势。它一方面通过生产关系与生产力的引进,说明其根源在于百花山—金子山,而不仅仅是在于异域物种的引进。这就说明,壮族文化系统是一个可以自给自足的回环状态。另一方面,这类花婆信仰,展现出一种世界与自我的拯救方式与境界,即花—女性—自然就是世界最美好的拯救。尽管它不能包医百病,但至少展示出一种拯救的历史可能性,从而为当代生态危机的拯救提出历史经验与智慧的参考。

勒青和勒朵在天人相分的前提下,运用自然赋予的能够实现天道、天德的能力,完成了天人合一,既拯救了亲族,又推动了家庭的发展;既继承了天道,又继承了天德,表现出智仁勇三者的结合,最终进入了至善之域,成为人们世世代代纪念的神仙,即张载所谓:"神化者,天之良能,非人能。大而位天德,则穷神知化。"[1]

至此,我们发现,那文化花婆神话及信仰可归结为一个"生"字,它既包含了西人的"可持续发展观",也是中国哲学的核心范畴,即《周易》所谓:"天地之大德曰生""生生之谓易。"这种具有生态意涵的信仰表明,人类的目标是要探索变易中的不易,但是,"人间正道是沧桑",只有永恒的变化、变易才是世界新成的本质及其表现。

当今生态文明指向的可持续发展,是建立在当今能够诉求并且能够预见未来的实在的政治哲学基础之上的,它远接古代的那种大全意义的哲学高度:

> "生生之谓易",是天之所以为道也。天只是以生为道,继此生理者,即是善也。善便有一个元的意思。"元者善之长",万物皆有春意,便是

---

[1] (宋)张载:《张载集》,中华书局1978年版,第17页。

"继之者善也"。"成之者性也"，成却待他万物自成其性须得。①

那文化花婆信仰这种对人类的拯救范式，本身就是一种生态美学的发生范式。即如海德格尔指出：

> 美……就是对从自身而来的在场者的解蔽。②

> 有待显示的东西，亦即从它本身而来的闪现者，也就是真实，即美，因此之故，它就需要艺术，需要人的诗意本质。诗意地栖居的人把一切闪现者，大地和天空和神圣者，带入那种自为持立的、保存一切的显露之中，使这一切闪现者在作品形态中达到可靠的持立。③

总之，通过我们对花婆信仰的生态美学发生范式的分析，目的是从人类学的生育制度入手，探寻壮族等民族与之相关的社会制度的内在形成机制，其核心线索是通过考察花婆信仰中包含的历史知识是如何在人类学中完成其可测度性的，进而通过圆而神的形而上之道与方以智的物象特征的互动结合，以求深入壮族生态审美制度的形成历程，而其重点与终点是对壮族生态艺术哲学的生发机理与境界及其对充满生态危机的当代有着怎样的贡献——哪怕都是微弱的揭示。这种揭示的目的，即使在理性占统治地位以及在生态危机频仍的今日，既完成对历史的批判，又通过艺术完成理性与神话之源的内在联系完成对历史拯救的构想，即尼采所谓：

> 每一种文化只要它失去了神话，则同时他也失去其自然的而健康的创造力。只有一种环抱神话的眼界才能统一其文化。只有靠着神话的力量才能将思想的力量及阿波罗幻想从紊乱混杂之中解救出来。④

---

① （宋）程颐：《遗书》卷二上，《二程集》，中华书局1981年版，第29页。
② ［德］海德格尔：《荷尔德林诗的阐释》，孙周兴译，商务印书馆2000年版，第197页。
③ 同上书，第198页。
④ ［德］尼采：《悲剧的诞生》，李长俊译，湖南人民出版社1986年版，第175页。

即如果人类将自己的文明始终强加于自然,当自然的承载力没有超过人类的压力时,人类将自然完全物质化、资本化,并且视之为敝屣;而当自然猛烈地反抗人类,给人类的生存不断带来灾难时,人类却汲汲于自然获取力量,去敬畏、赞颂自然。在这种具有悖论性质的生存历程中,人类如何与自然和谐共生,始终是我们面临的问题。

而壮族的花婆信仰及其主要载体花婆神话、仪式,在力求与历史的发展与进步一致的进程中,映照出具有历史趋前性的现当代与太古时代惊人的一致,尽管这在某些激进论者那里是被作为巧合来看待的。这就印证了马克思所谓希腊神话不仅是希腊文化的武库,而且是希腊文化的土壤这样著名的论断。这也彰明了,历史上的文化虽然是陈旧性的遗产,但只要这种遗产还活在人们的生活之中,它就是具有批判性的并且能够构成历史的主动性因子;而历史也必须始终在批判的实践中逐步构成。

我们这种批判视野,始终被置于生产力的促进历程之中,这一历程又表现为生活方式的新现代化。于是,我们强调的批判性的目的,是有能力辨别出在资本主义全球化进程中仍然贯彻的具有神秘力量的环境的强制性及其不断的重复,即在历史的新鲜中达成可持续发展范式的提升。

这样,我们的花婆信仰研究就被预设了这样一种思路:裹挟于历史进程中的花婆信仰及其神话确实带有意识形态批判的威力,但在批判的制高点上花婆信仰又有着更高的设计。那就是,这种批判与单一的意识形态批判区别开来了,它还带有历史拯救的重任,而这一拯救的目的却被置放于用现实激活而充实起来的过去之上。这种实践的方法是,通过将艺术图像中展示的乌托邦翻译成现当代能够理解的密码,并利用艺术及艺术家具有的敏锐性揭示出历史进步的命运,因而在永远重复中展示出新鲜。如此,探析就不是仅仅对历史的模棱两可的回顾,而是用密码将神话的实质用鲜活的语言展示给世人。在这一循环过程中,托载着意义的图像——为了使这种当代努力作为真正的历史进步的表象与传统被保存下来——也必须接受批判更新,从而使古今融合视域变得更加"易读"。这就更进一步地强化了一种需要"神悟"的

▶▶ 道法自然

历史观——它不能也不需要简单地用进步的价值观或其他带有意识形态的话语以及情感词语来衡量——现时是横亘在自然历史的连续性之中的。这种进步与破坏相结合的历史循环观——人间正道是沧桑，其永久的魅力就在于在历史连续性中解除魔力，但又持续地生成新的魔力。

这正是壮族思想得以在当代中华民族文化花园中持续且发扬的重要原因，它凸显出一个特殊文化体系具有普遍性的一个规律性特征：

> 夫大人者，与天地合其德，与日月合其明，与四时合其序，与鬼神合其吉凶。先天而天弗违，后天而奉天时。①

其运动轨迹与规律如图8-9所示。

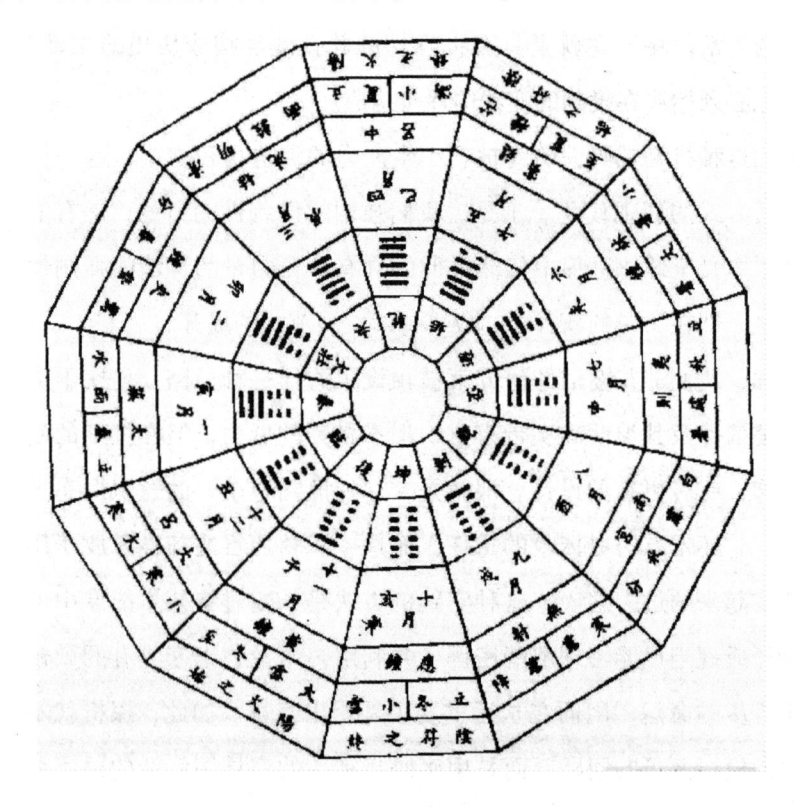

图8-9 宇宙全息对应图

---

① 《周易》，《汉魏古注十三经》，中华书局1998年版，第12页。

· 424 ·

至此，花婆信仰的生态美学的道法自然的发生范式，即：

> 作为一般社会实践的行动，各个特定的文化再生产活动虽然发生在各个具体的时空中，但潜在着超越时空的性质。如何具体行动的这种双重结构和双重意义，同时也具有象征性的特征。①

可见，我们通过对花婆信仰的生态审美发生范式的分析，较为全面地了解到其"绘事以丹素成妍，帝京以山水为助"②的审美特质与规律，即花婆信仰包含的神话及各种艺术形式，展现的是壮族一幅丹素成妍的自然画卷，而人与自然相谐相得，从而成为当今与后世可持续发展的龟镜："谅以师范亿载，规模万古，为述者之冠冕，实后来之龟镜。"③

花婆神话包含的信仰敷展出的生态审美的时空范式以及生态审美理式，是蕴含在各种花神信仰的仪式之中。而各种仪式实际上可借用西方基督教的话语来表述，即在这些仪式过程建立了上帝之道的语言学、上帝宣道的语言性。各种仪式具有类似基督教——宗教布道性质，是作为有别于原始神话的具有划时代意义的、作为上帝—神启示的语言的发生性事件。它不完全是一般的话语神学，更深一层的对花婆信仰而言是一种具有反思性的宣道神学。仪式作为壮族内部信仰语言与存在的家，是人倾听、践履上帝之道的优先维度，建构了上帝—神与相遇及互相成就的空间及其孕育与敷展神圣的逻辑理则。当然，仪式这种语言是从神—上帝的宣道中获得其本质的，因而就必须在不同环境、时代、社会结构之中，使得仪式作为应答上帝—神之道的不断更新的语言事件。于是，花婆信仰的核心问题——生存的语言性思想就不会表现为极端现象，使得族群内部不同的群体、个人的接受多倾向于具有弹性化与亲缘性特征。

这恰恰就是对生与环进的审美发生范式及其太和之美的历史呈现："夫至乐者，先应之以人事，顺之以天理，行之以五德，应之以自然，然后调四时，

---

① 高宣扬：《布迪厄的社会理论》，同济大学出版社2004年版，第57页。
② （唐）刘知几：《史通·叙事》，辽宁教育出版社1997年版，第50页。
③ 同上书，第49页。

太和万物。……"①

此一点可与西方现代思想契合。西美尔指出：

> 现代文化之流向两个截然相反的方向奔涌：一方面，通过在同样条件将最遥不可及的事物联系在一起，区域平夷、平均化，产生包容性越来越广泛的社会阶层。另一方面，却趋向于强调最具个体性的东西，趋向于人的独立性和他们发展的自主性。货币经济同时支撑两个不同的方向，它一方面使一种非常一般性、到处都同等有效的利益媒介、联系媒介和理解手段成为可能，另一方面又能够为个性留有最大限度的余地，使个体化和自由成为可能。②

因此，花婆信仰关涉的社会—生态系统中关于空间的不同理论完全适用于不同时代、不同民族的实际与审美目的，它具有多维性。作为空间审美意义的民族生态环境，同样具有多维的象征意义。于是，地方性知识系统可以为后殖民主义时代的"本土化"提供一个具体的表述空间，也能够为"全球化"的政治经济话语找到一个对话和实践对象。

因此，在全球化过程中建构此审美场域时，民族生态环境不再扮演"被看者"，不再作为异域风情的指称或提供者，它冲出了西方设定的逻辑，积极发展出独具特色的后现代主题，作为对话的主体进入历史。由此，民族社会—生态场域的建构，推演出极为丰富的文化意义域值。它在统观场的形成与文化意义对接脉络中，张扬出内吸外化的自组织功能，应对着全球化的进程。

花婆信仰的生态美学范式的建构，意味着全球化的审美韵化，传递着各种审美信息，在统观审美场各结构层次双向往复的生态运动中，促进统观场中主体际性空间的建立与民族政治经济系统持续发展，保障区域文化共同体的内在和谐与健康发展。

如此，花婆信仰不仅与宇宙万物对生，还达成了与世界民族乃至世界历

---

① 《庄子·天运》，上海古籍出版社2001年版，第190页。
② ［德］西美尔：《货币哲学》，陈戎女等译，华夏出版社2002年版，第4页。

史发展阶段的对生与环进。

这种新的人与自然和谐共生范式的理想,就是"首出庶物,万国咸宁"——"太和万邦",它将成为新现代化的顶层设计。山口定认为:

> 我们所说的"共生",是向异质者开放的社会结合方式。它不是限于内部和睦的共存共荣,而是相互承认并提供生活方式的人们之间之自由活动和参与的机会,积极地建立起相互关系的一种社会结合。①

尾关周二也认为:

> 我们人是由自然本身通过其进化的连续性而产生出来的,与进化的系谱中最近动物之间虽然在种上不一样,但也的确(也包含前述所见生物世界中的共生关系的层次)能够形成强大无疑的交往,甚至能够成为交往的永恒对手。关于人与自然关系的交往态度,若以进化系谱轴轴心为同心圆的圆心,则呈现出随着圆的扩大。②

综上所述,花婆信仰是一种宇宙开辟与衍化的文明图式:

> 道德变化陶冶元首,禀性命乎太虚之域。玄冥之中而万物混沌。始焉神明文,清浊分,太和行乎荡荡之野,纤妙之中而万物生焉。天圆地方,人纵兽横,草木种根,鱼沉鸟翔,物以族别,类以群分,尊卑定矣,而吉凶生焉。由此观之,天地人皆同元始,共一宗祖。六合之内,宇宙之表,连属一体。气化分离,纵横上下,剖而为二,判而为五。或为白黑,或为水火,或为酸咸,或为征羽,人物同类,同为牝牡。凡此数者,亲为兄弟,殊形别乡,利害相背,万物不同,不可胜道。合于喜怒,反于死生,情性同生,心意同理。……人但知一身之相通,不知一国常同体;人知一国是同体,不知万物是一心。万物既是一心,一心之中何所有隔哉?③

---

① [日]山口定:《走向共生的冒险》,每日新闻社1992年版,第24—25页。
② [日]尾关周二:《共生的理想》,卞崇道译,中央编译出版社1996年版,第78页。
③ (汉)严遵:《老子指归》,中华书局2003年版,第35页。

道法自然

花婆信仰的总体生态审美场及其境界，即可如下所示（李亦园撰）：

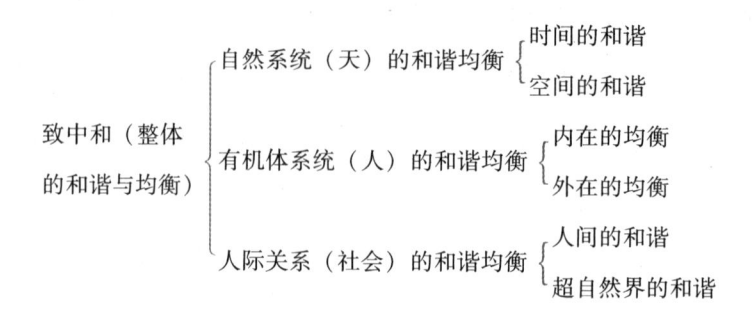

$$
致中和（整体的和谐与均衡）\begin{cases} 自然系统（天）的和谐均衡\begin{cases} 时间的和谐 \\ 空间的和谐 \end{cases} \\ 有机体系统（人）的和谐均衡\begin{cases} 内在的均衡 \\ 外在的均衡 \end{cases} \\ 人际关系（社会）的和谐均衡\begin{cases} 人间的和谐 \\ 超自然界的和谐 \end{cases} \end{cases}
$$

如此，花婆信仰的这种道法自然的生态美学发生范式的本质就是王夫之所谓的"时道合一"："时之所趣，皆道之所丽。"①

花婆信仰的时间性呈现，就表现出对生与环进的生态美学发生范式，同时展现出了《老子》所谓的"以阅众甫"的美学根源：

> 孔德之容，惟道是从；道之为物，唯恍唯惚。惚兮恍，其中有象。恍兮惚，窈兮冥，其中有精。其精甚真，其中有信。自古及今，其名不去，以阅众甫。吾何以知众甫之然哉？以此。②

花婆信仰的这种综观视界呈现如图8-10所示。

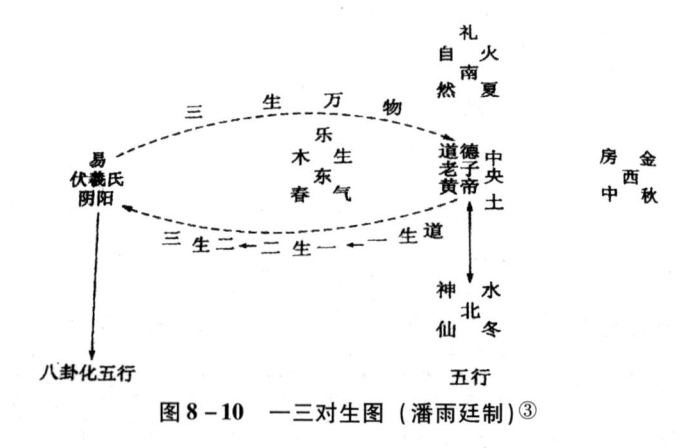

图8-10 一三对生图（潘雨廷制）③

---

① （清）王夫之：《船山全书》第一册，岳麓书社1996年版，第567页。
② 《道德经》，吉林文史出版社2001年版，第113—114页。
③ 潘雨廷：《潘雨廷学术文集》，上海人民出版社2011年版，第65页。

那文化花婆信仰这种同心圆的进化系谱轴，正是在审美判断力的逻辑体系的演绎中得以形成与扩大。这种理解人本身、理解人何以成为这种样子的思维模式，达成了人的为我性与对象性的统一。它展示的人必须依赖外部世界的对象来表现、实现和充实自我的存在与规定性，实际上正是庄子等生死、齐万物的无待思想的艺术化与生活化的境界的展现。壮族文化的焦点、交点、边界及其对壮族群体伦理——大地伦理，也就是在这样一种境界中顺利地建构起来的。

花婆信仰这种非二元论的体验模式使人通常感受到神奇的事情。虽然这种人类童年的感官结论，大多会遭到西方文化中社会化势力的压制和否定，但许许多多的成年人至少还应记得这样的印象：某种界限模糊不清的存在模式以及生动鲜明的统一世界的知觉。花婆信仰的生态美学意涵正是以人的活动的中介为基础，形成了人特有的新型遗传进化发展方式。由于在这种新型的遗传进化方式中起决定作用的人的中介不断得到更新与发展，人的活动就必然地在共时性展开中使得对象性指向和主体性笼罩的领域不断扩展与深化，由此形成了人的活动的历时性发展阶梯。因此，人的活动的中介的总和，既是人类活动在相应历史条件下人与对象相关联的范围与程度，更是人类活动在历史进程中相关联域的扩展与进化的轨迹。同时，这反映出壮族从以前个体被迫进入劳动的状态转入了个体、类与物质生产资料的完全合一境界，劳动成为自觉的、自主的、自愿的自我生成的艺术化过程，人在自己所处的环境中最大限度地展示并实现自己，因而获得了全面的自由。即如《礼记·礼运》指出：

> 故人者，其天地之德，阴阳之交，五行之秀气也。故天秉阳，垂日星；地秉阴，窍于山川。播五行于四时，和而后月生也。是以三五而盈，三五而阙。五行之动，迭相竭也；五行"四时"十二月，还相为本也。五声"六律"十二管，还相为宫也。五味"六和"十二食，还相为质也。五色"六章"十二衣，还相为质也。故人者，天地之心，五行之端也，食味、别声、被色而生者也。[①]

---

① 《礼记》（上），钱玄等注译，岳麓书社2001年版，第307页。

也就是说，那文化花婆神话不仅囊括了中国古代三大辰的时间坐标，实现了人的生成及其与星际的对生，还添加运用日月形成五维坐标，并在十二律吕的架构历程中实现了日辰纳甲，凝练出时间的可逆性范式，完成了日常生活审美化与审美日常生活化这种对生与环进的审美发生范式的提炼，最终促使万物回归花婆与宇宙的始源的基础上，确立了人作为活动的宇宙之心的自由原理。

所以，那文化花婆信仰对"时间"——"时中"的把握，就是纳道于我、道我合一的境界的彰显。更进一步，壮族严守、严执的时中即严遵《老子指归·天下有始篇》指出的对生与环进宇宙发生学原理的呈现：

> 故人能入道，道亦入人，我道相入，沦而为一。守静至虚，我为道室。与物俱然，浑沌周密。反初归始，道为我袭。

这与中华民族的文明逻辑相一致。《山海经·海外南经》指出，人的成圣，就是在自然的对应性——尤其是三大辰与日月的合用境域之中，达成潜能的全面实现：

> 地之所载，六合之间，四海之内，照之以日月，经之以星辰，纪之以四时，要之以太岁，神灵所生，其物异形，或夭或寿，唯圣人能通其道。

如此，我们就可以理解花婆信仰为何能将死生视为一条，并展现出壮族高超的生存艺术的原因，即严遵《老子指归·出入生死篇》所谓："不贱为物，不贵为人，与王侯异利，与万性殊患。死生为一，故不别存亡。此治身之道也。"进而，花婆信仰的得中又是对时间现象的超越，即如《玄门大论》所谓：

> 昔因三一以入于无，得无之时也，谓为真一。此之无一，犹对于有之无，是为挟二，故为待也。今之三一，即体非有，亦复非无，非有非

无，故无所挟。既无所挟，故为绝也。①

并且，壮族这种由中和而入太和的境界，再一次呈现为"时中"。

"时中"的太和之美，恰恰就是这种对生与环进的宇宙—社会—生命合一的审美发生范式的本质，它确保着"天地之大德曰生"与"生生之谓易"的可持续发展。吉尔·德勒兹与菲力克斯·加塔里认为：

> 一个生成轴就是一个客观的中枢统一，连续的阶段就是依据这个统一组织起来的；一个深层结构更是一个基本序列，可以分解成一些直接的构成因素，而产品的统一则要转换到另一个变化和主观的维度。……我们认为，生成轴和深层结构归根结底是无限的繁殖的踪迹的原则。全部的树逻辑就是踪迹和繁殖的逻辑。在语言学中如同精神分析学中一样，其客体是一个无意识，它本身就是代表性的，就以具体化作被编码的综合体，沿着一个生成轴排开，分布在一个句法结构内。它的目标是描写一个实际状态，保持主体间关系的平稳，或探讨从一开始就已经在记忆和语言漆黑的隐藏处潜伏的一个无意识。它包括在多元符码结构或支撑轴的基础上寻找现成的东西。②

综上所述，花婆信仰的各个生态美学层次，作为壮族道体的形象化，具有可以通过自然交往行动，无限地创造出扩延连续体（extensive continum），即壮族生态进化系谱轴。它既是作为花婆信仰的托载，也是壮族无限的创造历程中用扩延连续而展现的普遍形式——时空。这一时空，既包含有可以感知的直觉与经验的一面，又具有不能被感知而只能用知解作用间接探索的一面。它包括生物圈态的物质层面、生物圈的象征图腾层面、生命内外结构的运作机理层面、同源或异源民族的信仰共享与差异，以及在所有多维空间状态下的壮族生态位的凸显。每一个层面代表一种资源变量，形成一种超空间

---

① 张君房：《云笈七笺》卷四九，书目文献出版社1997年版，第189页。
② ［法］吉尔·德勒兹与菲力克斯·加塔里：《根茎》，《2001年度新译西方文论选》，漓江出版社2002年版，第244页。

的一维；而每一维是有助于把这一生态位与另一生态位隔离开来的一种"限制性"的资源变量。因此，壮族在社会—自然各种因素、维度综合构成的生态位，就是多维欧几里得超空间中的一种体积化的呈现。

最终，花婆信仰从纯粹意义上的生态学到个体生态学，再发展到种群生态学的多种综合之中，构成壮族的含有自然与社会双重生态体系整合态的生态进化系谱轴。在这种生态进化系谱轴中，以花为繁殖种群的规定基因库，整合态的生态进化系谱轴会从范围有限的、单一物种扩展到分布范围极广的态群种，获得了依赖遗传机制的适合度。在这种整合态的生态进化系谱轴里，我们可以看到，地方繁殖种群（同群种）与人类聚落的等同，它包括营地、村庄或城镇；还有由血缘、社会、经济和政治关系联结而形成的有效的适应组织呈现的地方社区。更进一步，由于同群种并不总是适合的单元，有效的"生态学"的种群往往又由经济社会和政治关系相联结的巨大的地方群网络来表现，即如那文化区内展现的由花婆信仰的共享呈现的巨大的网络组织，以及扩展到整个世界的各个角落、各样民族对花的认同，从而展现出人类的自然本质的普同性特征与意义。

因此，那文化花婆信仰的社会起源与生命形成是一种与自然的精神约定，更是一种建立在人的社会本性与自然精神合一基础上的文明约定。同时，人及人的命运由"花"等自然物决定，反映了人的社会本性根植于人类个体的不完善性，因此，个体是缺乏自明性的。人类及个体的完善程度依赖于自然、社会与他者；个体的不可避免的不完善之处，必须在自然与社会的审美关联状态中方可得以改善；但它并不排斥社会系统是能动主体不断形成和改进的。那文化花婆信仰通过仪式与个人的修德，使个体的记忆回归集体记忆，在趋向"无事件境"的叙事转换中，使生命更具活力。

这正是生物多样性与文明多样性的和谐共生的审美场的呈现。王弼指出：

> 同声相应，高下不必均也；同气相求，体质不必齐也。召云者龙，命吕者律。故二女相违，而刚柔合体。隆墀永叹，远壑必盈。投戈散地，则六亲不能相保；同舟而济，则吴越何患乎异心。故苟识其情，不忧乖

远；苟明其趣，不烦强武。能说诸心，能研者诸虑，瞒而知其类，异而知其通……①

那文化花婆信仰立足于时间性的人与自然的和谐共生，表明了中华民族优秀的传统文化与世界科学—哲学思想的一致性：

> 在西方的经典物理学中，时间 t 只起一个参数的作用，过去和未来是等价的。即使是更新的科学也曾持这种观点，例如忽略超弱相互作用，在量子力学的薛定谔方程中 t 和 −t 的作用是相同的。这种时间观的根源在于一种"现实世界简单性"的信念。要了解宇宙，就只要了解构成宇宙的砖瓦——基本粒子；懂得了生物大分子、核酸、蛋白质，就可以理解生命，这曾是生命科学的基本信条。总之，一旦了解了组成整体的小单元的性质，就算了解了整体。而社会学、生物学、哲学对于"演化"的研究导致的对过去和未来的认识，亦即关于事物局部与整体的关系的认识，是和上述的观点和信念不能协调的。物理学正处于结束"现实世界简单性"信念的阶段，人们应当在各单元的相互作用中了解整体。要了解在相当长的时间内，在宏观的尺度上组成整体的小单元怎样表现出一致的运动。这就要求修改已有的时间观，修改对自然法则的认识。这种新的思想法则和我从英国的李约瑟及法国的格拉耐的著作中了解到的中国的学术思想更为接近。中国传统的学术思想是着重于研究整体性和自发性，研究协调与协和。现代新科学的发展，近十年物理和数学的研究，如托姆的突变理论、重整化群、分支点理论等，都更符合中国的哲学思想。②

必须强调的是，花婆信仰不是建立在预设前提的无可证实的虚幻性或乌托邦意义之上，而是在生态的意义上，其预设的前提是无法被证伪的。

---

① （三国·魏）王弼：《周易略例·明象》，《汉魏古注十三经》，中华书局1998年版，第68—69页。
② 普里戈金1979年在北京的演讲，《自然杂志》1980年第1期。

基于这一点保障,生态美学的建设就必须在原初的万物有灵的基础上继续做理论与实践的升华,以求在世界的这一本体论意义上求得一贯的、贴近世界本真的认识论,进一步弥合本体论与认识论的视域差异,求得二者视域的融合,形成对世界的统一性的揭示,进而形成并完善人类行为的实践论,并呈现出《庄子》与费孝通提倡的"美美与共"的境界。

第二节 人与自然和谐共生的生态政治前景

随着全球化与生态文明的广泛传播,花婆信仰蕴含的世界统一性及其完善人类行为的实践论,是一种更为高级的共生态,即通过花婆信仰将各个原本同源或不同的民族—他者团结在同一生态境遇之中。

因此,壮族以花婆信仰为传播传统生态智慧、凝聚民族向心力的一种文明范式,得到了代代传承,成为民族共享的审美资源。

别具一格的丁当"花婆会"

一 分头采购去

每当农历四月十七日(花婆的生日)那天一到,丁当镇街上的妇女们就格外地忙碌起来。一大清早,就忙着为一年一度的"花婆会"采购,准备下午的大会餐了。不同年纪的妇女,分工是不同的,所购买的东西也是不同的,已婚的但还没有生育过的妇女,需要采购的东西是红枣、花生去参加聚会;已婚的刚生过一个未满周岁的或已满周岁(包括周岁多)的小男孩的妇女,需要购买鸡蛋或鸭蛋(10斤)、一只大线鸡、三斤的猪肉、五斤的羊肉、七斤的牛肉去参加聚会;已婚且时未满周岁或已满周岁(包括一周岁多)的妇女,需要去买糯米来包粽子、糍粑。此外,还需要买些红枣来。而那些上了年纪的,且不管她们生育过没生育过,她们只需要出20元左右的钱就可以理直气壮地去参加"花婆会"了。

二 "满汉全席"大厨师

当妇女们各自买回东西以后,便由当年生男孩的妇女做东,分派下厨房的人。这样,厨房里忙开了:杀鸡的杀鸡,煮红鸡(鸭)蛋的煮红鸡蛋(鸭蛋),包粽子的包粽子,做糍粑的做糍粑,炒菜的炒菜,去庙堂祭"花婆"的就准备着去祭"花婆"(观音娘娘)。总之,她们各自分工不同,整然有序。

三 奋勇当先祭"花婆"

当妇女们一起准备就绪之后,妇女们便不约而同地去当地的庙堂祭"花婆"(我们都把观音娘娘当"花婆")。妇女们首先给"花婆"献上一只大肥鸡,鸡的嘴巴必须要衔着一束菜花(象征开花结果),摆上一些葱或蒜,意味着"花婆"保佑很灵,妇女们说话算话。供奉台上更不能少了红枣(意为"早生贵子")、石榴(意为"多子多孙")、花生(意为遍地开花结果)、猪肉(象征富得流油)、羊肉(象征喜气洋洋、和和美美)、牛肉(象征生出来的孩子像牛一样老实忠厚)、粽子(意为怀上儿子)、糍粑(象征妇女们所生出来的孩子黏着父母,依恋父母)。

四 大畅开怀的"花婆会"

当妇女们祭完了"花婆",祭拜了天地之后,便聚集在一起,八人一桌或十人一桌开始吃饭。顺便交代一下,前面提到的红蛋、红枣、花生、石榴、粽子、糍粑是不能让妇女们独自赏用的。在饭桌上,妇女们还互相"传经送宝",当然备受关照着的还是那些已婚未孕的年轻妇女,都希望她们早生龙凤胎哩。

五 分发礼物,忙得不亦乐乎

聚完餐后,妇女们就开始分发礼物,把红蛋、粽子、糍粑、花生、红枣分包好,让在座的每个人各自带回家去,并商量着明年的"花婆会"该落谁家了。这样丁当镇一年一度、别具一格的"花婆会"算是结束了。

附:以上是由丁当镇教育系统"花婆会"的传承人、组织者罗美英老师(高级技师,丁当中心小学教师)、许凤娥老师(隆安县第一小学教师）两位老师共同提供的。我本人也多次参加过"花婆会"。可以说，本文是根据我的个人经历撰写的。

（报告人：卢小花，广西民族大学2005级中文函授本科3班学员）

如此，壮族民间组织"花婆会"祭祀并感谢花婆，使参与活动者从中获得审美愉悦，这本身就成为古今对生与环进范式的一个典范。由此，此一仪式也成了地方文化的非物质文化遗产，得到了很好的保护，展现出可持续发展的势头。

诸如此类的传统生态文明与当代政治的生态取向的合一，不是一种外在关系的缔结运动，而是从一事物到总体的理念的运动，即在融合他者的过程中彰显出只有理念才能理解的构成内在本质的各种关系和比例。反过来看，这一过程就是理念的至高无上的同一性确立了现象界的完美。在这里，他者既是作为一个可能的模式，与好的同一模式相对立；同时，他者又被置于影响影像的确定的超越性之上。这种悖论式的境遇，使主客体潜能直接指向至善，以形成完善的宪法。这样，人类就不会仅仅为了进入审美的存在而抛弃道德的存在。也就是说，如果主体企图逃避必然的善，那么，一切将成为假象。世界出现的种种假象，由于总是处在一种侵犯、影射、颠覆状态下，因而或隐或显地呈现为内在的失衡。而民族的共生，将世界导向了美好的平衡态之中：

在一个世代遥远的未来，所有的黑洞都消失了，宇宙整体的相空间会大大地收缩，熵要重新"清零"。下一个世代的大爆炸将被严格约束——例如满足weyl曲率猜想，这就为世代的引力作用提供了强大的潜能。①

同时，花婆信仰作为文化规律——

---

① 李泳：《〈宇宙的轮回〉译后记》，罗杰·彭罗斯《宇宙的轮回》，湖南科学技术出版社2014年版，第281页。

> 通过一个随时间变化的函数（笔者按：共形因子，如花）在重新标度变换下（即与时空距离无关），我们其实感觉不到那个初始的时空曲面是什么，因而可以把它移到遥远的未来。①

通过那文化花婆神话及其信仰的分析，我们可以获得这样的启示：现实通过自然品质及科学技术的属人的解放向艺术的转化，审美通过把艺术变成社会生产力使自己从超验性变成现实性。在这样的历程中，主体的科技意志与主体的伦理、审美超越的二重对立和历史分裂得到解决，即必然与自由、艺术与现实的历史二重对立就得到了解决。当然，针对技术世界的强烈冲击，这种解决方案有待加强，并必须接受历史的检验。所以：

> 诸如此类的理论概括形式的宗旨并不是要提供立法性的方案，试图实现将"他者"同化入"同一"，而在于培植"解释与重新解释"（Bauman，1992a）的自我反思过程。尽管认识到，多元主义，即"种种传统、视角、哲学取向的多元聚合"（Bernstein，1991：329），正是鲍曼所谓我们的"后现代居所"（postmodern habitat）的一个基本特性，但这些自我反思过程却还是把培育不同的、有时是具有根本不同的旨趣、传统、文化之间的理解与对话及至共同面临的理解与对话，作为自己永无止境的任务，作为一项必要的前提，以求构成一种负责任的主体性，有助于培植"自我"与"他者"之间宽容与团结的关系。②

总之，我们通过对以上相关内容的求索，在历史的贯通视野之中将花婆信仰置入当今生态主义思潮对世界图景建构的历史视野中，并将花婆信仰中蕴含的文化的客观性与主观性、理性与情感等表面对立的东西，作为人类美德共有的性质，展开科学特有的历史叙事，将对世界历史形成一种新的社会

---

① 李泳：《〈宇宙的轮回〉译后记》，罗杰·彭罗斯《宇宙的轮回》，湖南科学技术出版社2014年版，第282页。

② ［美］波林·约翰逊：《马克思主义美学》，转引自王柯平《阿多诺〈美学理论〉序》，四川人民出版社1998年版。

建构理论——生态政治——在普世伦理建设的历史向度中确保那文化区的可持续发展。进而,在新的生态政治境域中,不同民族通过对共同来源——道法自然意义的自我确立的回溯,导出民族主体一种新的自我意识的确立。并且,通过同产生生态政治权力的交往关系相联系,与当今被认为合法的、可以引导人类走向抽象地维持的相互承认结构,进而与新的交往形式相联系,就可以形成覆盖整个社会,回归自由、平等而相互承认的共同的权力体系。即:

> 通过创造性地运用回想和符号文化的讨论目标,历史的本来面目赢得了人民的历史想象,使虚构的共同体观念具体化并且在这些文化建构周围提出了可能的社会政治组织。在民族主义的历史中,论点是特殊的,即以文化为基础的政治共同体的统一、认同和边界,我们称这种共同体为"民族—国家"。在更宽泛的历史中,论点就在于把世界地图划分为可接受的认知概念(cognitive constructs),如"帝国""文明社会"和"国际体系"。①

于是,在古老的伦理认同与新的伦理境界形成历程中,就会向本尼迪克特·安德森在《想象的共同体》一书中指出的那样:

> 如果普遍承认民族—国家是"新生的"和"历史的",民族—国家赋予民族以政治的表达,那么民族就总会穿越古老的过去显现出来,而且更为重要的是,民族会悄悄走进无限的未来。②

正是这种民族走向世界,世界可持续发展范式的历史呈现,展现出"道法自然"的素朴之美。也恰恰是这种素朴之美能赋予天下持存与发展之力源,

---

① 苏亚塔·查克拉巴蒂·帕西克:《文化的国际关系理论:需要拓展》,《文化与认同》,浙江人民出版社2003年版,第144页。
② [美]本尼迪克特·安德森:《想象的共同体》,吴叡人译,上海世纪集团出版公司1983年版,第11—12页。

即如《庄子·天道》描绘的那样：

> 素朴而天下莫能与之争美。夫明白于天地之德者，此之谓大本大宗，与天和者也。所以均调天下，与人和者也。与人和者，谓之人乐；与天和者，谓之天乐。庄子曰："吾师乎！吾师乎！赍万物而不为戾，泽及万世而不为仁，长于上古而不为寿，覆载天地、刻雕众形而不为巧，此之谓天乐。"故曰：知天乐者，其生也天行，其死也物化；静而与阴同德，动而与阳同波。故知天乐者，无天怨，无人非，无物累，无鬼责。故曰：其动也天，其静也地。一心定而王天下；其鬼不祟，其魂不疲，一心定而万物服。言以虚静推于天地，通于万物，此之谓天乐。天乐者，圣人之心以畜天下也。①

圣人之心畜天下，又因为这种大公之心推动了人的升华：

> 有物俱生，无有形声，既无色味，又不臭香。出入无户，往来无门，上无所蒂，下无所根。清静不改，以存其常，和淖纤维，变化无方。与物和柔，而生乎三，为天地始，阴阳祖宗。在物物存，去物物亡。无以名之，号曰神明。②

正是在这种天乐境域之中完成了天地人对生与环进的"太和之美"的升华：

> 故道之为物也，窥之无户，察之无门，指之无体，象之无容，意不能尽而言不能通。万物以生，不为之损；物皆归之，不为之盈。……其于万物也，岂直生之而已哉！生之形之，设而成之，品而流之，停而就之，终而始之，先而后之。既托其后，又在其前，神明以处，太和以存，清以上积，浊以下凝。天以之圆，地以之方。阴得以阴，阳得以阳。日

---

① 《庄子》，郭象注，上海古籍出版社1989年版，第72—73页。
② 转引自王葆玹《老庄学新探》，上海文化出版社2002年版，第263页。

月以照，星辰以行。四时以变化，五行以相胜。①

王夫之《张子正蒙注·参两篇》也指出：

> 精者，阴阳有兆而相合，始聚而为清微和粹，含神以为气母者也，苟非此，则天地之间一皆游气而无实矣。……太和之气，阴阳混合，互相容保其精，得太和之纯粹。故阳非孤阳，阴非寡阴，相函而成质，乃不失其和而久安。②

正是这种天乐畜天下的真善美的合一及其形成的生态艺术化生存范式，将导致世界的真正解放。马尔库塞就认为：

> 审美的宇宙是生活的世界。要自由的需求和获得自由的能力就取决于这个生活的世界；审美的宇宙需要这种需求和能力，正是为了解放这种需求和能力。这种需求和能力不可能在充满侵略冲动的环境中发展，也不可能想象为社会公共机构的一种新制度的单纯效果。它只能在集体的社会生产实践中产生：产生于物质和精神的环境生产。在这个环境中，人的非侵略的、爱欲的和接受能力强的素质与自由的意识一致努力求得人和自然的安宁。在以此为目的的重新建造社会的过程中，整个现实将呈现一种表达这一新目的的形式。这种形式的根本审美本质将把这一形式变成一件艺术品；不过既然这个形式产生于社会生产过程，艺术也就改变了它在社会中传统的安身之处和社会作用：艺术变成了物质和文化变革的生产力。艺术作为这种力量在构造事物的现实、生活形式、"现象"和本质时，将是一个综合的因素。这将意味着扬弃艺术：美与真分离的终结，同时也是劳作与美、剥削与快乐的商业结合的终结。③

---

① 转引自王葆玹《老庄学新探》，上海文化出版社2002年版，第263页。
② （清）王夫之：《船山全书》第十二册，岳麓书社1996年版，第54页。
③ 《论解放》，1980年德文版，第53—54页；转引自刘小枫《个体信仰与文化理论》，四川人民出版社1997年版，第170页。

当然，我们对花婆信仰进行生态美学的发生范式的分析，有两个方面的追求：一方面，对盲目信仰科学的现当代意识形态进行批判，揭出这种虚假的意识形态笼罩着现当代生活的方方面面，展示它以科学主义、进步、发展等话语构造的虚幻来掩盖现实社会的政治及真正的矛盾。并且，这种绝对性意义的思维范式导致了一种单向度的人与社会，而人的意识在这种社会结构中被固化乃至感觉不到自己被造就、被结构、被同化、被压抑，"自由地"活在不自由的国度，完全失掉了反思性与批判的能力。生态美学面对生态危机，借助否定性辩证法以及后现代的非同一性思维，通过文化的扬弃，即揭示出现代性以及成为一种废墟上的支离破碎的东西，必须对其统治予以摧毁，进而促使并激发出人们的批判意识，借以超越单向度的社会，走向真正的解放与幸福。

另一方面，仅仅将生态美学置于一种清理、摧毁的维度上是不够的，而必须在超越现代性的基础上进行拯救与建设，即在打破了资本主义的总体性的同时，建构出一种回归人类尚未堕落的天堂时代的总体性。这就要求我们对花婆信仰的生态审美分析，将批判与拯救相结合，将世俗的历史还原为寓言，在理想的境域中设计好未来世界的顶层结构，以新的现代化内涵置换过去那种对自然剥夺的现代化，并以此来指导传统穿越现代性的废墟而回归自我。这种回归本身就是对传统的拯救。此即本雅明所谓"本原就是目标"[1]，也就是海德格尔揭示的"本源总是向着未来"。

如此，利用这种对生与环进的审美发生范式，我们就可以在对现代性中已经破碎的宇宙全息性中进行挖掘、拯救、再现、整合与回归，建立起一个由艺术辩证法意象构成并散发出一种以前概念光谱没有的光芒的思想星丛。这种思想星丛——生态美学，就是一种崭新的历史语言与历史哲学。

---

[1] Walter Benjamin, Illuminations, ed., *Hannah Arendt, Fountana/Collins*, 1973, p.263，转引自郭军《序言：本雅明的关怀》，郭军、曹雷雨编《论瓦尔特·本雅明——现代性、寓言和语言的种子》，吉林人民出版社2003年版，第2页。

参考文献

论文

［斯洛文尼亚］阿列西·艾尔雅维奇：《美学的革命》，王杰主编《马克思主义美学研究》第 13 卷第 1 期，中央编译出版社 2010 年版。

［意］奥德德·巴拉班：《时间理解及意志》，《第欧根尼》2005 年第 1 期。

［法］巴塔耶：《资本主义的起源与变革》，汪民安编《色情、耗费与普遍经济》，吉林人民出版社 2003 年版。

邓晓芒：《黑格尔美学的启示》，刘纲纪主编《马克思主义美学研究》（第一辑），广西师范大学出版社 1998 年版。

樊苗苗：《壮之媒》，《中国壮学》（第三辑），民族出版社 2010 年版。

［德］戈尔德·施泰因：《婴儿的微笑与理解他人问题》，刘小枫主编《人类困境中的审美精神》，东方出版社 1994 年版。

过伟：《壮族创世大神米洛甲的立体性特征与南方民族"花文化圈"》，《广西民族研究》1999 年第 2 期。

［德］哈贝马斯：《启发性批判还是拯救性批判》，刘小枫主编《人类困境中的审美精神》，东方出版社 1994 年版。

［德］哈贝马斯：《尼采：跨入现代性的转折点》，《2000 年度新译西方文论选》，漓江出版社 2001 年版。

海力波：《传魂：黑衣壮传统文化中人的观念的研究》，李富强主编《中国壮学》（第四辑），民族出版社 2010 年版。

红波：《壮家对花婆米洛甲的祭祀和崇拜》，《理论随谈卷》，香港天马图书有限公司 2000 年版。

胡仲实：《试论雷神形象的历史演变》，《岭南文化与百越民风》，广西教育出版社 1992 年版。

黄桂秋、侬兵：《安故地壮族巫、麽、道斋醮仪式考察》，《广西师范学院学报》（哲学社会科学版）2000 年第 3 期。

黄桂秋：《壮族"岩洞情结"的人类学分析》，《河池学院学报》2006 年第 6 期。

黄应贵：《空间、力与社会》，《广西民族大学学报》2002 年第 2 期。

［美］杰弗里·爱德华、德马丁：《康德的物质动力学和物质的场域观》，成中英、冯俊主编《康德与中国哲学智慧》，苏永明译，中国人民大学出版社 2009 年版。

《靖西歌圩概况》，《广西歌圩资料》（第 1 集），广西壮族自治区群众文化资料编辑室 1963 年 7 月编印。

柯小刚：《海德格尔对黑格尔时间概念的解读》，《哲学门》（第一册），湖北教育出版社 2001 年版。

劳承万：《中国"诗性智慧"源头论》，《中国美学》（第 1 辑），商务印书馆 2004 年版。

萝特：《生态女性主义》，广西师范大学出版社 2006 年版。

农学冠：《壮族歌圩的源流》，《少数民族文学论集》（第 1 集），中国民间文艺出版社 1983 年版。

覃彩銮：《试论壮族文化与自然生态环境》，《学术论坛》1999 年第 3 期。

覃彩銮：《壮族"花婆"信仰的民俗学考察》，《中国壮学》（第一辑），民族出版社 2006 年版。

覃承勤：《伶俐水和姑娘们》，《民族文化》1983 年第 4 期。

覃慧宁：《传统书写文化视野下的壮族歌谣习俗》，《广西民族学院学报》（哲学社会科学版）2005 年第 2 期。

覃乃昌：《那文化圈论》，《广西民族研究》1999 年第 4 期。

丘振声：《蛙·图腾·美》，《民族艺术》1987 年第 3 期。

[法] 让·鲍德里亚：《形象恶魔与假象的运动》，《2000 年度新译西方文论选》，漓江出版社 2001 年版。

[越南] 阮氏安：《越南岱、侬族民间信仰中的女神崇拜》，《中国壮学》（第一辑），民族出版社 2006 年版。

Rosemary R. Ruether：《生态女性主义——对神学的挑战》，王晓朝等编《生态与民族》，广西师范大学出版社 2006 年版。

[日] 山口定：《关于"共生"》，《朝日新闻》1994 年 10 月 30 日。

邵志忠：《传统文化背景下的壮族女性研究》，《广西民族研究》2002 年第 4 期。

邵志忠、袁丽红等：《壮族传统节日文化传承与乡村社会发展——以广西南丹县那地村壮族蛙婆节为例》，《广西民族研究》2006 年第 2 期。

石巩：《从民俗学的研究看广西妇女生活》，《广西日报》（桂林版）1947 年 7 月 7 日。

《试论以巫啸、符法为中心的岭南信仰》，《世界宗教研究》2001 年第 3 期。

[德] 施莱尔马赫：《伦基督教信仰》，《德国哲学 2000》，中国人民大学出版社 2001 年版。

[美] 苏亚塔·查克拉巴蒂·帕西克：《文化的国际关系理论：需要拓展》，《文化与认同》，浙江人民出版社 2003 年版。

唐文明：《生命存在与历史意识》，《清华哲学年鉴·2000 卷》，河北大学出版社 2001 年版。

唐小诗：《越南岱侬族"求嗣"仪式及其宗教文化内涵》，《民族艺术》2007 年第 2 期。

藤达成：《越南岱族、侬族的祖先崇拜探析》，《中国壮学》第1辑，民族出版社2006年版。

王处辉、郭云涛：《乡村社会的宗教、实践及其变迁》，《广西民族研究》2006年第4期。

王家祐：《彭山道教铜印与道教养生》，《道家文化研究》第七辑，上海古籍出版社1995年版。

王雅林：《马克思生活生产理论预设的当代意义》，《新华文摘》2005年第19期。

王卓斐：《中国传统美学的泛生命意识初探》，《山东大学研究生学志》2005年。

汪丁丁：《社会科学及制度经济学概论》，《社会科学战线》2003年第3期。

韦婉灵：《壮医"花婆赐花"可助孕》，《南国健报》2010年5月21日。

吴国富、范宏贵、谈琪等：《靖西壮族社会文化的人类学考察》，《广西民族学院学报》（哲学社会科学版）1997年12月增刊。

许晓明：《接亲安神迎花》，李富强主编《中国壮学》（第四辑），民族出版社2010年版。

杨道圣：《康德与自然美的问题》，《意象》第1期，北京大学出版社2006年版。

杨国枢：《心理学的本土契合性及其相关问题》，《中国社会学》（第二卷），上海人民出版社2003年版。

杨树喆：《"花"为人魂观与壮族民间师公教的花婆圣母崇拜》，《民间文化》2000年第11—12期。

杨树喆：《壮族民间师公教仪式中所用之器物及其圣化》，《广西师范学院学报》2001年第3期。

杨树喆：《红水河壮族民间师公沟通鬼神手段探析》，《红水河民族文化艺术考察研究》，广西人民出版社2005年版。

叶秀山：《从康德到列维纳斯》，《哲学作为创造性的智慧》，江苏人民出版社 2008 年版。

游汝杰：《从语言地理学和历史语言学试论亚洲栽培稻的起源和传播》，《中央民族学院学报》1980 年第 3 期。

张旭：《海德格尔的上帝之路》，《施米特：政治的剩余价值》，上海人民出版社 2002 年版。

朱刚：《Ama：时间的发生》，倪梁康主编《中国现象学与哲学评论》，上海译文出版社 2006 年版。

专著

［法］埃德加·莫兰：《地球　祖国》，马胜利译，生活·读书·新知三联书店 1997 年版。

［法］埃德加·莫兰：《复杂的思想》，秦海鹰译，北京大学出版社 2003 年版。

［德］埃德蒙德·胡塞尔：《内在时间意识现象学》，倪良康译，华夏出版社 2000 年版。

［德］舒斯尔特：《超循环论》，曾国平、沈小峰译，上海译文出版社 1990 年版。

［苏联］巴赫金：《巴赫金全集》卷四，钱中文等译，河北教育出版社 1998 年版。

包亚明：《现代性与空间的产生》，上海教育出版社 2003 年版。

［美］本尼迪克特·安德森：《想象的共同体》，吴叡人译，上海世纪出版集团 1983 年版。

陈赟：《中庸的思想》，生活·读书·新知三联书店 2008 年版。

［英］大卫·哈维：《地理学的解释》，商务印书馆 1996 年版。

［美］贾汀斯：《环境伦理学》，林官明、杨爱民译，北京大学出版社 2002 年版。

刀保峰等：《傣族文学史》，云南人民出版社1996年版。

邓晓芒：《康德哲学诸问题》，生活·读书·新知三联书店2006年版。

［德］蒂利希：《自然与圣礼》，杨俊杰译，上海三联书店2003年版。

［德］蒂利希：《论谢林实证哲学中宗教历史的建构》，杨俊杰译，上海三联书店2003年版。

（汉）董仲舒：《春秋繁露》，上海古籍出版社1989年版。

（宋）范成大：《桂海虞衡志》，广西民族出版社1987年版。

范宏贵：《同根生的民族》，光明日报出版社2006年版。

冯雷：《理解空间》：中央编译出版社2008年版。

［英］菲奥纳·鲍伊：《宗教人类学导论》，金泽等译，中国人民大学出版社2004年版。

［德］费尔巴哈：《费尔巴哈哲学著作选集》下卷，荣震华、王太庆、刘磊译，生活·读书·新知三联书店1962年版。

［德］费尔巴哈：《费尔巴哈哲学著作选集》上卷，荣震华、李金山译，商务印书馆1984年版。

［德］弗里德里希·克拉默：《混沌与秩序》，柯志阳、吴彤译，上海科技教育出版社2000年版。

傅松雪：《时间美学导论》，山东人民出版社2009年版。

高雅宁：《广西靖西县魔婆的养成》，（台湾）唐山出版社2004年版。

管仲：《管子》，辽宁教育出版社1997年版。

过伟：《中国女神》，广西教育出版社1999年版。

过伟等：《毛南族文学史》，广西教育出版社1998年版。

［德］哈贝马斯：《交往与社会进化》，张博树译，重庆出版社1989年版。

［德］哈贝马斯：《重建历史唯物主义》，郭官义译，社会科学文献出版社2000年版。

［德］哈贝马斯：《后形而上学思想》，曹卫东、付德根译，学林出版社2001年版。

［英］吉登斯：《超越左与右》，李惠斌、杨雪冬译，社会科学文献出版社 2002 年版。

［德］海德格尔：《存在与时间》，陈嘉映译，生活·读书·新知三联书店 2006 年版。

［德］海德格尔：《海德格尔选集》，孙周兴译，上海三联书店 1996 年版。

［美］郝大维：《汉哲学思维的文化探源》，施忠连译，江苏人民出版社 1999 年版。

［德］赫尔曼·哈肯：《协同学：大自然构成的奥秘》，凌复华译，上海译文出版社 2001 年版。

何明、廖国强：《竹与云南民族文化》，云南人民出版社 1999 年版。

［德］黑格尔：《精神现象学》，贺麟译，商务印书馆 1981 年版。

［德］黑格尔：《美学》，朱光潜译，商务印书馆 1991 年版。

［德］黑格尔，《宗教哲学》，中国社会出版社 1998 年版。

黄秉生、袁鼎生：《民族生态审美学》，民族出版社 2004 年版。

黄桂秋：《壮族麽文化研究》，民族出版社 2006 年版。

黄桂秋：《壮族宗教信仰研究》，中国社会科学出版社 2010 年版。

黄全安：《壮族风情录》，广西人民出版社 1992 年版。

［美］吉尔伯特、德·库恩：《美学史》，上海译文出版社 1989 年版。

［美］加来道雄：《超越时空》，刘玉玺、曹志良译，上海世纪出版集团 2009 年版。

蒋朝君：《道教生态伦理思想研究》，东方出版社 2006 年版。

姜广辉：《中国经学思想史》，中国社会科学出版社 2003 年版。

金泽等：《20 世纪宗教人类学选编》，上海三联书店 1996 年版。

金泽：《宗教人类学》，社会科学文献出版社 1998 年版。

［英］卡尔·波普尔：《开放社会及其敌人》，郑一明等译，中国社会科学出版社 1999 年版。

［德］康德：《历史理性批判文集》，何兆武译，商务印书馆 1990 年版。

[德] 康德：《纯粹理性批判》，邓晓芒译，杨祖陶校，人民出版社 2002 年版。

[德] 康德：《判断力批判》，邓晓芒译，杨祖陶校，人民出版社 2004 年版。

[德] 康德：《实践理性批判》，邓晓芒译，杨祖陶校，人民出版社 2004 年版。

[美] 克利福德·格尔兹：《文化的解释》，王铭铭译，上海人民出版社 1999 年版。

邝露：《赤雅》，广西民族出版社 1986 年版。

蓝鸿恩：《神弓宝剑》，中国民间文艺出版社 1985 年版。

《老子》，上海古籍出版社 1989 年版。

[瑞典] 理查德·斯威德伯格：《马克斯·韦伯与经济社会学思想》，何蓉译，商务印书馆 2007 年版。

李鼎祚：《周易集解》，九州出版社 1997 年版。

《礼记》，上海古籍出版社 1989 年版。

李昆生：《云南艺术史》，云南人民出版社 2006 年版。

卡尔·波普尔：《历史决定论的贫困》，杜汝辑、丘仁宗译，华夏出版社 1987 年版。

李欣、钟锦：《康德辩证法新释》，同济大学出版社 2009 年版。

李幼蒸：《理论符号学》，中国人民大学出版社 2007 年版。

梁庭望：《壮族文化概论》，广西教育出版社 2000 年版。

廖明君：《壮族自然崇拜文化》，广西人民出版社 2002 年版。

[法] 列维－布留尔：《原始思维》，李幼蒸译，商务印书馆 1995 年版。

《柳江县志》，广西人民出版社 1991 年版。

刘素民：《托马斯·阿奎那的自然法思想研究》，人民出版社 2007 年版。

刘锡蕃：《岭表纪蛮》，商务印书馆 1934 年版。

刘熙载：《艺概》，上海古籍出版社 1987 年版。

刘勰：《文心雕龙》，范文澜校注，人民文学出版社 1957 年版。

刘映华：《壮族古俗初探》，广西人民出版社 1994 年版。

龙殿宝等：《侗族文学史》，广西人民出版社 1998 年版。

楼宇烈：《王弼集注》，中华书局 1980 年版。

《论语》，上海古籍出版社 1987 年版。

鲁品越：《深层生成论》，人民出版社 2011 年版。

［美］罗素：《西方哲学史》，何兆武、李约瑟译，商务印书馆 2000 年版。

吕不韦：《吕氏春秋》，上海古籍出版社 1986 年版。

吕大吉：《中国各民族原始宗教资料集成》，中国社会科学出版社 1990 年版。

［德］马克思：《1844 年哲学经济学手稿》，刘丕坤译，人民出版社 1980 年版。

［美］迈克斯·泰格马克：《生命 3.0》，浙江教育出版社 2018 年版。

龙殿宝等：《毛南族文学史》，广西教育出版社 1998 年版。

［美］马斯洛：《人性能达的境界》，林方译，云南人民出版社 1987 年版。

［美］米尔恰·伊利亚德：《神圣的存在》，晏可佳、姚蓓琴译，广西师范大学出版社 2008 年版。

［英］哈威：《缅甸史》，姚楠译，商务印书馆 1946 年版。

［英］莫尔特曼：《创造中的上帝》，隗仁莲译，生活·读书·新知三联书店 2007 年版。

《那坡县志》，广西人民出版社 1991 年版。

《民间文学集》，广西民族出版社 2002 年版。

农冠品：《歌仙、女神、英雄》，广西人民出版社 1991 年版。

农冠品主编：《中国歌谣集成·广西卷》上册，中国社会科学出版社 1992 年版。

农冠品主编：《壮族神话集成》，广西民族出版社 2007 年版。

［加拿大］诺斯洛普·弗莱：《神力的语言》，吴持哲译，社会科学文献

出版社 2004 年版。

潘其旭：《壮族百科全书》，广西人民出版社 1990 年版。

潘雨廷：《易与佛教》，辽宁教育出版社 1998 年版。

潘雨廷：《潘雨廷学术文集》，复旦大学出版社 2009 年版。

彭锋：《完美的自然》，北京大学出版社 2007 年版。

覃彩銮等：《壮泰民族文化比较研究》，广西人民出版社 2003 年版。

覃九宏：《壮族传统礼仪山歌》，广西民族出版社 2006 年版。

丘振声：《壮族图腾考》，广西教育出版社 1996 年版。

王治河编：《全球化与后现代性》，广西师范大学出版社 2003 年版。

李毓章、陈宇清编选：《人·自然·宗教》，商务印书馆 2005 年版。

商璧辑：《桂俗歌谣》，广西人民出版社 1989 年版。

邵志忠：《壮族文化的再生与重组》，广西人民出版社 1996 年版。

申扶民：《审美与自由》，博士学位论文，中国社会科学院研究生院，2006 年。

[美] 麦克尔·赫兹菲尔德：《什么是人类常识》，刘珩、石毅、李昌银译，华夏出版社 2005 年版。

孙向晨：《面对他者：莱维纳斯哲学思想研究》，上海三联书店 2008 年版。

段立生：《泰国文化艺术史》，商务印书馆 2005 年版。

栾文华：《泰国文学史》，社会科学文献出版社 1998 年版。

唐君毅：《中国哲学原论·原道篇》，中国社会科学出版社 2004 年版。

唐力权：《周易与怀德海之间》，辽宁教育出版社 1996 年版。

汤因比：《历史研究》，曹未风等译，上海人民出版社 1964 年版。

田合禄、田峰：《周易与日月崇拜》，光明日报出版社 2004 年版。

田合禄、田峰：《周易真原》，山西科学技术出版社 2010 年版。

王弼：《老子指略》，中华书局 1980 年版。

汪丁丁：《制度经济学》，商务印书馆 2002 年版。

王夫之：《船山全书》，岳麓书社1996年版。

王恒：《时间性：自身与他者》，江苏人民出版社2008年版。

王文光：《百越民族发展演变史》，民族出版社2008年版。

王兴国：《牟宗三哲学思想研究》，人民出版社2007年版。

王逸舟：《探寻全球主义国际关系》，北京大学出版社2005年版。

［日］尾关周二：《共生的理想》，卞崇道等译，中央编译出版社1996年版。

［美］约瑟夫·拉比德、［德］弗里德里希·克拉拖赫维尔：《文化和认同》，金烨译，浙江人民出版社2003年版。

《武宣县志》，故宫珍藏版。

谢崇安：《壮侗语族先民青铜文化艺术研究》，民族出版社2009年版。

谢舜：《神学的人学化》，广西人民出版社1998年版。

徐杰舜：《汉民族风俗史》，四川人民出版社1990年版。

徐松石：《徐松石集》，广西师范大学出版社2008年版。

《荀子》：辽宁教育出版社1997年版。

［德］雅克·德里达：《宗教》，杜小真译，商务印书馆2006年版。

杨大春：《杨大春讲梅洛－庞蒂》，北京大学出版社2005年版。

杨树喆：《师公仪式信仰》，广西人民出版社2007年版。

叶秀山：《哲学作为创造性的智慧》，江苏人民出版社2008年版。

叶舒宪：《文学人类学探索》，广西师范大学出版社1998年版。

［德］尤根·哈贝马斯：《重建历史唯物主义》，郭官义译，社会科学文献出版社2000年版。

尤西林：《心体与时间》，人民出版社2009年版。

余谋昌等：《环境伦理学》，高等教育出版社2002年版。

于在照：《越南文学史》，昆仑出版社2003年版。

袁鼎生：《审美生态学》，中国大百科全书出版社2002年版。

袁鼎生：《生态审美学》，中国文史出版社2002年版。

袁鼎生：《生态视域中的中西比较美学》，人民出版社2005年版。

袁鼎生：《生态艺术哲学》，商务印书馆 2008 年版。

袁鼎生：《超循环》，中国科学出版社 2010 年版。

乐爱国：《道教生态学》，社会科学文献出版社 2005 年版。

张光直：《美术、神话与祭祀》，辽宁教育出版社 2002 年版。

章学诚：《文史通义》，中国书店 1986 年版。

张志刚：《宗教哲学研究》，中国社会科学出版社 2006 年版。

郑杭生：《民族社会学》，中国人民大学出版社 2005 年版。

《中国各民族宗教与神话大词典》，学苑出版社 1991 年版。

《中国文化三百题》，上海古籍出版社 1986 年版。

《周易》，上海古籍出版社 2001 年版。

周去非：《岭外代答》，中华书局 1997 年版。

周士一：《中华天启》，云南人民出版社 1999 年版。

朱辅：《溪蛮丛笑》，广西民族出版社 1988 年版。

朱熹：《大学·中庸·论语注》，上海古籍出版社 1987 年版。

《庄子》，上海古籍出版社 1989 年版。

后　　记

这是在我的博士论文基础上的修改成果。

书稿作为一个浩大的工程，得到了众多师友的耳提面命，我必须聊表谢忱。

首先要感谢我的恩师袁鼎生教授。袁教授从我进入大学以来，就是我的授课老师。尤其是得入先生门帐以来，先生以无微不至的关怀，关照我的学习与生活。先生教我，身将堕而施援，识迷蒙而开眼，学踟蹰而扬鞭；并以大公无私的精神，将自己最新的思考成果教育我们师兄弟，表现出一种学者的大家风范。

遥想当年鹏玉漂泊于桂林街头之时，袁师引玉穿梭于众家单位之间，一袭布衣一双布鞋，师徒二人将所有困难抛诸云霄；入师门后，袁师带领众师兄弟徜徉于知识王国，更为难得的是，袁师带领我们游历山水，时时阑入夫子谆谆教导的风乎舞雩之美境……

入门依止先生六年，颇多感慨。当代学者的培炼，一如西方工业化的成批生产，即在文蕴深厚的中国也毁弃了九转成丹的通天之道，更难觅陈寅恪大师羽翼朱延丰迟之十年的自我涵咏。不仅学当久铸，即如太极拳艺，亦当亲师多年，浸润沉潜，否则得劲不真，难臻道妙，辱师害己。以鹏玉之不敏，虽向往奘师言未出而意已得之高范，更无周利盘陀求一言以终身之坚韧，虽左右驰突，才性愚拙，神思迟滞，究非其人，终贻师门之羞，曷胜惶愧！

后　记

然袁师以海涵地负之生力，满鹏玉浅陋之渴诚，玉虽稍有心得，慧乏三生之利，又曷足以报先生之万一。数十年的培植之情，令我没齿难忘！尤其要强调的是，本书的标题、总体框架由先生指导而成，其中所用核心学术范畴，都是先生原创，尤其是摘要，是先生手削而成，再次致以竭诚的顶礼！

最难忘的是，云南大学人文学院的导师团队，他们是段炳昌先生、施惟达先生、黄泽先生、杨福泉先生、王卫东先生、何明先生，先生们以饱学之识，各出手眼，示学生以治学、为人的门境，泽溉裕如而玉成诸生，令我辈学拥春城，神游艺境。

感谢云南大学研究生院、人文学院的所有领导与老师！尤其是段红云老师与包老师，惠我良多！

力扶我走上学问新征程的，是中国社会科学院外国文学研究所的党圣元研究员与少文所的刘亚虎研究员。党先生是我在社会科学院访学时的导师，先生于学，识精学凝，对我开蒙导窍，恰中肯綮；往往师语入灵犀，玉骤得升华；先生于事，呕心沥血，是我一生尊奉的典范；刘先生作为我的乡尊师长，导引门路，惠赐大著，言传身教，久予提持，曷胜感激！感谢乡前辈蒋述卓先生，人不断鼓励我前行！感谢厦门大学的彭北英先生，是他的耳提面命，使我茅塞顿开！

感谢所有我的授业老师！

还要感谢以各种方式教育帮助的各地的老师：余谋昌先生、卢风先生、叶平先生、杨通进先生、佘正荣先生、王国聘先生、朱凯先生、张月红先生、熊文华先生、徐杰舜先生、秦红增先生、廖智宏先生、黄世杰先生、颜勇先生、周真刚先生、潘丽清先生、张燕玲先生、唐禄干先生、陆桂生先生、陈梅云先生、梁文杰、罗方龙、赵菊娥、李振秋、覃逸明、吴文亮、韦玲先生、谭连文、喜文敏先生、韦仕江、黄广谋先生，仲伟良先生，谢敏先生，李金清先生，宾恩海先生，等等，是他们的垂青，使得我的研究成果得以在不同的形式的媒介中得以发表。

感谢广西民族学院的奉江、钟海青、朱华、卞成林书记、荣仕星院长，

· 455 ·

特别感谢韦茂繁书记的多次提携与关照。感谢何龙群、谢尚果校长，容本镇、黄晓娟、李真刚、吴尽昭、韦宗发、简金宝副校长；感谢麻新纯、孙鲁毅、韦惠文、黄绿芳主任；感谢文学院的历届领导、各位老教授与同事，尤其是卞成林、黄秉生、王尔勃、陆卓宁、马现诚、李杏泉、韦树关、蒋兴礼、陆喜培、黄平文、李启军、李道山、梁建凤、黄平文、马卫华、范潇潇、康忠德等诸位领导，以及办公室历届工作人员。他们给了我一个温馨和谐的环境。感谢王一桃、黎浩邦、韦苏文诸位教授的关心与指导。

感谢广西师院的过伟、黄桂秋研究员；感谢广西教育学院的韦晴川先生，感谢来宾市电大的蒋华先生、柳江县的覃喜好先生；感谢广西民族大学壮学中心的莫金山教授、李富强教授，尤其要感谢广西民族大学壮学中心雷冠中先生，他在资料的提供上给论文很大的帮助。

感谢我们的父母亲和弟弟妹妹及其家人，他们在最困难的时候竭力支持我。感谢妻子黄雪梅，论文中的几幅关键的照片，是她在其母亲与侄儿的仪式中所照；感谢女儿给了我太多的慰藉；感谢我的岳母、内弟妹，他们给了我学业与生活上的支持，尤其重要的是，那里是我的长期的田野点。

感谢我的小姨何松珍、姨父蒋科新以及舅舅何松柏、何松鹤、何松义，表兄弟牧生、春生、蒋茹及其家庭等；感谢表伯邓福任一家，他们竭力地支持我的学习，以各种方式帮助我们，此恩难忘！

感谢蒋劼、刘楠先生、贺祖斌校长、唐玉霞主任、陆登先生、刘绍卫处长、邓军书记、何开发先生、李梅女士、罗志鹏老师、张家璠教授、蒋芳生、王云葵老师一家以及自治区信访局的邓福荣先生对我的提携与帮助。

感谢我的同门师兄弟妹，有他们的连枝同气，我们的学术之路将走向新的汇融之域。没有他们的友声相煦，我的学蕴将是苍白贫乏的。

感谢以各种方式帮助、激励、点拨我的人！

感谢壮民族的深厚赐予！壮族是一个伟大的民族，无论是其古代文化智慧的呈现，还是在中华民族的凝聚力的形成方面，其业甚伟。玉虽仿西方人类学家，亲入门室，又多年往来于壮族核心地区的忻城、象州、武宣、金秀、

后　记

来宾以及三江、融水、融安，邕宁、横县、藤县、苍梧、岑溪、梧州，还有田阳、巴马、马山、大化、天峨、田东、宁明、大新、德保、靖西，南及云南文山，东谒广州、湛江等地，多次参加壮族的仪式与庆典观摩，身受洗礼，得以由生入熟，然学殖浅陋，所习万不得一，且常囿于井底之观，愧对这样一个伟大的民族与壮族亲友。玉愿今后继续学习，祈有以报之！且玉极力呼吁，学界不可视少数民族诸学为小为偏，少数民族学者也不可自拘藩篱；国学之兴，或正可仰望于有意者对民族、学科、人我、国界、方法等融合视域的开启！

玉本书之作，窃有私诚：一望礼失求诸野的中国文化本体未失，二体以本国文化解民族精神流衍之法与史，三求民族文化艺术理则与世界性话语对话，期融通学术之法与理，汇入全球化众声喧哗之和声，推动中华民族文化的伟大复兴进程。同时，壮族天文历法内蕴深厚，好多文化因子及其逻辑关联都非一时、一人所能穷尽，故玉此文，仅以花婆信仰对三大辰的运用为例，其好高骛远，无得之举，羞憾难免矣！

自2003年开始研究花婆信仰至今，匆匆已是十数寒暑，尽管有花婆信仰的系列论文之作，但依然未得深入壮族文化之神髓与门径，故此，玉深为惶恐：年过知命而无立，奔耳顺尚多惑，立言艰难如许，遑论立功立德！只好将三不朽之事业，期于免成之乡，跂盼有成大德垂教，使玉学有寸进！

感谢广西书法家协会副主席黎东明先生为本书题笺。

感谢袁鼎生先生、卢铁澎先生、谢敏先生赐序，他们的鞭策与鼓励，将永铭于肺腑。

感谢中国社会科学院民族文学研究所的刘亚虎研究员、外文所的党圣元先生与门小薇先生的引荐；感谢中国社会科学出版社郭晓鸿主任的精心指导与刘先生细心负责的编校，使本书有一个新的面目呈现于世。

絮絮如此，难表谢忱，难尽书旨，是为跋。

2018年6月16日
改于大明山下五象草堂